To all my Korean friends, associates, and new friends, I hope you find this book helpful in advancing your career, business, and society!

All the best!

WINNING NOW, WINNING LATER

일러두기

• 각주는 *로, 미주는 숫자로 표기했습니다.

항상
이기는 조직

단기 성과와 장기 성장을 동시에 성공시킨

WINNING
NOW,
WINNING
LATER

미국 제조업의 전설 하니웰

데이비드 코트 지음 | 이영래 역

위즈덤하우스

이기는 조직 문화와
리더의 역할

한국과 저의 인연은 27년 전, 제가 제너럴 일렉트릭General dlectric(이하GE)에서 실리콘 사업을 이끌던 1994년으로 거슬러 올라갑니다. 그해에 저는 한국의 합작 파트너였던 OCI(당시 동양화학)의 대표를 만나기 위해 한국을 방문했습니다. 합작회사 동양 실리콘Dong Yang Silicone을 세워 큰 성공을 거둔 파트너를 더 잘 알고 싶었기 때문이었습니다. OCI 설립자이신 이회림 회장님은 호감 가는 인상에 말솜씨가 좋은 분이었습니다. 그리고 82세였지만 매우 원기 왕성했습니다. 불과 몇 개월 전에 홀인원을 기록했다는 이야기를 하시더군요!

우리는 즐거운 대화를 나누었습니다. 저는 맨주먹으로 OCI라는 큰 기업을 성공시키기 위해 그가 했던 일을 듣고 깊은 인상을 받았습니다. 기쁘게도, 그런 분이 GE 실리콘GE Silicones에서 보인 제 경영 능력을 높게 평가해줬습니다. 당시 저는 겨우 42세로, 그분보다 40살이나 어렸습니다. 하지만 회장님은 우리가 OCI와 일하는 방식에서 이미 대응력 향상, 제품 배송 개선 등 크고 긍정적인 변화를 경험하고 있다면서 제가 GE 실리콘에서 하고 있는 일에 감탄했다고 말씀해주셨습니다. 그분의 말씀은 제게 무척이나 소중했습니다.

우리는 마음이 정말 잘 맞았고, 조직 문화의 중요성과 리더의 의미에 대해 이야기하면서 긴 시간을 보냈습니다. 회장님은 리더 한 사람이 회사의 성과에 대단히 큰 변화를 가져올 수 있다고 말씀하셨습니다. 헤어지면서 회장님은 저를 위해 특별한 일을 할 것이라고 말씀하셨습니다. 하지만 그것이 무엇인지는 비밀이었죠. 몇 개월 뒤, 이 물건이 뉴욕 워터포드의 제 사무실로 배달되었습니다.

정신일도 하사불성. '마음을 집중하고 진심으로 믿으면 하지 못할 일이 없다'는 뜻이라는 설명이 담긴 메모도 함께 받았습니다. 또 하나의 메모에는 이 붓글씨를 완벽하게 쓰기 위해 82세의 회장님이 몇 주 동안 연

습하셨다는 설명이 담겨 있었습니다. 얼마나 멋진 선물입니까! 27년이 지난 지금도 이 일을 생생히 기억하고 있을 뿐 아니라 제 집에 마련된 서재에 아직도 이 작품이 걸려 있다는 것을 생각하면 여러분 역시 이 선물이 제게 어떤 의미인지 충분히 짐작하실 것입니다. 이것은 깊은 뜻과 소중한 인연을 떠올리게 하는 선물입니다.

'어떤 멍청이라도' 할 수 있는 수준에 머무르지 말라

"리더라면 절대 '어떤 멍청이라도' 할 수 있는 수준에 머무르지 말 것." 이것이 제 책《항상 이기는 조직》의 핵심입니다. 사람들은 보통 '내가 해야 하는 한 가지'가 무엇인지 알고 싶어 합니다. 이것은 모든 기업이 빠지는 근본적인 함정입니다. 무엇을 이루려고 하더라도 언제나 상충되는 요소가 있기 때문입니다.

저는 약 30년 전에 GE 대형 가전 사업부문의 CFO로서 재고 감축 TF팀을 맡으면서 이 개념을 처음 발견했습니다. 저는 재고에 대해서는 아는 것이 전혀 없었지만, 어느 기업에서든 과거의 모든 시도가 실패로 돌아갔던 것만은 알고 있었습니다. 저는 어차피 실패할 것이라면, 남과는 다르게 실패해야겠다고 마음먹었습니다.

우리는 다기능팀을 마련하고 이 문제를 맡겼습니다. 머리가 희끗희끗한 제조 책임자는 재고 감축 시도가 실패한 이유를 설명했습니다. 재고가 줄면, 제품 배송에 어려움이 생기고, 이어 고객들의 항의가 빗발치고,

항상 이기는 조직

어느새 재고가 다시 늘어난다는 것이었습니다. 그는 제품 배송에 집중하자고 제안했습니다.

처음에는 솔직히 짜증이 났습니다. 또 다른 목표를 세우다니요! 하지만 생각을 거듭할수록 그것이 타당하다는 생각이 들었습니다. 때문에 우리는 재고 감축과 제품 배송이라는 2개의 목표를 동시에 세웠습니다. 이로써 우리는 이 두 가지의 근본 원인에 초점을 맞추게 되었습니다. 사이클 타임cycle time을 줄이는 것이었죠. 사이클 타임을 가전제품이 고객 배송을 위해 창고를 떠나는 시점부터 창고에서 그 특정 제품이 대체되는 시점까지로 정의했습니다. 우리는 그 사이클 타임을 18주에서 2주로 단축시켜 제품 배송을 개선하고 재고를 절반으로 줄였습니다. 현금으로 5억 달러가 절감되었죠. 엄청난 성공이었습니다!

저는 이것을 '어떤 멍청이라도' 이론이라고 부르기 시작했습니다. '어떤 멍청이라도 한 가지는 할 수 있다'는 뜻이죠. 신경을 쓰기 시작하자 어디에서든 그런 사례가 눈에 띄었습니다. 낮은 재고 수준이냐 뛰어난 제품 배송이냐, 높은 가격 및 이윤이냐 많은 양이냐, 빠른 결정을 위해 일선에 있는 사람들에게 권한을 부여하느냐 통제를 강화해서 나쁜 일이 일어나지 않게 하느냐, 낮은 기능별 원가냐 뛰어난 내부 고객 서비스냐, 빠른 고용이냐 뛰어난 인재 확보냐, 일을 느리지만 완벽하게 처리하느냐 빠르게 처리하느냐… 어디에나 이런 문제가 있었습니다.

처음 저는 이 '독창적'인 발견에 매우 뿌듯했습니다. 하지만 많은 것을 읽고 경험하면서 그것이 전혀 독창적이지 않다는 것을 알게 되었습니다. 그 개념이 정확히 얼마나 오래된 것인지는 모르지만, F. 스콧 피츠

제럴드나 미국 대통령 시오도어 루즈벨트와 같은 다른 작가들의 글에서 같은 언급을 발견할 수 있었습니다. 여기에서 저는 다른 의문을 품게 되었습니다. 오랜 역사를 지닌 이 개념이 이렇게나 효과가 좋은데 왜 모두가 이것을 실천하지 않는 것일까?

그 답은 그것이 어렵고, '단 하나'의 정답을 알고 싶어 하는 인간의 본성과 상반된다는 데 있습니다. 오랫동안 이어진 성공적인 기업들은 상충하는 것처럼 보이는 두 가지를 동시에 달성하는 방법을 알고 있습니다.

오늘의 생존과 내일의 성장을 동시에 쟁취하라

같은 생각이 "단기적 성과와 장기적 성과 중에 무엇을 원하는가?"라는 질문에도 적용됩니다. 답은 "둘 다 필요하다"입니다. 장기에 투자하는 것은 이해하기가 더 쉽습니다. 모두들, 특히 직원들은 기업이 장기를 내다보고 씨앗을 뿌리는 것을 보고 싶어 하니까요. 하지만 장기에 집중하는 것을 단기가 중요치 않다는 식으로 생각하는 경우가 너무나 많습니다. 그것은 심각한 실수입니다.

단기도 중요합니다. 단기에 집중하지 않으면, 대부분의 사람들이 실패를 확신한 후에도 계속 프로젝트를 진행하고, 지출을 낭비하고, 상관과 투자자가 불만을 갖는 결과에 직면하게 됩니다. 단기 프로젝트에 집중하는 것은 씨앗을 뿌리는 장기적인 프로젝트의 효과를 확보하는 귀중한

항상 이기는 조직

점검 과정이 됩니다. 상충되는 것처럼 보이는 두 가지를 동시에 달성한다는 개념과 발을 맞추어 장기와 단기에 동시에 집중한다면 세월의 시험을 견뎌내는 성공적인 기업을 구축할 수 있습니다.

저는 대한민국, 대한민국의 기업, 대한민국의 사람들과 맺은 오랜 인연을 매우 소중하게 여기고 있습니다. 제 책이 한국 기업이 지금까지 보다 더 크게 성공하는 데 도움을 주기를 간절히 바랍니다. 그리고 여러분 모두에게 그런 일이 일어나는 행운이 함께하길 빕니다!

모든 기업을
속이는 거짓말

어떤 크기이든 팀이나 조직을 운영하다 보면, 매일 처치 곤란한 딜레마로 보이는 것들과 마주하게 된다. 당장의 수익을 위해서 회사의 탄탄한 미래를 희생시켜야 할까? 아니면 장기적인 전략을 우선해서 이번 분기, 이번 해 성과가 진창에 처박히는 꼴을 두고 봐야 할까?

　기업을 경영하는 대부분 사람들은 첫 번째 옵션을 선택한다. 장기적 성과를 희생시키고 분기별 사업 성과에 집중하는 사업 운영을 하는 것이다. 리더들은 지속 가능성, 경쟁우위, 성장 같은 광범위한 목표에 가치를 두고 장기적 목표에 대한 헌신을 내세우면서도, 결국 당장의 계획에 집중하고 올해 목표치를 달성하는 데 필요한 일들에 매달린다. 그들의 시각에서는 선택의 여지가 없다. 그들의 밥줄은 내일이 아닌 오늘 사장과 주주들을 만족시키느냐 아니냐에 달려 있다.

　'장기 목표와 단기 목표를 함께 추구할 방법이 없으며, 따라서 리더는 단기성과주의를 받아들일 수밖에 없다'는 고정관념은 오늘날 비즈니스 계에 떠도는 가장 악의에 찬 믿음 중 하나다. 맥킨지McKinsey의 한 연구는 2001~2014년 장기적 전략을 추구하는 기업의 시가총액이 단기적 접근법을 취하는 기업보다 70억 달러 높으며, 평균적으로 매출 증가율에서 45퍼센트, 수익 증가율에서 36퍼센트 앞서 있는 것을 발견했다.[1] 그럼에도 불구하고, 경영진과 임원들의 3분의 2가 "지난 5년 동안 단기적 결과에 대한 압박이 심해졌다"고 말하고 있다.[2] 단기성과주의가 만연하자 영향력 있는 리더들은 우려하고 있다. 그들은 공개 기업들의 보고 의무 완화를 통해 장기 성장을 추구하도록 해야 한다고 주장하기도 한다.

장기적인 성장 추구는 규제로 강제할 수 없다. 그 문제가 너무 복잡하고 깊숙히 자리 잡고 있기 때문이다. 대신 모든 직급 리더와 경영자들의 사고방식 전환이 필요하다. 어째서인지 우리는 단기적인 성과를 팽개쳐야지 미래에 투자할 수 있다는 확고한 생각을 갖고 있다. 하지만 그렇지 않다. 단기적 성과와 장기적 성장은 상호 배타적으로 보일 뿐이다. 리더인 당신은 동시에 두 가지를 모두 추구할 수 있고 또 반드시 그래야 한다. 그렇게 하지 않는다면 당신과 당신의 조직은 영영 당신들의 잠재력을 온전히 다 발휘하지 못하게 된다.

단기성과주의와의 싸움

사회생활을 시작하고 얼마 되지 않아 GE에서 재무와 일반 관리 부문의 여러 자리를 거치고 있을 때, 내 동료들과 나는 그해의 목표치 달성에 무섭게 달려들었다. 다음 해에 대해 생각하기는 했지만 꼭 필요한 경우에 그쳤다. 그러나 내일을 희생하면서 오늘에 집착하는 것은 아무리 봐도 합당한 처사가 아니었다. 회사는 해당 연도에 좋은 성과를 냈고 성장률을 높이기 위해 1,000명을 고용했다. 그리고 10월과 11월이면 다음 해의 계획을 세웠다. 여기에서 1,000명을 해고해야 목표치를 달성할 수 있겠다는 사실을 깨달았다. 이렇게 사업에 지장을 주고 그 많은 사람들의 삶을 엉망으로 만드는 일을 한 것이다. '앞을 미리 내다보고 1,000명이 아닌 200명만 고용할 수는 없을까?' 하지만 대부분의 리더들이 그렇듯이, 우리는 다른 선택지가 있다는 것을 알지 못했다. 우리는 열심히 일을 했고 최선을 다했지만 다른 길을 보지는 못했다.

2002년 2월 리더로서 변화의 기회를 맞았다. 대규모 기술 제조기업 하니웰Honeywell의 CEO가 된 것이다. 하니웰은 항공, 관제 시스템, 자동차, 화학을 중점으로 하는 220억 달러 규모의 기업이다. 당시 이 회사는 1999년 얼라이드시그널AlliedSignal과의 합병은 부적절했고, CEO가 계속 교체되었으며, 유나이티드테크놀로지스United Technologies Corporation와 GE가 각기 인수를 시도했으나 실패로 돌아갔다. 그 결과, 당시 하니웰의 실적은 매우 부진한 상태였다.

리크루터, 경영진 등의 사람들로부터 들은 이야기나, 내 스스로의 분석에 기초해 내린 판단에 따르면 이 회사는 좋은 사업을 상당수 보유하고 있었다. 다만 그 사업들을 형편없이 관리하고 있었다. 누군가 나서서 조직을 정상화시키고 미래에 초점을 맞춘다면 하니웰의 성과는 곧 회복

항상 이기는 조직

될 것이었다.

일을 시작하고 처음 몇 달간 회사와 회사의 사업에 대해 조사했다. 나는 회사의 펀더멘털(기업 가치를 나타내는 여러 가지 지표들-옮긴이)이 부실하다는 것을 발견했다. 허울만 그럴듯했다. 하니웰은 만신창이에 무너지기 직전이었다. 환경과 석면 문제에 관련된 수십억 달러 규모의 소송 문제가 해결되지 않은 상태였고, 조직은 문화 충돌에 시달리고 있었으며, 지도부가 약화되어 있었다. 효율적인 운영 프로세스를 만들 계획이나, 세계 진출을 도울 세계화 계획이 전혀 없었으며, 신제품과 서비스에 투자가 심각하게 부족했다. 나열하자면 끝이 없었다.

상황은 더 악화되었다. 이상하게도 이사회와 당시 CEO는 내가 재무 정보에 접근하지 못하게 했다. CEO가 된 2002년 7월에야 비로소 접근권을 얻게 되었다. 재무제표를 확인한 나는 엄청난 충격을 받았다. 재무팀은 그해 수익 확대를 위한 재원 투입을 상당히 줄여야 한다는 정보를 주었다. 우리는 단 몇 주 만에 하반기 수익 예상치를 두 차례에 걸쳐 총 26퍼센트 낮춰야 했다. 이는 이미 내게 한 톨의 신뢰도 없었던 분석가들과 투자자들을 격분하게 만들었다. 투자자들은 내가 GE에서 잭 웰치Jack Welch의 뒤를 잇는 CEO 후보 경쟁에서 최종 후보조차 되지 못했었고, 하니웰 최고경영자로서도 1순위 선택지가 아니었다는 것을 잘 알고 있었다. 내가 자리에 앉자마자 수익 예상치를 반토막내고, 그도 모자라 그런 일을 한 번 더 반복하자, 투자자 커뮤니티의 걱정은 극에 달했다. 요는 내가 하니웰 같은 큰 회사를 경영하기에는 부족한 인물이라는 것이었다.

목표치를 달성하지 못했던 이유를 조사하다 보니 내가 하니웰에 대해서 가장 걱정하던 부분도 구체적으로 나타났다. 아무리 좋게 말해도 회계가 건전하다고 볼 수 없는 상황이었다. 불법적인 일을 한 것은 아니었다. 모든 것이 회계 관행의 한도 안에 있기는 했다. 다만 조직 전체가 매 분기 목표 수치를 달성하기 위해 시스템을 교묘히 이용하고 있었다. 지난 10년 동안, 수익 1달러에 대해 창출된 현금은 69센트에 그쳤다. 공격적 회계(비용과 부채를 줄이고, 수익과 자산을 부풀리는 회계 관행-옮긴이)가 이루어지고 있었다는 증거였다. 그 결과 리더들은 사업의 상황을 명확하고 투명하게 파악하지 못했다. 회계는 의사 결정에서 가장 기본이 되는 정보 체계다. 그 정보의 질이 좋지 않으면, 결정의 질도 나빠진다. 리더들은 사업을 전략적으로 능숙하게 운영하는 척하면서 실은 시늉만 하고 있었던 것이다. 온통 엉망이었다. 단기성과주의가 날뛰고 있었다.

하니웰을 새로운 길로

놀랐고, 화가 났고, 역겨웠고…… 별의별 생각이 다 들었다. 하지만 나는 무너지지 않았다. 하루는 엉망인 재정 상태에 대해 한창 얘기를 하다가 CNBC를 틀었다. 해설자가 하니웰을 경영할 능력이 없다며 나를 심하게 비난하고 있었다. 나는 어깨를 으쓱하고는 하던 일로 돌아갔다. 나중에서야 그 자리에 있던 사람들이 내가 스크린에 뭔가를 집어던지지 않은 것에 크게 놀랐다는 말을 전해 들었다. 화가 나지 않았다. 대신 이렇게 생각했다.

'그들에게 보여줘야 해. 이 문제를 해결하고 회사의 상황을 호전시킬 거야.'

당시 나는 혼자 있는 시간을 따로 마련해서, 일상적인 업무들을 제쳐 두고 회사에 대해서만 생각하는 습관을 만들고 있었다. 나는 이 시간을 '블루노트' 시간이라고 불렀다(당시 푸른 표지의 노트를 사용했기 때문이다). 한 번은 블루노트 시간을 갖던 중에, 하니웰을 좀 더 나은 길로 이끄는 데 필요한 단계들을 확인해보기로 마음먹었다. 앉아서 골똘히 생각에 빠져 있다 보니 새로운 제품, 새로운 서비스, 프로세스 개선, 지역적 확장에 투자할 방법을 찾아야겠다는 생각이 들었다. 하지만 나에 대한 투자자들의 평가가 형편없다는 것을 고려하면, 단기적으로도 그들에게 뭔가 내놓을 것이 있어야 했다. 그렇게 하지 못하면 살아남지 못할 상황이었다. 미래에 대한 투자를 무작정 미룰 수도 없었고, 당장 주주의 기대를 충족시키지 못할 정도로 미래에만 투자를 할 수도 없었다. 우리는 두 가지를 함께 해야 했다. 오늘도 그리고 내일도 승리할 준비를 갖추어야 했던 것이다.

나는 이 두 가지가 동시에 해낼 수 있는 일이란 것을 깨달았다. 단기 목표와 장기 목표는 보기보다 단단히 얽혀 있었다. 현재의 사업을 개선하는 적절한 조치를 취함으로써 향후 성과를 개선하는 위치에 올라설 수 있고 그 반대 역시 가능하다. 단기적인 결과는 우리가 적절한 장기적 경로를 밟고 있음을 입증해준다. 그 밖에도 나는 단기 성과와 장기 성과를 모두 얻기 위한 세 가지 원리를 개발했고, 이 원리를 따를 때 오늘도 그리고 내일도 승리할 수 있다는 이론을 제시했다.

| 단기 성과와 장기 성과를 모두 얻기 위한 세 가지 원리 |

1. 회계와 비즈니스 관행을 투명하게 만들어 현실을 반영하게 한다
2. 미래에 투자하되 정도를 넘어서지 않는다
3. 성장하되 고정 비용을 일정하게 유지한다

첫째, 모든 건전하지 못한 회계와 사업 관행을 일소하고 현실을 반영하게 만든다. 둘째, 미래에 투자하기 위해서 오늘의 수익을 용감하게 포기한다. 하지만 지나쳐서는 안 된다. 단기에서 충분히 좋은 성과를 거두는 데도 주의를 기울여야 한다. 셋째, 운영에 있어서 훨씬 더 절제해야 한다. 사업을 보다 효율적, 효과적으로 운영해서 성장하는 과정에서도 고정 비용을 일정하게 유지할 수 있도록 한다. 그렇게 함으로써 운영 개선과 성장을 위한 이니셔티브에 투자하면서도 투자자에게 수익을 전달하는 유연성을 확보하게 된다. 이런 개선과 이니셔티브들이 열매를 맺기 시작하면 선순환이 자리를 잡는다. 성과를 올리는 역량이 개선되고, 이를 통해 투자로 돌릴 현금을 더 많이 창출하게 되며, 이는 다시 더 큰 성과로 이어질 것이다.

이것이 내 기본적인 접근법이다. 이 방법이 옳다는 것은 이미 증명되었다. 내가 하니웰에 합류한 후 몇 년 동안, 우리는 불가능해 보이는 일들을 해냈다. 회사를 안정화시키고 그와 동시에 일선의 여러 사업을 진전시켰다. 우리는 공격적인 회계를 단속하고, 환경 문제로 인한 법적 책임 등 해묵은 문제들을 해결하고, 고객·인수 합병·연구 개발·세계화를 비롯한 다양한 성장 이니셔티브에 투자했다. 이 세 가지 원리를 따름으

항상 이기는 조직

로써, 우리는 회사가 언제나 더 많은 가치를 전달할 수 있도록 문화와 운영 규범을 주입시키면서 모든 결정의 장기적, 단기적 영향을 고려하는데 주의를 기울였다. 우리는 회사를 유능한 성과 기계로 만들었다. 매 분기 주주들의 구미를 맞추면서도, 장기적으로 더 민첩하고, 보다 효과적이고, 더 혁신적이고, 보다 고객 중심적인 회사가 된 것이다.

2008년 대침체Great Recession(서브프라임 사태 이후 미국에서 비롯되어 전 세계가 겪은 경제 침체 상황-옮긴이)가 찾아왔을 때는 우리가 이미 탄탄한 기반을 쌓은 후였다. 우리는 단기와 장기를 아우르는 이원적 접근법을 계속해서 실행했기 때문에, 정통에서 벗어난 여러 조치를 취할 수 있었다. 그 결과 침체가 끝난 후 바로 급속한 성장이 가능한 입지를 만들었다. 결국 우리는 그런 성장을 현실로 만들었다. 2018년 내가 회사를 떠날 때까지 하니웰은 시가총액이 200억 달러에서 1,200억 달러로 치솟았고, 800퍼센트에 가까운 수익률을 기록했으며(S&P 500의 평균 수익률보다 약 2.5배 높은), 재무와 환경에 대한 좋은 관리자의 역할을 한 공로로 여러 저명한 상을 수상했다. 또한 우리는 2,500명의 401(k)(미국의 연금제도로, 매달 일정액의 퇴직금을 회사가 적립하면 근로자가 이를 운용해 스스로의 투자 결과에 책임지는 확정기여형 퇴직연금. 미국 근로자 퇴직소득 보장법 401조 k항에 규정되어 있기 때문에 401(k)라 불린다-옮긴이) 백만장자를 만들어냈다. 직원들이 회사가 적립해준 퇴직금을 하니웰에 투자해서 만들어진 결과였다. 95퍼센트는 임원 직급이 아닌 일반사원이었고 이들 중 최저 연봉(각종 혜택과 현금 보상을 포함한)은 4만 3,000달러였다.

우리의 경험이 입증한 것이 있다. 뛰어난 재능이 있어야 장·단기 양방향에서 괄목할 만한 성과를 올리는 것은 아니란 점이다(우리는 뛰어난 재능이 있는 천재가 전혀 아니다). 마법의 공식이 있는 것도 아니다. 우리에게는 단기 성과와 장기 성과를 모두 얻기 위한 세 가지 원리 외에 어떤 특별한 공식이나 방식도 없다. 그저 상충되는 것 같이 보이는 일, 즉 단기적 성과와 미래를 위한 투자, 두 가지를 모두 달성할 수 있다고 믿으면 된다. 그리고 일상에서 그 믿음을 실행에 옮기는 데 전념하면 된다. 그 과정에서 한 발 한 발 내딛을 때마다 당신과 혹은 당신의 조직 내의 다른 조직원들이 가능하다고 생각했던 범위를 넘어서도록 밀어붙여야 한다. 리더십이 중요하다. 대단히 중요하다. 비결은 실행에 있다. 대부분의 리더들은 운영과 전략을 어떻게 해야 하는지 알고 있다. 고객들에게 봉사하고, 새로운 제품과 서비스를 내놓고, 세계화를 추구하고, 직원들에게 의욕을 심어줘야 한다는 것을 잘 알고 있다. 하지만 이 모두를 열심히 실행에 옮기는 기업은 많지 않다. 오늘 좋은 성과를 내면서 동시에 미래를 위해 투자할 수 있으려면, 모두가 입으로만 하고 있는 그 일들을 실제로 해야 한다. 이런 일은 리더인 당신이 처음부터 그것을 강력히 요구하고 어떤 타협도 받아들이지 않을 때만 일어난다.

이 책에 대하여

앞으로 이 책은 당신의 회사나 조직을 호황과 불황을 구분하지 않는 유능한 성과 기계로 변신시킬 방법을 보여줄 것이다. 나는 단기 성과와 장기 성과를 모두 얻기 위한 세 가지 원리를 응용해서 우리가 채용했던 10가지 핵심 운영 전략들을 보여줄 것이다. '1부: 단기 목표와 장기 목표를 동시에 성공시키는 기반 닦기'는 장·단기 목표를 동시에 성공시키는 데 필요한 조직 문화를 정립하는 단계이다. '1원칙: 게으른 사고방식을 몰아낸다'는 기업에 대해서 훨씬 더 철저하고 엄정하게 생각하는 방법, 그리고 다른 조직원도 그렇게 할 수 있도록 이끄는 방법이다. 이는 두 가지가 대립한다는 생각을 넘어 모순되는 일 두 가지를 동시에 해내는 것에 도전하는 것을 의미한다. '2원칙: 현재와 미래를 위한 계획을 동시에 세운다'에서 지적 훈련과 호기심의 사고방식을 전략적 계획으로 전환시켜, 회사나 조직, 회사의 일, 회사의 미래에 대한 진짜 문제에 집중하는 방법을 담았다.

'2부: 조직 최적화'는 성과를 끌어내릴 수 있는 문제들을 끊어내기 위해 반드시 해야 하는 투자 단계이다. '3원칙: 해묵은 문제를 회피하지 않는다'에서는 오랫동안 지속되었던 하니웰의 문제를 어떻게 받아들이고 해결했는지 자세히 설명한다. 4, 5, 6원칙은 비효율적이고 비효과적인 프로세스를 개선하고, 발목을 잡는 문화 충돌을 매듭짓고, 빈약한 지도부를 강화한 방법이다. 이런 일들은 회사를 성장시키면서도 고정 비용을 일정하게 유지해 자금을 마련했기 때문에 가능했으며, 이로 인해 우리는 장·단기 양 방향으로 성과를 내는 능력을 극적으로 향상시킬 수 있었다.

'3부: 성장을 위한 투자'는 미래의 확장을 위해 지금 당신이 할 수 있는 투자 결정에 대해 다룬다. 7원칙과 8원칙을 통해 나는 고객 경험, 연구·

개발, 세계화, 인수·합병과 같은 영역에 투자해서 단기 성과를 희생하지 않고도 투자에서 최대 가치를 뽑아냈다. '4부: 조직이 피할 수 없는 상황'은 어려운 시기에 장·단기 이원 접근법을 지속하는 방법을 탐구하는 단계이다. '9원칙: 불황에서도 장·단기 목표를 동시에 계획한다'에서는 대침체 기간 동안 우리가 이 접근법을 어떻게 이용해서 대침체가 지나간 후 폭발적인 성과를 낼 수 있었는지 밝히고, '10원칙: 후임 리더와 함께한다'에서는 리더십 교체에 대해서 생각하는 방식을 어떻게 바꾸어야 당신이 떠난 후에까지 탁월한 장·단기 성과를 지속할 수 있을지 생각해본다.

나는 이 책을 읽는 당신이 시야를 넓히기를, 형편없는 기대치에 위축되지 않기를 바란다. 매 분기 살아남기 위해서 장기 투자를 포기해야 한다는 지레 짐작은 말아라. 그런 것을 미래에 투자하지 못한 변명으로 삼지 말라. 크건 작건, 어떤 종류이건(영리 조직이건 비영리 조직이건) 모든 조직은 언제든 지금보다 훨씬 나은 성과를 올릴 수 있는 잠재력을 갖고 있다. 리더는 이 사실을 믿고 실행에 옮기는 일을 시작하기만 하면 된다. 심각한 위기 상황에 있었던 하니웰도 단기 성과를 내면서 동시에 미래에 투자할 수 있었다는 것을 생각해보라. 당신의 팀이나 조직도 할 수 있는 일이 분명히 있다.

단기성과주의 극복은 개별 기업에만 필요한 것이 아니라 전체 경제에게도 꼭 필요한 것이다. 자본주의는 세상에 존재했던 그 어떤 것보다 선한 힘이다. 정부가 개별 기업이 번성할 수 있게 해주고, 기업이 생산성을 높이고, 모두의 생활 수준이 높아지면서, 수백만의 사람들을 가난에

항상 이기는 조직

서 구원한 것이 바로 자본주의이다. 하지만 경제가 앞으로도 계속 번성할 수 있다는, 기업들이 계속 번창하리라는 보장은 없다. 중국이 세계 시장에서 발휘하는 영향력이 커지면서 글로벌 경쟁은 심화될 것이고, 기업들은 선두의 자리를 유지하기 위해 새로운 수준의 생산성을 달성하고 혁신을 거듭해야 한다. 하지만 주주들은 단기적으로 투자에 대한 적절한 수익이 눈에 보일 때여야만 연구·개발, 프로세스 개선, 문화에 필요한 상당한 투자에 자금을 댈 것이다.

성장을 추구하면서도 분기별로 적절한 결과를 내는 것이 리더의 의무이다. 《항상 이기는 조직》은 하니웰을 사례로 삼아 새로운 유형의 균형, 규율, 엄정함, 에너지로 조직을 운영하면서 단기에 좋은 실적을 올리는 동시에 성장에도 투자할 수 있는 방법을 보여준다. 우리는 중국 기업과 맞서 승리하고 중국 기업과의 경쟁을 기회의 원천으로 변화시킬 수 있다. 우리는 우리 기업들이 새로운 수준의 성과를 달성하게 만들 수 있다. 하지만 이런 일은 조직에게 그리고 우리 자신에게 더 많은 것을 요구할 준비가 되었을 때나 가능하다.

당신이 기다리고 있는 것은 무엇인가? 앞으로 나아가서 기회를 잡아라. 당신은 할 수 있다. 자, 시작해보자!

목차

1부 〉〉〉 단기 목표와 장기 목표를 동시에 성공시키는 기반 닦기

2부 〉〉〉 조직 최적화

1부

단기 목표와 장기 목표를 동시에 성공시키는 기반 닦기

WINNING NOW, WINNING LATER

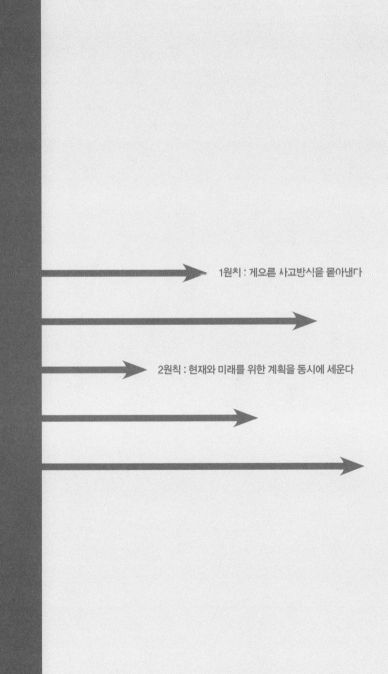

1원칙 : 게으른 사고방식을 몰아낸다

2원칙 : 현재와 미래를 위한 계획을 동시에 세운다

게으른 사고방식을 몰아낸다

2003년, 하니웰의 CEO가 되고 1년쯤 후, 사업 상황을 검토하기 위해 애리조나 피닉스에 있는 항공우주 사업 부문 사무실에 방문했다. 당시 나는 하니웰 전반에 광범위한 문화적 변화를 실행하는 일에 힘을 쏟고 있었고, 항공우주 부문은 그것을 받아들이지 않으려 하는 듯했다. 역시나 그런 태도를 조장하고 있는 것은 임원이었다(그 임원을 리치라고 부르겠다). 리치는 나 대신 내 자리에 앉을 수도 있었던 CEO 후보였다. 아마도 그래서 내게 앙심을 품었던 것 같다. 나는 리치에게 우리의 관계를 돈독히 하고, 단기 성과와 장기 성장 목표에 동시에 집중하고 싶다는 내 바람을 알렸다. 그리고 그 부문의 실적을 개선할 몇 가지 아이디어를 제안해보겠다는 기대를 품고 피닉스로 향했다.

방문은 순조롭게 시작되었다. 리치 팀의 팀원들과 악수를 나눈 나는 그들이 예의가 바르며, 나를 만나게 된 것을 기뻐한다고 느꼈다. 우리는 회의실에 둘러앉았고 팀원들은 전략 계획에 대한 프레젠테이션을 했다. 회의 테이블에 있는 각자의 자리에는 계획을 담은 보고서가 한 부씩 놓여 있었다. 내 몫의 보고서를 넘겨보았다. 표와 도표가 가득한 150페이지 길이의 보고서였다. '이건 아닌데'라는 생각이 들었다. 나는 하니웰의 임원과 관리자들이 필요 이상으로 긴 프레젠테이션을 한다는 것을 이미 알고 있었다. 사실과 수치, 해설을 통해 청중을 압도해서 날카롭고 비판적인 질문을 사전에 차단하려는 시도인 것이다.

"많은 준비를 하신 것 같군요."

나는 두꺼운 서류철을 가리키며 말했다.

"빨리 들어보고 싶습니다."

리치가 팀원에게 고개를 끄덕이자, 그 팀원은 프레젠테이션을 시작했다. 시작은 시장 검토였다. 이때까지는 순조로웠다. 하지만 몇 분이 지나 5페이지에 이르자 나는 발표를 멈추게 하고 우리가 개발하고 있는 항공기 조정석의 새로운 항공전기 시스템, 프리머스 에픽Primus Epic의 상황이 어떤지 물었다. 팀원은 그 프로젝트가 스케줄과 예산에 맞추어 잘 진행되고 있다고 확언했다. 이후 한두 페이지가 지난 후 나는 또 다른 제품 라인인 보조 동력원 시스템(지상에 있을 때 항공기에 동력을 제공하는 엔진) 시장에서 선두를 유지하는 문제에 대해서 질문을 했다. 리치의 팀원들은 내 질문에 대답을 하고 내게 예의 바른 미소를 지어 보였지만, 기분이 좋은 것 같지는 않았다. 서로 눈빛을 교환하는 것이 '이 사람 믿어도 될까?'라고 말하는 것 같았다. 그들은 프레젠테이션을 계속했다. 약 5분 후 14페이지에 이르렀을 때, 나는 다시 발표를 멈추고 우리의 가장 큰 프로그램에서 8억 달러가 넘는 초과 비용이 발생한 문제에 대해 질문했다. 리치는 진절머리가 난 것 같았다.

"데이브."

그가 말했다.

"괜찮다면, 팀이 발표를 계속했으면 좋겠습니다. 그 부분은 곧 이야기할 겁니다."

나는 그를 흘끗 쳐다보고 말했다.

"저는 지금 당장 그 문제에 대해 알고 싶은데요."

"이후에 다룰 겁니다. 장담하건대, 모든 질문에 대한 답이 나올 겁니다."

"좋습니다."

내가 말했다.

"그럼 몇 페이지에 있죠?"

리치가 팀원 한 명에게 눈짓을 하자 그가 프레젠테이션 보고서를 넘겼다.

"36페이지 상단입니다."

그 간부 사원이 대답했다. 나는 36페이지 상단을 찾아 거기에 있는 표를 살폈다.

"이건 프리머스 에픽의 초과 비용에 대한 겁니다. 저는 초과 비용 문제의 근본적인 원인을 파악하고 싶어요. 예상이 잘못된 건가요? 실행이 잘못된 건가요? 아니면 다른 문제가 있나요? 저는 실제 비용을 추정해서 그에 맞는 계획을 세우고 실행하길 원합니다."

리치는 나를 쏘아봤다.

"데이브, 다시 시작하기 전에 당신이 이 회의를 진행하는 방식에 이의를 제기해야겠습니다. 우리는 당신에게 프레젠테이션을 하기 위해 많은 시간과 노력을 투자했습니다. 끝까지 듣는 미덕을 발휘해주셨으면 좋겠네요."

"무슨 말인지는 알겠어요, 리치. 그런데 이 프레젠테이션의 목적을 좀 생각해봅시다. 팀이 저를 위해 공연을 준비했기 때문에 우리가 이 자리에 있는 것이라면, 당신 말대로 저는 조용히 앉아 귀를 기울여야 마땅하겠죠. 하지만 제가 당신네 사업과 문제들에 대해서 이해하기 위해서라면 제가 이해하기 좋은 방식으로 프레젠테이션을 진행해야 하지 않을까요? 저는 지금 당장 질문을 하고, 제게 필요한 답을 들은 뒤, 보고를 계속하기를 원합니다. 그렇게 할 수 있을까요?"

리치는 수긍했고 나는 효율적으로 그들의 사업을 검토했다. 유감스럽게도, 내가 알아낸 것은 항공우주 사업 부문이 스스로를 속이는 일에 익숙해져 있었다는 점이다. 비용을 예산 여기저기에 끼워 넣고도 솔직하게 인정하지 않고 있었다. 이것이 조직에 엄청난 부담을 안겼고, 이 때문에 1년 내내 강도 높은 단기 해결책으로 땜질을 해가며 간신히 목표를 달성해왔다. 그러다 보니 보다 공격적인 회계와 특수 거래가 필요했다. 내가 본 가장 역기능적인 접근법이었다.

근본적으로, 장·단기 목표를 모두 관리한다는 것은 구체적인 절차, 정책, 전략을 변화시키는 것이 아니다. 그보다는 다른, 좀 더 지적인 사고방식을 채택한다는 것이다. 미래를 위해 씨를 뿌리는 동시에 단기적인 성

항상 이기는 조직

과도 거둔다는 것은 이 중 한 가지 목표만을 표적으로 하는 것보다 훨씬 어려운 일이다. 너무나 어렵기 때문에 많은 임원들과 관리자들이 포기하곤 하는 일이다. 그들은 장·단기 목표를 모두 달성해야 하는 책임에서 벗어나기 위해, 곤란한 질문 던지기를 망설이고 스스로나 다른 사람들이 너무 깊이 파고드는 것을 적극적으로 막는다. 혁신과 투자를 지원하는 동시에 단기 목표를 달성할 새로운 방법을 찾는 대신, 과거와 동일한 전략, 정책, 절차에 의지하면서 교묘한 회계 처리 방식을 이용해서 이 모든 상황이 무리 없이 굴러가도록 만든다.

당신 스스로를 이렇게 내버려두지 말라. 당신은 장·단기 목표를 모두 달성할 수 있다. 다만 그것은 매 분기, 매년, 당신이 그 문제에 대한 답을 열심히 찾아야 한다는 의미이다. 당신 자신, 당신 팀, 당신 조직에게 고객, 시장, 절차에 대해서 이전보다 훨씬 깊이, 훨씬 열심히 생각하는 과제를 안겨라. 분석적인 사고방식과 디테일을 놓치지 않는 엄격함을 함양하라. 당신과 다른 사람들에게 도전적인 질문을 던지고, 만족스런 답이 나올 때까지 밀어붙여라. 그 끝이 감당하기 힘든 진실을 인정해야 하는 것일지라도 말이다. 사업에 대한 수동적인 관찰자가 아닌, 진지하고, 솔직하고, 열심인 학자가 되기로 결심하라. 지금 당장 말이다.

상충되는 것처럼 보이는 두 가지를 동시에 달성한다

지적인 엄정함에 대한 나의 인식이 뚜렷해지기 시작한 것은 1990년대 초반 GE의 가전 사업 부문에서 CFO로 일할 때였다. 우리는 사업 운영에 우리가 사용하는 비용을 줄이기 위해 노력하고 있었고, 그 목표에 따라 사장은 우리 사업 부문이 유지하고 있는 재고를 10억 달러 규모로 줄여야 한다고 판단했다. 재고 감축을 이끄는 것이 누구의 일인지 생각해보라. 그 과제에 놀라고 말았다. 어떻게 진행하면 좋을지 확신이 서지 않았다. 나는 다른 기업들이 그런 계획들을 밀고 나가면서 허둥대는 것을 여러 번 지켜보았다. 사장은 재고에 묶인 현금의 양을 줄이기 위해 앞으로 보유 재고를 특정한 양으로 유지하라고 지시한다. 하지만 재고가 줄어들면 배송에 문제가 생기고 고객의 불만은 커진다. 이에 영업팀에서는 재고를 늘려달라고 압력을 넣는다. 이렇게 재고는 슬금슬금 늘어나기 시작하고 재고가 늘어나면서 현금 흐름은 점점 말라붙기 시작한다. 다시 말이다.

나는 새로운 접근법을 시도하고 싶었다. 하지만 그게 무엇인지는 알지 못했다. 우리는 여러 직종 종사자들을 모은 다기능 팀을 꾸려 그들에게 이런 질문을 던졌다.

"이전까지 재고 감축 계획이 실패했던 이유는 무엇일까요? 다르게 할 수 있는 방법은 없을까요?"

내가 말했다.

"어차피 실패할 거라면 최소한 다르게 한 번 해봅시다. 같은 일을 반복하면서 매번 다른 결과를 기대하는 것은 미친 짓이니까요."

제조 책임자는 재고 감축 계획이 대개 실패에 이르는 이유가 고객의 불만이라고 설명했다. 기업이 재고를 줄이면, 고객 배송에 문제가 생기기 마련이다. 비축되어 있어야 할 물건이 없으니 당연한 결과이다. 고객이 불평을 하고, 영업부에서는 더 많은 제품을 비축하라고 회사에 압력을 넣는다. 결국 재고는 예전 수준으로 복귀한다. 재고 수준과 고객 만족도는 직접적으로 연관되어 있다. 재고 수준을 낮추는 것도 가능하고 고객 만족도를 높이는 것도 가능하지만 두 가지를 동시에 할 수는 없다. 상충되는 것처럼 보이는 두 가지 사이에서 선택을 해야 한다.

이것이 통념이었다. 우리는 재고를 줄이면서도 동시에 제품을 빠르게 입수하고 배송해서 고객 만족도를 유지할 방법을 찾기 위해 고민했다. 우리 팀과 나는 하루 동안 내내 그 문제를 고민했다. 어느 순간, 한 팀원이 한 발 물러나서 프로세스 전체를 분석해보자는 의견을 내놓았다. 예측에서부터 공급망, 제조, 운송, 유통까지 모든 과정을 말이다. 분석을 진행하면서 우리는 처음부터 끝까지, 그러니까 제품 하나가 공장 밖으로 실려 나올 때부터 제조 부서에서 그것을 교체하라는 지시를 받고, 생산을 해서 배송을 하고 창고에서 교체하는 데까지 18주가 걸린다는 것을 발견했다. 시간이 너무 길어 보였다. 이 전체 프로세스를 보다 효율적으로 만들어서 '사이클 타임(우리는 이 프로세스의 작동 주기를 사이클 타임이라고 불렀다)'을 단 며칠로 줄일 수 있다면 어떨까? 그렇게만 된다면 창고의 재고를 줄이면서도 고객 배송을 훌륭하게 해낼 수 있다. 재고를 훨씬 더 빨리 보충할 수 있기 때문이다. 극적으로 개선된 효율은 운영 비용을 크게 낮추는 데도 도움을 준다. 전체적인 효과는 엄청날 것이다!

우리 팀은 예측, 공급망, 생산, 유통의 사이클 타임을 줄이기 위한 프로세스 개선 작업을 시작했다. 그날 배송한 것에 대한 피드백을 즉각 공장에 제공해 공급자 리드 타임lead time(상품 생산 시작부터 완성까지 걸리는 시간-옮긴이)을 절약하고, 로트 사이즈lot size(해당 생산 공정에서 만들어지는 제품 모델의 양-옮긴이)를 극적으로 줄이고, 창고로의 운송 시간을 단축시켰다. 4년에 걸쳐 지속된 이런 노력으로 사이클 타임이 약 2주로 줄어들었다. 우리는 재고 수준을 절반으로 줄이는 한편 정시 배송률을 80퍼센트 초반에서 90퍼센트 이상으로 높일 수 있었다. 상충되는 것처럼 보이는 두 가지 목표 중 하나에만 집중하는 대신 둘을 동시에 달성하기 위해 노력함으로써, 우리는 전체 사업에 대해서 훨씬 더 신중하게 생각하고, 이전에는 아무도 묻지 않던 부분에 의문을 제기하게 되었다. 이런 상당히 치열한 지적 프로세스 덕분에 우리는 사업의 상당 부분을 개편해서 하나가 아닌 지표 전반에서 더 나은 기능을 하도록 만들었다. 근본적인 문제였던 수준 이하의 프로세스를 개선하자 거기에서 얻은 혜택이 오랫동안 이어졌다.

'어떤 멍청이라도' 이론

이 이야기에서 잠깐 벗어나, 확실히 해두고 싶은 것이 있다. 나는 리더십의 핵심이 지적인 활동이라는 굳은 믿음을 갖고 있다. 하나의 지표라면 어떤 멍청이라도 개선시킬 수 있다. 거기에는 깊은 생각이나 창의력이 필요치 않다. 좋은 리더라면 조직에서 늘 긴장이 발생한다는 것을 인정하고 그런 긴장을 해소하기 위해 더 깊이 생각함으로써 더 나은 결과를

항상 이기는 조직

얻어낸다. 통념은 판매하는 제품이나 서비스의 수익률을 높이려면 판매량은 희생해야 한다고 말한다. 일선 직원들에게 결정권을 주려면 통제력을 유지하고 작은 사고의 발생을 막을 수 있는 능력은 포기해야 한다고 말한다. 정시 배송률을 높이려면 재고를 줄이는 것은 포기해야 한다고 말한다. 훌륭한 리더라면 자신은 물론 다른 사람에게도 사업을 더 잘 이해하고 사업에 대해서 다시 깊이 생각해서 상충되는 것처럼 보이는 것들을 동시에 달성하는 과제를 부여해야 한다. 그런 지적 훈련(엄정함과 호기심의 사고방식)을 통해 리더들은 사람들이 절대 함께 할 수 없다고 말하는 것, 즉 단기 성과를 높게 유지하면서 동시에 좋은 장기적 결과를 달성하기 위해 미래에 투자하는 방법을 익힐 수 있다.

나는 이런 믿음을 갖고 있었지만, 한편으로는 대부분의 경영진이 상충되는 우선 사항을 함께 추구하는 일에 도전하지 않으며 여기에 필요한 지적 노력에도 가치를 두지 않는다는 점도 잘 알고 있었다. 1990년대 초, GE의 리더들은 우리의 재고 감축 활동에 대단히 만족해서 우리가 배운 것을 다른 사업 부문에 공유해달라고 요청할 정도였다. 우리 프레젠테이션을 들은 후, 청중은 손을 들고 이렇게 묻곤 했다.

"그래서 이런 훌륭한 결과를 얻기 위해서 했던 가장 중요한 일 한 가지를 꼽는다면 무엇인가요?"

나는 이렇게 대답했다.

"최선의 한 가지를 꼽는 것은 불가능합니다. 차이를 만들 수 있었던 것은 우리가 지적 엄정함의 사고방식을 채용했기 때문입니다. 여러분 조직에서 복제하기 위해 노력해야 할 것도 바로 이 사고방식입니다."

청중들은 고개를 끄덕였지만 정말 그 의미를 이해한 것은 아니었다. 몇 분이 지나면, 누군가가 손을 들고 말한다.

"그렇군요. 사고방식이 중요한 거군요. 그런데 당신들이 한 일 중에 정말로 큰 차이를 만든 한 가지 일이 있다면 무엇입니까?"

청중들은 사업에 대해서 치열하게 생각하지 않아도 될 쉬운 해답을 원했다. 유일한 진짜 해답은 치열하게 생각하는 것인데도 말이다.

지적 게으름이 판을 친다

실망스럽게도 하니웰에는 그런 지적 게으름(Intellectual Laziness, 합리적 추론을 피하고 문제 해결을 위한 행동을 하지 않는 상태-옮긴이)이 만연하고 있었다. 내가 발을 들여놓았을 때의 하니웰은 문제의 근본 원인을 파고들고, 새롭고 창의적인 해법을 발전시키는 데는 전혀 익숙하지 않은 조직이었다. 경영진은 한 측면에 치우친 목표만을 추구했다. 해당 분기에 목표치를 맞추는 데 필요한 일이라면 무엇이든 하면서 그들이 하는 행동의 광범위한 결과는 걱정하지 않았던 것이다. 사람들은 이렇게 말했다.

"다음 분기의 일은 다음 분기에, 다음 해의 일은 다음 해에 걱정해야죠."

단기적인 성과에 매달리면서 장기적으로는 부진이 이어지는 상황이 계속 반복됐다. 영속적으로 기업을 더 낫게 변화시키고 여러 목표를 동시에 달성하는 새롭고 흥미로운 해법을 개발하는 일에 나서는 리더는 없었다.

그런 지적 게으름은 일상에 존재하는 담론의 수준을 조악하게 만들었다. 많은 기업들이 리치와 그의 팀원들이 항공우주 사업 부문에서 하는 방식으로 사업을 운영한다. 사업에 대해서 깊이 생각해볼 의욕이 전혀 없고, 그렇게 하라는 지도부의 요구도 받지 못한 팀들은 본질적으로는 쓸모없는 회의를 열고, 그들의 프레젠테이션에는 그럴듯한 전문 용어, 의미 없는 수치, 불완전한 논리를 숨기고 사업의 외양을 보기 좋게 만드는 분석 체계만이 가득하다. 조금만 들춰보면 대부분의 경영자와 관리자들이 자신들의 사업을 잘 이해하지 못하고 있으며, 심지어는 전혀 이해하지 못하기도 한다는 것을 발견하게 된다.

그들은 고객을 전혀 이해하지 못했다. 임기 초반 항공우주 사업 부문의 고객 한 명을 만나기 위해 에어쇼에 갔던 일을 평생 잊지 못할 것이다. 그 고객을 담당한 팀이 방문에 대한 브리핑을 해주었다. 나는 그 부문의 리더, 제품 담당 책임자, 영업 담당자와 함께 회의에 들어갔다. 우리는 훌륭한 신제품에 대해 논의를 할 것이라고 생각하고 있었다. 나는 늘 하던 대로 하니웰이 그들의 기대를 충족시키고 있는지 질문하는 것으로 대화를 시작했다. 고객사의 CEO가 말했다.

"방문해주셔서 감사합니다. 개발 프로젝트에 아무런 성과가 없어서 당신 회사를 상대로 소송을 제기하기로 하고 그 작업을 마무리하던 참이거든요."

뭐라고? 나와 내 동료들은 충격에 서로 눈빛을 교환했다. 아무도 그 고객이 얼마나 화가 나 있는지 모르고 있었던 것이다. 그들은 고객이 그들과의 관계에서 어떤 경험을 하고 있는지 전혀 몰랐다. 나는 시간을 달라고 간청했고 우리 편에서 서둘러 일을 처리한 결과 소송 진행을 막을 수 있었다.

이 팀만이 아니었고 이 고객만이 아니었다. 하니웰의 리더들은 운영 프로세스를 깊이 있게 연구하지 않았다. 그들은 기술, 시장, 비즈니스 사이클의 기본 원리를 모르고 있었다. 그들은 공급망에 대해서 파악하지 못하고 있었다. 그들은 평사원들이 회사를 어떻게 보고 있는지에 대해 무지했다. 그들은 우리가 직면한 환경 소송과 같은 중요한 법적 문제에 대해서도 알지 못했다. 그들은 왜 사업이 창출하는 현금이 그렇게 적은지도 알지 못했다.

회사의 실적이 나쁜 것이 너무나 당연했다.

보다 현명하고, 보다 정보에 입각한 의사 결정

내가 CEO로서 처음 맡았고 가장 오래 매달렸던 과제는 개인의 사고와 집단의 논의 양쪽의 질을 극적으로 개선하는 것이었다. 이 일을 어떻게 해냈는지 이야기하기 위해서 내가 오랫동안 사용했던 리더십 체계를 소개하도록 하겠다. 내가 보기에 리더의 임무는 세 가지로 요약된다.

첫째, 리더는 큰 규모의 사람들을 동원하는 방법을 알아야 한다. 둘째, 리더는 팀이나 조직이 움직여야 할 적절한 방향을 선택해야 한다. 셋째, 리더는 팀 전체, 조직 전체가 지정된 목표를 실행하기 위한 방향으로 움직이게 만들어야 한다.

대부분의 사람들은 리더십을 주로 첫 번째 요소와 연관시킨다. 집단에게 영감을 주고 집단을 고무시키는 일과 말이다. 스티브 잡스Steve Jobs와 같이 당당한 연설로 청중을 사로잡고 그들에게 성과 달성의 의욕을 불어넣는 카리스마 있는 리더를 떠올리는 것이다. 사실, 사람들을 동원하는 것은 리더가 하는 일의 약 5퍼센트에 불과하다. 최고의 리더는 그들이 가진 시간의 대부분을 나머지 두 개의 요소에, 즉 훌륭한 결정을 하고 그런 결정을 일관되게 실행하는 일에 할애한다.

당시 하니웰의 리더들이라면 좋은 전략적 결정이 발에 채여도 알아보지 못했을 것이다. 사업에 대해 파악하고 사업을 비판적으로 고려하는 데 시간을 할애하지 않았기 때문이다. 나는 이런 문제를 바로잡기 위해 정보에 입각한 정직하고 신중한 방식으로 의사 결정을 한다는 것이 무슨 의미인지 정의하는 일에 상당한 시간을 쏟았다. 그리고 그 일을 하는 가장 좋은 방법이 내 스스로가 비판적인 질문 프로세스의 본보기가 되는 것이란 깨달음을 얻었다. 나는 우리가 동시에 두 가지 상충하는 목표를 달성하도록 스스로를 '몰아붙이고 있음'을 명확히 못 박았다. 하지만 이런 목표를 단순히 지시만 하는 것이 아니라, 그들의 사업에 대한 비판적인 질문을 던지고 그들이 창의적인 해법을 창출하도록 자극하면서 팀원들이 건전한 결정을 내리는 길을 걷도록 지원했다.

어디에서나 내가 항공우주 사업 부문의 리치와 가졌던 것과 같은 대화가 벌어졌다. 프레젠테이션을 수동적으로 듣는 대신 나는 예의 바르지만 단호한 태도로 그들의 말을 막고 사업에 대한 질문을 던졌다. 회의에 앞서 팀원들에게 중요한 질문을 던져 그들이 깊이 생각을 해보게끔 만들었다. 나는 그들의 대답에 귀를 기울인 뒤 더 많은 후속 질문을 하고 만족하지 못했을 때는 그 점을 분명히 밝혔다. 공격적이고, 부담을 주고, 어쩌면 좀(아니 조금보다 더 많이) 짜증스럽단 느낌을 주었을까? 틀림없이 그랬을 것이다. 하지만 진전going forward은 경영진의 비합리적인 요구 때문에 일어난다. 나는 그에 대해 확신을 갖고 있다. 리더는 사람들에게 부담을 안겨주어야 한다. 그렇지 않으면 직원들은 미미한 결과만을 내놓을 것이다. 사람들과 조직은 그들이 가능하다고 생각하는 것보다 훨씬 많은 것을 할 수 있다. 하지만 리더들은 이 과정에서 심술을 부려서는 안 된다. 나는 언제나 공손하고 정중하게 질문을 하려고 노력한다. 내가 직원이었을 때, 내가 틀렸다고 말하거나 명령을 강요하는 리더보다는 나를 존중해주는 리더에게 더 좋은 반응을 보였다는 점을 기억하기 때문이다.

날마다, 매 회의 때마다, 나는 예의 바르지만 끈질기고 집요하게 사업의 핵심 요소에 대한 질문을 던진다. 때로 정중함을 약함의 신호로 받아들이는 사람들이 있다. 상대가 그런 식으로 받아들일 때면 그 인상을 교정해준다. 나의 모든 질문에 부정적으로 반응하는 사람들도 있다. 시간이 흐르면 그들은 지적인 엄정함을 발전시키거나 회사를 떠나는 둘 중 하나를 선택하게 된다. 좋은 리더들은 나와 옥신각신하며 논쟁을 벌이는 것을 즐긴다. 한편으로 그것이 아주 힘들고 부담이 된다는 것을 느끼면서도 말이다.

2006년, 나는 1년에 걸쳐 항공우주 사업 부문에서 소프트웨어 개발 사업 개선의 임무를 맡고 있는 고위 임원들과 여러 차례 만남을 가졌다. 이

항상 이기는 조직

런 회의가 예정되어 있으면 담당 팀은 몇 주 전부터 내가 그들에게 할 질문들을 조사한다. 당시 항공우주 사업 부문의 기술 담당 최고책임자였고 지금은 하니웰 기업혁신 부문 수석 부사장인 팀 마호니Tim Mahoney는 우리가 함께한 첫 회의에서 내가 다섯 시간에 걸친 후속 질문으로 그들의 진을 빼놓았던 것을 기억하고 있다. 우리는 소프트웨어 개발자들이 사용하는 기술의 미묘한 성격, 재무제표, 그의 팀이 채용하는 인재들에 대해 이야기를 나누었다. 그는 이렇게 말한다.

"정말 힘들었죠. 하지만 한편으론 짜릿하기도 했습니다."

마호니는 회의실을 떠날 때의 팀원들은 회의실에 들어올 때보다 "앞으로 이룰 것에 대한 흥분으로 고무되어 있었다"라고 회상했다.[1]

애매한 사고는 이제 그만

다른 리더들에게 지적인 도전 과제를 던지면서, 나는 그들이 조직 내에 존재하곤 하는 점진주의incrementalism(오로지 결정의 단기적 영향만을 생각하고 장기적 영향을 무시하는 경향)를 넘어서도록 하는 데 집중했다. 기존의 고비용 공장의 확장을 생각하고 있는 리더들에게 저비용 고품질이 가능한 입지에 새 공장 설립을 고려하지 않는 이유를 물었다. 그들은 이렇게 답했다.

"음, 기존 공장을 기반으로 하는 것이 비용이 적게 드니까요."

이런 단기적인 회사 상황만을 따로 생각하면 그들의 판단이 옳을지도 모른다. 하지만 다른 곳에 새로운 공장을 세움으로써 미래의 확장을 위한 길을 닦을 수 있다는 점을 고려하면 지금 조금 더 돈을 써서 잠재 수익성이 높은 새 시장을 만드는 것이 더 좋다.

마찬가지로, 사업의 핵심적인 부분과 그렇지 않은 부분, 즉 아웃소싱을 허용해도 좋은 부분을 판단할 때 대개 리더들은 운영 영역의 95퍼센트는 아웃소싱이 불가능한 핵심적 부분으로 판단했다. 자세히 조사해보면, 이런 판단은 그들이 단순히 특정 영역의 아웃소싱이 회사에 지나친 비용 부담을 줄 것이란 생각에서 나왔음을 발견할 수 있었다. 그들은 보다 광범위한 장기적 그림을 고려하지 못했던 것이다. 핵심적이지 않은 부분의 사업을 관리하는 비용, 필요한 실제 건물, 경제 변화에 적응하는 우리 능력의 저하, 이런 부분에 투자를 계속하는 비용 등을 고려하지 않는다. 이런 숨은 장기적 영향에 속하는 요소들을 고려하면 비용 방정식은 매우 다른 모습이 된다. 핵심 영역이라고 생각했던 부분들을 아웃소싱하는 편이 훨씬 더 바람직해 보이는 것이다(내 경험에 따르면, 조직은 보통 그들이 하는 일의 30~70퍼센트를 아웃소싱할 수 있다).*

나는 CEO로서 리더들에게 모든 결정에서 복합적이고 장기적 그림을 깊이 생각해보라고 요구한다. 또한 잘못될 가능성이 있는 것들에 대해

---

* 핵심 사업 영역에서 핵심적이지 않은 사업 영역을 적절히 구분한 후에도, 재무팀에 지속적인 자본적 지출capital expenditure(미래의 이윤 창출을 위한 투자 과정에서 지출된 비용-옮긴이) 분석을 지시해야 했다. 사업부가 비핵심으로 확인된 사업 운영에 계속해서 투자를 하고 있었기 때문이다. 조직의 타성이란! 우리는 HSE(건강, 안전, 환경)나 필수적인 유지·관리를 위해서 필요한 것이 아닌 모든 비핵심 자본적 지출을 막았다.

항상 이기는 조직

서도 주의 깊게 생각해보란 과제를 준다. 확률이 낮은 사건은 의사 결정 과정에서 외면받기가 쉽다. 그러나 이런 사건들은 실제로 발생했을 때 파멸적인 결과를 초래할 수 있다. 불리한 측면을 보다 공격적으로 고려함으로써, 우리 팀들은 그렇지 않으면 놓치고 넘어갔을 중요한 일들을 부각시키는 데 성공하곤 했다.

어느 정도의 깊이로 생각을 해야 하는 것인지 궁금한가? 이는 사업과 결정의 유형에 좌우된다. 사이클이 긴 사업은 아주 간단한 결정들도 하나의 프로젝트가 되어버리는 경향이 있다. 사이클이 짧은 사업은 보다 빨리 움직이면서 사안에 대한 피상적인 이해만으로 진행하는 경향이 있다. 따라서 나는 결정하기 전에 무조건 깊이 생각하라고 리더들을 독려하기보다는 지적인 측면에서 사안의 성격을 생각하라고 충고한다. 결정의 영향이 미미하고 돌이킬 수 있는 것이라면 빠른 결정의 측면에서 분석의 일부는 건너뛰고 지나치게 주의를 기울이지 않아도 될 것이다. 반대의 경우라면 결정전에 충분한 시간을 할애해서 세부 사항들을 자세히 살펴야 할 것이다.

| 3분의 시간 |

파나마 운하 건설에 대한 책을 읽다가 그 프로젝트를 맡았던 수석 엔지니어의 일화를 읽게 되었다. 이 엔지니어의 수학 선생님은 "문제를 풀 시간이 5분이 있다면 처음 3분은 이 문제를 어떻게 풀지 생각하는 데 할애해라"라고 말씀하시곤 했다고 한다. 나는 하니웰에서 이 이야기를 수없이 반복했다. 일의 속도를 늦추고 문제에 대해서 좀 더 생각하도록 만들기 위해서였다. 한 번은, 항공우주 사업 부문의 리더들이 인수 진행 여부를 고려하고 있었다. 회의 말미에 팀원들에게 그 거래를 정말로 진행하고 싶은지, 결과를 보장할 수 있는지 물었다. 대부분의 팀원은 바로 그렇다고 답을 했지만 당시 항공우주 사업 부문의 책임자였던 팀 마호니는 이렇게 말했다. "조금만 따로 시간을 가지고 싶습니다. 월요일에 그 문제를 다시 말씀드려도 될까요?" 나는 그런 반응이 너무나 마음에 들었고 그의 요청을 바로 수락했다. 마호니는 그 시간 동안 추가적인 가능성들을 확인하는 데 할애해서 그 거래의 세부 사항을 다시 한 번 골똘히 생각해본 뒤 진행하기로 결정을 내렸다. 우리는 그 회사를 인수하는 데 6억 달러를 썼다. 거래가 성사되고 5개월 후, 마호니의 팀은 그 회사의 가치를 평가할 때 포함시키지 않았던 24억 달러 규모의 주문을 따냈다. 3분을 더 할애한 것이 대단한 성과를 낸 것이다!

다른 사람들을 밀어붙인다는 것은 곧 '자신'을 밀어붙인다는 뜻

리더들에게 보다 엄정한 방식으로 결정을 내리라고 요구하는 것은 나 역시 더 노력을 기울인다는 의미였다. 나는 회의 전에 팀에게 던질 핵심적인 질문을 준비하는 데 많은 시간을 투자했고, 관련된 특정 사업은 물론이고 보다 광범위한 추세에 대해서도 따로 정보를 수집했다. 15년 간 CEO로 있으면서 회사의 운영 상황과 회사가 직면한 문제를 보다 잘 파악하기 위해 약 100개국의 공장과 고객들을 방문했다. 본사로 출근할 때면 매일 다섯 개의 신문을 읽고 더불어 주요 비즈니스 간행물과 다방면의 주제를 다루는 책, 잡지를 읽었다. 우리 업계 밖의 CEO, 금융 관련 인물들, 투자자, 정책 결정권자 등 다양한 사람들을 만났다. 그들이 새롭게 부상하는 추세들에 대해 어떻게 생각하는지 이해하기 위해서였다. 또한 사무실에 혼자 앉아 우리 사업들에 대해서 생각하는 블루노트 활동을 하는 데도 시간을 할애했다. 스스로에게 질문을 던지고 그 답을 찾기 위해 노력했고 우리 시장에 영향을 주는 외부 추세를 살피며 우리 사업들을 어떻게 적응시키면 좋을지 고민했다.

나는 정보를 놓치지 않기 위해 노력하는 한편으로, 스스로 어느 정도의 기능적 전문 지식을 쌓기로 했다. 하니웰에서 일하는 동안 IT, 법률, 소셜미디어 등 다양한 주제를 다룬 책들을 읽었다. 나는 이들 영역의 추세가 우리 사업에 영향을 준다는 것을 알고 있었기에 그런 것들에 대해서 대화를 나눌 수 있는 능력을 갖추고 싶었다. 전문가가 될 수는 없었지만 내가 하는 질문이 전문가인 팀원들로 하여금 새롭고 창의적인 방식으로 생각하도록 자극을 줄 수 있었다. 그들은 내가 정곡을 찌르는 질문을 한다는 것을 알기 때문에 비즈니스 아이디어를 일반인도 이해할 수 있는 방식으로 쉽게 설명할 준비를 갖추어야 했다. 이런 활동을 통해 그들은 자신의 생각을 보다 더 다듬을 수 있었다. 단순성과 간결성을 추구한다는 것은 쉬운 일이 아니다. 프랑스의 철학자 블레즈 파스칼Blaise Pascal은 친구에게 보낸 편지의 말미에 짧은 편지를 쓸 만큼 시간이 없었기 때문에 편지가 길어졌다는 추신을 덧붙였다고 한다.[2] 나는 생각을 간단명료하게 요약해서 전달할 수 없다면, 그 주제에 대한 이해가 부족한 탓이라고 믿는다.

다양한 분야에 대한 정보를 습득하려는 나의 노력에 자극을 받아 우리 팀원들도 전문이 아닌 분야의 책들을 읽게 되었다. 백발이 성성한 CEO가 사물 인터넷Internet of Things(사물에 감지기를 부착해 실시간으로 데이터를 주고받는 기술이나 환경-옮긴이)에 대해 위험할 정도로 잘 알고 있다고 생각해보라. 법률, 인사, 운영 분야의 고위 임원들도 그에 대해 알아야 하지 않겠는가. 그렇지 않다면 대화 중에 정보가 부족하다는 인상을 줄 위험을 감수해야 한다.

조직을 전략에 부응하게 한다

정보에 입각한 엄정한 의사 결정은 중요한 요소이지만 그것만으로는 충분치 않다. 리더의 결정만으로는 어떤 일도 일어나지 않는다. 장기적 목표와 단기적 목표(혹은 어떤 것이든 상충되는 듯 보이는 두 가지 목표)를 동시에 달성하기 위해서, 리더들은 실행까지 엄정하고 정보에 입각한 접근법을 적용해야 한다. 실행에 이르면 게을러지는 리더들이 너무나 많다. 그것이 자기 수준에 맞지 않는 일이라고 생각하기 때문이다. 그들은 이렇게 말한다.

"그래서 똑똑한 녀석들을 고용하는 거잖아. 운영의 세부적 사항을 추적하고 관리하는 건 아랫사람들의 일이야."

또한 리더들은 사업의 세세한 부분까지 통제하려고 해서는 안 된다고 생각한다. 물론 조직의 번영을 위해서는 하급자들이 자주적인 의식을 가져야 하고, 리더들이 그들에게 권한을 위임하고 지나친 참견을 삼

향상 이기는 조직

가야 하는 것은 맞다.

위임과 신뢰는 꼭 필요하다. 당신 혼자서 모든 일을 할 수는 없다. 그런 일은 시도도 하지 말라. 그러나 위임이 당신 편에서의 모든 지휘권을 포기하는 것이 되어서는 안 된다. 당신은 직원들과 조직이 그들이 맡은 일을 실제로 수행하고 있는지 확인해야 한다. 나는 아찔한 경험을 통해서 이런 교훈을 얻었다. GE의 소비자 서비스 부문 부사장으로 일하고 있을 때였다. 소비자 서비스 부문은 고객들을 위해 회사의 가전제품을 수리하는 일을 했다. 사업의 규모는 상당히 컸다. 매출이 5억 달러에 가까웠다. 하지만 제품의 질이 개선되면서 수요가 감소하고 있었고(사람들이 식기세척기나 세탁기를 자주 고칠 필요가 없어졌다), 인건비는 너무나 비쌌다. 이 사업을 개선하기 위해서 구조 조정 계획(고객, 서비스 기술자 등과 여러 현장을 방문한 덕분에 내린 결정이었다)에 착수했다. 서비스 기술자의 스케줄 개선을 위한 대규모 IT 프로젝트에도 과감한 투자를 했다. 이 프로젝트가 자리를 잡으면 고객 서비스가 눈에 띄게 개선되면서도 비용은 낮아질 것이란 판단으로 실행한 투자였다.

나는 IT에 대해서 잘 알지 못하지만, IT 리더의 도움을 받아 프로젝트가 어떻게 진행되고 있는지 꾸준히 보고를 받았다. 모든 것이 좋아보였다. 그러던 어느 날 프로젝트가 실패해버렸다. 시스템이 제대로 돌아가지 않았다. 그 시스템 개발에 쓴 수백만 달러가 날아간 것이 확실해졌다. 이게 무슨 청천벽력이란 말인가. 그 후 중요한 프로젝트는 좀 더 세밀히 감독하는 습관을 만들었다.

리더는 전략에 집중하고 실행은 아랫사람들에게 맡긴다는 것은 잘못된 생각이다. 세부적인 부분까지 일일이 간섭하라는 것은 아니다. 대신 리더에 따라 감독의 정도를 조정해야 한다.* 하지만 시간은 한정되어 있다. 아무리 재능이 출중한 사람이라도 급박한 우선 사항이 있으면 어렵고 장기적인 프로젝트를 미뤄두게 된다. 리더들은 반드시 현장에 나가 이런 프로젝트들이 실제로 진행되고 있는지 확인해야 한다. '시스템적인' 부분도 빠뜨려서는 안 된다. 직원들에게는 결정을 실행하는 데 필요한 도구와 프로세스가 있을 것이다. 그들이 이런 도구와 프로세스를 개선하기 위해서 노력하고 있는지도 반드시 확인해야 한다.

하니웰의 리더들을 위해 내가 도입한 지적 훈련은 실행 세목으로 잘 정리되어 있다. 나는 현장의 실상을 파악하는 것을 내 일로 삼았다. 앞서 언급했듯이 실상의 파악은 주로 현장에 나가 일선 직원들과 이야기를 나누는 것을 통해 이루어졌지만 조직 계통에서 몇 단계 아래에 있는 관리자들로부터 핵심 사업 문제에 대한 의견을 듣고, 팀원들에게 정기적으로 우리가 어떻게 실행을 하고 있는지, 일을 더 낫게 할 수 있는 방법은 없는지 질문을 하는 방법도 사용됐다.

---

* 새로운 리더를 맞아들였거나, 특정 영역에 약한 리더나 평범한 리더가 있다면, 더 철저한 확인이 더 필요하다. 장·단기적으로 자신이 한 말을 계속 성취하는 리더라면 확인이 많이 필요하지 않다. 나는 리더들에게 일관되게 자신의 약속을 지킨다면 나로부터 받는 도움이 훨씬 줄어들 것이라고 말하곤 한다.

항상 이기는 조직

성과 코치로서의 리더

실행 과정을 주시하는 것은 사람들에게 책임을 묻기 위해서가 아니다. 진실을 좇는 질문을 던짐으로써 나는 리더들에게 성과 코치의 역할을 할 수 있었다. 리더들이 운영에 집중하게 하고, 특정한 문제를 해결할 때 사용할 수 있는 지적 체계를 보여줄 수도 있었다. "신제품이 필요해. 여기 돈이 있으니 만들어 와"라고 말하는 건 리더에게 간단한 일이다. 그렇다면 리더가 이렇게 프로젝트에 자금만 대는 것이 아니라 어떻게 혁신을 할지에 대해서 생각하라는 과제를 안긴다면 어떤 이득이 생길까? 어떻게 하면 많은 좋은 아이디어를 창출하는 관념적 접근법을 만들 수 있을까? 신제품 아이디어에 자금을 대야 할지 폐기시켜야 할지 어떻게 판단할까? 제품 개발을 어떤 사람에게 맡겨야 조직이 그것을 진지하게 생각하게 될까? 기술자들이 마케팅팀과 원활하게 상호 작용을 해서 시장이 정말로 이 신제품을 원하는지 확인하게 하려면 무엇을 해야 할까? 사용자, 설치자, 지지자의 경험을 어떤 식으로 파악해야 할까? 제품 책임자가 처음부터 제품이나 서비스를 전적으로 맡아 도입이 무산되지 않게 할 수 있을까?

이런 질문을 던지면서 내 경험을 이야기해서 리더들이 특정 프로젝트를 맡을 때 부딪치게 되는 종류의 운영상의 문제들에 경각심을 갖게 한다. 경력을 쌓는 동안 나는 제조 공정이 틀어지는 이유, 조직이 변혁에 어려움을 겪는 이유, 가격 상승이 유지되지 않는 이유를 직접적으로 배웠다. 내 자신의 성공과 실패를 되돌아보면서 나는 발생하는 다양한 상황에 따라 질문을 던져서 내가 이전에 한 실수를 피하게 하는 습관을 만들었다. 팀원들에게 손쉽게 답을 제공하는 대신 이런 질문을 던져 그들이 자신들의 사업을 보다 잘 이해하도록 만들고 보다 유리한 위치에서 실행하도록 해서, 그들 스스로 특정한 상황에서 효과를 내는 답을 찾아내게 하는 것이다. 내가 바친 시간과 노력은 팀원들의 성공 확률을 높였을 것이다.

지표의 강화

실행을 중심으로 하는 지적 훈련의 일환으로, 리더들에게 지표를 엄격하게 관리하라고 요구했다. 내가 하니웰에 합류했을 당시, 우리 공장은 전부가 그럴듯한 품질과 배송 지표들을 보여주고 있었다. 그러나 조금만 살펴보면 모든 공장의 리더들이 자신들의 성과를 높아 보이게 만들기 위해 유해한 자료를 배제했다는 것을 알 수 있었다. 고객에 대한 정시 배송 지표를 예로 들어 보자. 일정 비율의 고객은 공장이 정한 리드 타임(주문이 체결된 후에 제품의 배송까지 필요한 시간)에서 벗어난 주문을 하며, 주문이 적절히 들어가지 않을 수도 있다. 이런 경우 고객들은 제품을 제 시간에 받지 못할 것이다. 하지만 해당 공장은 여전히 정시 배송률이 99퍼센트라고 보고한다. 이런 주문은 공장의 문제가 아니라는 논리로 지표에서 제외하기 때문이다. 공장의 실행 상황을 파악하기 위해 이 자료를 보는 관리자는 고객들이 매우 만족하고 있다고 생각할 것이다. 상당한 비율의 고객은 그렇지 않은데도 말이다.

이런 문제들이 만연하고 있었기 때문에 우리는 이를 바로잡기 위해 모든 공장의 측정 체계에 대한 감사에 들어갔다. 나는 리더들에게 팀이 보고하는 지표를 자세히 살피고 팀이 개발하는 모든 운영 계획에 적절한 지표를 적용하고 있는지도 확인하라고 지시했다. 또한 실행을 감독할 때 지표 너머까지 살피라고 독려했다. 많은 사람들은 측정치를 보고 목표를 달성했다고 생각하지만 꼭 그런 것은 아니다. 측정하고 있는 지표가 나아진다 해도, 근본적인 성과는 전혀 개선되지 않을 수 있다. 많은 사람들이 지표를 원하는 상태로 만들기 위해 필요한 일이라면 무엇이든지 하면서 그 과정에서 그 목표의 밑에 깔린 사업 의도는 망각한다. 내가 자주 쓰는 표현처럼, '의도를 따르는 것이 아니라 말만을 따르게 되는 것'이다.

성과가 지표에 당연히 나타나는 것이라고 생각하고 있어서는 안 되는 상황이었다. 우리 리더들이 운영 상황을 엄격하게 검토해 지표의 개선이 그 근간이 되는 프로세스 실적 개선을 반영하는지 확인해야 했다. 사업의 다른 주요한 기능적 부분들을 희생시켜서 한 지표가 개선되는 상황이 종종 벌어졌기 때문에 지표들 간의 균형도 찾아야 했다. 재무, IT, 법률, 인사에 들어가는 비용을 줄여서 이런 기능들이 조직 전체에 주는 지원을 약화시키는 것은 우리가 원하는 상황 아니었다. 따라서 우리는 익명의 내부 설문 조사를 통해 고객 서비스가 개선되고 있는지 판단했다.

엄정한 지표에 대한 고집이 서비스 개선으로 이어지는 경우가 종종 나타났다. 다만, 노력을 수년 동안 계속했음에도 불구하고 우리는 인력의 다양성을 개선하는 데는 실패했다. 온갖 '최선의 관행'을 동원해서 해당 연도에 다양한 배경을 가진 직원의 비율을 단기적으로 높인 적은 있었다. 그러나 그런 효과가 곧 사라지는 것을 목격해야 했다. 노스캐롤라이나에 위치한 하니웰 인터내셔널 본사에서는 현지 인력에 대한 상세한 정보를 갖기 힘들다. 그런 본사에서 인사 정책을 만든다는 것이 이런 문제가 발생하는 중요한 이유 중 하나였다. 이 상황을 바로잡기 위해 우리는 우리의 데이터를 노동부의 데이터와 결합시킨 정교한 도구를 만들었다. 이 도구를 통해 우리는 인종, 성별에 따라 구분된 직업 코드로 현지에서 이용할 수 있는 인재들을 추적할 수 있게 되었다. 이 도구를 이용하면, 우리는 특정 공장, 심지어는 특정 팀의 다양성 수준을 지역의 인재 풀의 다양성과 비교할 수 있었다. 이로써 이런저런 이유로 인력 다양성을 개선하기 어렵다고 주장하는 관리자들에게 반박할 수 있게 되었다. 이전보다 훨씬 면밀하게 자료를 추적할 수 있는 능력이 생겼기 때문에 우리는 지역 관리자들에게 완전히 새로운 방식으로 책임을 물을 수 있게 되었다.

우리는 또한 새로운 채용과 감원에서 어떤 일이 일어났는지 추적함으로써 리더가 다양성 개선의 측면에서 가지고 있는 가능성도 측정하기 시작했다. 리더들이 다양성 있게 인재를 채용하고, 그렇게 채용된 인재를 유지하기 위해 충분히 노력하고 있는지 평가한 것이다. 모든 리더는 이 영역에서 자신의 진전 상황을 나와 나의 참모들에게 매년 두 번 보고했다. 그 결과 우리는 이전처럼 현상을 유지하는 데 그치지 않고 매년 꾸준한 진전을 이뤘다.

내가 하니웰의 리더들에게 늘 상기시켰듯이, 실행은 보기보다 훨씬 더 중요한 문제이다. 나는 "비결은 실행에 있다"라고 말했다. 정보에 입각한 현명한 결정을 내리는 것도 훌륭한 일이지만, 모든 결정의 실질은 그 결정을 실행에 옮기는 데 있다. 어느 곳에 있는 리더들이나 비슷비슷한 지식을 갖고 있다. 우리는 같은 책을 읽고, 같은 신문과 잡지를 읽는다. 또 같은 사람들과 이야기를 나눈다. 우리가 접근할 수 있는 컨설턴트들도 같은 사람들이다. 유리한 입장에 서려면 실행의 측면에서 더 나아져야 한다. 이는 우리의 운영 상황을 보다 잘 파악하고, 개선의 방법을 찾고, 그런 개선을 실행해야 한다는 의미이다. 리더들이 옆에 서서 지켜만 보고 있어서는 안 된다. 그것은 낡은 방식이다. 리더가 경기장에 나서야 한다. 팀이 하고 있는 일에 몰두하고, 앞으로 나아가도록 모니터하고, 사람들에게 책임을 물어야 한다. 그 후 이렇게 쌓아 올린 실행에 관한 모든 지식을 장래를 향한 의사 결정에 활용해야 한다.

X-데이의 장점

팀이나 조직에게 지적 엄정함의 본보기가 되는 것이 부담스러운 일이라는 생각이 들지도 모르겠다. 주어진 시간에 그렇게 많은 일을 어떻게 해낸단 말인가? 처음 시작하는 사람들에게는 매달 일정한 시간을 비워두고 그 시간을 사업에 대해 배우고, 비구조적인 사고에 종사하는 데 쓰는 방법을 추천한다. 끝없는 회의들이 하루를 가득 채우고 있는 상황에서 생각하고, 읽고, 배우는 것은 쉽지 않은 일이다. 매 회계연도가 시작할 때면 달력을 앞에 두고 앉아서 비서인 로이스 브라운과 데비 멘딜로에게 매 달의 2~3일을 X-데이X-Day로 지정해 달라고 부탁한다. X-데이에는 아무 회의도 잡지 않는다. X-데이 중 며칠은 사업에 대해서 혼자 생각하는 시간을 갖는다. 자회사에 대해서 알아보기 위해 즉흥적으로 출장을 가거나, 갑자기 회사 시설을 방문하기도 한다. 그 외에도 12일은 '성장의 날Growth Day'로 빼둔다. 성장의 날에는 지도부와 시간을 가지면서 그들이 다양한 성장 및 운영 이니셔티브에 대해서 깊이 생각하도록 도움을 준다. 내 참모들 역시 이런 성장의 날을 그들의 달력에 기입해둔다. 회의 일정을 잡고 싶을 때 서로의 달력을 일일이 살피지 않아도 되도록(팀원들은 자신들이 참석해야 하는 회의가 없는 한 이 날을 자유롭게 사용할 수 있다) 말이다. X-데이에도 회의 일정을 잡아야 하는 경우가 종종 생기지만, 이런 일이 일어나리라는 것을 예상하고 연초에 이미 필요한 것보다 좀 더 많은 X-데이를 마련해둔다.

X-데이가 아닐 때는 가능한 생각에 투자할 시간과 마음의 여유를 가지기 위해 노력한다. 스케줄의 철저한 관리에 대해 생각해본 적이 없다면, 바로 지금이 시작할 때이다. 그 많은 회의들이 모두 정말로 필요한가? 필수적인 회의의 길이를 최소화하고도 여전히 진전을 이룰 방안이 있지 않을까? 회의에 반대하는 것은 아니다. 특히 회의는 사실을 수면 위로 끌어올리고 좋은 결정을 창출하는 데 도움을 주기 때문에 리더들에게는 꼭 필요하다. 그렇지만 과도하게 길고, 불필요하고, 결정에 이르

항상 이기는 조직

지 못하는 회의가 너무나 많다. 내가 가장 좋아하는 기법은 팀에게 회의 시작 때나 시작 전에 요약 보고서를 제출하게 해서 이야기가 펼쳐지기를 기다리지 않고 당면한 문제의 요지와 팀의 권고를 미리 파악하는 것이다.

'의제 메모'와 블루노트

문제 해결에 필요한 후속 회의의 수를 최소화하고 그에 따라 생각의 시간을 최대화하기 위해서는, 모든 회의를 어떤 후속 조치를 누가·언제할지 정하면서 끝낼 것을 추천한다. 팀이 어떤 사안에 대한 합의에 도달했다는 것은 그 결정이 실제로 실행된다는 의미가 아니다. 후속 조치가 무엇인지 확실히 해야 한다. '누구'라는 문제에서 '팀'이라는 답은 허용하지 말라. 밤을 새워서라도 필요한 작업을 반드시 마치게 할 책임자가 명확히 정해져야 한다. '언제'라는 문제에서는 어떤 일이든 주어진 시간이 소진될 때까지 늘어지기 마련이라는 파킨슨의 법칙을 기억하라. 마감이 빠듯하다고 염려할 필요는 없다. 마감 시한을 길게 잡는 것이 단순히 문화의 영향인 때도 많기 때문이다. 한 재무팀원에게 어떤 과제를 언제까지 내게 제출할 수 있는지 물은 적이 있었다. 그런 질문을 받는 것이 영 익숙하지 않아 보이던 그 사람은 '2주'라고 대답했다. 시계를 가리키며 말했다.

"오늘 몇 시까지면 될까요?"

나는 그 과제를 그 날 오후 5시에 전달받았다. 시간을 시계가 아닌 달력을 보고 말하는 데 익숙한 조직이 있다. 그런 문화는 중단시켜야 한다.

또한 회의들 사이에 제대로 조직되지 않은 시간들을 최대한 활용해야 한다. 그 가장 좋은 방법을 나는 '의제 메모bring-up note'라고 부른다. 대개 리더들은 사람들이 자신에게 제출해야 하는 과제와 그 시점을 파악하고 있어야 한다. 나는 이런 것들을 챙기는 데 정신력을 낭비하는 대신 참가자들에게 제출할 과제와 그 마감일을 쪽지에 적어 회의 마지막에 제출하도록 하고 비서에게 그것을 정리해두도록 한다. 비서는 매일 그 전날 마감이었던 '의제 메모'를 나에게 전달한다. 이미 과제를 받았다면 그 메모를 찢어버린다. 아직 과제물을 받지 못했다면 언제 그것을 받을 수 있는지 추궁하기 시작한다. '의제 메모'를 통해서 모든 사람에게 책임감을 느끼게 만들면서도 나 자신에게는 읽고 생각하는 데 할애할 수 있는 더 많은 시간과, 에너지, 정신적 여유를 줄 수 있게 되었다. 이것이 스마트폰 이전 시대에 시작되었다는 것을 염두에 두어라. 요즘은 생산성 앱을 비롯한 소프트웨어가 비슷한 기능을 해준다. 비서가 없을 경우에는 특히 유용하다.

내 자신이 독립적으로 생각하는 데 도움을 주기 위해서, 그리고 내 일에서 타성에 젖지 않기 위해서, '블루노트'라고 부르는 습관을 활용한다. 블루노트란 자유롭게 생각하는 X-데이에 생각해낸 새로운 아이디어와 질문을 모두 모아둔 공책을 말한다. 나는 6개월에 한 번 정도 X-데이 중 하루를 택해, 회사·투자자·경기 동향·재무·사람들 등에 대해 생각하고 내 생각을 끄적여 둔다. 그러고는 이전 X-데이에 적어둔 내용들로 돌아가 그것들을 검토한다. 내가 생각했던 아이디어가 실행되었나? 그렇다면 어떤 일이 일어났나? 허술한 틈에 빠져나간 아이디어는 없었나? 그 중에 아직 추구할 가치가 있는 아이디어가 있는가? 내가 직접 제기한 의문들에 대해서는 어떻게 대응해야 할까? 그 사이에 나타난 새로운 증거는 없을까? 푸른색 표지의 공책을 훑어보는 과정(그리고 X-데이 동안 일반적으로 하는 경험)을 통해 일상에서 벗어나 외부의 시각에 가까운 눈으로 사업을 바라볼 수 있었다. 내가 블루노트에 적은 여러 아이디어들은 새로운 사업 이니셔티브로 이어져 우리 사업에 큰 차이를 만들었다. 가장 눈에 띄는 것이 우리의 주된 프로세스 개선 이니셔티브인 하니웰 운영 시스템Honeywell Operating System과 기능 혁신Functional Transformation이었다(이에 대해서는 '4원칙: 지속적인 진화에 능숙해진다'에서 자세히 논의할 것이다). 이 이니셔티브들은 내가 블루노트의 시간 동안 생각해낸 질문들에서 시작되었다.

불편한 진실을 찾아서

항상 생각하는 자세도 중요하지만 자신의 결정에 대해서 끊임없이 의문을 제기하는 것 역시 중요하다. 고위직에 올랐을 때는 특히 더 그렇다. 사람들 앞에서는 당신이 하는 행동에 대해서 자신감을 보여야 한다. 팀과 조직은 불확실성을 잘 견디지 못하기 때문이다. 그렇다고 스스로의 결정에 의문을 제기하는 일 자체를 피하라는 것은 아니다. 아니, 오히려 그런 문제 제기는 필수적이다. 확증편향(자신의 신념과 일치하는 정보는 받아들이고 신념과 일치하지 않는 정보는 무시하는 경향-옮긴이)의 희생양이 되지 않기 위해서도 꼭 필요한 일이다. 사람은 누구나 우리가 이미 갖고 있는 생각을 뒷받침하는 증거에 좀 더 관심을 기울이고 그와 상충되는 자료는 무시해버린다. 그에 대한 해결책은 자신의 가설이나 신념을 무효화하는 증거를 체계적으로 찾는 것이다. 하니웰에 있는 동안, 나와 반대되는 의견을 가진 사람이나 대화에 '불편한' 자료를 가져오는 사람에게 열심히 귀를 기울여 스스로의 생각을 발전시키곤 했다. 전 세계의 우리 시설을 방문할 때면 내 추정과 상충되는 증거에 집중하면서 사람들에게 운영에 대한 개방형 질문을 던지곤 했다. 신뢰하는 친구와 동료들에게도 내 결정에 대해 어떻게 생각하느냐고 물었다. 내 생각에서 오류를 발견하면 그들은 주저하지 않고 내게 말해주리라는 것을 알았기 때문이다.

내 자신의 믿음에 이의를 제기하는 데 있어서 완벽하다고 말할 수 있다면 좋겠지만, 사실은 전혀 그렇지가 못하다. 하니웰에서 근무하는 동안 가장 큰 후회가 남는 것은 품질 개선 방법으로 유명한 식스 시그마Six Sigma를 실행했을 때의 일이다.* 우리는 실행에 많은 투자를 했지만 이 장의 후반부에서 설명할 것처럼, 그 투자는 기대보다 큰 효과를 내지 못했다. 당시의 내가 아는 한에서라면 그 프로그램은 잘 진행되고 있었다. 분

---

* 식스 시그마는 기업이 보다 견고한 프로세스와 디자인을 만드는 데 이용할 수 있는 대단히 엄격한 통계적 도구이다. 그 방법을 처음 주장한 것은 W.에드워즈 데밍W. Edwards Deming이며 일본 자동차 제조업체들이 품질을 눈에 띄게 개선시키는 데 큰 역할을 했다.

명 실패의 징후가 있었지만 나는 그리 주의를 기울이지 않았다. 그때 엄정한 사고 훈련이 잘 되어 있었더라면 내 신념을 테스트한다는 명확한 목적을 가지고 스스로에게 전향적으로 여러 가지 분석을 재촉했을 것이다. 예를 들어 우리 여러 시설의 신제품 품질 수준을 10년 전의 품질 수준이나 실제의 디자인 단계에서 예측할 수 있는 품질과 비교해보았을 것이다. 하지만 당시의 나는 내 자신의 생각을 이런 식으로 엄정하게 평가하지 않았다. 그 결과, 이 계획은 별다른 성과를 내지 못하고 말았다.

손에 쥔 것에 안주하지 말라. 언제나 자신에게 도전 과제를 부여하고 이렇게 자문하라.

"내 가설, 가정, 신념, 결정이 잘못되었다면?"

정말 당신이 옳다면 더 강한 자신감을 얻게 될 것이다. 당신이 틀렸다면 그것은 당신의 생각을(그리고 당신의 사업을) 새로운 방향으로 추진시키는 자극제가 될 것이다.

스스로의 사고에 대해서 엄정함의 본보기를 보인다면 낙수 효과를 얻게 될 것이다. 처음에는 당신에게 직속으로 보고를 하는 사람들, 다음에는 보다 직위가 낮은 직원들 사이에서 이런 효과가 나타날 것이다. 나는 내 직속의 여러 팀에게 많은 것을 요구한다. 그래서 이 팀들의 리더는 더 깊이 생각하고 회의를 위해 더 많은 준비를 하는 데 익숙해졌다.

"우리는 일을 엄정한 수준에서 처리해야만 한다는 것을 알고 있었습니다."

그리고 전 하니웰의 법무자문이었고 현재는 애플의 법무자문인 케이트 애덤스Kate Adams는 이렇게 말했다.

"타당성에 대한 일련의 면밀한 질문을 거쳐야 할 가능성이 높았기 때문이죠."[3]

보다 깊고 넓게 생각하게 하려면 사람들에게 자극이 좀 필요한 때가 있다. 우리가 세무팀의 새로운 책임자를 채용했을 때의 일이다. 그는 프레젠테이션 도중 당장의 세금 문제를 해결하기 위해 할 수 있는 일이 별로 없다고 말했다. 그에 대한 내 대답은 이랬다.

"그런 답이라면 돈을 훨씬 덜 주고 고용한 사람에게도 들을 수 있을 것 같네요."

그는 내 말뜻을 알아차리고 보다 면밀한 분석을 제공하기 위해 노력했고 결국 뛰어난 성과를 올리게 되었다.

회의를 진행하는 방법에 주의를 기울인다

직원들이 더 깊이 생각하게 만들고 팀들 사이에 지적 담론의 수준을 높이기 위해 취할 수 있는 또 하나의 조치가 있다. 바로 회의를 주재하는 방법에 더 주의를 기울이는 것이다. 당신은 대화를 주도하고 팀에게 답을 지시하는 경향이 있는가? 그렇다면 생각의 양과 질을 떨어뜨리고 있는 것이다. 당신이 하는 의사 결정의 질은 떨어지고 당신은 팀의 비판적 사고 역량을 강화할 소중한 기회를 잃게 될 것이다. 사안에 대한 자신의 의견을 너무 일찍 내보이는 때에도 마찬가지이다. 팀원들은 당신이 좋아할 것이라고 생각하는 아이디어만을 내놓을 것이고 당신의 의견과 조화되지 못한다고 느껴지는 의견의 공유는 포기할 것이다. 내가 자주 하는 말이 있다. 회의의 처음이 아니라 마지막에 옳은 것이 중요하다.* 그런 사고방식을 받아들인다면, 회의에서 말을 훨씬 덜 하고 대신 다른 사람들이 사실을 보고하고 자신의 의견을 말하게 하는 데 집중하게 될 것이다. 물론 이것은 자존심을 굽힌다는 의미이다. 이 부분에서 어려움이 있다면 이 점을 기억하라. 리더인 당신은 당신이 내린 결정의 질과 그 결정이 낳은 결과로 평가를 받지, 아이디어가 본래 당신의 것인지 여부로 평가를 받는 것이 아니다.**

| 자존심을 굽힌다: 아버지의 교훈 |

내 아버지는 강하고 거친 남자였다. 제2차 세계대전 당시 미 해군에서 복무하면서, 여러 작전에 참여했고, 부상까지 입었었다. 나는 어린 시절 아버지가 운영하는 주유소 겸 정비소에서 일을 하면서 많은 시간을 보냈다. 평소보다 손님이 뜸한 어느 날, 아버지와 나는 무슨 일이든 일어나길 바라며 갓돌에 앉아 있었다. 차 한 대가 끼익 소리를 내며 주유소로 들어왔다. 아버지는 차로 다가가 평소대로 밝게 인사를 건넸다. 손님을 차 밖으로 나와 아버지가

---

* 하니웰에 합류한 초기에 이 접근법을 우연히 발견했다. 이사회나 참모들을 신뢰하기 힘들다는 것을 깨달은 나는 내 의견을 미리 표현하지 않기 위해 더욱 조심하게 되었다. 이후 보다 풍성한 논의가 가능해지면서 더 나은 결정을 할 수 있게 되었다. 그 뒤부터 회의를 진행하는 방식을 영구적으로 바꾸었다.

** 외부 고문이나 은행가, 여러 유형의 컨설턴트와 일을 하고 있을 때는 이런 접근법을 따르는 것이 특히 중요하다. 당신은 돈을 내고 그들을 고용하는 것은 그들의 지지를 얻기 위해서가 아니라 그들의 객관적 조언을 얻기 위해서이다. 초반에 당신의 의견을 피력하지 않고 그들이 이야기를 하게 두어야, 그들의 솔직한 생각을 듣게 될 가능성이 보다 높아진다.

일을 잘못했다면서 5분 동안 고래고래 소리를 질렀다. 나는 아버지가 그 남자의 얼굴에 주먹을 날릴 것이라고 생각하며 그들을 바라보고 있었다. 아버지는 당하고 있을 사람이 아니었다. 그러나 아버지는 몹시 미안해하면서 몇 번이나 "죄송합니다. 제가 수습을 해드리겠습니다"라고 말했다. 손님이 씩씩거리며 떠났고 아버지는 내가 앉아 있는 곳으로 돌아왔다. 아버지는 내 옆에 앉아 허공을 응시하고 있었다. 나는 아무런 말도 하지 않을 작정이었다. 맥없는 목소리로 아버지가 입을 떼셨다.

"데이브, 살다 보면 자존심은 뒷주머니에 넣어둬야 하는 때가 있단다."

그 순간은 평생 내 마음 속에서 떠나지 않았다. 좋은 리더가 되려면 우리는 때로 자존심을 접어두어야 한다. 아무리 강하고 거친 성격의 소유자일지라도 말이다.

하니웰에서, 일련의 질문을 던지고 다양한 의견을 내도록(속담에서 말하듯, 두 사람의 의견이 항상 잘 맞는다는 것은 한 사람만 생각을 하고 있다는 증거이다) 격려하면서 팀들을 이끌어가려고 노력했다. 사람들이 내가 생각하고 있는 것에 역행하는 발언을 하면, 그들이 자신의 주장을 끝까지 발전시키도록 격려했다. 내 생각과 일치하는 의견을 표명하면, 입을 다물었다. 서둘러 그들에게 동의하지 않기 위해서였다. 대화가 그대로 흘러가게 놓아두고 진심으로 귀를 기울이기 위해 노력했다. 사람들은 다른 사람이 이야기를 하는 동안 다음에 자기가 할 말을 생각하는 경우가 정말 많다. 나는 상대의 이야기를 끝까지 듣고 3초를 기다린 후에 대답하는 습관을 들였다. 그런 작은 변화가 다른 사람이 말하는 것(혹은 말하지 않는 것)에 진심으로 귀를 기울일 수 있게 해주는 놀라운 효과를 발휘한다. 나는 회의

항상 이기는 조직

테이블에 앉은 사람들의 몸짓이나 표정도 주시했다. 다음에 누구에게 의견을 청해야 할지에 대한 힌트를 찾는 것이다.

대화 중에 나는 대화에 참여하는 데 어려움이 있을지도 모르는 내향적인 사람들을 비롯해 참석한 모든 사람의 이야기를 이끌어 내기 위해 최선을 다한다. 그렇게 하는 동안 리더로서 내가 직면한 구체적인 상황을 유념하기 위해 노력하고, 그에 따라 내 질문과 발언을 조정했다. 대개의 리더들은 모든 회의에서 같은 페르소나를 불러낸다. 하지만 그건 실수이다. 한 번은 화가 난 리더, 다음번에는 수동적인 리더, 또 다음에는 친화적인 리더라는 인상을 주어야 한다. 당신이 보여주는 모습은 달성하려는 목표에 따라 달라져야 한다. 화가 났다면, 일부 리더들이 하듯이 그 불만을 다음 회의까지 연결시키는 일이 없도록 주의해야 한다. 그 자리에 있는 팀은 당신을 화나게 한 문제와는 아무런 관련도 없지 않은가!

모든 의견에 대한 논의가 끝나면, 참가자들에게 내 위치에 있다면 어떤 결정을 내릴지 묻는다. 하급자가 상관의 의견을 따라가는 것을 막기 위해 가장 직급이 낮은 사람부터 시작해서 가장 직급이 높은 사람의 의견을 들을 때까지 계속한다. 모든 사람들의 의견을 들은 후 내가 어떤 결론에 이르렀는지 이야기한다. 그리고 내 생각의 과정을 최대한 상세하게 설명한다. 이런 방식을 통해 사람들은 내 의사 결정 절차를 이해할 수 있고, 그들이 직면하는 다른 결정에 나의 의사 결정 절차를 보다 잘 적용할 수 있다.

대화의 질이 떨어지지 않게 하기 위해 나는 우리가 노력이 아닌 결과에 보상을 한다는 것을 명확히 한다. 어떤 것을 성취했는지는 생각하지 않고 일주일에 100시간을 일했다고 내세우며 인정을 바라는 경우가 많다. 노력을 결과와 혼동하는 것이다. 이는 다른 사람들이 결과와 결과를 달성하기 위해 필요한 조치에 집중하는 것을 방해한다. 회의에 참가한 사람들이 노력에 대한 인정을 바랄 때면 이렇게 말하곤 했다.

"흥미롭지만 상관이 없는 이야기군요. 결과가 없다면 보상도 없습니다."

냉혹하게 들릴지 모르겠지만 세상은 이렇게 돌아간다. 질 높은 결정을 하고 그에 따른 효과적인 실행을 하려면 내 직원들이 그런 현실을 반드시 이해해야 한다고 생각했다.

나는 사람들에게 가능한 자신들의 주장을 자료를 통해 뒷받침하도록 요구한다. 기억에 남는 회의가 하나 있다. 인사부 복지후생 팀원들이 변화 제안에 계속 반대하고 자신들의 의견을 내세우면서 "제가 느끼기엔"이라는 말을 앞세웠다. 이 결정이 결국 감정의 문제라면, 내 결정이 이길 것이고 우리는 제안된 변화를 추진하게 것이라는 말로 회의를 마쳤다. 그들은 다음 회의에 자신들의 의견을 뒷받침하는 자료를 가져왔다(이것은 내 감정도 움직였다). 그뿐이 아니었다. 그 팀 리더인 브라이언 마르코트는 내게 감정에 관한 10곡의 노래가 들어 있는 CD까지 안겨주었다. 자료의 중요성에 대한 메시지는 인사 조직 전체에 반향을 일으켰다. 증거의 중요성을 등한시하곤 하는 기능 부서에서 반가운 발전이 있었던 것이다.

회의를 더 엄정하게 만드는 마지막 방법은 사람들이 회의가 끝난 후 내 방에 찾아와 회의실에 있는 사람 때문에 "회의에서 목소리를 낼 수 없었다"는 말을 하게 않게 하는 것이다. 이 마지막 사람의 언급을 기반으로 내 의견을 갑자기 바꾼다면 나는 어떤 종류의 리더가 될까? 회의 이후에 찾아오는 사람에게, 그가 용기있게 목소리를 내지 못한 덕분에 모든 사람이 한 시간씩을 낭비했고 이 새로운 정보를 듣기 위해 다시 회의를 소집하게 되었다는 점을 설명했다. 두어 번이나 이런 일을 하고 나자 더 이상 이런 잠꼬대 같은 소리가 들려오지 않았다.

기본 회의를 주재하는 이외에, 특정한 주제를 중심으로 한 사고를 자극하기 위해 팀을 특별한 활동으로 이끌어야 할 때가 있다. 최고의 팀이라도 지적으로 한계에 부딪힐 경우가 있다. 이럴 때면 CEO인 나는 충격 요법을 사용해서 생산적인 대화를 자극하는 역할을 자청했다. 한 번은 항공우주 부문의 구매팀에 장기간에 걸쳐 진행할 수 있는 비용 절감 아이디어를 여러 개 만들어 보고하라는 과제를 주었다. 몇 개월이 흐르고 내가 몇 번 더 요청했지만 그들은 '아직 작업 중'이라는 답변만 보냈다. 충분히 기다렸다고 생각한 나는 팀원들에게 그 주에 예정된 모든 회의를 취소하라고 지시했다. 다음 날 아침 그들에게 오전 8시부터 회의실에 들어가 기존의 비용 15억 달러를 분석해서 공격적으로 자금을 절약할 아이디어를 만들어낼 때까지 온종일 그곳을 벗어나지 말라고 요구했다. 오후 5시까지 아이디어들을 만들어내지 못하자 그들은 다음 날에도 아이디어에 대한 생각을 계속했다. 결국 이틀이 걸렸지만 어쨌든 그들은 아이디어들을 만들어냈다. 그들에게는 좀 더 진한 격려가 필요했던 것이다.

팀이 다른 미래를 구상하는 데 어려움을 겪고 있을 때 사용하는 다른 기법도 있다. 나는 이 기법을 '백지White Sheet of Paper' 활동이라고 부른다. 이름이 모든 것을 말해준다. 나는 팀에게 상황에서 한 발 물러나 사업을 처음부터 다시 상상해보라는 요청을 한다. 창의적인 부분에서 팀에 문제가 생기는 것은 사고가 현실에 지나치게 제한되기 때문일 수 있다. 팀이 현실을 너무 잘 아는 나머지 기존의 현실을 기반으로 하는 아이디어만을 생각하는 것이다. 보다 생산적인 논의를 위해서는 다른 입장에 서야 한다. 나는 그들에게 하루 동안 사업, 프로세스 혹은 제품을 처음부터 새로 만드는 것처럼 생각해보라고 요구한다. 사업(혹은 프로세스, 제품)은 어떤 모습이 될까? 그것을 어떻게 설계할까? 이런 현실과의 분리를 통해 정체가 풀리면 사람들은 현재와 크게 다른 미래를 생각할 수 있게 된다.

우리 공장이 비효율적인 작업 규칙을 정비하는 데 어려움을 겪었던 적이 있었다. 그들은 백지 활동을 이용해서 43페이지에 달하던 작업 규칙을 3페이지로 줄여 작업 환경을 훨씬 더 유연하고 효율적으로 만들었다. 팀이 현재의 위치와 원하는 목적지를 명확히 파악하자 논리적 단계, 팀에 필요한 자원, 거기에 이르는 현실적인 시간표를 만드는 일이 훨씬 쉬워졌다.

지적으로 치열한 사고방식을 주입한다

단기성과주의에 물든 조직의 리더들은 연구·개발, 프로세스 이니셔티브, 기타 성장 프로그램에 충분한 투자하지 않는다. 분기별 목표치 달성에서 벗어난 그런 곳에 돈을 쓸 경우, 여러 분기, 심지어 여러 해가 지나도 수익은 나타나지 않는다. 내가 하니웰에 도착했을 때 사업부들은 연구·개발과 성장 이니셔티브에 대한 지출을 수년간 줄여온 상태였다. 그런 지출을 강화시켜야 했지만, 많은 리더들이 우리에게 필요한 단기적 결과를 내면서 동시에 그런 분야의 지출을 늘릴 방법에 대한 확신을 갖지 못하고 있었다.

'7원칙: 성장에 충분히 투자한다'에서 설명할 것처럼, 단기적인 결과를 내면서도 보다 생산적으로 미래를 위한 씨앗을 심을 수 있다. 예를 들어, 우리의 항공우주 사업 부문은 전부터 연구·개발에 개념이 전혀 없는 접근법을 취해왔다. 가능한 많은 새 항공기 모델을 위한 신제품을 개발하는 데만 몰두하면서 이들 플랫폼의 장래 수익성이 어떨지에 대한 분석은 거의 없었던 것이다. 성과를 내는 투자도 있었고 성과가 없는 것도 있었다. 우리는 사상 최초로 마케팅 세분화 분석을 실시해 예비 연구·개발 프로그램이 시장 잠재력 확대에 얼마나 기여할 수 있을지 평가하기 시작했다. 우리는 이 평가의 순위에 따라 지출의 집중도를 조절해, 성과를 낼 가능성이 높은 대형 플랫폼을 위한 제품에만 투자를 했다. 비용 절감이란 결과가 나타났고 우리는 이렇게 생긴 여분의 자금과 예상치를 웃도는 매출에서 생긴 추가 수입을 우리가 '단주기short-cycle' 제품 도입이라고 부르는 것, 즉 신제품 개발을 목표로 하는 투자가 아닌 기존 제품과 서비스를 점진적으로 개선시키는 작은 규모의 투자 쪽으로 돌려 단기적으로 매출을 향상시켰다.

전반적으로 연구·개발 예산은 동일했지만 그 예산을 장기적 결과와 단기적 결과 모두를 얻게 하는 방식으로 보다 효율적으로 할당한 것이다. 대규모 신제품 개발 프로젝트는 수익을 보여줄 때까지 수년이 걸리지만 단주기 제품 도입(그리고 이를 지원하는 영업사원들)은 보다 빠르게 수익을 낸다. 이 전략은 유효했다. 2년만에, 단주기 제품 개발이 수익을 창출하기 시작해서 이제 대단히 수익성이 높은 10억 달러 규모의 사업이 되었다. 시간이 지나면서 장기 투자 역시 큰 성과를 냈다. 우리가 추구한 새로운 프로그램의 75퍼센트가 성공을 거두었다. 이전처럼 반반 확률이 아닌 75퍼센트의 성공률을 달성한 것이다.

팀이나 조직이 하는 사고의 질은 대단히 중요하다. 사업이 오늘도 그리고 내일도 성과를 내기를 원한다면, 머릿속에서 사업을 완전히 분해했다가 다시 조합해서 보다 효율적이고 효과적으로 움직일 수 있게 해야 한다. 이는 지적 사고방식을 주입해서 사람들이 그들이 직면하는 모든 비즈니스 결정에 대해 보다 깊이 생각하게 독려한다는 의미이다. 지적 참여를 위한 기준을 마련하라. 직원들에게 상충되는 것처럼 보이는 두 가지 일을 동시에 추구하도록 요구하라. 사업에 대해 자세히 파악하고 팀을 지적 탐구로 이끄는 것을 당신의 임무로 삼아라. 당신의 시간을 신중하게 분배하라. 스케줄의 노예가 되지 말라. 읽고, 연구하고, 생각할 시간을 만들어내라. 회의를 활기 있고 유익한 논쟁으로 바꾸어라. 앞으로 알게 되겠지만, 오늘도 그리고 내일도 성과를 내는 것은 쉬운 일이 아니다. 하지만 불가능하지는 않다. 마음만 먹으면 된다. 적절한 사고방식이 필요하다.

1 당신 팀이나 조직의 지적 담론은 어떤 수준에 있는가? 솔직해져라! 당신
   은 단기 목표와 장기 목표를 동시에 추구하는 데 필요한 원칙을 갖고 있
   는가?

2 당신이 정말로 생각에 사용하는 시간은 얼마나 되는가? 충분한 시간을
   확보하기 위해 스케줄을 체계적으로 정리하고 있는가? 아니면 스케줄의
   노예로 사는가?

3 리더십의 세 가지 측면을 최대한 실행하고 있는가? 아니면 다른 사람들
   에게 의욕과 영감을 불어넣는 일, 즉 리더의 일 중에 5퍼센트만 차지하면
   되는 일에 불균형하게 많은 시간을 사용하고 있는가?

4 프레젠테이션 동안 지적인 태도로 참여하는가? 아니면 브로드웨이 쇼를
   보듯이 참여하는가? 당신은 비판적으로 생각하고 상충되는 목표를 추구
   하도록 직원들을 훈련시키는가?

5 회의를 긴급한 사안에 대해서 엄정한 방식으로 토론할 기회로 사
   용하는가? 그저 명령을 내리는가? 아니면 시간을 두고 일련의 질
   문을 던짐으로써 직원들이 자신들의 생각을 구조화하도록 돕는
   가? 다른 사람들이 자신의 아이디어와 그것을 뒷받침하는 논리를
   명확하게 표현하도록 배려하고, 끝까지 당신의 의견을 밝히는 것
   을 유보하는가?

6 "잘못될 수 있는 여지는 없을까?"라는 질문을 던져 제안된 결정의 결점을
   파악하려고 노력하는가? 당신의 믿음이나 팀의 합의에 상충되는 것일지

라도 모든 참가자로부터 정보를 얻어내려고 노력하는가? 문제에 대한 토론 범위를 정할 때, 결과의 중요성이 적은(따라서 토론이 많이 필요하지 않은) 결정과 결과의 중요성이 큰(따라서 더 많은 토론이 필요한) 결정을 구분하는가?

7 당신은 자신과 다른 사람들이 실행에 대해서 생각하도록 하는가? 아니면 전략가로 남는 데 만족하는가? 당신은 권한을 위임을 하는가? 아니면 포기하는가? 운영의 측면, 고객의 측면, 그 외 사업의 다른 측면에서 어떤 일이 일어나는지 파악할 수 있을 만큼 충분히 현장에 나가 보는가?

8 '백지' 활동을 직원들이 관점을 새롭게 하는 데 이용하는가? '사람들을 방에 가둬두고' 해결책을 내도록 함으로써 긍정적인 방향으로 진전을 가속화시킬 수 있는 부분이 있는가?

9 자신의 아이디어나 신념과 상충되는 증거에 대해서 필요한 만큼의 경각심을 갖고 있는가? 생각만큼 효과를 내지 않는 계획은 어떤 것인가? 밖으로 나가서 찾아내라!

10 지표가 현실을 반영하는가? 사람들이 왜곡된 그림을 보여주는 방식으로 지표를 조작하고 있지는 않는가?

11 회의 동안 발언할 기회를 놓치고 회의 이후 당신을 찾아온 사람의 이야기에 귀를 기울이는가?

12 당신은 회의 시작 때가 아닌 회의 마지막에 올바른 입장에 있기 위해 노력하는가?

2
원칙

현재와 미래를 위한 계획을 동시에 세운다

공개 기업의 CEO라면 당연히 알아야 할 사항이 있다. 조직의 성과에 대한 정보이다. 나는 2002년 2월 하니웰의 CEO가 되었지만 이후 몇 개월 동안 우리가 어떻게 일을 하고 있는지 전혀 파악할 수 없었다. 믿기 힘들겠지만, 도입 부분에서 이야기한 것처럼, 4개월 반 뒤에 내가 공식적으로 회장에 임명되기까지 이사회는 내게 재무 정보에 대한 접근권을 주지 않았다. 그들은 내가 "회사에 대해 배우기를" 원한다면서도 "우리의 성과에 대해서는 걱정하지 말라"고 말했다. 우리가 재무 목표를 달성하고 있는지를 모니터하는 일은 물러날 전임 CEO가 맡고 있었다.

곧 알게 되었지만, 우리 회사의 성과는 형편없었다. 7월 1일 CEO직을 맡으면서 나는 재무팀에 업데이트된 그해의 매출과 주당순이익EPS 예상치(이전의 EPS 예상치는 2.36달러였다)를 보고하라고 지시했다. 그리고 확실히 달성할 수 있는 수준까지 예상치를 낮출 생각이라고 알려주었다(월스트리트가 나를 부정적으로 보고 있다는 것을 알고 있었기 때문에 내가 처음으로 하는 약속이 정말로 중요할 것이라고 생각했다). 7월 셋째 주 동안, 우리 회사 재무팀은 EPS가 2.27달러에서 2.32달러로 상승했다고 보고했다. 나는 목표치를 오히려 더 낮은 주당 2.25달러로 정했다. 재무 담당자는 이 결정이 투자자들을 실망시키고 주가를 떨어뜨릴 것이라고 말하면서 격분했다. 하지만 나는 예상보다 실적이 저조할 경우를 대비해 여유를 두고 싶었다. 그러나 주당 2센트를 낮춘 것만으로는 충분치 않다는 것이 드러났다. 8월 중순, 재무팀에서는 그해의 실제 수익이, 기대하시라! 주당 2.05달러에 불과할 것이라고 알려주었다. 이미 반년의 회계 처리가 끝난 시점이었다. 당초 주당 1.36달러였던 하반기의 예상 수익은 이제 1.05달러가 되었다.

"뭐라고?!"

내가 입이 험하다는 것은 널리 알려진 사실이다. 그러나 나는 이 책에서만큼은 욕설을 사용하지 않겠다고, 아니 너무 많이는 사용하지 않겠다고 스스로에게 약속을 했다. 때문에 내 반응을 생생하게 옮기지는 않겠지만 당신은 충분히 상상할 수 있을 것이다. 어떻게 단 몇 주 만에 하반기 실적 예상치가 20퍼센트나 감소할 수 있단 말인가? 재무팀에서는 내가 '사업의 고삐를 놓아버리고' 성과를 독촉하지 않고 있다며 나를 비난했다. 말도 안 되는 소리였다. 내가 어떤 짓을 했건 단 3주 만에 매출이나 비용에 20퍼센트나 되는 영향을 미치는 것은 불가능했다.

나는 답이 필요했다. 때문에 항공우주, 자동화·관제 솔루션, 특수재료, 운송 시스템, 이렇게 네 개 사업 부문의 리더들을 한꺼번에 소집했다.

"도대체 무슨 일이 벌어지고 있는 겁니까?"

항상 이기는 조직

내가 물었다. 그들은 이렇게 답했다.

"우리가 달성하려고 노력하던 재무 목표는 애초부터 현실성이 없었습니다."

내 전임자와 재무팀이 알 수 없는 일련의 프로세스를 거쳐 이런 목표치를 만들어냈음이 분명했다. 사업 부문의 리더들은 목표가 과도했으나 재무팀에서 그들의 우려를 무시하고 공식으로 그 수치를 채택하라고 종용했다고 불평했다. 재무팀에서는 '그냥 하라면 하라'는 식이었다. "목표치를 달성하는 데 필요한 일이라면 무엇이든 하란 말입니다"라고 말이다.

화가 났지만 크게 놀라지는 않았다. 몇 주 전 처음으로 '분기 목표 달성' 회의에 참석했을 때 무차별적인 단기성과주의, 그리고 기능이 손상된 전략 기획 프로세스의 징후를 마주했었기 때문이다. 재무팀 책임자가 참석하는 이 정기적인 회의는 내 전임자가 자리를 지키는 동안 계속되었고 이 회의 문화는 직급별로 조직 전체에 복제되어왔다. 이 회의의 목적은 재무팀의 시각에서 우리의 분기별 목표를 달성하는 데 필요하다고 생각하는 조치들을 리더들이 승인하는 것이었다. 내 앞에 있는 조치들의 목록을 살핀 나는 판매를 늘리거나 비용을 줄여 회사의 성과를 강화하는 조치가 전혀 없다는 것을 발견했다. 서류상 수익이 많은 것처럼 보이려고 고안된 일회성 조치들뿐이었다. 재무팀은 우리가 자회사를 매각해서 일회성 이익을 장부에 올리기를 바랐다. 그들은 그런 내역을 회계에 반영하는 방법으로 회계상 수입을 늘려주기를 원했다. 그들은 회계상 해당 분기 수익을 늘리기 위해 특별히 만들어진 거래를 우리가 승인해주길 기대했다.

모두가 완벽하게 합법적인 조치들이었다. 그러나 절대 현명치 못한 처사이기도 했다. 이런 거래들을 통해 단기의 목표는 달성할 수 있었지만 장기적으로는 결국 피해를 입었다. 이윤이 증가하는 것을 보여줘야 하기 때문에 매 분기 우리는 이전 분기에 비길 만한, 아니 더 높은 수치를 만들기 위한 또 다른(잠재적으로는 파괴적인) 해법을 찾아야 했다. 시간이 흐르고 사업이 어려워지면서, 압력은 점점 더 심해졌고 우리는 제 손으로 만든 파괴의 사이클에 갇히게 되었다.

조직에 지적 탐구심와 정직한 사고방식을 심어주는 것만으로는 견고하게 자리 잡은 단기성과주의를 극복할 수 없다. 전략 기획 깊숙이 단기적 목표와 장기적 목표 양자에 대한 헌신의 사고방식을 끼워 넣어야만 한다. 직위나 부서에 관계없이 모든 리더들이 기획을 지적 활동으로 진지하게 받아들여야 한다는 점을 인식하지 않는 한, 리더들이 오늘의 수확을 거둬들이면서도 미래를 위해 씨를 뿌리는 방향으로 가지 않는 한, 그들은 단기성과주의를 버리지 못할 것이다. 그들은 상관에게 그럴듯하게 보일 만한 비현실적인 장기 목표에 서명을 하고 오로지 단기 목표를 달성하기 위해 위험을 품고 있는 지름길을 택할 것이다.

리더들이 해야 할 일은 적절한 전략이 어떤 모습인지 정의하고, 조직에 결과를 내는 데 필요한 프로세스, 자금 조달, 분석 도구를 주는 것이다. 그것은 쉽지 않은 일이고 매력적인 일도 아니다. 하지만 이 장에서 보게 될 것처럼, 당신의 사업이 오늘 투자자를 기쁘게 하는 동시에 몇 년 후에도 좋은 성과를 내는 것을 원한다면 반드시 해내야 하는 일이다.

항상 이기는 조직

덤불을 정리한다

기획 기능을 개선하는 첫 단계는 내일을 희생시켜서 오늘에만 집중하자는 식의 임시 조치를 뿌리 뽑는 것이다. 나의 끔찍한 '8월의 충격' 이후 2주 후, 재무팀은 전 세계 하니웰의 고위 재무 담당자 100명을 소집했다. 나는 그 자리를 첫 발자국을 뗄 기회로 이용했다. 이 임원들에게 그때부터는 '분기 목표 달성' 회의를 더 이상 열지 않을 것이고 일회성으로 수익을 끌어올리기 위해 고안된 거래를 더 이상 승인하지 않을 것이라고 알렸다. 회사 전반에 퍼진 이런 식의 거래를 미처 다 확인하지 못한 상태였다. 하지만 재무팀에 바로 이 순간부터 이런 모든 '공격적인' 회계에서 손을 뗄 생각이며 수익에 어떤 손실이 있든지 개의치 않겠다고 선언했다.

그 회의 후, 임원들은 분기 목표를 달성에 주된 목적이 있는 금융 거래에 대해 알려주기 시작했다. 유난히 광범위하게 퍼져 있는 거래들이 있었다. 우리 제품을 취급하는 유통업체에 분기 마지막 주에 특별 가격이나 지불 조건을 제안해서 거래를 성사시키고 매출을 기록하는 유통 계약 몰아넣기가 그것이다. 이 관행은 수익은 높이지만 상당한 비용이 든다. 유통업체는 구매 시기를 전략적으로 정하면 우리로부터 더 나은 가격에 물건을 받을 수 있다는 것을 알게 된다. 따라서 그들은 분기 초에 구매를 하는 대신, 모든 구매를 분기 말로 미뤄서 할인을 받거나 더 나은 지불 조건으로 구매를 한다. 이런 대량 주문들은 사업에 지장을 초래한다. 그 주문을 맞추기 위해 재고를 늘리면서(시장이 원하는 제품을 만들고 있기를 바라며) 모든 제품을 제 시간에 배송하기 위해 일을 서두른다. 어떤 회사의 경우, 해당 분기 매출의 25퍼센트가 분기의 마지막 주에 집중되어 있었다. 수익을 늘리려면 다음 분기에도 그 성과를 복제해야 하기 때문에 문제는 시간이 갈수록 악화되었다.

단기 성과를 달성하는 데 도움을 주는 또 다른 관행은 고객들에게 소위 출하 세트ship set를 제공하는 것이다. 항공기용 바퀴와 브레이크 같은 제품을 판매할 때, 인센티브로 무료 물품을 거래에 끼워 넣곤 한다. 첫 100개의 출하 세트나 제품을 무료로 제공하고, 그런 출하 세트에 든 비용을 자산으로 계상한 뒤 다음 10년 혹은 20년에 걸쳐 분산시킨다. 돈은 배송 시에 빠져나가지만 바로 지출로 기록되지는 않는다. 오늘의 수익은 큰 것처럼 보이지만 미래의 수익은 줄어든다. 임원들은 이런 출하 세트 거래를 유인하기 위해 제공할 수 있는 '공짜 돈'으로 여겼다. 돈은 주머니 밖으로 나가는데도 그들에게는 무료였다. 몇 년 후, 그들의 후임자들은 이 돈을 메꾸면서 목표치를 맞추기 위해 더 열심히 일을 해야 한다.

마찬가지로 기업들은 당장의 수익을 높이기 위해 연구·개발 지출도 자본화시키고 있었다. 이런 비용이 주는 타격은 긴 시간에 걸쳐 느껴지기 때문에, 리더들은 그런 지출에서 가능한 최대의 가치를 얻어내고 있는지 면밀히 조사하지 않았다.

미래를 고려하지 않고 단기 이윤을 높이기 위한 또 다른 방법은 납품업체와 대금을 미리 받는 계약을 맺는 것이다. 우리와의 거래를 따내기 위해, 납품업체들은 대금을 미리 지불하는 데 합의한다. 우리 회사에서는 이렇게 받은 대금을 바로 수입으로 올린다. 장부는 그럴듯하게 보이

항상 이기는 조직

지만 회사는 앞으로 수년간 높은 비용이 드는 거래에 묶인다. 그리고 대부분 이런 식으로 맺어진 장기 계약은 회사에 피해를 준다. 하나의 공급업체에 지나치게 의존하게 되거나 물건에 대해 지나치게 많은 돈을 지불하는 거래에 갇히게 되는 것이다. 하지만 리더들은 이런 거래에 서명을 한다. 분기 목표를 맞추는 데 도움이 되기 때문이다.

사업을 매각하는 경우도 있다. 그렇게 하는 것이 더 많은 제품을 개발하고 판매하는 데 도움이 되기 때문이 아니라, 손익 계산서의 해당 분기 이익이 매각으로 인해 크게 늘어나기 때문이다. 항공우주 부문에서 정부에게 서비스를 제공하는 기술 솔루션 사업을 매각하려고 한 적이 있었다. 나는 자세한 검토를 통해 이 사업이 다른 회사에 비해 상당히 좋은 위치에 있으며 우리 편에서 약간의 투자만 한다면 다음 몇 년 동안 큰 성장을 볼 수 있겠다는 결론을 내렸다. 우리는 매각에서 한 발 물러나 회사를 운영하면서 규모를 늘리기로 했다. 당장의 매각으로 얻을 수익은 추가적인 구조 조정으로 채웠다. 결국 10년 후 그 사업이 최고조에 달했다고 생각되는 시점에 매각함으로써 훨씬 많은 이익을 올렸다. 이로써 우리는 수익을 올릴 기회를 놓치지 않으면서 장기적인 전망을 개선할 수 있었다.

전 세계 재무 책임자들과의 첫 회의에서 나는 이런 거래들이 더 이상은 정당화될 수 없다고 분명히 밝혔다. 더 이상의 유통 계약 몰아넣기는 없다. 출하 세트나 연구·개발비의 자산 계상은 더 이상 없다. 장부상의 이익을 목적으로 하는 일회성 사업 매각은 더 이상 없다. 분기 말 합의된 조건을 넘어서는 지불 연장은 더 이상 없다. 현금 흐름을 그럴듯하게 만들기 위한 분기 말의 매출채권 판매는 더 이상 없다.

바로 본사 재무팀에서 격렬한 반응이 쏟아져 나왔다.

"단기성과주의를 없애기 위해 이 모든 거래 개혁을 시행한다면, 투자자들은 우리 주식을 팔고, 주가는 하락할 텐데 도대체 어떻게 할 작정입니까?"

하지만 나는 물러서지 않았다. 장부와 관행을 바로잡아서 재무제표가 근본적인 사업의 현실을 반영하게 만들어야 했다. 또한 임원들이 분기별 결과에 대한 맹목적인 집착에서 벗어나게 해야 했다. 그런 후에야 장기적인 성장을 지원하는 기획 결정을 내릴 수 있게 된다.

이런 모든 공격적이고 불건전한 회계 관행을 없애는 데 18개월이 걸렸다. 목표 수치를 맞추는 데나 도움이 될 뿐 장기적으로 최대 이익에 부합하지 않는 거래를 승인해달라는 요청이 여러 번 들어왔다. 우리는 이런 모든 요청을 거절했다. 그리고 리더들에게 이번에 우리가 거래를 승인한다면 자기 무덤을 파는 꼴이며 장래에 왜곡된 목표치를 맞추기 위해 더 큰 압력을 받게 되리라는 점을 상기시켰다. 힘든 대화였다. 일부 리더와 재무팀원은 단기성과주의에 대한 우리의 반대를 받아들이지 못했다. 결국 대부분은 정신을 차렸지만 그렇지 못한 사람들은 회사를 나갔다. 2003년 우리는 ITT 출신의 데이브 앤더슨Dave Anderson을 새로운 CFO로 고용했다. 그는 우리의 메시지에 힘을 실어 분기 말의 회계 마사지를 용인하지 않겠다고 선언했다.

투자자들과의 소통에서 나는 회사를 바로잡는 다음 한두 해 동안 우리 실적이 부진할 것이라는 점을 인정하고 그 후에는 반등을 할 것이라고 확언했다. 2000년대 초, 우리를 믿어준 투자자들도 있었던 반면 우리 주식을 피하는 투자자들도 있었다. 주가는 약 25퍼센트 하락했다. 힘든 시기였다. 우리가 믿는 것이 회사에게 가장 좋은 일이라는 생각을 관철해나가면서도 적절한 단기 실적을 보여줌으로써 주가가 바닥을 치지는 않도록 해야 했다. 결국 사업을 전략적으로 경영하는 척하는 것이 아니라 정말 전략적으로 운영하게 되자, 실적은 상승세를 타기 시작했고 주주들은 회사에 대해 보다 낙관하게 되었다. 이 책의 다른 부분에서도 보게 될 것처럼, 장기 성과와 단기 성과를 함께 추구하기 위해서는 사전 투자가 필요하며 이 기간 동안에는 실적이 부진할 수 있다. 리더인 당신은 이런 부진을 흡수하고 투자가 반드시 성과를 거두게 만들어야 한다.

헛소리는 집어 치우고, 모르는 것은 모른다고 말해라

하니웰의 단기성과주의에 대해서 내가 밝힌 것들을 본다면 도대체 우리에게 공식적인 전략 기획 프로세스가 존재하고는 있었는지 궁금해지는 사람도 있을 것이다. 분명히 그런 것이 존재하기는 했다. 매년 7월이면 사업부는 CEO를 대상으로 프레젠테이션을 했다. 조직 계통을 따라 내려가며 비슷한 프레젠테이션들이 이루어졌다. 이런 프레젠테이션들은 한마디로 쓰레기였다. 리더들은 다음 5년 동안 사업을 어떻게 운영해야 할지, 목표를 달성하기 위해서 추진해야 하는 주요 이니셔티브들이 무엇인지, 그들이 예측하고 있어야 할, 아니 그들이 이끌어야 할 업계의 변화는 무엇인지 전혀 알지 못하고 있었다. 그들은 목표를 신중하게 선택하지 않고 그저 상관의 마음에 들 것이라고 생각되는 야심찬 목표를 골라잡았을 뿐이다. 그런 목표를 현실적으로 달성할 수 있는지는 아랑곳하지 않았다. 규모 축소, 신제품이나 서비스의 도입, 프로세스 개선, 기타 비용 절감 이니셔티브의 혜택에 대해서 고려는 했겠지만, 이런 이니셔티브를 지원할 자금은 경비에 포함시키지 않았다. 전망을 어둡게 만드는 요소이기 때문이다. 이런 사실을 덮기 위해서 그들은 인상적인 단어들을 남발하며 도표와 그림으로 수백 페이지짜리 보고서를 만들어놓고는 근사하게 보이기만을 바랐다. 리더들은 비판적 분석이나, 후속 조치, 책임 같은 것은 없이, 사업이 내키는 대로 굴러가게 놓아두는 축복을 베풀었다. 이런 '전략'에는 타당성이라고는 없다. 운영상의 고려와 분기별 목표 달성은 그날그날 해결하는 일이 되고 전략은 배경으로 서서히 사라졌다.

전 피트웨이Pittway 대표이며 오랫동안 하니웰의 경영진이었던 로저 프레딘Roger Fradin은 많은 기업 리더들이 기획을 진지하게 받아들이지 못했다고 회상했다. 시장과 고객, 경쟁에 대한 기본적인 지식이 부족했기 때문이다. 그는 한 인터뷰를 통해 이렇게 밝혔다.

"총괄관리자들은 시장에서 고객, 영업사원과 시간을 보내는 것을 자신들의 일로 생각하지 않았습니다. 자리를 오래 지키지도 않았고요."

총괄관리자가 2년에 한 번씩 자리를 옮기는 것이 관행이 되었기 때문이었다.

"사람들은 계획에 대해서 이렇게 생각했습니다. '회사 CEO 앞에 서는 건 하루뿐이야. 사람들에게 매력적으로 들릴 만한 이야기를 해야지. 그러고는 일상으로 돌아와서 늘 하던 대로 숫자를 만져서 계획대로 목표치를 달성하면 돼. 어쩌면 특별한 일회성 아이디어 몇 개를 만들어낼 수도 있을 거야.'"

리더들은 심판의 날이 왔을 때 자신은 이미 그 자리에 없을 것이라고 확신하고 있었다.[1]

"당시 우리 기획 프로세스에 진실성이라고는 조금도 없었습니다."

프레딘이 말했다.

"완전히 쓰레기였죠."

내가 CEO로서 최우선으로 삼은 일은 이런 쓰레기를 치우고 기획 프로세스를 다시 정립하는 것이었다. 2003년부터, 매년 팀들에게 기본 계획을 강조해서 보여주는 3~4페이지짜리 요약본을 만들어 제출하게 했다. 이 서류를 통해 혼란스런 도표와 눈이 돌아가는 글머리 기호들을 피해갈 수 있었다. 나는 이 요약본과 이들 계획의 핵심적인 부분들에 포함된 모든 단어와 구절을 면밀히 검토했다. 프레딘이 회상했던 대로, 그가 맡고 있던 약 150달러 매출 규모의 사업 계획은 100페이지가 조금 안 되는 분량이었다. 이 사업 계획서를 받아들고는 초반 몇 개의 도표를 분석하며 회의 시간을 다 보냈다. 내가 보내는 메시지는 명확했다. '무슨 말이든 하려면, 사실을 근거로 해라. 모른다면 헛소리는 집어 치워라. 모르는 것은 모른다고 말해라.'

리더들이 정말 알고 있는 것보다 더 많은 것을 아는 척을 하려 할 때면 놓치지 않고 이를 지적했다. 어떤 팀이 긴 '경쟁 우위' 목록을 제출해서 나를 기쁘게 만든다면 이것은 명확한 위험 신호이다. 건실한 사업이라면 경쟁자들에 비해 한두 가지 핵심 우위를 누릴 것이다. 이런 긴 목록은 쓸데없는 소리를 엮어 놓은 것에 불과하다. 한 임원이 내게 이렇게 말했다.

"우리의 경쟁력은 우리 직원들입니다."

그렇고말고, 좋은 직원들은 경쟁력이고말고. 그런데, 예를 들어 고객에게 불소를 공급하는 우리 사업의 경우, 우리의 뛰어난 인재 풀이 주된 장점일까 아니면 특정한 불소 분자에 대해서 우리가 가지고 있는 특허권이 주된 장점일까? 우리 직원들이 경쟁업체의 직원들보다 낫다는 것을 보여주는 자료가 있는가? 이런 질문을 받은 많은 리더들은 그들의 경쟁력이라고 내세운 요소가 경쟁업체 역시 보유하고 있는 특성이며 따라서 고객들이 보기에는 우리에게 명확한 경쟁 우위가 없다는 점을 인정할 수밖에 없었다.

나는 우리 사업의 현실을 깊이 파고들면서 급진적인 변화를 추구해 리더들을 놀라게 했다. 2004년 7월, 30억 달러 규모의 화학 사업(특수재료 및 기술Performance Materials and Technologies 사업 부문) 리더는 이 조직이 이미 업계에서 상위 10퍼센트의 위치에 있기 때문에 더 이상의 성장 여지가 없고 더 이상 수익성을 높일 수 없다는 주장을 펼쳤다. 나는 화학 사업의 시장 규모가 얼마나 되냐고 물었다. 답은? 8,000억 달러였다. 그들의 사업은 그 중에서 30억 달러를 차지하고 있었다. 나머지 7,970억 달러 중에 챙길 수 있는 부분이 조금도 없다는 것인가? 물론 아니다.

나는 특수재료Specialty Materials 사업부의 리더들에게 그들이 운영하는 사업을 수익성에 따라 순위를 매기고 이를 도표로 제작하라고 지시한 적이 있었다. 당시 투자자들은 이 사업부 전체를 매각하라고 압박을 가하고 있었다. 내 생각은 달랐다. 특수재료 사업부 전체는 좋은 실적을 내지 못하고 있지만 그 사업부를 구성하고 있는 일부 사업들은 선전하고 있었다. 왜 그런 사업을 매각해서 우리가 얻을 수 있는 보상을 다른 회사의 투자자들에게 안겨준단 말인가? 리더들이 준비한 도표 중간에 선을 하나 그었다. 그리고 리더들에게 말했다.

"선의 오른쪽에 있는 모든 사업은 없애고 싶습니다. 선의 왼쪽에 있는 것들은 유지, 강화시키고 싶습니다."

특수재료 부문을 담당하는 임원이 이의를 제기했다. 그들은 35억 달러 규모의 사업부를 2배로 키우기 위해 투입되었고 내 지시를 따르자면 사업 규모가 20억 달러 미만이 된다는 주장이었다.

"이런 이야기를 하게 되어 유감입니다."

내가 말했다.

"하지만 기존의 포트폴리오로는 결코 성장할 수가 없습니다. 선의 오른쪽에 있는 사업들은 실질적으로 경쟁력이 없습니다. 그러니 이들은 제거하겠습니다."

규모는 작아졌지만 보다 탄탄한 기업 포트폴리오를 만들자, 우리는 성장을 창출하는 진정한 전진을 할 수 있게 되었다.

더 많은 리더들이 제안된 전략 기획들을 비판적으로 분석하기 시작하면서, 우리의 계획들은 훨씬 더 예리하고, 보다 현실적이고, 보다 성공적이 되었다. 우리의 감지기 사업(자동화 및 관제 솔루션Automation and Control

Solutions 사업 부문의 일부)은 다양한 제품을 제조했다. 제품은 전자 회로는 물론이고 스위치나 기타 기계적인 부품을 모두 채용한 전자-기계식 감지기와 전자 회로만을 사용하는 감지기 이렇게 두 개의 큰 범주로 나뉘었는데 이 두 범주는 거의 같은 매출을 냈다. 후자는 이 회사 리더들이 시장을 지배할 것이라고 예측하는 첨단 기술이었다. 2000년대 초반, 우리는 이 회사의 연구·개발비 거의 모두를 전자 센서 개발에 투자하고 있었다. 해당 사업 매출에서 절반을 차지할 뿐이었고 수입에는 전혀 기여하지 못하는 범주였는데도 말이다. 그러는 동안 매출의 절반 즉, 수입의 절반에 기여하며 성장하고 있는 전자-기계 감지기를 다듬고 업데이트하는 데는 아무런 투자도 하지 않았다. 겉보기에는 이치에 맞는 전략, 미래를 대비하고 혼란을 피하기 위한 전략 같았다. 하지만 내겐 뭔가 어긋난 것처럼 보였다. 때문에 우리는 그 사업을 맡고 있는 리더들에게 몇 가지 질문을 해보았다. 전자-기계 감지기의 쇠퇴를 예상하기 시작한 것이 언제부터였는가? 전자-기계 업계가 정말로 쇠퇴의 길을 걷고 있는가? 우리가 생각했던 것보다 전망이 밝은 것은 아닌가? 마지막으로, 전자 감지기로 돈을 벌기 위해서 앞으로 필요한 것은 무엇인가?

리더들은 우리가 전자-기계 감지기의 종말을 예측한 것은 오래 전부터였고, 그 산업이 여전히 성장하고 있는지는 알지 못하며, 전자 감자기를 통해 돈을 벌기 위해 무엇이 필요한지 파악하려면 조사가 필요하다는 대답을 했다. 다음으로 예정된 성장의 날에 그들이 발표한 분석에서 두 가지 흥미로운 결과가 드러났다. 첫째, 우리의 전자-기계 감지기는 리더들의 추정과 달리 죽어가는 사업이 아니었다. 이 제품에 대한 수요는 매년 약 3~4퍼센트씩 계속 늘어나고 있었다. 둘째, 전자 감지기에 대한 연구·개발비 지출은 초점이 불분명했다. 우리는 어떤 시장이 우리에게 가장 가치 있는지 생각하지 않은 채 여러 잠재 시장에 돈을 집어넣고 있었던 것이다. 우리는 혁신적인 전자-기계 장치를 만드는 쪽에 상당한 연구·개발비를 배정하고 전자 감지기에 대한 지출은 의료 업계와 같이 진정한 경쟁 우위를 주장할 수 있는 몇 개의 시장을 대상으로만 제한하기로 결정했다. 몇 년 뒤, 이렇게 수정된 전략은 감지기 사업의 수익성을 크게 높여 이윤율을 5퍼센트에서 20퍼센트 이상으로 끌어올렸다.

전략을 리더의 일상 업무로 만든다

프레젠테이션에 대한 단호한 입장 외에도, 우리는 기획 프로세스를 보다 정기적이고 실질적으로 만드는 조치를 취했다. 나 자신을 위해서 성장의 날과 운영에 대해 생각하는 날을 따로 마련해둠으로써 내 스케줄은 물론 내 참모의 스케줄에도 리더들과 후속 협의를 가질 시간을 만들어두었다. 후속 협의는 다양한 주제에 대한 1~2시간 길이의 회의로 6주마다 열리며, 해당 사업의 재무 실적과 운영 실적에 대한 최신 자료를 담은 짧은(10페이지를 넘지 않는) 프레젠테이션을 중심으로 이루어진다. 후속 협의는 리더들로 하여금 1년 내내 정기적으로 자료를 모으고 분석하게 만든다. 나에게 보고할 의무가 생겼기 때문이다. 전략은 더 이상 모두가 쉽게 잊고 마는 연례 행사가 아니다.

정보 확산의 강도를 한층 더 높이기 위해, 사업부마다 5대 이니셔티브(성장, 생산성, 현금, 인력, 하니웰 운영 시스템Honeywell Operating System과 같은 개선 이니셔티브 등의 전반적 기업 전략을 규정한다. '5원칙: 고성과 조직 문화를 구축한다'에서 보다 자세히 설명할 것이다)에 대해 매달 보고하도록 요청했다. 나는 모든 직급의 리더들이 어떤 식으로든 거의 매주 자신들의 전략에 대해서 생각하기를 원한다.

로저 프레딘이 기억하듯이, 전략에 집중하는 문화는 조직에 매우 유용했다. 그로 인해 모두가 시장에 더 관심을 갖게 되었기 때문이다.

"우리는 매일 시장에서 경쟁업체에 어떤 일이 생기는지 파악하게 되었습니다. 우리는 고객들에게 무슨 일이 생기는지도 모두 파악하게 되었습니다. 매일이라고 말하는 것은 과장일지 모르겠지만 어쨌든 그런 문화가 자리 잡았습니다. 그런 것들이 대화의 중심이 되었습니다."

전략의 전개 상황을 보다 자주 확인함으로써 우리는 어려운 장기 목표에도 좀 더 집중할 수 있었다. 우리 불소 사업을 예로 들어보자. 1990년대 동안 우리는 오존층을 분해하는 수소염화불화탄소HCFC와 염화불화탄소CFC를 대체하는 수소화불화탄소HFC라는 불소 분자를 발명했다. 산업 현장에서 냉매로 사용되는 HFC는 오존층을 전혀 손상시키지 않았기 때문에 뛰어난 대체재의 역할을 했다. 그러나 안타깝게도 HFC는 이산화탄소보다 온실 효과를 악화시키는 효과가 1,300배 높았다. 업계에서 우위를 유지하려면 기후 변화를 악화시키거나 오존층을 파괴하지 않는 또 다른 대체 물질을 만들어 특허를 받아야 했다. 그것은 수년에 걸쳐 수억 달러의 연구·개발비가 필요한 엄청난 규모의 기술 과제였다.

항상 이기는 조직

리더들이 그 기간 동안 연구·개발 자금을 줄이지 않고 계속해서 그 일에 최고의 인력을 배정하도록 하기 위해서, 우리는 정기적으로 전략 업데이트 회의를 열어 그때까지 팀이 한 일과 팀이 필요로 하는 지원에 대해서 논의하는 시간을 가졌다. 지속적인 관리와 뛰어난 기술력이 합쳐지면서 상황이 반전되었다. 느리지만 꾸준한 진보를 이루게 된 것이다. 5년에 걸친 헌신적인 노력 끝에 우리는 탄화불화올레핀HFO이라는 획기적인 분자를 발명했다. 독자적인 여러 연구들을 통해 HFO의 기후 온난화 영향이 이산화탄소에 비해 20퍼센트 낮은 것으로 드러났다. 이 발명의 결과로 현재 우리의 불소제품 사업은 10억 달러가 넘는 매출을 올리며 수익성이 높은 사업으로 번창하고 있다.

다양한 사업에 대해서 내가 요구한 5대 이니셔티브의 월간 업데이트 보고도 도움이 되었다. 이 역시 리더들이 계속 전략에 신경을 쓰고 팀이 전략 실행을 책임지게 만드는 도구가 되었기 때문이다.

우리의 정부 서비스 사업은 행정 기관, 군, 기타 정부 기관이 해당 분야의 자료를 모니터하고, 안전하게 소통하고, 현장 상황과 지역 시설을 파악하는 데 도움을 주는 다양한 기술 기반 서비스를 제공했다. 2005년 이 사업부는 정부 기관과 더 큰 계약, 정확히는 1억 달러가 넘는 계약 체결을 전략 목표로 채택했다. 이 사업은 규모 확장을 원했기 때문에 더 큰 계약을 추구하는 것이 이치에 맞는 것처럼 보였다. 리더들은 우리가 그 목표를 달성할 수 있다는 확신을 갖고 있었다.

나는 매달 이 사업 리더들이 보내는 업데이트 보고서를 읽었다. 새로운 전략을 실행한지 약 18개월이 지났을 때 최근 들어 새로운 큰 계약이 성사된 것이 없다는 생각이 들었다. 리더들에게 지금까지 나온 결과를 분석하라고 요청했다. 11건의 계약에 입찰했으나 계약이 이루어진 것은 단 1건에 불과하다는 것이 밝혀졌다. 그나마 그 1건도 이미 우리가 진행하고 있던 것이었다. 이런 깨달음으로 전략을 다시 평가하게 되었다. 우리는 고객들이 우리에게 더 큰 규모의 계약을 이행할 수 있는 역량이 있다고 생각지 않으며, 어떤 경우이든 기존의 파트너에서 사업 주체를 변경하는 것을 극히 부담스럽게 여긴다는 것을 발견했다. 전략을 바꿔 더 많은 수의 계약을 따낸다는 목표를 채택했다. 그리고 보다 작은 규모의 계약에 집중했다. 오래지 않아 사업은 다시 성장하기 시작했다.

토머스 에디슨Thomas Edison의 명언을 조금 비틀어서 내가 자주 하는 말이 있다.

"사업은 1퍼센트의 전략과 99퍼센트의 실행으로 만들어진다."

단, 필요한 만큼 시간을 들여 전략을 바르게 세워야 그 뒤에 올바르게 실행할 수 있다. 특히, 리더들이 전략에 대한 요약본을 제출할 때는 그들에게 이전 전략과 비교해 달라진 것을 강조하도록 해야 한다. 한두 해마다 전략을 바꾸는 조직은 방향과 유효성을 잃게 된다. 전략이 이치에 맞는지 확인하는 데는 시간을 충분히 쓰고 매일 전략을 검증하는 데는 짧은 시간만 써라. 그러면 당신의 조직은 유효한 시간의 99퍼센트를 쓸데없는 짓 대신 전략을 실행하는 데 사용할 수 있게 된다.

운영을 장기 목표와 연결시킨다

운영과 전략을 전혀 다른 차원으로 다루는 기업이 많다. 기획 프레젠테이션은 7월에 열리는 반면, 운영 예산에 대한 계획은 6개월 후인 연말에 수립된다. 이 사이 6개월 동안 비용이 높아지거나 매출이 실현되지 않아 예상보다 사용할 수 있는 돈이 적어지는 경우가 자주 발생한다. 그렇다면 이 회사는 장기 목표에 문제를 초래하는 단기적인 조정을 행해야 한다. 도입 부분에서 이야기했듯이, GE의 가전 사업은 11월만 되면 비상상황이라는 근거로 수천 명의 직원을 해고하곤 했다. 다음 해 이윤 예상치가 기대보다 낮기 때문에 벌어지는 일이다. 리더들은 회사가 해고를 처리하고 사업의 구조를 다시 조정하는 일을 하는 데 필요한 돈을 마련하기 위해 서둘러 움직여야 했다. 이런 혼란은 얼마든지 피할 수 있는 혼란이다.

하니웰에서는 사업부 리더들에게 전략 계획을 제출할 때 전처럼 향후 5개년 계획만을 만드는 것이 아니라 다음 회계연도의 계획도 만들어 제출하라고 지시했다. 우리는 7월 프레젠테이션이 있기 몇 개월 전부터 사업부 리더들과 다음 회계연도의 전략에 대해서 깊이 있는 논의를 시작했다. 공식적인 절차는 없었다. 나는 리더들에게 전화를 걸어서 그들 사업에 관한 전략적 질문을 공유하고, 그들의 생각을 묻고, 다음 해의 재무목표에 대한 내 생각을 밝혔다. 다음 해 목표에 대해서 일찍부터 생각하게 된 리더들은 직원들을 동원해 다음 5년의 대략적인 계획만이 아닌 한해 한 해 필요한 운영상 조치들(구체적인 자금 조달 계획, 구체적인 기술을 보유한 인력이 필요한지 여부를 고려한 구인 계획, 그들 사업에 영향을 줄 수 있는 시장 추세 등)까지 고려하게 했다.

이렇게 7월이 되면 다음 회계연도 운영 계획은 훨씬 더 실질적인 모습을 갖춘다. 전략 목표와 5개년 재무 실적 예상치는 보다 현실적으로 작성된다. 이로써 11월 운영 예산 채택이 용이해지고 우리는 예산과 관련한 마지막 순간의 '비상' 상황을 피할 수 있다. 또한, 전략 계획 프레젠테이션 동안 리더들은 이전 5개년 매출과 수익 예상치를 회사의 실제 실적과 비교해서 보여주면서 적절한 장기 전략 목표를 세우고 실행했는지 가늠하게 된다.

처음에는 내가 다음 회계연도에 집중하는 것을 못마땅하게 생각하는 리더들이 많았다. 해당 회계연도의 운영을 관리하는 것도 힘겨운 와중에 다음 해의 일을 어떻게 세세히 살핀단 말인가? 나는 그들이 실행하기 전에 긴 시간 깊이 생각을 했다면 해당 연도의 예상치를 수월하게 달성할 것이라고 말했다. 그러자 그들은 불평을 멈췄다. 그 뒤 나는 지금 다음 해의 운영에 대해서 고려하는 것이 다음 해 동안, 그리고 그 이후까지 성공을 이어가는 데 도움이 된다고 생각을 주입하기 위해 노력했다. 결국, 기업이 위기에 봉착하면 가장 먼저 외면당하는 것은 장기 투자이다. 나는 11월이 되고 리더들이 예산의 한계에 갇히게 될 때도, 단기 목표치에만 매달리지 않고 미래를 위한 씨앗도 뿌릴 수 있기를 원했다. 전략적 사고로 만들어진 운영 계획은, 비상 상황의 의사 결정으로 미래의 분기 목표 달성이 더 어려워지고 그로 인해 더 급박한 비상 상황의 의사 결정과 더 적은 투자로 이어지는 악순환에 빠지지 않게 해줄 것이다. 앞을 내다

항상 이기는 조직

보는 생각을 한다면 장기 목표와 단기 목표를 동시에 추구할 수 있다.

하니웰의 모든 리더들이 항상 장기적 시각과 단기적 시각을 염두에 두고 사업을 운영하게 되기까지는 몇 년의 시간이 필요했다. 나는 전체 회의에서도, 전략 기획 회의에서도, 연례 운영 회의, 교육 시간, 기타 행사 등 자리를 가리지 않고 끊임없이 이 접근법을 강조했다. 내가 직원들에게 늘 이야기했듯이, 사업에서 성공하기 위해서는 상충되는 것처럼 보이는 두 가지 일을 동시에 해내야 한다. 우리는 직원들이 현금을 확보하기 위해서 재고량을 낮은 수준으로 유지해주길 원하고, 그러면서도 고객에게는 물건이 제때 배송되기를 원한다. 리더는 직원들에게 권한을 위임해야 하지만, 한편으로는 상당한 통제력을 유지해야 한다. 장기적인 기획과 운영 예산 설정 모두에서, 우리는 당장의 실적을 높이되 한편으로는 미래의 성공을 위한 초석을 마련해야 한다. 조금씩, 순전한 반복의 힘으로, 그 메시지가 스며들었다. 사람들이 '상충되는 것처럼 보이는 두 가지 일을 동시에 하는 것'에 대해서 이야기를 나누는 소리가 들려왔다. 응원의 소리처럼 느껴졌다. 이 책에서도 여러 번 이야기하겠지만, 조직 깊숙이 퍼지는 변화를 유도하기 위해서는 리더의 편에서 일관성과 끊임없는 노력이 필요하다. 오늘 그리고 내일을 위한 경영에 있어서라면 내게 포기란 없었다.

점진적인 구조 조정

지금까지 기획 프로세스를 개혁하는 방법에 대해 알아보았다. 그렇다면 전략 기획은 어떻게 해야 만들어야 할까? 구체적인 사항은 업계, 규모, 시장에 따라 다르겠지만 기획의 한 가지 원리는 어느 사업에나 적용된다. 이 원리는 당장 높은(혹은 용인될 만한) 실적을 달성하는 동시에 미래의 성장을 구축하는 데 도움을 준다. 나는 이 원리를 "영구 구조 조정perpetual restructuring"이라고 부른다. 전통적으로, 기업들은 비용을 줄이기 위해 주기적으로 사업 구조를 재편한다. 구조 조정은 주로 대규모 해고나 폐업을 통해 이루어진다. 영구 구조 조정은 보다 점진적이고, 완만한 접근법이다. 단 번에 비용을 극적으로 줄이는 대신, 고정 비용을 꾸준히 유지하면서 매년 매출을 늘려나가 보라. 이전 해에 사용했던 것과 거의 비슷한 자원으로 매년 조금씩 일을 더 하면서 보다 효율적으로 운영을 하는 것이다. 이런 효율의 향상을 위해서는 지속적인 프로세스-개선 이니셔티브를 지원하는 다양한 작은 규모의 구조 조정 프로그램을 채용해야 한다. 매년 조금 더 나아지도록 좀 더 효율적이고, 좀 더 효과적이고, 좀 더 혁신적으로 변하기 위해 노력한다. 시간이 지나서 사업이 성장하면 증가한 이윤의 일부를 투자자들에게 배분한다. 하지만 연구·개발, 지리적 확장, 프로세스 개선, 전략적 포트폴리오 관리(인수, 합병, 분할)에 대한 추가 투자를 위한 자금으로 일부는 유보해둔다. 기업이나 기타 자산의 매각을 통해 일시적인 수입이 실현될 때는 그 자금 역시 단기적인 수익을 인위적으로 부풀리는 데 사용하는 대신 투자한다.

| 매출 성장 중에 고정 비용을 일정하게 유지하는 마법 |

대부분의 기업은 이익률이 30~80퍼센트 사이 어딘가에 있다. 고정 비용이 일정하다면, 매출 1달러에 대해 30~80센트가 수입이 되는 것이다. 고정 비용이 상승하게 두면, 그것이 차익을 갉아먹는다. 아래의 표는 그 영향을 보여준다. 고정 비용을 일정하게 유지함으로써 영업 이익률을 0이 아닌 10퍼센트로 만들 수 있다.

고정 비용이 일정한 경우		
	1개년	2개년
매출	100	103
이익률 40퍼센트	40	41
고정 비용	30	30
영업 이익률	10	11

↓
영업 이익률 10퍼센트 성장

고정 비용이 매출과 함께 증가한 경우		
	1개년	2개년
매출	100	103
이익률 40퍼센트	40	41
고정 비용	30	31
영업 이익률	10	10

↓
영업 이익률 0퍼센트 성장

대개 인건비가 고정비의 70~80퍼센트를 차지한다. 직원 숫자가 일정하게 유지된다는 가정에서 임금과 수당의 증가만으로도 3퍼센트의 비용 상승 효과를 낸다. 때문에 프로세스 개선 계획이 그토록 중요한 것이고, 그 때문에 매출과 인건비를 추적하는 보고 시스템이 항상 자리 잡혀 있어야 하는 것이다. 리더와 조직은 항상 더 많은 사람을 요구한다. 더 이상 하지 않아도 될 것, 적게 해도 될 것, 더 잘 할 수 있는 것을 검토해서 기존 직원의 생산성을 높일 생각을 하지 않는 경우가 많다. 따라서 고정 비용을 일정하게 유지하는 데는 인력 제한이 필수적이다.

영구 구조 조정으로 분기별 실적이 극대화되는 것은 아니다. 당신은 이익의 일정 비율을 다시 사업에 투자하고 있을 것이기 때문이다. 하지만 시간이 흐르고 그런 투자가 결실을 보면, 추가적인 실적 증가가 계속 이어지게 될 것이다. 이는 또다시 추가 투자를 가능하게 한다. 성장이 보다 견고해지면서 투자자들을 만족시키고, 당신은 꾸준히 투자를 하지 않은 경쟁자들을 능가하게 된다. 연간 투자액이 늘어나면서 장기 투자의 관성 바퀴flywheel(본래의 의미는 회전하는 물체의 회전 속도를 고르게 하기 위하여 회전축에 달아 놓은 바퀴이지만, 컨설턴트이자 작가인 짐 콜린스가 그의 저서《좋은 기업을 넘어 위대한 기업으로》에서 처음 움직이기 위해서 큰 힘이 필요하지만 일단 움직이기 시작하면 스스로 추진력을 창출하는 상황을 뜻하는 데 사용하면서 유명해진 표현-옮긴이)가 빠르게 돌면, 투자비율 증가는 중단된다. 그 시점에 이르면, 수입 증가의 상당 부분이 투자자에게 돌아가면서 투자자의 수익이 크게 증가한다.

대부분의 기업은 한 번에 좋은 상태에서 매우 좋은 상태로(하니웰의 경우 망해가는 상태에서 매우 좋은 상태로) 움직이지 못한다. 한 분기씩, 한 해씩

항상 이기는 조직

잘 통솔된 방식으로 서서히 진전해나간다. 우리 감지기 사업을 예로 들어보자. 2005년까지 일련의 인수로 인해 이 자회사는 전 세계에 비교적 작은 규모의 공장 37개(각 공장의 직원은 약 500명)를 보유하게 되었다. 대부분 공장이란 곧 생산성이 낮았기 때문에 고객들에게 원활하게 제품을 배송할 수 없었다. 또한 건물의 유지비, 직원 봉급, 조립 라인의 가동비 등을 감안하면 공장이란 곧 상당한 양의 고정비를 의미했다.

　나는 이 자회사의 리더들에게 그들이 이상적으로 생각하는 생산 상황은 어떤 모습인지 그려보라고 요청했다. '1원칙: 게으른 사고방식을 몰아낸다'에서 설명한 '백지' 활동을 거친 후, 리더들은 12개의 공장만으로 사업을 아주 잘 꾸려갈 수 있다는 것을 깨닫게 되었다. 기획에 대해 이만큼 깊은 생각을 하지 않았다면 우리는 어쩌면 단기 비용 절감을 기대하고 대규모 구조 조정 비용을 감수하면서 25개 공장을 한꺼번에 폐쇄하자는 결정을 했을 지도 모른다. 한 번에 수천 명의 직원을 해고함으로써 운영을 뒷받침하는 현장의 프로세스를 불안하게 만들었을 것이다(우리가 종종 '숨겨진 악의 온상hidden factory'이라고 부르는 것). 또한 새로운 공장으로 전환하는 동안 고객 서비스에 지장을 초래했을 수도 있다.

　우리는 영구 구조 조정의 철학을 적용해 이 25개 공장 폐쇄를 10년에 걸쳐 진행했다. 매년 직원을 적은 숫자만 해고하고 생산 역량을 점차 개선시켰다. 앞서 언급했듯이 그 과정에서 우리 리더들은 연구·개발 지출을 비롯한 여러 다른 영역에서 개선을 이뤄냈다. 상당히 좋은 분기별 실적을 내면서 만들어진 이 모든 노력은 우리 감지기 사업을 좋은 상태에서 매우 좋은 상태로 전환시키는 데 큰 몫을 했다.

우리는 영구 구조 조정을 우리의 모든 사업에 적용해서 하나도 빠짐없이 극적인 개선을 보았다. 전통적으로 하니웰 운송 시스템(Honeywell Transportation Systems)은 자동차 업계 고객들을 대상으로 경유 엔진용 터보 과급기를 제조해왔다. 우리의 기술이 그다지 경쟁력이 없다고 느낀 해당 사업 리더들은 휘발유 엔진용 터보 과급기 제조에 반대했었다. 2007년, 새로운 경영자가 사업을 맡으면서 휘발유 터보 과급기로 전환을 시도했다. 휘발유 엔진이 전체 시장의 절반을 차지하며 가까운 미래까지 그런 상황이 계속되리라는 판단에서 내려진 결정이었다. 하지만 휘발유 터보 과급기 상품을 개발하는 단기 집중 코스에 착수하는 대신 영구 구조 조정 철학을 적용해 매년 수익의 일정 부분을 휘발유 터보 과급기에 관련된 연구·개발에 투자했다. 10년 후, 우리는 휘발유 터보 과급기 시장의 약 30퍼센트를 점유하고 매출을 10억 달러나 더 창출하며 경유와 휘발유 터보 과급기 양쪽에서 선두 자리를 차지하게 되었다. 이 사업은 너무나 좋은 실적을 보여왔기 때문에 우리는 최근 이 사업을 분할해 상장시켰다.

이런 식의 성과들이 쌓여 기업 전체의 지속적인 성공으로 이어졌다. 영구 구조 조정을 통해 우리는 연구·개발에 대한 자체 조달 투자를 2003년 매출의 3.3퍼센트에서 2016년에는 2.5퍼센트까지 끌어올릴 수 있었다. 또한 우리는 매 분기 프로세스 개선을 위한 구조 조정에 1,000만 달러에서 4,000만 달러(일회성 수익 외에)를 지출했다. 처음에 셀사이드sell-side(주식과 채권을 고객에게 매매하는 파트-옮긴이) 애널리스트들은 이런 구조 조정이 언제 끝날지 궁금해했고 "절대 끝나지 않는다"는 우리의 답을 탐탁지

항상 이기는 조직

않게 생각했다. 하지만 하니웰의 최대 투자자 중 한 명은 우리의 접근법이 좋다는 것을 파악했다. 다행스런 일이었다. 시간이 지나면서 운영이익률이 2003년의 약 8퍼센트에서 2018년의 약 16퍼센트로 상승하고 매출은 거의 2배로 늘어났다. 2002년의 월스트리트는 우리를 "침체" 기업으로 평가했지만 우리는 효율과 수익성을 크게 늘렸다. 이 모든 것은 단기에도 효과를 발휘할 뿐 아니라 미래를 위한 씨앗을 뿌릴 수 있는 자원을 만들 수 있는 전략에서 비롯되었다. 과거 영구 구조 조정에 의심의 눈길을 보내던 사람들은 이제 열렬한 신봉자가 되었다.

계획 방법의 변화

아직 오늘과 내일을 동시에 계획하지 않고 있는가? 그렇다면 지금 당장 시작하라. 전략적 사고에서 단기성과주의는 없애버려라. 이번 분기에는 당신을 구원하지만 이후 실적에 해를 입히는 분기 말의 손쉬운 미봉책은 제거하라. 당신의 기획 프로세스를 보다 엄정하게 만들고 모두가 그 전략에 집중하게 만들라. 일상의 운영 결정을 내릴 때에도 말이다. 지나치게 야심찬 계획을 피하고 단기 수익과 미래 성장을 위한 투자가 균형을 이루는 신중한 접근법을 채택하라. 특정한 장기 계획이나 전략을 실행하기에는 너무 늦었다고 생각하고 있는가? 당신 생각이 옳을지도 모른다. 하지만 그렇지 않을 수도 있다. 내가 리더들에게 이야기를 할 때 종종 인용하는 중국 속담이 있다.

"나무를 심기에 가장 좋은 때는 20년 전이다. 두 번째로 좋은 때는 바로 오늘이다."

오늘 그리고 내일을 위한 계획 방법은 하루아침에 배울 수 있는 것이 아니다. 하니웰은 건전치 못한 회계 관행을 몰아내기 위해 18개월을 보냈으며 그 후에도 리더들이 새로운 접근법을 내면화하고 문화적 규범으로 채택하기까지 몇 개월이 더 필요했다. 당신 회사에서도 비슷한 시간이 필요할 것이다. 계속 중심을 잃지 말고 힘든 기간을 이겨내야 한다. '목표치를 맞추는 것'만을 위한 결정을 승인해달라고 요구할 때라면 물러서지 말고 당신의 입장을 고수해야 한다. 일회성 대규모 개선 프로젝트를 제안할 때는 재고를 요청하고 이 프로젝트를 보다 쉽게 실행할 수 있는 작은 조각으로 나누어야 한다. 리더들에게 매년 조금씩 운영을 개선해서 기존 고정비를 유지하면서 성장하거나 비용을 매출보다 훨씬 낮게 유지하라고 요구하라. 처음에는 이런 태도가 환영받지 못할 것이다. 하지만 실적이 개선되고 미래의 성장으로 가는 길이 보다 쉬워지면서 사람들은 당신이 추구하는 접근법을 받아들일 것이다. 전략 기획은 지금은 무의미하고 부담스러운 활동일지 모르지만 이후 조직의 북극성이 될 것이다.

어떤 수준에서도 오늘 그리고 내일을 위한 계획을 세울 수 있다. 당신이 하나의 기업을 이끌든, 한 부서나 작은 팀을 이끌든 마찬가지이다. 당신이 한 회사의 경리팀을 맡고 있다면, 고정비를 일정하게 유지하면서 매년 늘어나는 작업을 어떻게 처리할 수 있을지 자문해보라. 프로세스와 시스템을 어떻게 재설계하면 실수를 줄이고, 더 적은 인력을 사용하고, 전반적인 효과를 더 높일 수 있을까? 몇 개의 아이디어를 생각해내고 ('4원칙: 지속적인 진화에 능숙해진다'에서 프로세스 개선에 대해 훨씬 더 자세하게 이야기할 것이다), 그것을 실행할 전략 계획을 개발하고 운영 예산도 마련하라. 조직의 모든 곳에서 비용을 줄이고 아이디어(일부에 대해서라도)에 대한 자체 자금 조달 방법을 찾아라. 아이디어를 상관들에게 알려라. 천천히 시작해서 지속 가능한 진전을 이루다 보면 긴 시간이 지난 후에 상당한 실적 증가를 보게 될 것이라 설명하면서 그들을 설득하라.

이런 접근법은 작은 조직이나 팀에도 적용된다. 단기 실적과 장기 실적을 동시에 기획하고 달성하는 데 가장 효과적인 방법은 상급자들에게 독립적인 사고가 가능하며 변화를 가져오는 사람이란 인상을 주는 것이다. 상관이 당신의 역량을 포착하지 못하고 비현실적인 목표만을 고수하게 한다면, 스스로를 솔직하게 파악하는 눈을 가지고 있으며 높은 실적에 헌신하는 조직으로 옮겨가야 한다. 그런 결론에 이르기 전에, 이런 목표들의 방향이 정말로 잘못된 것은 아닌지, 상관이 좀 더 넓은 시각으로 생각하라고 종용하고 있는 것은 아닌지를 확실히 해야 한다.

경계를 늦추지 않는다

영구적인 구조 조정을 추구하다 보면 그 철학에서 벗어나 군침 도는 일회성 수익을 장부에 기록함으로써 이익률을 높이고 싶다는 유혹이 찾아올 수 있다. 그런 유혹에 넘어가지 말라! 가끔씩이라도 이런 식으로 이익을 덧대다 보면 조직적 게으름이 퍼질 수 있다. 다음 해에도 당신은 비현실적인 계획을 세우게 될 것이고 다른 사람들은 필사적인 수단을 동원해서 그 계획을 달성하려 할 것이다. 목표치 달성의 지름길로 가고 싶은 욕구는 알코올 중독과 비슷하다. 술을 끊을 때는 단번에 영구적으로 끊어야 한다. 몇 년 후라도 술을 또 마신다면 다시 재발할 위험이 있다. 리더로서 경계를 늦추지 말라. 다른 사람들이 영구 구조 조정과 책임 있는 기획으로 완전히 돌아섰다고 속단하지 말라. 꾸준히 일을 해나가면서 조직이 정말로 단기 목표와 장기 목표를 동시에 주의 깊게 계획할 수 있는 모든 기회를 놓치지 말고 공략하라.

상장 기업을 이끌고 있다면, 투자자에게 특히 주의를 기울여야 한다. 조직의 임원들과 마찬가지로, 많은 투자자들이 처음에는 영구 구조 조정을 받아들이려 하지 않는다. 그들은 전략 기획을 개혁하기 위해 내부적으로 취하는 중요한 조치들을 보고 싶지 않을 것이다. 그들이 원하는 이익률을 그대로 맞춰주고 싶은 욕구에 맞서야 한다. 당신이 하고 있는 성장 투자에 대해 알리고, 그런 투자가 사업에 불어넣는 가치를 설명해서 주주와 애널리스트가 투자가 성숙되는 데 시간이 얼마나 필요한지 짐작할 수 있게 해야 한다. 분기마다 이익률 목표를 보수적으로 설정해서 분기 말에 혼란에 빠지지 않도록 하라. 합리적으로 회사가 달성할 수 있다고 생각되는 것에는 조금 못 미치되 투자자들이 빠져나가지 않는 선에서 목표를 정하라. 회사가 이 목표를 능가한다면 이런 수익의 일부를 추가적인 구조 조정 쪽으로 돌려라. 이렇게 약간이라도 여유를 얻으면 회사가 예기치 못한 문제를 만나더라도 언젠가 기업에 피해가 될 거래나 회계 상의 속임수에 의지하고 싶은 유혹이 줄어들 것이다.

나무를 베는 대신 심는다

2002년 "분기 목표 달성" 회의를 없애고 목표치 달성을 돕기 위해 마지막 순간에 이루어지는 거래를 금지한 후, 나는 이런 조치들이 현장의 현실을 변화시키고 있는지 궁금해졌다. X-데이를 이용해서 나는 루이지애나에 있는 화학 공장을 깜짝 방문해서 시설을 살피고 그곳의 리더 및 직원들과 이야기를 나누었다.

내가 도착하자, 공장장이 나를 맞이해서 공장 건물의 내부를 보여주었다. 걷는 동안 그는 공장이 어떻게 운영되는지, 거기에서 생산하고 있는 것이 무엇인지, 공장이 겪고 있는 문제가 무엇인지 설명했다. 15분쯤 후, 나는 '분기 목표 달성' 회의를 없앤 후 느껴지는 운영상 변화가 없는지 물었다. 그가 대답했다.

"분명히 느껴집니다. 이전에는 매주 목표치를 맞추기 위해 특별한 거래들을 만들어내야 했어요. 회계 아이디어를 짜내느라 시간을 낭비했죠. 이제는 더 이상 그런 일을 하지 않아도 됩니다. 그래서 이제는 진짜 공장을 운영하는 일을 할 수 있죠."

우리는 공장이 자리 잡은 넓은 대지 일부를 돌아보기 위해 문을 열고 나왔다. 지평선까지 넓게 펼쳐진 평지가 보였다. 모두 공장 소유의 땅이었다. 나는 그에게 돌아서며 말했다.

"목표치를 맞추기 위해 했던 일을 예로 들어줄 수 있나요? 이전과 달리 지금 하고 있는 일은 무엇이죠?"

"좀 더 구체적으로 말해볼까요?"

그는 앞을 가리켰다.

"저쪽의 들판이 보이시죠?"

나는 고개를 끄덕였다.

"저기가 전부 나무였습니다. 수백 에이커는 되는 숲이었죠. 분기 목표치를 달성하기 위해서 저는 나무를 베어서 목재로 판매했었습니다. 분기 말이 되면 저는 공장 경영은 젖혀두고 그 거래에 시간을 할애해야 했습니다. 그 판매가 성사되면 해당 분기 목표를 달성하는 데 도움이 되었으니까요. 목재 판매 아이디어를 낸 것이 창의적이라면서 회사에서 상까지 줬다면 믿으시겠습니까? 다른 모든 공장에서도 같은 일을 할 수 있는지 알아보기까지 했습니다."

나는 믿을 수 없어서 고개를 저었다.

"세상에."

"하지만 우리가 시행한 변화 덕분에 이제 더 이상은 그런 일에 시간을 쓰지 않아도 됩니다. 고객들에게 필요한 제품을 가능한 가장 효율적인 방식으로 공급하는 것과 같은 진짜 문제에 집중할 수 있게 되었습니다."

오늘 그리고 내일을 위한 기획에는 노력이 필요하다. 나는 CEO로서 내 시간의 상당 부분을 총괄 관리자들과 함께 그들의 전략 계획을 분석하고 영구 구조 조정의 철학을 촉진하기 위해 사용한다. 다른 리더들도 마찬가지이다. 이런 노력에는 보상이 따른다. 임시방편을 찾으면서 분기

마다 숫자를 조작하는 대신, 우리는 일하는 방법을 바꾸고 사업을 경영하는 방법을 개선시켰다. 우리는 나무를 베는 대신 심기 시작했다.

1 조직이 '분기별 목표치를 맞추기' 위해 하는 단기적인 활동을 파악하고 있는가? 그것이 장기적인 효과에 피해를 주고 있는가?

2 적절한 단기 실적을 내는 한편으로 장기 계획의 자금도 마련하기 위해 할 수 있는 일이 있는가? 고정 비용을 일정하게 유지하거나, 그것이 불가능하다면 매출 성장률보다 훨씬 낮은 비율로 증가하도록 하는 방법을 고려해보았는가?

3 기획 프로세스가 전략의 지속적이지 않고 연례행사에 가까운가?

4 CFO가 보수적인 관점을 가지고 있는가? CFO가 낙천주의자라면 큰 문제이다!

5 어떻게 하면 직원들이 연말이 아닌 연초에 다음 해의 실적을 생각해보게 할 수 있을지 생각했는가?

6 "폭발적인" 성장이 아닌, 영구 구조 조정이 도움이 될 수 있는 영역이 있는지 고려해보았는가?

7 당신은 일상적인 소통에서 고객을 위해 최선을 다하고, 실질 매출을 창출하고, 비용을 절감하고, 미래를 위해 현명한 투자를 하는 것과 같은 사업의 기본에 대해 생각하도록 직원들을 자극하는가?

8 단기 실적은 전혀 창출하지 못하고 있는 장기 계획이 있는가? 이 문제를 해결하기 위해 당신이 할 수 있는 일은 무엇인가?

2부

조직
최적화

WINNING NOW, WINNING LATER

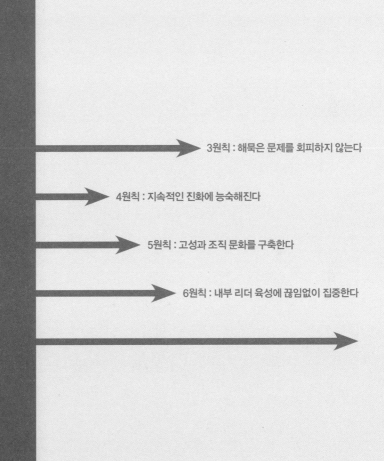

3원칙 : 해묵은 문제를 회피하지 않는다

4원칙 : 지속적인 진화에 능숙해진다

5원칙 : 고성과 조직 문화를 구축한다

6원칙 : 내부 리더 육성에 끊임없이 집중한다

해묵은 문제를 회피하지 않는다

2003년 내가 CEO가 되고 약 1년이 지난 때에, 우리의 한 직원이 루이지애나 배턴루지에 있는 화학 공장에서 일을 하다 사망하는 사건이 발생했다. 나는 이런 비극을 야기한 원인을 찾기 위해 환경 전문가팀을 현장에 급파했다. 공장 부지를 돌아본 그들은 널브러진 여러 개의 낡은 실린더를 발견했다. 이들 실린더에는 담긴 물질이 무엇인지 보여주는 라벨이 있었지만 라벨이 정확한지는 누구도 확신할 수 없었다. 사망한 직원은 화학 물질이 채워진 1톤짜리 실린더를 열었다가 강력한 연기를 흡입하고 목숨을 잃었다. 우리가 발견한 바에 따르면, 그가 열었던 실린더에 라벨이 잘못 붙어 있었다. 그리고 그는 안전 수칙을 어기고 실린더를 열었다.

나는 그 직원이 왜 수칙을 어기게 되었는지 궁금했다. 라벨이 잘못 붙은 낡은 실린더가 왜 굴러다니고 있단 말인가? 답을 찾기 위해 그 시설을 찾았고 리더들에게 불시 방문이 있을 것이라고 알렸다. 그러나 공장에 도착했을 때 마주친 안내 직원은 내가 누구인지 알지 못했다. 얼마나 놀랍던지. 공장장은 공장을 둘러보게 안내하고 사망 사건이 일어난 곳을 보여주었다. 이후 나는 작은 회의실에서 공장 리더들과 만나 그들에게 공장에서 무슨 일이 일어나고 있었는지 설명해달라고 요청했다. 한 리더가 이렇게 말했다.

"이걸 아셔야 합니다. 이런 사고는 어디에서든 일어날 수 있습니다. 화학 공장은 위험한 곳입니다. 이런 일이 일어난 것은 그저 우리가 운이 없어서입니다."

운이 나빴다고? 내가 제대로 들은 게 맞아?

질문을 좀 더 했고 더 형편없는 답을 들었다.

"모두가 공장을 이런 식으로 운영합니다."

"안전 수칙을 따르지 않는 것은 사람의 천성이에요."

"이런 사고는 언제든 어느 시설에서나 일어날 수 있습니다. 여기에 대해서는 할 수 있는 일이 없습니다."

10~15분 정도 헛소리를 들어야 했다. 그것으로 충분했다. 나는 목소리를 높여서 옆에 앉은 리더들을 질책했다.

"여러분들은 이 시설에서 한 사람이 죽었다는 사실을, 그 실린더를 적절히 취급했더라면, 그리고 그가 안전 수칙을 교육에서 배운 대로 따랐다면 예방할 수 있었다는 사실을 제대로 이해하고 있는 겁니까? 이곳의 안전 문화는 최악입니다. 최악이요. 변명을 늘어놓지 말고 당장 문제를 시정하도록 하세요!"

후속 조사를 통해 이 공장뿐 아니라 회사 전체에 안전 문제가 중요한 위협이 되고 있다는 것이 드러났다. 전 세계에 있는 우리 시설에서 이런 사고가 얼마든지 일어날 수 있는 상황이었다. 이를 막기 위해서는 교육과 프로세스 개선에 대규모 투자가 필요했다.

내가 CEO로서 전임자에게 물려받은 심각한 문제는 안전 문제가 다가 아니었다. 임기 첫 해에 나는 환경 문제와 관련해서 하니웰이 안고 있는 법적 책임이 생각했던 것보다 훨씬 크다는 것을 발견하고 분노했다. 석면과 관련된 여러 건의 큰 소송이 진행 중인 것은 알고 있었다. 하지만 우리가 수십억 달러에 달하는 배상 책임에 직면해 있으며 시설의 화학 오염을 정화하기 위해 수십억 달러가 더 필요하다는 것은 모르고 있었다. 재원이 부족한 연금 기금, '1원칙: 게으른 사고방식을 몰아낸다'에서 설명한 공격적인 회계 관행의 문제도 있었다. 세상에! 여러 문제들이 회사에 불길한 그림자를 던지고 있었다. 시한폭탄이 터지기만을 기다리고 있는 셈이었다. 개인적으로도 괴로운 문제였다. 사회적 책임을 진지하게 받아들이지 않는 조직을 이끈다는 것이 대단히 불편하고 언짢았다.

새로 고용한 소송전문 변호사 케이트 애덤스Kate Adams는 우리가 직면한 법률 문제가 얼마나 큰 도전인지 절실히 느끼게 해주었다. 케이트가 일을 시작하고 6개월쯤 되었을 때 나는 복도에서 그녀와 마주쳤다. 내가 말했다.

"그래서, 회사에 적응은 잘 하고 계신가요? 후회하고 계신 건 아니죠?"

그녀의 표정이 밝아졌다.

"전혀요. 우린 엄청난 포트폴리오를 가지고 있어요. 무척 기대가 돼요."

"다행입니다. 우리는 뛰어난 기업 포트폴리오를 가지고 있죠. 앞으로 우리가 그 기업들을 어떻게 발전시키는지 지켜보는 것은 정말 흥분되는 일일 겁니다."

"그것도 그렇죠. 하지만 제가 얘기한 것은 소송 포트폴리오에요. 별의별 소송에 다 걸려 있던걸요? 전 세계에서 갖가지 문제에 관해서요. 정말 흥미로워요."

나는 일에 대한 열정이 충만하다. 하지만 이런 이야기는 제아무리 열정이 있는 CEO라도 듣고 싶지 않을 것이다.

일반적으로 법적 책임은 전략 기획에서 단기와 장기의 균형을 맞추는 것만큼이나 중요한 문제이다. 오래 끌어온 법적 책임은 큰 피해를 입힐 잠재력을 안고 있다. 그런 위험을 줄이기 위해서는 원하는 것보다 훨씬 큰 단기적 타격(혹은 지속적인 타격)을 감수해야 한다. 그렇지 않으면 단기적 목표와 장기적 목표 모두 성공적으로 달성하기가 어려워질 것이다. 단기적 이익이 장기적 성취의 장을 마련하고 또 장기적 이익이 단기적 성취의 장을 마련하는 식의 선순환을 만드는 데 성공할 수 없다. 단기성과주의를 극복한다는 것은 지나치게 오랫동안 다음 리더에게로 미뤄두었던 문제에 마침내 달려든다는 것을 의미한다. 내가 우리 팀에게 늘 강조했듯이, 튼튼한 토대가 없이는 좋은 집을 지을 수 없다. 조직이나 팀에 그런 토대가 없다면, 바로 지금부터 그 일을 위한 돈과 자원을 따로 떼어두고 토대 구축에 나서야 한다.

단기적 사고라는 병폐

수십 년 동안(하니웰의 경우 100년 넘게) 사업을 해온 대부분 기업들은 어떤 종류이든 해묵은 문제가 있기 마련이다. 시간이 지나면서 기술과 생산 프로세스가 발전하기 때문에 안전과 건강에 대한 법적, 사회적 기대 역시 변화한다. 수십 년 전에는 타당하고 안전하게 보였던 활동이 피해를 야기하고, 그로 인해 기업은 법적 책임에 직면하게 된다. 이런 법적 책임을 청산하는 일은 성장을 저해할 수 있다. 그렇다고 이런 책임이 조직의 경쟁력과 성장 역량을 위협하는 정도까지 쌓이게 놓아두어서는 안 된다. 많은 기업들에 이런 상황이 펼쳐지는 것은 단기성과주의라는 흔한 병폐 탓이다.

과거 하니웰의 리더들이 중요한 순간에 회사의 장기적 건전성을 고려하지 않은 결과, 우리는 불필요하게 많은 법적 책임에 노출됐다. 석면의 경우, 법적 노출을 야기한 주요 원인이 두 가지였다. 하나는 벤딕스Bendix 브레이크 사업(우리는 오랫동안 석면이 함유된 브레이크 라이닝을 제조했었다)이었고 다른 하나는 우리가 수십 년 전 소유했던 나르코NARCO라는 소규모 기업이었다. 나르코는 산업 시설의 굴뚝을 만드는 데 사용되는 특별한 내열 벽돌을 제조했다. 우리는 1980년대 약 6,000만 달러에 나르코를 매각했지만 그 회사의 석면 문제에 대한 법적 책임은 여전히 우리 몫이었다. 거래를 성사시키는 데만 집중했던 당시의 리더들이 우리가 영구적으로 모든 법적 배상 책임을 진다는 최종 합의서 조항에 서명했기 때문이었다. 2000년대 초, 이 한 회사로 인한 법적 책임의 규모가 10억 달러에 이르렀다. 단기성과주의가 기업에 얼마나 극단적인 결과를 가져올 수 있는지 보여주는 증거가 필요하다면 바로 여기에 있다.

훨씬 더 중요한 것은, 단기성과주의가 야기해서 우리가 직면했던 이런 저런 책임의 문제가 시간이 지나면서 점점 늘어나고 악화됐다는 점이다. 안전 문제, 환경과 석면 관련 법적 책임, 연금 기금의 부족과 같은 사안들은 계속 외면당했다. 아무도 그런 사안을 해결하기 위해 분기별 수익을 희생하려 하지 않았기 때문이다. 리더들은 오염 지역을 정화하고, 이를 악물고 단기간의 고통을 감수하고, 석면 문제를 해결하는 대신, 가능한 법정 싸움을 길게 끌고 가고 판사나 배심원의 결정으로 어쩔 수 없게 되었을 때가 되어서야 대가를 치르는 방법을 택했다. 이런 소송의 대다수가 미결 상태이기 때문에 우리는 앞으로 법적 책임이 더 커질 수 있는 가능성을 안고 있었다.

우리의 모든 해묵은 문제들(환경과 석면 문제뿐 아니라 연금과 회계의 문제까지)은 우리와 월스트리트의 관계를 손상시켰다. 분석가들과의 회의는 우리 사업에 대한 의견과 성장 가능성에 대한 이야기로 시작하고 싶었다. 하지만 임기 첫 몇 해 동안은 그것이 불가능했다. 분석가들이 법률 책임에 대한 질문을 쏟아낼 것이기 때문이었다. 2006년 JP모건은 우리 회사의 신용 등급을 하향 조정했다. 환경 문제로 인해 유발된 불확실성이 하향 평가의 이유였다. 우리에 대한 연구 보고서에는 이렇게 적혀 있었다. '환경 관련 비용은… 핵심 운영 사업의 유망한 최종 시장 레버리지market leverage(자산의 시장 가치 대비 총부채의 비율-옮긴이)에 가장 큰 걸림돌이다.'[1] 그런 커다란 잠재적 위험을 본 월스트리트가 우리 회사에 큰 기대를 가질 수 없는 것이 당연했다.

대중들 역시 우리를 별로 좋아하지 않았다. 하니웰은 환경 친화적인 기업일 뿐 아니라 지속 가능성에 있어서 세계 선도 업체라는 이미지를 만들 필요가 있었다. 사실 우리가 판매했던(그리고 여전히 판매하는) 제품과 서비스는 배기가스를 줄이고, 녹색 에너지를 창출하고, 나라를 지키고, 오존층을 보호하는 데 도움을 주었다. 하지만 법적 문제를 오랫동안 잘못 처리한 결과 우리의 브랜드 이미지는 땅에 떨어졌다. 그 즈음에 나는 CEO가 되었고 우리는 여러 형사 사건과 준형사 사건 수사를 앞두고 있었다. 2003년 뉴저지 지방 법원은 우리의 환경 문제 처리를 강도 높게 비난하는 판결을 내리고 우리에게 저지시티 현장의 대대적인 정화를 명령했다. 판결문은 '하니웰은 전혀 협조적이지 않았으며 정화 계획의 착수를 20년 간 지연시켜왔다'고 말하고 있었다.[2]

전국적인 환경과 석면 소송이 우리에게 부정적인 뉴스를 엄청나게 쏟아냈다. 2003년 뉴욕 시라큐스의 지역 신문에 실린 논평은 하니웰 소유 부지에 있는 '독극물 무덤'에 대해 경고했고, 〈애리조나 리퍼블릭Arizona Republic〉은 2004년 '하니웰, 유독성 연료로 고소당하다'라는 기사를 실었다.[3] 〈애리조나 리퍼블릭〉의 기사에는 애리조나주 검찰 총장의 말이 인용되었다.

"하니웰은 원하는 것은 무엇이든 아무런 처벌 없이, 진실에 구애 받지 않고 규제기관에 말할 수 있다고 생각하는 듯하다."

절대 듣고 싶지 않은 말이다. 당신도 짐작했겠지만, 이런 이야기들은 직원들에게도 달갑지 않았다. 고용주가 끊임없이 소송을 당하고 법정에서 나쁜 놈처럼 행세하는 와중에 자신이 일하는 곳이 자랑스럽기는 힘들다.

이전 리더들은 오염이나 석면과 같은 문제를 해결하지 못한 데 양심의 가책을 느끼지 않았을까? 사실은 모르겠지만 적어도 나는 그런 이야기를 듣지 못했다. 내가 이야기했듯이, 해묵은 문제가 불거지는 것은 불가피한 일이다. 이전 리더의 시각에서는 그런 문제를 무시하거나 대단치 않게 생각하면서 사업에 미치는 단기적인 재정적 영향을 최소화하는 것이 최선이었다. 그들은 소송과 대중의 항의를 사업을 하는 데 따르는 불쾌한 부산물로 취급했다.

"언젠가는 이런 문제가 영구적으로 해결되어야겠지만 당장 우리가 해야 할 일은 아니다. 우리는 지금의 실적에 집중하면 될 뿐이다."

해묵은 문제가 있는 팀이나 조직을 운영하고 있는가? 그렇다면 절대 위와 같은 식으로 생각해서는 안 된다. 젊은 세대의 직원과 소비자는 기업의 투명성을 요구한다. 그들은 사회적 책임을 회피하는 리더와 조직에 대한 내성이 그 어느 때보다 약하다. 자신이 유발한 피해를 복구하는 일에 나서고 새로운 피해가 발생하는 것을 막는 기업은 인재를 끌어들이는 데 훨씬 유리한 위치에 서게 된다. 조직의 입장에서는 해묵은 문제를 가능한 빨리 해결하는 비용이 10년 후에 피해가 더 늘어난 후에 해결하는 비용보다 적다. 이런 말로는 아직 행동을 취할 마음이 들지 않는가? 그렇다면 당신이 유산으로 남길 문제에 대해 생각해보라. 당신은 어떤 유형의 리더가 되고 싶은가? 시치미를 뗀 채 책임을 떠넘긴 리더로 기억되고 싶은가? 아니면 단기적인 결과에는 약간의 피해가 있더라도 다른

항상 이기는 조직

사람이 하지 않은 일을 하는 용기가 있었던 사람으로 알려지고 싶은가?

해묵은 문제를 전략적으로 해결한다

CEO가 된 나는 단기적으로는 이익을 부진하게 만들더라도 이런 문제를 당장 해결하기로 마음먹었다. 우리의 미래가 거기에 좌우된다고 판단했고 내 후임자에게 이런 시한폭탄을 물려주고 싶지 않았기 때문이다. 2002년 우리는 수천 개의 석면 관련 소송을 해결하기 위해 15억 달러를 유보 자금으로 만들었다. 또한 아직 해결되지 않은 수십 가지 환경 문제를 처리하기 위해 매년 유보하는 자금의 양을, 연 8,000만 달러에서 2억 5,000만 달러로 늘렸다. 이후에는 연금 기금의 자금 부족을 해결하기 위해 약 9억 달러를 할당했고, 대침체 기간 동안에는 45억 달러를 더 투입했다. 우리는 배턴루지 공장뿐 아니라 하니웰 전체의 더 나은 안전 교육을 위해 투자를 했고, 보다 건전한 재정적 토대를 마련하기 위해 2년이라는 시간을 쏟아부었다.

그런데 해묵은 문제를 해결하는 데만 돈을 쏟아 넣을 수는 없었다. 단기 실적도 여전히 중요했다. 최대한 사업을 성공적으로 이끌어야 하기 때문에 환경 문제를 해결하기 위한 투자는 긴 시간에 걸쳐 전략적으로 이어나갔다. 해묵은 사안을 가능한 효율적이고 효과적으로 해결할 수 있는 능력을 갖추기 위해서 나는 그 목적을 전문으로 하는 새로운 팀을 만들었다. 하니웰 안의 기존 리더로 팀을 구성하고 싶었지만, 이 영역에서 우리의 활동을 감독해야 하는 건강·안전·환경 분야의 우리 직원들은 비전이나 투지가 부족했다. 또한 규제 기관에서 이런 리더에 대해 익히 알고 있었고 때로는 싫어하는 경우도 있었다. 우리 입장에서는 앞으로 보다 협력적이고 생산적인 관계를 발전시키기 어려운 상황이었다. 우리에겐 규제 기관이 신뢰하는 리더, 상충되는 것처럼 보이는 두 가지 일, 즉 돈을 절약하면서 환경 문제도 동시에 제대로 바로잡을 수 있는 리더가 필요했다.

내 임기 초반 몇 년 동안, 우리는 하니웰의 건강·안전·환경 기능을 머리부터 발끝까지 뜯어고쳤다. 소송 활동을 감독하기 위해서 우리는 케이트 애덤스를 영입했다. 케이트 애덤스는 뛰어난 능력을 지닌 변호사로 그의 아버지 존 애덤스John Adams는 미국 내에서 가장 유명한 환경 운동 그룹인 국가자원보호협의회National Resource Defense Council의 설립자이다. 그녀를 고용한 사실은 규제 기관에 우리가 새로운 관계를 원한다는 메시지를 보내는 일이나 다름없었다. 그녀의 배경 덕분에 사람들은 그녀가 우리 편에 서서 환경의 건전성을 해치는 조치를 취하지 않을 것이라고 생각했다. 우리가 고용한 또 다른 핵심 리더는 에반 반 후크Evan van Hook였다. 규제 기관에서 몸담았던 전력이 있으며 환경 변호사인 그는 규제 문제의 양 당사자 모두로부터 신뢰를 이끌어냈다. 이 두 리더는 주요 사업부를 맡고 있는 건강·안전·환경 담당 리더들을 교체하기 시작했고 이렇게 교체된 임원들은 자신의 팀을 꾸렸다. 곧 조직 전반의 건강·안전·환경 기능 부서는 문제를 무시하거나, 책임을 전가하거나, 최소한의 일만 하는 것이 아니라 현명하게 문제를 해결하는 데 헌신하는 리더와 매니저로 채워졌다.

팀이 정비되자 환경 소송에 대한 접근법이 눈에 띄게 달라지기 시작했다. 고통스럽고 비용이 많이 소요되는 법적 책략으로 환경 명령에 대응하는 대신, 규제 기관과 지역 사회에 접근해서 그들과의 협상을 통해 보다 창의적이고 장기적인 해법을 만들어내기 시작한 것이다. 규제 기관은 종종 논의 중인 복원 방안이 가장 좋은 방법인지 개의치 않고 환경 오염 업체로부터 가장 많은 돈을 받아내는 일에만 매달리는 때가 있다. 영향을 받은 지역과 유대를 구축하게 되자, 우리는 당장의 일만 마무리하는 해법이 아니라 혁신적이고 효율적인 방식으로 일을 해내는 해법을 찾을 수 있는지 알아보고 싶어졌다. 환경, 지역 사회, 그리고 우리 주주들까지 모두가 승리하는 것이 우리의 바람이 됐다. 우리는 비용과 책임을 분담하는 것이 타당한 상황에서라면 기꺼이 그렇게 했고 장기적으로 지역 사회와 협력을 도모했다.

우리는 협력 정신을 바탕으로, 오염 지역의 정화에 대한 법적 책임을 넘어서는 활동을 했다. 오염 지역에 일자리를 창출하고, 여가 활동의 기회를 만드는 등 지역 사회에 혜택을 주는 새로운 용도의 개발에 투자한 것이다. 메릴랜드 내항 볼티모어의 경우 우리는 환경보호국Environmental Protection Agency의 감독 하에 1억 달러 규모의 환경 정화를 실시했다. 우리는 볼티모어시와 협력 관계를 맺고 이 지역을 "지속가능한 통합 수변 지구", 하버 포인트Harbor Point로 재개발하는 데 힘을 실었다. 지금까지 여러 현대적 사무용 건물이 이 부지에 세워졌고, 공원·주거 단지·기타 생활 편의 시설을 만들기 위한 계획이 진행 중이다. 이 지역의 한 저명한 정치인은 이렇게 말했다.

"하버 포인트는 도시민들에게 사무실, 주거 공간, 소매 공간이 다양하게 혼합된 공간을 제공하는 지속가능한 대중교통지향형 복합개발지역이 될 것입니다."[4]

볼티모어 던도크 해양 터미널의 경우 크롬으로 심각하게 오염된 부지를 정화하겠다는 합의를 담은 2006년의 법원 명령에 따라 협력 관계가 시작되었다. 1억 달러를 상회하는 정화 비용의 대부분은 하니웰이 댔고 메릴랜드항만위원회Maryland Port Commission도 참여했다.[5]

"하니웰과 알게 된 이후 우리는 신뢰와 우정을 발전시켜왔습니다."

지역 리더인 이디스 브룩스Edythe Brooks는 이렇게 말했다.

"하니웰은 하겠다고 약속한 모든 것을, 아니 그 이상을 해냈습니다."[6]

해묵은 문제를 해결한 사례

이런 프로젝트는 지역 사회에게도 보탬이 되었지만, 기업의 호감도를 높여 우리에게도 큰 도움이 되었다. 우리의 낡은 공업 용지 중 하나에서 나온 비소가 볼티모어의 한 운동장으로 새어나간 것이 발견된 적이 있었다. 우리는 거기에 비소가 있다는 것조차 알지 못했다. 그 사실을 안 우리는 누군가 정화를 요구하는 소송을 걸 때까지 기다리지 않고 바로 해결에 나섰다. 수백만 달러가 드는 일이었지만 지갑을 열었다. 얼마 후 나는 사적인 한 행사 자리에서 상원 의원 한 명을 우연히 만나게 되었다.

항상 이기는 조직

그녀는 나를 한 쪽으로 데려가더니 우리가 한 일에 만족감을 표시했다.

"메릴랜드의 사람들 모두가 이 상황을 처리한 하니웰의 태도를 얼마나 높이 평가하는지 아셨으면 좋겠네요."

우리의 보다 능동적이고 협력적인 접근법 덕분에 영향력 있는 정치 지도자를 비롯한 지역사회가 우리 회사를 보다 높이 평가하게 된 것이다.

우리의 새로운 접근법은 돈도 절약하게 해주었다. 얼마라고 정확히 말할 수는 없다. 매 경우마다 우리가 과거의 적대적인 접근법을 사용했었다면 법원이나 배심이 얼마를 배상하라는 명령을 내렸을지 파악할 수는 없기 때문이다. 하지만 2005년의 펼쳐진 상황을 통해 어느 정도인지 짐작은 할 수 있게 되었다. 우리는 여러 미결 소송에서 협상을 통한 합의를 이끌어냈다. 그러나 뉴저지 저지시티의 크롬 오염 부동산과 관련된 청구에는 맞서기로 결정했다. 법무팀이 우리에게 법적 책임이 없으며 승소할 가능성이 높다고 나를 안심시켰기 때문이다. 결국 우리는 패소했고 4억 달러라는 거금을 잃었다. 이 패소의 결과로 회사의 수익 예상치를 조정해야 했다. 개인적으로 엄청난 상처가 되었던 일이었다. 투자자들의 신뢰를 겨우 회복하기 시작한 상황에서 크게 한 발 물러서야 했던 것이다. 확언을 할 수는 없지만, 합의로 해결을 지었다면 1~2억 달러 선에서 모두가 만족하며 상황을 마무리 지을 방법을 찾았을 것이고 수익 예상치를 고치는 일은 없었을 것이다.

해묵은 문제를 처리하면서 단기적인 타격을 최소화하는 데 우리가 적용한 능동적인 접근법의 핵심은 월스트리트와의 관계를 관리하는 것이다. 우리는 법이 요구하는 모든 것을 공개했지만, 우리가 이루고 있는 모든 진전을 내세우지는 않았다. 대기업은 아무런 일도 하지 않는다고 생각하는 사람들의 마음까지 돌릴 수는 없다고 생각했고 투자자의 주의를 필요 이상으로 우리의 법적 책임에 쏠리게 하고 싶지도 않기 때문이다. 나는 우리가 해묵은 문제에 대해서 이루고 있는 진전이 월스트리트에 바로 반영되지는 않는다는 것을 금방 알아차렸다. 석면 관련 청구권에 대비해 약 15억 달러를 유보하자, CNBC의 짐 크레머Jim Cramer는 그 움직임에 갈채를 보내고 우리 주식에 대해 긍정적인 발언을 했다. 하지만 그 외의 투자자들은 다르게 생각했고 내게 향후에 얼마나 더 필요하다고 생각하는지를 묻고 또 물었다. 막상 내가 특정 액수를 언급하거나, 우리가 석면에 대해서 준비해놓은 유보 자금과 지속적인 운영의 변화를 이야기하면, 그들은 그 말을 믿어주지 않았다. 그들은 '누구나 자신의 책임은 낮게 평가하는 법'이라고 말했다. 나는 우리가 추정에 있어 매우 신중하며 보수적이라고 안심을 시켰지만 그것은 중요치 않았다. 그들은 여전히 불안해했다.

나는 미리 돈을 유보해두고 다른 부분을 단기적으로 희생한다면, 장기에 걸친 비용에는 변함이 없을 것이라고 지적하면서 투자자들을 설득하려 노력했다. 회사가 성장하면서 매출 대비 청구액수가 줄어들었고 그에 따라 이익이 급등했다. 더구나 내가 말했듯이 해묵은 문제는 새로운 재앙이 터질 때(예를 들어 공장에서 더 많은 직원이 목숨을 잃거나 환경 소송에서 엄청난 액수의 배심원 판결이 나오는)까지 기다리기보다는 바로 처리할 경우 보다 저렴하게 해결할 수 있다. 시간이 흐르자, 투자자들은 이런 접근법의 유용성을 알아보게 되었다. 이윤 대비 법적 책임 관련 비용의 비율이 시

항상 이기는 조직

간이 갈수록 감소했다. 그런 일부 비용(특히, 환경 책임을 해결하는 데 관련된 비용)은 그 절대액이 예상보다 훨씬 큰 것으로 밝혀졌는데도 말이다.* JP 모건은 2006년 우리 회사의 신용 등급을 하향 조정했지만 2년 후 환경 문제가 "아직은 위험하지만 잘 관리되고 있다"고 언급하며 등급을 다시 상향시켰다.[7] 처음에 투자자들은 법적 문제 해결에 나서는 당신을 못마땅하게 생각할 것이다. 장기적인 사고를 좋아한다고 말하면서도 말이다. 하지만 당신에게 필요한 것은 그들의 애정이 아니다. 문제를 해결하기 위해 최선을 다하고, 일관된 메시지를 보여주고, 그들이 결국은 돌아올 것이라는 믿음을 가져라. 이런 사안을 해결하는 데 신중하게 접근하고, 현명하고 체계적인 방식으로 일을 해낸다면, 그들도 결국은 알게 될 것이다.

---

* 우리는 환경 문제를 해결하기 위해 회계 원칙 하에서 가능한 많은 자금을 유보해두었다. 이런 문제의 대부분은 확실한 비용의 범위를 알아낼 수 있을 때까지 그에 대비한 예비비를 회사 장부에 올릴 수 없다(다시 말해, 공식적으로는 부채로 여겨지지 않는다). 그 범위가 결정되기 전까지 이런 문제는 우발부채contingent liability, (현재 채무로 확정되지 않았으나 가까운 미래에 특정 상황이 발생하면 채무로 확정될 가능성이 있는 부채-옮긴이)로 남는다. 즉, 그 자금은 장부상의 공식적인 예비비가 아니다. 하지만 투자 커뮤니티는 이것을 상당한 유동 부채로 인식한다. 환경 책임에 비용이 얼마나 필요할지 몰랐던 우리는 10년에 걸쳐 20억 달러가 들 것이라고 추측하고 그 문제를 해결하는 프로세스에 착수했다. 실제 비용은 15년에 걸쳐 35억 달러였다.

보다 책임감 있는 조직을 만든다

이미 벌어진 피해를 해결하는 것을 넘어, 우리는 새로운 문제가 앞으로 나타나는 것을 막는 데서 엄청난 가능성을 발견했다. 개발도상국 제조 시설의 문제가 그 좋은 예이다. 세계로 입지를 넓혀나가면서('7원칙: 성장에 충분히 투자한다'에서 논의되는 주제), 우리는 개발도상국에서 우리가 만드는 모든 새 시설이 직원들에게 안전하고 깨끗한 일터여야 한다는 고집을 절대 꺾지 않았다. 공장 내의 안전이나 건강의 문제가 직원이나 외부인에게 피해를 입혀 우리에게 위기가 될 위험을 감수하고 싶지 않았다. 또한 나는 내 스스로 참을 수 없는 환경에서 직원들을 일하게 하는 리더가 되고 싶지도 않았다. 리더들은 우리 시설이 일류라고 나를 안심시켰고 나는 그들을 믿었다. 2012년 우리는 개발도상국 시설에 대한 전면 감사를 실시해 식당, 화장실, 기숙사 등의 시설이 우리 스스로도 이용하고 싶은 장소인지 확인했다. 일부 시설이 기준 미달이라는 것이 밝혀졌다. 우리 팀원들은 필요한 해결책을 만드는 외에도 직접 시설을 둘러보고 공장 관리자들에게 엄중하게 책임을 묻기 위해 세계를 여행하기 시작했다. 우리는 우리가 하는 정기적인 안전과 인사 감사에 시설 검토를 포함시키고, 식당은 시설 관리자들이 식사를 하고 싶을 만큼 좋은 곳이어야 한다는 등의 새로운 요구조건을 추가했다.

직원들의 건강·안전·환경 문제 예방을 능동적으로 뒷받침하는 더 중요한 방법은 하니웰 운영 시스템이다. 조직 전체에서 시행하고 있는 대규모 프로세스 개선 계획인 하니웰 운영 시스템은 린Lean이나 식스 시스마와 같이 잘 알려진 프로세스 개선 도구들을 동원해, 리더와 일선 근로자에게 시설 운영 개선의 의욕을 불어넣는 작업 체계화 시스템이다. 우리가 전 세계로 확산시킨 이 프로그램('4원칙: 지속적인 진화에 능숙해진다'에서 하니웰 운영 시스템에 대해 상세히 설명할 것이다)은 우리의 건강·안전·환경·품질 관리·지속 가능성 부문 부사장인 에반 반 후크의 리더십 덕분에 단순히 효율을 달성하고 비용을 줄이는 수단만이 아닌 우리의 건강·안전·환경 성과를 높이는 수단으로 자리 잡았으며, 건강·안전·환경 담당 리더들은 일상의 작업 프로세스에 건강·안전·환경의 개념을 주입시키기 위해 노력하게 되었다.

하니웰 운영 시스템의 일환으로 우리는 에너지 효율을 높이는 프로젝트를 찾기 위해 각 시설에 대한 연례 운영 감사를 의무화했다. 또한 우리는 안전사고가 발생했을 경우, 철저한 보고를 요구했다. 이 조치로 보고되는 사고 건수는 올라갔지만 그로 인해 우리는 공장의 상황을 보다 정확히 알 수 있게 되었다. 직원들은 지속 가능성 관련 최고의 관행과 관련 기술에 대해서 지속적인 교육을 받았다. 그만큼 중요한 것은, 우리 지역 공장의 노동자들이 상황을 모니터하고 발생하는 문제를 확인하는 일간 회의를 실시함으로서 하니웰 운영 시스템의 지속적인 개선을 주도했다는 점이다. 에반이 회상하듯이, 하니웰 운영 시스템 관련 모든 회의는 안전과 지속 가능성 문제에 대한 대화로 시작됐다.

"공장의 현장 노동자에서부터 공장 지도부까지 모두가 '환경과 안전 쪽에는 무슨 일이 있나? 우리가 다루어야 할 중요한 사항은 무엇인가? 중대한 문제가 있나?'라며 회의를 시작합니다."[8]

이런 논의의 일환으로, 모든 직급의 직원과 관리자는 건강·안전·환경과 관련된 카이젠kaizen('개선改善'의 일본식 표현. 여기서는 최고 경영자부터 생산 노동자에 이르기까지 모두를 참여시켜 조직의 기능적 측면과 개인과 조직의 목적 달성에서 점진적인 향상을 목적으로 하는 일본인의 경영 개념을 일컫는다-옮긴이) 회의(시급 노동자까지 포함한 관련 당사자들 모두를 소집해 프로세스의 문제를 실시간으로 해결하는 이 회의는 하니웰 운영 시스템의 핵심 요소이다)를 제안할 수 있다. 2010년 사업부들이 특히 환경에 더 많은 관심을 쏟게 하기 위해서 우리는 각 사업부가 표준 재무 예산과 함께 에너지와 물 사용, 온실 가스 배출에 대한 연간 예산도 의무적으로 채택하게 했다. 이 새로운 책임에 자극을 받은 사업부들은 하니웰 운영 시스템을 활용해 지속 가능성 부분에서 큰 결실을 보았다. 우리 직원들은 외부에서 컨설턴트를 영입해 개선 권고를 받지 않고 이 모든 일을 직접 해냈다. 반 후크가 말했듯이, 특히 공장에서는 더욱 그랬다.

"말 그대로 사람의 문제였습니다. 이런 식으로 이야기를 하는 식이었죠. '여러분, 다음 2주 동안 우리의 카이젠은 에너지를 지나치게 많이 사용하는 곳을 찾아내는 데 집중될 것입니다.' 이렇게 만들어진 여러 프로젝트와 이를 통한 절감 효과는 정말 놀라웠습니다."

직원들이 직접 해법을 개발했기 때문에 지속 가능성에 대한 참여도가 훨씬 높아졌고 해결을 보겠다는 결심이 확고했다.

싱가포르 공장의 경우, 직원들이 제조 프로세스에 약한 방사성 물질이 포함된 전극이 사용되고 있다는 것을 알아차렸다. 안전에 큰 영향을 주는 문제는 아니었지만, 전극이 연삭되고 있는 순간에 약한 방사성 입자

향상 이기는 조직

가 공기 중으로 방출되고 있었다. 직원들은 방사성이 없고 건강의 위협 요소가 없는 다른 소재로 만들어진 전극으로 대체하자는 아이디어를 냈다. 이 변화는 안전성을 향상시키면서 공장의 비용까지 절감시켰다. 싱가포르 법 하에서 공장은 매년 방사성 물질 폐기를 위한 소정의 수수료를 내야 한다. 이제 폐기 비용은 사라졌다.

체코 올로모우츠의 우리 공장 노동자들은 화학 세정 사용하는 특정 단계가 불필요하다는 것을 발견했다. 부품이 이미 깨끗한데도 여러 차례 세척을 반복하는 경우도 있었다. 이 때문에 사용하는 독성 탈지액의 양이 늘어났다. 프로세스를 재설계함으로써 노동자들은 30톤의 화학 폐기물 생성을 막았고, 천연 가스 소비를 6.5퍼센트 감소시켰다. 환경에 도움이 되는 일이었을 뿐 아니라, 전보다 적은 화학 물질을 다루고 생산 시간이 단축되면서 작업자들도 더 안전해졌다. 공장은 연간 1만 5,000달러의 절감 효과까지 얻었다.

| 하니웰 운영 시스템의 일환으로 이루어진 프로세스 개선 예시 |

- 중국 상하이에서는 직원들이 작업자가 날카로운 날에 노출되는 상황을 줄인 새로운 절단 도구를 설계해서 손과 눈의 부상 위험을 줄이고 생산성을 높였다.
- 중국 난통에서는 직원들이 새로운 저장 탱크와 펌프 시스템을 만들었다. 이 시스템으로 인해 생산 공정에서 물의 재사용이 가능해지면서 물 소비가 줄어들어 매년 3만 달러가 절감되었다.
- 오하이오 그로브포트의 직원들은 독(선박의 건조나 수리 또는 짐을 싣고 부

리기 위한 설비-옮긴이)의 문에 새로운 장벽을 설치해 직원들이 부주의로
독에서 떨어질 위험을 감소시켰다.
- 인도 첸나이의 공장은 에너지 보존 프로그램을 시행했다. 그들이 시행한
프로세스 변화로 매달 5,000킬로와트시의 에너지가 절감되었다. 연간 약
90만 달러에 해당하는 절감 효과가 있었다.
- 인도 푸네의 우리 공장은 시설 지붕에 태양 전지판을 설치했다. 이 조치
로 공장 전력 수요의 18퍼센트에 해당하는 전력이 생산되면서 매년 7만
달러의 절감 효과가 있을 것으로 예상된다.

점진적 개선을 지속한다

리더들은 안전성을 높이고 환경 영향을 줄이는 것이 본질적으로 희생이
큰 일이라고 생각한다. 이런 영역에서 효과를 보려면 초반의 투자가 필
요한 것은 사실이다. 하지만 우리가 지금까지 봐온 것처럼, 프로세스 개
선은 직원들과 환경에 미치는 피해를 사전에 줄여주는 동시에 비용도
절감시킨다. 환경과 안전에서의 문제가 쌓일 때까지 왜 기다리고 있는
가? 소송, 부상, 대중의 항의 때문에 움직일 수밖에 없는 상황에 처하기
전에 그런 문제들을 공략하라.
  15년이라는 긴 세월이 걸리긴 했지만 그동안 이어온 법적 책임을 정리
하기 위해 꾸준히 진행한 대규모 투자와 하니웰 운영 시스템 덕분에 결
국 이런 문제들은 우리의 통제 하에 들어왔다. 석면 사건에 대한 고소는
계속 이어졌지만, 우리는 배상 지급을 지원하기 위해 회사의 운영에서

나오는 매출을 사용하는 신탁을 만들고 그 차액을 하니웰이 책임지는 방식으로 나르코 관련 법적 책임을 관리할 수 있게 됐다. 환경 소송에 관련한 비용은 내가 생각했던 것보다 많았다. 처음 나는 10년에 걸쳐 20억 달러가 소요될 것을 예상했으나 15년 동안 35억 달러가 들어갔다. 그러나 우리는 큰 환경 소송 문제를 모두 해결했다. 석면 관련, 환경 관련 법적 책임으로 인한 지출은 꾸준히 이어지고 있다. 다만 우리의 매출이 거의 2배로 증가했기 때문에, 처음에는 매년 매출의 2퍼센트를 이런 법적 문제에 지출해야 했으나 현재는 그 비율이 크게 줄어들었다. 이는 우리가 사업의 실제적인 성장에 투자할 여유 자금이 늘어났다는 의미이다. 동시에 우리는 잠재적인 시한폭탄들을 모두 제거하면서 사업에 따르는 위험을 감소시켰다.

조직 개선의 덕분으로 우리는 현재 과거보다 훨씬 안전하고, 환경에 대해 책임감이 있는 기업이 되었다. 하니웰에서 발생하는 환경 사고의 빈도는 2005년에서 2018년 사이 93퍼센트 감소했다. 2018년 현재, 우리의 에너지 효율은 2004년에 비해 약 70퍼센트 향상되었으며, 우리의 안전 기록은 극적으로 개선되었다. 현재 우리의 기록은 업계 평균보다 80퍼센트 높다. 한편, 우리는 재정과 환경 측면에서 쌓은 실적으로 수십 개의 상을 수상했고, 투자자로부터 칭찬을 받았으며, 10퍼센트 과잉 조달 상태인 연금 기금을 갖고 있다. 과거와 비교했을 때 엄청난 변화이며, 장래의 회사에 큰 도움이 될 변화이다. 여러 가지 문제에 시달리던 회사가 스스로의 운명을 지배하는 회사가 되었다. 모두가 우리가 기꺼이 우리의 문제를 받아들이고 필요한 단기 투자를 실행했기 때문이다.

해묵은 문제에 대한 접근법을 바꾼다

회사를 보다 확실한 기반 위에 올려놓아야 한다. 벽장 속의 해골을 처리해야 한다. 내년이 아니라, 3년 뒤가 아니라 바로 지금 말이다. 그냥 적당히 처리하고 손을 놓지 말라. 지금 회사가 처한 상황에 대해서 스스로에게, 투자자들에게, 상관에게 솔직해져야 한다. 해묵은 문제를 해결하는데 필요한 모든 자금을 따로 마련해두어야 한다. 이 문제의 크기를 과소평가한다면 단기 실적은 나아질지 모르겠지만 이후에 새로운 골칫거리를 안게 될 것이다. 해결해야 하는 문제가 있을 때는 해법을 위해 과하다 싶을 정도의 자원을 미리 마련해두는 것이 좋다. 당시에는 단기적 비용이 큰 것처럼 보이겠지만, 문제는 빨리 해결하는 것이 미뤄두었다가 나중에 해결하는 것보다 비용이 덜 드는 법이다. 나는 다음의 간단한 표를 이용해서 문제와 그 문제를 해결하는 데 필요한 자원이 시간이 흐르면서 어떻게 변화하는지 설명하곤 한다.

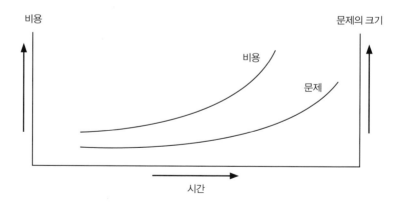

■ 문제와 해결 비용 ■

항상 이기는 조직

시간이 지난 후 당신의 투자가 부족한 것으로 판명이 나면서 상관이나 투자자에게 돌아가서 돈이 더 필요하다고 말하는 일은 정말 일어나서는 안 된다. 신뢰를 잃고, 당면한 문제의 깊이를 제대로 파악하지 못했다는 인상을 남기게 될 것이다. 반대로 비용이 과대평가된 것으로 판명나는 경우에는 이후 더 좋은 모습을 보일 수 있다. 문제를 해결하는 것은 물론이고 상관과 투자자에게 생각보다 비용이 적게 들었다는 기분 좋은 놀라움을 선사하게 될 것이다.

돈만 댄다고 문제가 해결되는 것은 아니다. 적절한 인재도 필요하다. 원고와 규제 기관이 존중할 만한, 그들의 생각을 이해하고, 당신은 물론 그들과도 협력할 방법을 찾을 수 있는, 오래 끌어온 문제들을 새로운 방식으로 해결할 수 있을 만한 지성과 창의성을 가진 사람들을 찾아라. 해묵은 문제에는 엄격하고 철저한 접근법을 사용해 전체 조직을 개선함으로써 조직이 직원, 지역 사회, 환경에 대해서 보다 책임감 있게 행동하도록 해야 한다. 수십 년 전에 일어난 피해를 해결하는 데 아직도 돈을 쓰고 있거나, 아직도 환경을 오염시키고 있거나, 노동자를 안전하지 못한 환경에서 일하게 하고 있다면, 아직 조직을 성장의 굳건한 토대에 올려놓지 못한 것이다. 계속 이대로라면 미래의 리더들은 치워야 할 쓰레기를 떠안게 될 것이다. 당신의 눈앞에서 만들어진 쓰레기를 말이다. 이런 상황에서라면 오염된 지역을 정화하고 미결 소송을 해결하기 위해 아무리 노력해도 외부에서는 당신의 노력을 성의 있다고 생각하지 못한다.

해묵은 문제는 중간 관리자에서부터 해결한다

중간 관리자가 이 글을 읽고 있다면 이런 해묵은 문제를 해결할 만한 힘이 자신에게 있는지 의아하게 생각할 것이다. 사실 당신은 생각보다 많은 힘을 가지고 있다. 모든 해묵은 문제가 기업 전략의 수준까지 올라가는 것은 아니다. 당신이 특정 시설을 관리하고 있는 당신이 이어받은 어긋난 프로세스가 안전상의 위험을 야기하고 있다면, 당신이 그 프로세스를 변화시키고 직원들에게 안전 교육을 시켜야 한다. 당신이 관리하는 지역에 위험 요소가 있는 물질이나 쓰레기가 널려 있는 부지가 있다면, 당신이 그곳을 치울 예산을 배정해야 한다. 문제가 있는 영업 조직이 앞으로 문제를 유발할 것처럼 보인다면 당신이 지금 그 조직을 개편해야 한다. 당신이 관리하는 시설 내의 특정한 작업 공정 때문에 작업자들이 계속 반복성 스트레스 손상을 입는다면, 당신이 그 공정을 재정비해야 한다.

내가 GE의 실리콘 사업부를 운영하고 있을 때였다. 한 공장을 방문했는데 상태가 완전히 엉망이었다. 나는 공장 관리자들에게 그곳을 치우라고 지시했다. 나는 사람들의 관심을 널려 있는 화학 물질 통들과, 고장나서 안전을 위협하는 기계들 쪽으로 돌렸다. 한 직원이 손을 들고 이렇게 말했다.

"이 문제를 정말로 해결하고 싶다면 우리 작업장 바로 앞에 있는 큰 쓰레기 더미를 좀 처리해주세요. 독성 물질이 쌓여 있는지도 몰라요. 그곳에 몇 년 동안 방치되어 있었거든요."

나는 그 장소를 보여 달라고 요청했다. 눈에 보이는 광경에 간담이 서늘해졌다. 넓은 부지에 양동이, 화학 물질 통, 갖가지 쓰레기가 가득 쌓여 있었다. 안전과 건강의 문제를 논하던 그 시설은 직원들과 아주 가까운 공개된 장소에 쓰레기 더미가 잔뜩 쌓아두고 있었던 것이다.

최근에 그 공장을 맡게 된 공장장은 이 모든 것들을 적절하게 폐기하기 위해서는 시간이 필요하다고 말했다. 그는 현장의 건강·안전·환경 담당 직원들과 협력해서 작업이 적절하게 이루어졌는지 확인해가면서 조금씩 일을 진척시킬 생각이었다. 그는 자신의 말을 충실히 이행했다. 몇 개월 만에 쓰레기 더미가 모두 사라졌다. 나는 공장장에게 공장을 정화하는 데 돈을 쓰도록 해도 되겠느냐고 상관에게 묻지 않았고, 본사의 건강 및 안전 담당 직원들과 상의를 하지도 않았다. 그냥 내 선에서 처리한 것이다. 당신도 그렇게 할 수 있다. 피해 의식을 갖고 그 자리에 앉아서 "달리 방법이 없었어"라고 변명하지 말라. 지금 바로 행동에 나서라. 미래의 이익을 위해 현재의 손해는 감수해야 한다. 그렇게 함으로써 사업의 위험을 줄이고 미래의 성공을 예약할 수 있다.

당신이 발견한 문제를 대단한 전쟁으로 받아들일 필요가 없다는 말이다. 다만 이 문제에 있어서 신중해야 하는 것은 사실이다. 상관의 입장에서 생각하도록 노력하라. 조정이 필요한 안전이나 환경상의 문제에 대해서 알게 되는 것은 당신의 상사에게 달갑지 않은 일이다. 그는 달리 해야 할 일이 수없이 많다. 그러니 시간을 들여 문제를 정확하게 설명하고 깊이 생각해서 여러 대안을 제안하라. "이 문제를 해결할 방법은 컨설턴트를 고용하고 300만 달러짜리 설비를 구입하는 것입니다"라는 말만 해서는 안 된다. 저비용(그러나 효과는 떨어질 수 있는) 해법, 중범위 해법, 보다 비용이 많이 들이지만 문제를 속속들이 확실하게 해결하는 해법을 제안하라. 당신이 최선이라고 믿는 해법에 대해 논거를 댈 준비를 갖추되, 상관에게 진행 방법을 결정할 여지를 주어야 한다.

상관이 문제를 부정하고 해결을 거부한다면, 당신의 상황은 조금 더 어려워진다. 심각한 환경이나 안전상의 문제가 발생한 것을 발견했다면, 상관보다 높은 직급을 바로 찾아가야 한다. 이것이 경력에 흠집을 낼 가능성이 있더라도 말이다. 당신이 조치를 취하기 않았기 때문에 누군가가 죽거나 심하게 다치는 것을 바라는가? 그게 아니라면 문제를 해결할 다른 방법이 있는지 살펴야 한다. 환경 문제에 직면했다면, 당신 시설을 맡고 있는 환경 담당 공무원이나 법 쪽의 누군가에게 접촉해서 당신이 어떻게 일을 진행시켜야 하는지 아이디어를 구하라. 그들이 문제를 직접 해결하기로 결정할 수도 있다. 이 경우 경력과 관련된 위험의 일부는 덜게 된다. 최소한 그들은 문제를 상관에게 설명해서 상관이 상황을 이해하고 조치를 취하게 할 방법을 제안할 것이다. 이런 접근법들에 우려스러운 부분이 있다면 문제를 조직 내의 다른 사람에게 익명으로 보고하는 것을 고려할 수도 있다(대기업에는 이런 목적의 전화번호가 있다). 문제가 해결되기까지 최선을 다하라. 문제의 성격과 경중에 따라 윤리적으로 타당한 범위까지는 경력에서의 위험을 감수해야 한다. 문제가 즉각적인 피해를 유발하지는 않으나 장기적인 위협이 되는 경우라면, 더 주의를 기울이고 당신의 판단이 정확하지 않을 가능성을 염두에 두어야 한다.

항상 이기는 조직

'미국에서 가장 오염이 심한 호수'의 정화

100년 전, 뉴욕 시러큐스 인근에 위치한 약 7.2킬로미터 길이의 오논다가호는 수변에 호텔, 댄스홀, 식당이 늘어선 유원지이자 휴양지였다.[9] "센트럴 뉴욕의 코니아일랜드(미국 뉴욕 브룩클린 남쪽 해안의 위락지구-옮긴이)"였던 것이다.[10] 그 이전 수백 년 동안 하우데노사우니 인디언은 이 호수를 신성한 곳으로 여겼고 거기에서 음식과 물을 얻었다. 이후 산업화가 이어지면서 모든 것이 바뀌었다. 어느새 호수는 하니웰 소유인 얼라이드 화학Allied Chemical을 비롯한 여러 기업의 쓰레기장이 되었다. 얼라이드 화학은 20세기 중후반 '이 호수에 75통의 수은을 방류'했다는 혐의를 받고 있다.[11] 이 호수에서는 그 외에도 '폴리염화비페닐PCB, 살충제, 크레오소트, 납, 코발트, 카드뮴 등의 중금속, 다환 방향족탄화수소, 클로로벤젠, 벤젠, 톨루엔과 같은 휘발성 유기 화합물들이 발견됐다.' [12]

시러큐스시 역시 수십 년 동안 미처리 하수를 바로 호수로 폐기해왔고 이는 다양한 환경 문제로 이어졌다.[13] 1940년대에 호수에서 수영이 금지되었고 1970년대에는 낚시가 금지되었다. 인근에 사는 한 여성은 기자에게 어린 시절 호수에 들어가면 피부가 벗겨진다는 이야기를 들었다고 전했다. 또 다른 지역 주민은 1950년대에 그 호수를 지날 때면 냄새가 너무 고약해서 가족들이 차창을 닫았다고 회상했다.[14] 오논다가호는 미국에서 가장 오염이 심한 호수로 알려지게 되었다.[15]

1970년대부터 오논다가호를 정화하자는 움직임이 시작되었다. 1994년 뉴욕시의 소송에 뒤이어, 이 지역은 환경보호국에 의해 슈퍼펀드

Superfund(석유산업에 조세를 창설하여 연방기구가 공공보건이나 환경을 위협할 수 있는 유해 물질 방출에 직접적으로 대응하도록 한 종합적 환경 대응, 보상, 책임법 혹은 그법에 의해 유해폐기물 부지를 정화하기 위해 마련된 신탁자금-옮긴이) 지역 목록에 올랐다.[16] 2006년 하니웰은 수년간의 연구와 공무원들과의 광범위한 논의 끝에 이 호수를 완벽하게 복구하는 데 동의했다. 기관들은 수제곱미터에 이르는 오염퇴적물 제거하고, 호수 바닥의 오염된 부분을 여러 층의 물질로 덮고, 호안선과 습지의 복구에 4억 5,100만 달러가 소요될 것으로 추정했다.[17] 지역 당국은 하수 오염 문제를 해결하기 위해 5억 달러를 쓰기로 합의했다.

이 작업이 진행되면서 호수의 상태가 눈에 띄게 좋아졌다. 물에서 측정되는 오염 물질 수준이 급격히 떨어졌고, 여러 어종이 호수로 돌아왔으며, 조류군 역시 번성했다.[18] 뉴욕주 환경보호국 보고에 따르면 이렇다.

"여러 해에 걸친 연구와 복구로 오논다가호는 100년 만에 가장 깨끗한 상태가 되었다."

일부 환경보호론자들은 정화가 아직 충분치 않다고 말하지만, 2015년에는 호수의 수영 허가라는 상징적인 사건이 있었다. 지역 매체에 보도된 이 행사에서 우리 회사의 건강·안전 담당 리더들을 비롯한 수십 명의 사람들이 호수에 뛰어들며 호수의 복원을 축하했다. 뉴욕주립대 환경과학·산림자원학 대학의 전 학장인 코넬리우스 B. 머피Conelium B. Murphy Jr.는 이런 진전을 몹시 기쁘게 받아들였다.

"호수는 이제 큰 기쁨을 주는 곳이 되었습니다. 호수는 우리의 정신을 고양시키는 우리의 귀중한 자산입니다."[19]

오논다가 자치 행정부의 수장인 조니 마호니[Joanie Mahoney]는 이렇게 말했다.

"오늘 우리는 하니웰이 기꺼이 이 임무를 맡아 주어진 책임 이상의 일을 해준 덕분에 이 자리에 설 수 있게 되었습니다. 그들과 제휴해서 이 정화 작업을 할 수 있게 된 것을 자랑스럽게 생각합니다."[20]

2017년, 하니웰은 호수의 정화 작업을 끝냈지만 산책로와 야생 동물 서식지 만들기 등의 소규모 프로젝트는 여전히 진행 중이다.[21] 이 글을 쓰고 있는 현재, 지역 거주민들은 수영, 낚시, 보트 타기 등 다양한 여가 활동의 장으로 호수를 이용하고 있다. 지역 당국은 새로운 호수변 건설까지 고려하고 있다. 뉴욕주 보건복지부와 환경보전부의 말대로다.

"10년 이상 이어진 호수 수질의 눈에 띄는 개선과 최근 완료된 오논다가호 복구 덕분에 현재의 오논다가호 호수변은 큰 가능성을 갖고 있다."[22]

오논다가호의 복원은 최근 우리가 이룬 가장 자랑스러운 성과 중 하나이다. 우리가 계속해서 미래의 리더에게 책임을 전가시켰다면, 호수는 지금보다 훨씬 더 더러웠을 것이고, 하니웰은 정화를 위해 더 큰돈을 써야 했을 것이며 우리의 이미지가 한층 더 나빠지는 모습을 지켜봐야 했을 것이다. 지역 사회와 협상을 시작함으로써 우리는 사업에서의 위험을 낮추는 동시에 옳은 일을 하면서 브랜드 이미지를 높일 수 있었다. 당시로서는 4억 5,100만 달러를 마련하는 것이 쉬운 일이 아니었다. 우리의 노력에 박수를 보내주는 사람도 찾기 힘들었다. 투자자들은 말할 것도 없다. 하지만 감사하게도, 우리는 끝까지 버텼다. 이제 나는 우리가 지구를 더 나은 곳으로 만들고 그와 동시에 미래의 하니웰 리더들이 회사의 성공을 추구하는 데 더 유리한 입지를 만들었다는 데 매우 만족하고 있다. 우리 직원들 역시 우리가 해낸 일을 자랑스럽게 여기고 있다.

나는 당신도 이런 일을 해주길 바란다. 당신의 회사가 해묵은 문제의 그늘에서 오랫동안 고투해왔다면, 이제 좀 다른 일을 해보라. 당신의 사업과 사업이 가진 문제를 제대로 살펴라. 고위 경영진이 기업 수준의 큰 문제라면 고위 경영진이 해결해야 하지만, 구식 영업 조직, 환경이나 사람들에게 피해를 줄 수 있는 낡은 제조 공정, 형편없는 디자인을 내놓는 질 나쁜 엔지니어링 관행 등 팀·시설·지역 수준에서의 고질적인 여러 문제들은 조직의 중하위 관리자들도 해결할 수 있다. 당신이 책임지고 있는 영역이 어디이든, 미래의 성장을 위협하는 두드러진 문제들이 있다면 해결에 나서야 한다. 그로 인한 단기적인 타격이 있더라도 말이다. 용기를 보여주어라. 당신이 원하는 모습의 리더가 되도록 하라. 뇌리를 떠나지 않는 해묵은 문제가 사라진다면, 당신은 경쟁력을 높이고 회사를 성장시키는 데 집중할 수 있게 될 것이고 능동적으로 문제를 해결함으로써 절약한 돈을 다시 사업 쪽으로 돌릴 수 있다. 그런 노력이 가져다주는 재정적 이익을 당신이 다 거두지 못할 수도 있다. 하지만 당신의 뒤를 잇는 후임자들이 그런 혜택까지 이어받게 될 것이다. 당신이 거두어들이게 될 것은 유산이다. 강하고 혁신적인 리더라는 평판이다. 내 경험에 따르면 그것은 정말 기분 좋은 일이다.

1 회사의 전임 리더들이 해묵은 문제를 미루어두었는가? 문제의 규모는 실제로 어느 정도인가?

2 상태를 확인하기 위해 시설을 깜짝 방문한 때로부터 얼마나 시간이 흘렀는가? 문제가 발생하면 주저하지 말고 바로 그곳으로 향하라!

3 큰 결정을 내릴 때, 당신은 재임 기간 동안, 혹은 향후 수십 년 동안의 위험을 최소화하고 있는가? 아니면 잠재적인 시한폭탄을 무시하고 있는가?

4 당신 회사는 정말로 당신의 사명 선언이나 비전 선언에 담긴 고매한 이상에 부응하고 있는가? 직원이나 다른 사람들이 모순을 지적하고 있지는 않은가?

5 직원이나 다른 사람들이 당신에게 시시비비를 가려달라고 할 때 어떻게 반응하는가? 그 책임을 자세히 조사하고 필요하다면 처리에 나서는가? 아니면 그런 책임들을 되는 대로 놓아두고 다른 우선사항에 집중하는가?

6 당신은 처음부터 문제 해결에 많은 자원을 투입해서 보다 효과적으로 문제를 해결하는 편인가? 아니면 문제를 길게 끄는 편인가?

7 당신 조직에는 해묵은 문제에서 의미 있는 진전을 유도할 만한 적절한 인재가 있는가? 그렇지 않다면 인재를 끌어들여라. 그것이 예상에서 벗어난 고용을 해야 한다는 의미일지라도 말이다.

8 당신은 투자자나 다른 이해관계인과 당신 회사의 책임 범위에 대해서 솔직하게 소통하는가?

9 미래의 리더들이 다루어야 할 새로운 책임이 발생할 위험을 최소화시키기 위해 지속적인 운영 개선을 실시하고 있는가?

10 당신이 중간 관리자라면, 당신이 알아낸 문제에 적절히 대응하고 있는가? 당신은 변화를 만들어내는 데 있어 생각보다 큰 힘을 가지고 있다.

지속적인 진화에 능숙해진다

하니웰의 산업 현장에는 보이지 않는 영웅이 있다. 바로 압축공기이다. 우리는 부품을 한 장소에서 다른 장소로 옮기거나, 부품을 세척하거나, 부품에 페인트를 뿌리거나, 한 부품을 다른 부품에 부착하는 등 생산 공정에서 기계적 기능을 수행하는 데 압축공기를 사용한다. 2012년 시설 전반의 운영을 표준화하고 개선하기 위한 노력의 일환으로, 우리가 압축공기를 얼마나 효율적으로 사용하고 있는지 검토해보기로 결정했다. 공기는 값이 싸지만, 공기를 고압으로 압축하는 데는 상당한 에너지와 비용이 필요하다. 우리는 26개 시설을 조사해 우리의 압축공기 시스템에 1,600개 이상의 누출이 있다는 것을 발견했다. 이런 누출을 고치고, 더 중요하게는 이런 고쳐진 상태를 유지함으로써 우리는 80만 달러 이상의 에너지를 절감했다. 우리는 질소, 아르곤, 헬륨과 같은 산업 가스를 사용하는 방법에 대해서도 조사했고 약 12만 달러의 추가 절감 효과를 얻었다.

우리 같은 큰 회사에서 볼 때 큰돈은 아니다. 하지만 이것은 우리가 수행하고 있는 수많은 다른 프로세스 개선 프로젝트 중 2개에 불과하다. 2005년 우리는 전 세계 시설의 운영 개선을 위한 탐사를 시작했다. 하니웰 운영 시스템은 관리자와 직원이 함께 프로세스를 지속적으로 개선하게 하는 포괄적인 공장 운영 시스템이다. 기업들은 종종 프로세스 개선을 지속하기 위해 애를 쓴다. 하지만 우리는 몇 년 뒤 다시 원상으로 복귀해서 개선 작업을 다시 시행해야 하는 일이 없도록 영구적인 변화를 일으키는 데 도움을 주는 하니웰 운영 시스템를 고안했다. 하니웰 운영 시스템은 널리 채택되고 있는 식스 시그마와 린 프로세스 개선 접근법을 통합시킨 도구이지만 보다 광범위하며, 특정한 프로세스와 작업 흐름만 다루는 것이 아니라 해당 시설 내에 다양한 프로세스 사이 복잡한 관계까지 다룬다. 해당 프로세스와 관련된 모든 사람이 참여하는 하니웰 운영 시스템은 전반적인 문화와 관리 시스템 내의 도구와 조화를 이루면서 해당 공장이 전체적으로 어떻게 운영해야 할지 판단하며, 우리가 하니웰 운영 전반의 프로세스 변화에 대한 접근법을 표준화할 수 있게 해준다.

하니웰 운영 시스템을 통해 개별 공장은 기존의 운영 프로세스를 면밀히 살피고 지속적으로 개선할 사고방식과 도구를 얻게 되었다. 그 결과로 품질과 고객 만족도, 안전을 영구적으로 개선하는 동시에 비용과 재고, 환경 영향을 줄이는 크고 작은 프로젝트가 끊임없이 이어졌다. 우리 공장들은 역량이 향상되면서 재정적으로 더 나은 실적을 올렸다. 일리노이의 한 공장은 가스 방지 설비의 주문을 받아 기계를 만들고 고객에게 배송하는 데까지 42일이 걸렸었다. 하니웰 운영 시스템을 받아들인 이후에는 10일이 걸렸다. 더구나 생산을 위해 필요한 공장 공간은 4분의 1로 줄어들었다.[1]

하니웰 운영 시스템은 회사 전반의 생산성을 크게 높였을 뿐 아니라 이전 장에서 설명한 것처럼 안전과 환경 성과의 측면에서도 놀라운 개선을 낳았다. 하니웰 운영 시스템이 하니웰의 재정적 측면 전반에 미친 영향은 수량화하기 힘들다. 하지만 엄청나다는 것만은 확실하다. 〈이코노미스트〉는 2012년의 기사에서 하니웰을 '미국에서 가장 성공적인 기업' 중 하나로 만든 공로를 하니웰 운영 시스템에 돌렸다.[2] 〈포춘〉은 하니웰 운영 시스템의 '효과가 매우 극적이었다'고 말했다.[3]

오늘 그리고 내일의 승리를 추구하는 모든 기업에게 지속적인 프로세스 개선은 필수적이다. 이 책의 앞부분에서 나는 회사가 성장하는 동안에도 고정 비용을 일정하게 유지해 시간의 흐름에 따라 이윤을 높이는 한편, 성장 계획에 투자할 자금까지 마련하기 위한 영구적인 구조 조정 전략을 설명했다. 그런 구조 조정은 기본 운영 프로세스의 지속적이고 영구적인 개선과 연결되지 않는 한 아무런 쓸모가 없다. 모든 유형의 사업은 프로세스의 조합이고, 대부분 사업의 프로세스는 대단히 비효율적이다. 리더는 조직의 어떤 프로세스도 더 효율적이고 효과적으로 만들 수 있으며, 이를 통해 상충되는 것처럼 보이는 두 가지 일을 동시에 달성할 수 있다고(예를 들어 배송의 질을 개선하면서 동시에 비용을 낮추는) 생각해야 한다.

프로세스를 지속적이고 영구적으로 개선한다면 기업은 소규모 회사의 속도로 대기업의 효율을 실현할 수 있다. 이런 일은 가장 큰 비용, 즉 인건비를 높이지 않고도 산출을 높임으로써 가능하다. 프로세스 개선에 집중하는 기업은 다른 효율도 실현한다. 조립 라인의 프로세스가 더 좋은 효과를 내면 재고를 적게 보유하고, 더 적은 창고를 운영하고, 창고를 관리하는 IT 시스템을 줄일 수 있고, 다른 한 편으로는 일에서 보다 큰 성취감을 얻을 수 있기 때문에 직원의 사기까지 높일 수 있다. 시간이 흐르면, 더 많은 사람을 고용하게 된다. 비효율적으로 일을 해서가 아니라 경쟁력이 높아졌고 매출이 늘어났기 때문이다. 프로세스 개선으로 다른 영역에서도 주주에게 충분한 단기 수익을 보장하고 이후 배당까지 줄 수 있도록 적절히 계산된 초기 투자가 이루어지고, 이로써 더 나은 단기 실적을 올릴 기반을 얻게 될 뿐 아니라 미래에 투자할 수 있는 역량도 계속 향상된다.

현장에서의 지적 참여를 유도한다

하니웰 운영 시스템의 도입은 내가 '1원칙: 게으른 사고방식을 몰아낸다'에서 이야기했던 X-데이에서 비롯되었다. X-데이에 나는 혼자 사무실에 앉아서, 회사와 주주들에 대해서 떠오르는 대로 생각을 해보고, 내가 생각한 것을 블루노트에 기록했다. 하니웰에 도착하고 1년 쯤 흐른 2003년의 어느 날 전 시설의 직원수에 대한 보고서를 훑어보면서 사업을

항상 이기는 조직

개선시킬 아이디어를 찾고 있었다. 우리 인력이 정확히 무슨 일을 하는지가 궁금해졌다. 당시 11만 5,000명인 우리 직원의 절반은 제조 부문에서 일하고 있었다. 이 직원들의 생산성을 향상시킬 수 있다면, 이윤을 극적으로 높일 수 있겠다는 생각이 들었다.

공장에서의 프로세스를 개선하는 데 직원들의 도움을 받자는 생각이 떠올랐다. 시간제 공장 근로자로 일했던 경험 덕분에 대다수의 근로자들이 일을 잘하고자 하는 욕구를 갖고 있으며 취약하거나 낭비가 되는 공정이 있다면 머리를 써서 개선한다는 것을 알고 있었다. 하지만 전형적인 제조 환경에는 이런 일을 할 수 있는 공식적인 프로세스나 절차가 존재하지 않았다. 나는 작은 금속 조각에 구멍을 뚫는 기계를 조작했었다. 이 금속 조각은 어디에 쓰이는 것일까? 내 구역에서 떠나면 어디로 가는 것일까? 나는 그런 것에 대해서 전혀 알지 못했다. 관리자들은 내가 맡은 일을 제대로 해내기를 기대했지만, 나는 많은 교육을 받지도 못했고 공장에 대한 큰 그림도 갖고 있지 않았다. 관리자들은 내가 자신이 하고 있는 일에 대해서 깊이 생각하는 것을 기대하지 않았고 내 일이나 전반적인 공장 운영을 개선하는 데 목소리를 낼 기회를 주지도 않았다. 나는 특정 절차에 대해서 관리자에게 질문하곤 했다.

"이건 왜 이런 식으로 해요?"

하지만 그럴듯한 답은 듣지 못했다. 모든 관리자가 신경 쓰는 것은 그 작은 금속 조각에 빠른 속도로 구멍을 뚫는 것뿐이었다. 그 결과 나는 공장 프로세스 개선에 전혀 참여하지 못했다.

하니웰은 일선 직원을 프로세스 개선에 참여시킴으로써 여러 목표를 동시에 달성할 수 있게 되었다. 비효율을 뿌리 뽑고 여러 부문의 실적을 개선시킴과 동시에 직원들에게 발언권을 주고 그들이 능력을 최대한 발휘하게 할 수 있었던 것이다. 하지만 여기에는 문제점이 하나 있다. 프로세스 개선을 위한 모든 노력은 전사적인 계획이어야 한다. 개별 자회사나 공장이 원하는 대로 추구하게 맡겨서는 안 된다. 하니웰에서 일을 수행하는 방법에는 일관성이 없었고, 공장을 운영하는 방법에 대해서도 공식적으로 승인된 모델이 없었다. 지역 공장의 리더들은 저마다 자신들의 방식이 최고라고 생각했다. 그에 대해 생각이라는 것을 한다면 말이다. 그 결과 많은 공장들의 효율과 효과가 대단히 낮은 상태였다. 일부 공장은 프로세스 개선을 시도했었지만 그들의 노력은 아무런 효과가 없었다. 장기에 걸쳐 일관되게 적용되는 포괄적인 시스템의 일부가 아니었기 때문이다.

자동화 및 관제 솔루션Automation and Control Solutions 사업 부문의 제조 책임자인 조 데살라Joe DeSarla는 공장 관리자 중 한 명이 주말마다 책을 읽고 월요일 아침에 와서 "우리가 잘못하고 있었던 것에 대한 답을 얻었다"라고 말하는 통에 공포에 떨며 살았다는 농담을 하곤 했다. 관리자들은 기분에 따라 이전의 개선 작업을 버리고 새로운 아이디어를 도입하려는 하곤 했다. 1, 2년 후, 그들이 떠나면 새로운 매니저가 자기 나름 천재적인 생각들을 끌어들였다.

"계속 바꾸기만 한다면 결코 진전을 이루지 못할 것입니다."

데살라의 말이다.[4]

'우리의 모든 공장에서 지속적으로 운영 프로세스를 개선하는 통일된

항상 이기는 조직

시스템을 시행할 수 있다면, 그리고 우리가 개별 관리자들의 주말 독서 습관에 의지하는 대신 수천 명의 지적 능력을 프로세스 변화에 관여하게 하는 시스템을 설계할 수 있다면, 지속적인 진전을 이루고 장기에 걸쳐 회사 전체의 운명을 바꿀 수 있지 않을까?' 나는 혼자 생각했다. '하지만 어떻게 그런 시스템을 만드는 일을 시작해야 하지?'

나는 바로 토요타 생산 시스템Toyota Production System을 떠올렸다. 토요타 생산 시스템은 이 자동차 업체가 공장의 낭비를 줄이고 효율과 효과를 향상시키기 위해 사용한 전설적인 프로세스 개선 시스템이다.[5] 나는 수년 전부터 토요타 생산 시스템에 대한 많은 글을 읽어왔다. 내가 아는 한이 시스템은 공장을 보다 잘 운영하기 위한 것만이 아니었다. 이 시스템은 관리자와 근로자가 일하는 시간을 구조화시켜서 그들이 정기적으로 상호 작용을 갖게 하는 방식이었다. 문제가 발생하면, 직원들은 바로 관리자들이 문제에 주의를 기울이게 할 수 있고 관리자들이 그 사안을 진지하게 받아들이고 해결을 위해 노력하리란 신뢰를 가질 수 있다. 근로자들은 개선 회의에 참여할 수 있는 기회를 갖는다. 이 회의는 근로자들이 자신이 하는 일이 기여하는 보다 큰 프로세스에 대해 이해하는 데 도움을 주고 그 프로세스가 다르게 혹은 좀 더 낫게 운영될 수 있는 방법에 관해 정보를 제공할 수 있게 해준다. 또한 토요타 생산 시스템은 공장이 깨끗하고 정돈된 상태여야 하며, 가능한 작업이 표준화되어야 한다는 점을 강조한다.

나는 토요타와 접촉해서 우리가 토요타 생산 시스템에 대해 더 많은 것을 배우고 토요타 생산 시스템의 요소를 하니웰의 새로운 운영 시스팀에 통합할 수 있을지 알아보면 좋겠다고 생각했다. 그해 말 데살라에게 제조, 구매, 물류 부문의 고위 리더 60명을 이끌고 켄터키 조지타운에 위치한 토요타의 교육 시설을 방문해 달라고 요청했다. 리더들은 이 견학에서 깊은 인상을 받았다. 데살라는 이렇게 회상했다.

"제가 관찰한 토요타 팀들은 위기가 닥쳤을 때 무엇을 해야 하는지 알고 있었습니다. 서로 마주보며 소리를 질러대거나, 손가락질을 할 필요가 없었습니다. 모든 것이 프로세스를 따라 이루어졌기 때문입니다."

공장은 깨끗했고, 모든 표시가 명확했으며, 팀은 생산 라인 내에서 품질 검사를 통해 작업 성과를 추적했다.

"가장 중요한 것은 사람들이 프로세스에 참여하고 있었다는 점입니다. 모두 하향식으로 이루어지는 것이 아니었습니다……. 적극적으로 참여하는 직원들과 적극적으로 참여하는 경영진이 있었습니다."

작업이 표준화되어 있기 때문에 사람들은 '무슨 일을 해야 하는지 정확히 알고 있었고 주인의식을 갖고' 있었다.[6] 우리는 이 모두를 하니웰로 가져오고자 했다.

점증적인 프로세스 변화

토요타를 비롯한 여러 회사에서 최고의 프로세스들을 보고 돌아온 관리자들은 토요타 생산 시스템을 우리 회사 모든 곳에 당장 도입하기를 바랐다. 그들은 토요타 생산 시스템을 우리 공장과 공장 내 모든 기능 부서

항상 이기는 조직

는 물론 본사의 기능팀까지 빠짐없이 적용시키기를 원했다. 내가 말했다.

"자, 자, 진정하시고 너무 서두르지 맙시다."

토요타의 경우, 토요타 생산 시스템에 따라 작업 성향을 기반으로 신입 직원을 선발하고 이들이 일하는 새 공장에서 프로세스 개선 방법을 적용하기 시작했다. 우리 공장 중에는 이미 80년 가까이 된 곳도 있고, 수십 년 동안 그 일을 해온 근로자들과 관리자들도 많았다. 이 사람들에게 "월요일부터는 일을 전혀 다르게 할 겁니다. 그러니 새로운 마음가짐으로 출근하도록 하세요"라고 말할 수는 없는 일이었다. 근로자와 관리자들은 토요타 생산 시스템을 무시하고, 이것을 회사에서 늘 하곤 하는 쓰레기 같은 짓이라고, 얼마 가지 않는 '이달의 프로그램' 같은 것이라고 여길 것이다. 또한 많은 근로자와 관리자들은 자기 일만으로도 이미 바쁘다고 생각할 것이다. 새로운 계획을 발표하면, 그들은 회사가 그들에게 일을 더 시키려고 한다고 생각한다. 무엇 때문에 더 수고를 해야 한단 말인가?

토요타 생산 시스템을 통해 성공을 이루려면, 우리 인력들이 이 시스템을 그들이 기존에 하던 일에 추가되는 무언가가 아닌 그들의 일을 하는 더 나은 방법으로, 하니웰의 본질적이고 영구적인 작업 특징으로 받아들이도록 만들어야 한다. 그런 사고방식의 전환에는 시간이 필요하다. 토요타 생산 시스템은 우리가 그것을 서서히, 조심스럽게, 끈질기게 실행해서 공장의 사람들 사이에서 이해와 지지가 구축되게 할 때에만 성과를 발휘한다. 우리 직원들이 우리가 상상하는 것처럼 토요타 생산 시스템을 받아들이고 사용하게 하려면 문화적 적응의 기간을 허락해야 한다.

우리는 변화를 위한 이전의 노력이 부진한 성과를 내는 것을 지켜보았다. 우리가 직원들의 사고방식을 바꾸고 의욕을 불어넣는 데 실패했었기 때문이다. 2002년 우리는 생산 프로세스의 질을 향상시키고자 직원들에게 디자인과 제조에 대한 식스 시스마 방법론을 포괄적으로 교육시키기 시작했다. 이전의 식스 시그마 교육은 소수의 제조 인력과 제품만 다루었고 엔지니어는 포함시키지 않았었다. 하지만 나는 그 프로그램을 너무 성급하게 시작했고 근로자와 매니저에게 프로그램을 어떻게 제시하면 좋을지 깊이 생각하고 다듬는 과정을 거치지 않았었다. 때문에 그들의 사고방식을 바꾸지 못했고 그들은 그것을 단순한 교육 활동 이상으로 보지 않았다. 식스 시그마 교육이 이루어진 공장은 품질 개선을 보여주지 못했다. 일하는 방법을 변화시키지 않았기 때문이다. 우리는 제공하는 교육의 양에 대해서만 생각했지 사람들이 도구를 이용하는 방법의 측면은 생각하지 못했다. 회사 전체가 품질의 개선을 보였지만 우리가 기대한 정도에는 미치지 못했다.

프로세스 개선에 대한 회사의 준비가 미비했고 지속적인 방식으로 변화를 시행하는 데 실패했음을 절실하게 느낀 것은 말레이시아의 항공우주 시설을 방문했을 때였다. 공장장은 팀들의 생산 가능성(생산에서 처음에 완벽하게 나오는 부품의 비율)이 72퍼센트에서 85퍼센트로 향상되었다는 것을 기록한 도표를 자랑스럽게 보여주었다. 분명 진전이 있었지만, 나는 수년의 식스 시그마 이후에도 99퍼센트를 넘기지 못하는 이유가 궁금해졌다. 자세한 조사 끝에 나는 이 회사가 최근 좋지 않은 디자인의 여러 제품 생산을 말레이시아의 새 시설로 이전시켰다는 것을 알게 되었다. 디자인을 수정하는 대신 저비용 공장에서 좋지 않은 디자인의 제품을 제조하기로 결정한 것이다. 전혀 '식스 시그마' 답지 않은 조치였다.

우리는 본사로 되돌아가서 식스 시그마를 보다 엄격하게 실행했다. 항공우주 사업 부문 리더는 모든 새로운 디자인을 관리하는 정량화할 수 있고 추적할 수 있는 생산가능성 지표를 마련했다. 엔지니어들은 이로 인해 디자인 스케줄이 지연된다고 주장하면서 항의했다. 하지만 우리는 상충되는 것처럼 보이는 두 가지 일, 즉 생산 가능한 디자인을 하는 일과 그것을 제 시간에 하는 일을 동시에 해야 한다고 고집했다. 또한 우리 리더는 정규직 직원들에게 기존 디자인 1,000개의 생산 가능성을 높이는 수정 작업을 할당했다. 우리는 그것을 처음에는 D-데이D-Day, 이후에는 노르망디Normandy 작전이고 불렀다. 이전 디자인을 수정하고 새로운 디자인이 생산 가능한지 확인함으로써 늪을 말리고 그 늪으로 들어오는 물길을 막은 것이다. 이 두 가지는 문제를 해결하기 위해서 항상 필요한 조치이다. 이런 식으로 우리는 마침내 식스 시스마를 고수하게 되었고 이는 어마어마한 성과로 이어졌다.

단계적 접근

토요타 생산 시스템에서는 그런 문제들을 피하기 위해 다른 시행 방법을 택했다. 단계적으로 시행해서 우리가 초기 경험을 분석하고 접근법을 개량할 수 있게 한 것이다. 우리는 6개월 동안 10개 공장에서 이 방법론을 시범 운용하면서 안전, 품질, 배송, 비용, 재고 측면에서 개선을 추적했다. 이후 우리는 효과가 있었던 것과 그 이유를 판단하고, 토요타 생산 시스템을 실행하는 방법을 수정했다. 예를 들어, 우리가 추구하고 진정으로 끌어들이려는 변화의 크기를 인식한 공장장의 존재가 대단히 중요하다는 것을 알게 된 우리는 그 점을 토요타 생산 시스템을 실행하기 전에 점검하는 체크리스트에 포함시켰다. 우리는 공장을 5개 더 추가해서 수정한 방법론을 시행하면서 무슨 일이 일어나는지 살폈다. 이 시행을 분석해서 토요타 생산 시스템 교육을 받은 전문가들을 상시로 공장에 배치하는 등 추가 조정을 가했고 또 다른 2개의 공장을 추가해 토요타 생산 시스템을 시험했다.

실행 계획이 완전히 정비되자, 우리는 우리 버전의 토요타 생산 시스템을 총 250여 개 공장 중 30곳에서 시작했다. 적절한 인력과 지원에 많은 투자를 해 이 방법론이 정말로 효과가 있는지 확인하고, 필요한 경우 공장의 경영진을 교체했다. 이 새로운 방법론의 80퍼센트는 토요타 생산 시스템에서 비롯되었지만, 나머지는 우리가 다른 기업에서 빌려오거나 자체 개발한 도구나 프로세스로 채워졌다. 토요타에 큰 신세를 지긴 했으나 우리는 이 방법론에 하니웰 운영 시스템이라는 이름을 붙이기로 했다. 우리 직원들이 이 새로운 방법론을 진정한 운영 시스템으로, 하니웰이 깊이 헌신하고 있는 중요한 의미가 있는 것으로 생각하길 원했기 때문이다. 하니웰 운영 시스템은 '이달의 맛' 같은 홍보 도구가 아니다.

하니웰 운영 시스템은 우리가 회사를 경영하는 방식이다.

　이런 초기 실행은 약 3년간 이어졌다. 이후 우리는 각 사업 부문에 우리가 다음으로 하니웰 운영 시스템을 도입할 공장들을 찾으라고 지시했다. 우리는 이 공장들에서 하니웰 운영 시스템을 실행한 후 계속해서 후속 공장들을 추가하면서, 하니웰 운영 시스템을 우리의 인수·합병 전략('8원칙: 인수·합병, 가격이 전략이다'참조)에도 통합시키기 시작했다. 새로운 인수 기업들을 우리 회사에 통합시킬 때는 그들의 제조 시설에 하니웰 운영 시스템 사고방식과 도구들이 확실히 주입되어 엄청난 비용 시너지를 실현하고 있다는 것을 인식하고 있는지 확인했다. 또한 제조 공장이 이미 특정한 수준의 하니웰 운영 시스템 수행 능력을 입증하지 않는 한 하니웰의 리더들이 그 공장들의 구조를 조정하거나 결합시킬 수 없게 하는 규칙을 시행했다. 하니웰 운영 시스템 같은 시스템은 공장에 존재하는 숨은 프로세스를 드러나게 한다. 굳게 뿌리를 내린 좋지 않은 공식 프로세스를 처리하려는 과정에서 오랜 시간에 걸쳐 축적된 대안들을 말이다. 우리는 이런 '숨겨진 악의 온상'을 미리 수면에 올려서 처리하고 나면 제조의 구조 조정이나 통합을 훨씬 더 효과적으로 할 수 있다는 것을 발견했다. 예를 들어, 가스 감지기 사업의 인수는 하니웰 운영 시스템에서 큰 효과를 봤다. 우리는 손해를 보고 있는 사업을 눈에 띄게 개선시켜 수익성을 끌어올렸고 품질과 배송을 크게 개선시켰다.

　보다 조심스러운 접근법에도 불구하고, 하니웰 운영 시스템이 아무 장애 없이 순조롭게 이루어진 것은 아니었다. 특히 초기 시행 때에는 변화를 반기지 않는 공장 관리자들과 참모들이 하니웰 운영 시스템에 저항하기도 했다. 하니웰 운영 시스템이 뿌리 내리기 위해 이 리더들을 내보내야 했던 때도 있었다. 이후 공장의 저항은 줄어들었고 시행이 보다 쉬워졌다.

우리는 하니웰 운영 시스템을 회사 전체에 확산시키면서 한 시설에 하니웰 운영 시스템을 완전 시행하는 데 걸리는 시간을 3년에서 18개월로 단축시켰다. 초기 시행 기간 동안, 공장들은 거의 즉시 효율성과 생산성 개선을 보여주었다. 2006년 이탈리아 아테사에 있는 우리 공장은 하니웰 운영 시스템 시행 이후 제품의 불량률이 80퍼센트 낮아졌고 정시 고객 배송률이 7퍼센트 높아졌다. [7] 다른 공장의 관리자들은 그런 성공에 대해 듣고 더욱 열정적으로 시스템을 적용했다. 동시에, 제조 부문 리더들은 변화가 다가오고 있다는 것을 공장에 알려 하니웰 운영 시스템을 위한 준비를 시작 했다.

또 다른 심각한 저항은 우리 재무 조직에서 나타났다. 시범 하니웰 운영 시스템을 시작하고 약 6개월이 지난 시점에 우리 CFO는 하니웰 운영 시스템이 엄청난 시간 낭비, 돈 낭비라고 생각한다고 말했다. 우리에게 전혀 이득이 없을 것이라고 말이다. 나는 닥치라고 소리를 지르는 대신 내 자신의 믿음과 가정을 시험한다는 철학에 따라 그에게 그 프로젝트를 자세히 분석해서 비용이 얼마나 되고 사업에 미치는 영향이 어떤지 파악한 뒤 결론을 가지고 다시 돌아오라고 지시했다. 그와 그의 팀은 3개월 동안 하니웰 운영 시스템에 대해 연구했고, 이후 마음을 바꾸었다는 말을 전해왔다. 그 프로그램은 효과가 있을 것이고 자신은 그 프로그램을 지지할 것이라고 말이다. 큰 성과였다. 과거에는 하니웰 운영 시스템에 반대하고 시행을 방해했던 사람들도 있었겠지만 이제는 하니웰의 전 조직이 진정한 신봉자이자 지지자가 되었다. 한편, 나는 우리가 적절한 궤도에 올라 있다는 확신을 얻었다. '1원칙: 게으른 사고방식을 몰아낸다'를 읽은 후에도 조직 내에서 반대 의견을 존중하고 격려하는 것이 얼마나 중요한지에 대한 증거가 더 필요하다고 생각했는가? 여기 그 답이 있다.

프로세스 변화의 효과

하니웰 운영 시스템을 회사 전체에서 시행한 지 10년이 흘렀다. 하니웰 운영 시스템을 통해 발언권을 얻게 된 공장 직원들은 프로세스 개선을 위한 수백 개의 아이디어를 냈다. 비용은 15~20퍼센트 떨어졌고, 안전, 재고, 배송, 품질 모두가 비슷한 폭으로 향상되었다. 이전에 공장은 사람으로 북적였으나, 이제는 하니웰 운영 시스템이 야기한 보다 효율적이고 효과적인 프로세스 덕분에 더 적은 인원과 20~30퍼센트 작은 공간에서 더 많은 일을 할 수 있다. 하니웰 운영 시스템이 지속적인 프로세스 개선을 가능케 하면서 시간이 지날 수록 이익은 계속 증가했다. 하니웰 운영 시스템 없이는 연 1퍼센트씩 증가했을 해당 공장의 효율이 하니웰 운영 시스템 덕분에 매년 3퍼센트씩 증가했다고 계산하면, 복리의 기적으로 10년 그 이상에 걸친 성과 개선의 이익은 엄청나게 커졌을 것이다. 하니웰 운영 시스템은 실적 자체는 물론이고 실적이 향상되는 속도에 있어서도 우리를 새로운 국면으로 이끌었다.

하니웰 운영 시스템은 공장 내에서 근로자의 참여도도 크게 높였다. 이런 식의 회사 계획에 저항하기 일쑤였던 노조 사업장도 마찬가지였다. 직원들은 카이젠을 통해서 작업을 개선할 수 있는 기회가 생긴 점이나, 근로자가 제기한 문제를 받아들이는 경영진의 수용적 태도를 높이 평가했다. 매일 아침이면 근로자들은 그들이 마주친 문제에 대해 이야기할 기회를 얻었고, 이 정보는 매일 열리는 후속 회의에서 지휘 계통 전체에 전달되었다. 이 문제를 해결할 사람이 지명되고 그 사람은 다음 날 문제에 대해 보고를 해야 한다. 다음 페이지의 그림을 보면 카이젠 회의가 어떻게 진행되는지 알 수 있다.

프로세스의 효율이 높아지면서 필요한 근로자의 수가 줄어드는 경우가 종종 생겼지만 직원들은 그것을 위협으로 생각하지 않았다. 우리는 더 나은 회사가 되고 있었고, 그것은 우리가 성장하고 있다는 의미였다. 그 결과 우리는 대체된 사람의 새로운 일자리를 찾을 수 있었고 생산성의 향상으로 봉급을 올려줄 수 있게 되었다. 대개의 사람들은 비효율적이고 비효과적인 프로세스로 일하는 것을 싫어한다. 그들은 매일 저녁 집에 가서 가족들에게 자신이 성취한 일에 대해 자랑스럽게 이야기하길 바란다. 하니웰 운영 시스템은 직원들에게 그들의 일에 정신적으로 참여하고, 함께 더 나은 성과를 올리는 팀의 일원이 될 기회를 줌으로써 직원들의 이직률을 낮추고 사기를 향상시킬 수 있었다.

데살라는 하니웰 공장을 방문하면서 많은 비노조 시간제 근무자들이 내놓은 프로세스 개선 아이디어 프레젠테이션을 들었다. 한 직원이 화

항상 이기는 조직

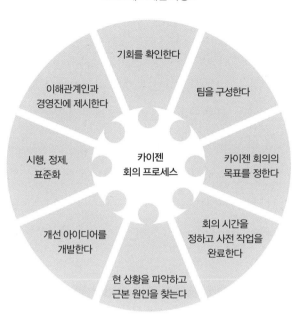

이트보드 앞에 서서 새롭고 효율적인 생산 프로세스를 보여주는 복잡한 도표를 설명했다. 이런 개선이 필요한 인력을 두 명 감축시켰다는 말도 전했다. 데살라가 말했다.

"놀랍다고 생각했습니다. 제가 평상시 듣던 것과는 달랐어요. 한 비노조 시간제 근로자의 열정이 우리가 제대로 된 궤도에 올라있다는 것을 확인해주었습니다."

데살라는 이후 이런 흥분이 특정 지역에만 한정된 것이 아니라고 언급했다. 그는 이렇게 회상했다.

"동유럽, 중국, 인도, 영국, 서유럽 등 모든 곳에서 열정을 발견할 수 있었습니다. '하니웰 운영 시스템' 원리를 어디에 적용하고 있는지는 문제가 되지 않았습니다. 우리는 하니웰 운영 시스템이 일으킨 불꽃을 목격할 수 있었습니다. 전 세계에서 벌어지는 성장 움직임에 참여하는 것은 대단히 흥분되는 일이었습니다."[8]

프로세스 변화에 있어서는 '빠르게 가기 위해서 천천히'가 우리의 좌우명이 되었다. 개선 계획 초기에는 흥분이 판단력을 압도할 수 있고 변화가 일어나되 계속 유지되지 못한다. 원하는 것보다 느리게 진행해야 한다. 하니웰의 경우 그렇게 하기 위해서 하니웰 운영 시스템의 시행에 따라 이윤율이 매년 몇 베이시스포인트basis point(금리나 수익률을 나타내는 데 사용하는 기본단위로 100분의 1퍼센트를 뜻한다-옮긴이)씩 성장하는지 알고 싶어 하는 애널리스트, 투자자들과의 긴 대화가 필요했다. 그들은 단기적으로는 수익 성장의 정도를 알지 못한다는 우리의 솔직한 대답에 만족하지 못했다. 처음에는 가시적인 성과를 볼 수 없다거나 시간이 가면서 영향이 커질 것이라는 말도 좋아하지 않았다. 그러나 결국 장기적으로 이윤율이 높아지자 그들은 매우 만족했다.

사업 기능의 개선

프로세스 개선은 단순히 생산 라인에 국한된 문제가 아니다. 프로세스를 개선해서 후선 업무나 관리·행정 업무 역시 개선시킬 수 있다. 나는 2004년 블루노트 시간을 갖던 중에(또!) 하니웰 운영 시스템과 같은 것을 우리 업무에도 적용하면 좋겠다는 생각을 하게 되었다. 나는 우리 재무제표를 보고 있었고 SG&A(영업Sales, 일반General, 행정Administrative, 즉 IT, 법무, 재무, 인사와 같은 기능들이 포함된) 항목에 이르러 이렇게 생각했다. '이 부분에 대해서는 운영 개선을 위한 일을 전혀 하지 않고 있잖아!' 정작 우리는 효율적인 운영에 대한 압력을 많이 느끼지 않고 있었다. 월스트리트는 내가 CEO가 되었을 때 이미 우리의 행정 간접비가 비교적 적다고 평가하고 있었다. 우리의 재무, IT, 법무, 인사 기능들 역시 자신들이 전혀 군살이 없으며 자원도 충분히 제공받지 못하고 있다고 생각했다. 하지만 정말 그럴까?

나는 관리 부서들의 재정 목표를 정하고 그들에게 매출 대비 비용을 50퍼센트 줄이라고 요구했다. 두 가지 상충되는 일을 동시에 한다는 나의 철학에 따라, 비용을 줄이는 동시에 서비스도 향상시키라고 주문했다. 부서의 규모를 줄이고 같은 일을 적은 인원으로 하도록 강제하는 대신, 나는 모두에게 이들 부서의 예산이 영구적으로 동결될 것이며, 회사의 성장에 따라 이들 부서에 대한 요구가 증가하는 와중에도 이들이 더 나은 서비스를 제공하기를 기대한다고 알렸다.

이렇게 불가능하게 보이는 목표를 달성하기 위해 나는 기능 부서에 작업 프로세스를 향상시켜 비용을 절감하면서도 내부 고객에게 더 나은 서비스를 제공하고 있는 것을 보여주는 지표를 측정하라고(보통 내부 고객 대상의 익명 설문 조사를 통해) 지시했다. 우리는 이 계획을 기능 혁신Functional Transformation이라고 불렀다. 이런 활동의 일환으로 우리는 부서장들에게 사업 부문들이 하듯이 매년 5개년 전략 계획을 제출하라고 요청했다. 사업 부문의 리더들은 전략 검토에 참여해서 우리의 기능 부서들이 그들을 위해 일을 잘 하고 있는지 의견을 내고 개선 영역을 확인한다. 내 경험에 따르면, 본부의 참모들은 관리자들이 하는 일에 의견을 이야기하지만, 사업 부문의 수장들은 참모들이 그들에게 얼마나 좋은 서비스를 하는지 알릴 방법이 없는 것이 보통이다. 변화가 필요했다. 나는 기능 부서가 사업 부문이 하니웰을 지지하는 매출을 내고 있다는 점을 인식하고 고객(내부 고객-옮긴이) 서비스를 제공하는 데 헌신하기를 원했다. 우리가 기능 부서의 리더들에게 이야기하듯이, 이제 기능적인 문제에 대해서 전문 지식을 갖고 있는 것만으로는 충분치 않다. 일을 보다 효율적으로 그리고 효과적으로 완수하도록 해야 한다.

| 보다 나은 기능 조직을 만드는 4단계 조치 |

1. 각 기능 부서에 재정 목표를 설정한다.
2. 조직이 성장하는 동안 기능 부서가 서비스를 개선하면서도 비용을 동결하거나(인플레이션 조정 없이) 비용을 줄이도록 한다.
3. 기능 부서가 두 가지 모두를 달성하는 연간 전략 계획을 개발하도록 한다.
4. 서비스 지표와 목표를 설정하고, 설문 조사를 이용해서 시간에 따른 서비스 개선 상황을 확인한다.

일부 기능 부서 리더들은 매출 대비 비용을 50퍼센트 줄일 수 있을지 의심하며 반발했다. IT 부서는 4개 기능 부서를 경쟁 회사의 기능 부서들과 비교하는 연구를 진행했다. 우리는 생각만큼 군살이 없는 조직이 아니었다. 우리의 기능 부서들은 세계적이라고 인정받는 다른 기업의 기능 부서에 비해 매출 대비 비용이 평균 2배 높았다. 우리 재무팀은 그 결과를 받아들이지 않고 자체적인 연구를 시작했다. 결론은 비슷했다. 마침내 리더들이 개선 작업에 동의했고, 기능 부서들은 수없이 많은 프로세스를 정비했다. IT부서는 효율과 효과를 높이기 위해 서버를 통합하고, 구매 과정을 개편하고, 새로운 기술을 채택했다. 인사팀은 현장의 작업에 대한 광범위한 분석을 실시해 전문직에 비해 일반행정직을 지나치게 많이 고용했다는 것을 발견했다. 부서 내 역할을 조정하고, 그들의 활동을 통합·자동화함으로써 훨씬 낮은 비용으로 더 나은 서비스를 제공하는 것이 가능해졌다.

시간이 지나면서 우리 기능 부서에는 지속적 개선이라는 사고방식이 확고히 자리 잡게 되었다. 인사팀과 재무팀은 어느 팀이 서비스 개선에서 더 큰 성과를 보이는지를 두고 우호적인 경쟁을 시작했다. 인사팀이 이 경쟁에서 앞선 어느 해에 그들은 재무팀이 보이는 그들 사무실 창에 자신들의 승리를 보여주는 큰 포스터를 붙였다. 재무팀은 전반적인 서비스의 질에서 여전히 높은 수준을 유지하고 있었고 따라서 그들도 그 점을 자랑하는 포스터를 붙였다.

우리의 기능 혁신 활동은 큰 성과를 냈다. 이 계획 덕분에 2004년에서 2006년까지 절감한 금액만 1억 7,000만 달러에 이르렀다.[9] 이후 10년 동안 하니웰의 규모는 2배로 커졌지만 기능 부서의 예산은 약 10억 달러(달러 가치 상승을 고려하면 약 30퍼센트, 매출 대비 44퍼센트), 즉 주당 약 1달러 감소했고 동시에 서비스의 질은 개선되었다. 우리는 정말로 군살이 없는 경영을 하면서 성과를 개선했고 그와 동시에 투자자들의 주머니에 돈까지 넣어주었다.

프로세스의 전개

조직의 운영 상태를 개선하고자 한다면 신중한 진행이 필요하다. 근본이 되는 사고방식의 변화에 집중하면서 문화를 혁신해서 프로세스의 변화가 영구적으로 지속되도록 해야 한다. 프로세스 개선을 올바르게 시행하는 것도 중요하다. 올바른 개선이 아니라면 자원은 낭비되고 조직이 정체될 뿐 아니라 오히려 후퇴할 가능성이 높다. 그릇된 프로세스 개선은 파괴적이다. 사람들은 진전을 이루지 못했다는 것을 발견하고 의욕을 잃고, 환멸을 느끼며, 이전보다 참여도가 낮아진다. 고객들은 퇴보한 프로세스를 경험한다. 실망한 고객이 떠나며 사업 성과는 하락한다. 몇 년 후면 기업들은 프로세스를 다시 대대적으로 바꿔야 한다. 개선 활동을 지속하지 못했기 때문이다. 이런 실패에는 비용이 발생하며 경영진 사이에는 프로세스 변화가 일시적인 변덕에 불과하다는 생각이 강화된다.

전체 조직이 한 번에 시행하는 방식으로 계획을 추진하는 대신, 우선 당신이 직접 세부 사항을 점검해서 당신 조직에 효과가 있는 것이 무엇인지 찾아야 한다. 급히 달려들고 싶은 유혹이 들겠지만, 대규모 운영 변화를 시작할 방법을 시험하고 다듬으며 조직의 다른 사람들이 변화에 관심을 보일 수 있는 성공 실적을 만들어야 한다. 또한 변화를 뒷받침할

항상 이기는 조직

자원을 제공해야 한다. 우리는 하니웰 운영 시스템의 실행을 위해 회사 전체에 수십 명의 전문 인력을 영입했으며, 모든 공장 관리자의 참모로 정규직 하니웰 운영 시스템 전문가를 배치했다. 이는 대단히 중요한 일이다. 우리 직원들에게 우리가 하니웰 운영 시스템의 성공에 집중한다는 것을 보여주고, 공장 관리자들에게 공장을 운영하는 가운데 변화가 자리 잡도록 하는 역량을 부여하기 때문이다. 변화 계획을 모든 사람이 자기 시간의 일부만을 할애하는 일로 만든다면, 성과도 일부만을 얻을 뿐이다. 우리는 전면적인 결과를 원했기 때문에 계획을 뒷받침하는 데 필요한 인력과 돈을 전면적으로 지원했다.

강력한 실행 계획이 마련되면, 프로세스 개선 계획이 어떻게 진행되는지 주시해야 한다. 변화를 당연한 것으로 받아들여서는 안 된다. 공장에서는 그들이 만드는 변화에 대해서 듣기 좋은 이야기를 쉽게 만들어 낼 수 있다. 그렇다면 수치는 어떤가? 공장의 리더들이 생각하는 것만큼 깊이 있는 변화가 이루어지고 있는가? 변화가 지속적인가? 엔트로피 entropy(열역학 제2법칙인 엔트로피의 법칙은 우주의 모든 에너지는 유용한 상태에서 무용한 상태로, 질서 있는 상태에서 무질서한 상태로 변화한다고 말한다-옮긴이)는 물리적 세계에서와 마찬가지로 조직에도 적용되는 원리이다. 시간이 지나면 모든 체계적 시스템은 혼란으로 진화한다. 끊임없이 변화를 추구하지 않는 한, 당신의 노력은 결국 시들고 만다.

개별 공장의 하니웰 운영 시스템 도입을 평가하는 데 사용한 지표들을 통해 우리는 우리가 원한 변화가 실제적이며, 공장이 그런 변화를 지속하고 있다는 것을 확인할 수 있었다. 또한 우리는 하니웰 운영 시스템의 숙달 정도를 여러 단계로 정해서 개선 수치에 따라 개별 공장에 골드, 실버, 브론즈 인증서를 교부했다. 이로써 개별 공장들은 자신들의 진전 상황을 도표화하고 지속적인 활동에 대한 의욕을 얻을 수 있었다. 우리는 공장이 보고한 결과를 감사했기 때문에 공장이 특정 수준을 달성했을 경우 우리가 원하는 변화가 실제로 일어나고 있다는 것을 확인할 수 있었다.

우리가 부여하는 인증서를 통해 우리는 공장이 일정한 수준의 숙련도에 도달한 뒤 다시 퇴보하는 것을 막을 수 있었다. 우리는 관리자나 직원들에게 브론즈를 달성한 것은 하니웰 운영 시스템의 시작이지 끝이 아니라고 항상 이야기했다. 하지만 우리는 많은 공장 관리자들이 시설이 브론즈 숙련도를 달성한 후에 현실에 안주하게 되는 것을 발견했다. 그에 대한 대응으로 우리는 지체가 시작된 공장으로부터 브론즈 인증을 박탈하는 처분을 했다. 이런 조치는 사람들의 주의를 끌어들였다. 마찬가지로 우리는 하니웰 운영 시스템의 상위 10대 성과 조직과 하위 10대 성과 조직을* 내부적으로 공개하는 관행을 만들었다. 리더와 팀은 상위 10대 조직에 오르는 것을 원했고 하위 10대 조직으로 알려지는 것을 싫어했다. 이런 기법은 하니웰 운영 시스템을 중심으로 긴박감을 조성하는 데 도움을 주고 전 조직의 실적을 높였다. 나는 조직에서 어떤 변화를

---

* 상/하위 10대 조직을 가려내는 것은 회사 전체를 앞으로 나아가게 하는 훌륭한 방법이다. 상위 10대 조직에 있는 것 자체도 보상이 되지만, 진짜 효과는 아무도 하위 10대 조직이 되는 것을 원치 않는다는 부분에서 나온다. 하위 10대 조직에 들지 않기 위한 노력은 모든 부서의 상향 이동을 돕는다. 시간이 지나면 그 효과는 대단히 커진다.

항상 이기는 조직

시도하든 이 기법을 사용하기를 권한다. 이 기법은 품질, 배송, 기타 여러 변화 계획의 개선을 가속화하는 데 도움을 준다.

1단계 : 경영진은 여정을 시작하고 지속할 준비를 갖춘다

2단계 : 기초 분석과 가능성의 우선순위 결정. 구축 계획 마련

3단계 : 미래 형태의 조직을 만들기 위한 변화 실행 시작

4단계 : 목표한 결과 달성을 위한 미래 형태 실행

5단계 : 지속적 개선 문화를 유도하기 위한 관리 운영 시스템 마련

브론즈 : 모든 기능 부서와 모든 직원에 걸쳐 개별 시설 간의 벽을 넘어서는 경영진 통합

실버 : 회사를 지원하는 운영 시스템의 활용과 개선

골드 : 모든 최고의 관행/프로세스의 초점을 경쟁자보다 빠르게 성장하는 한 가지 목표에 집중시킴

체계적인 실행을 위한 접근법

2016년까지 진화된 하니웰 운영 시스템 실행을 위한 등급 체계

변화를 도입하고 지속하는 데 있어서는 경영진이 중요하다. 조직을 위해서 당신은 개인적으로도 이 일을 진지하게 받아들여야 한다. 하니웰 운영 시스템을 시행하면서 나는 기회가 있을 때마다 이 일이 우리 회사에 얼마나 중요한지 거듭 이야기했다. 정기적으로 회의를 열어 우리가 실제로 이 일을 실행하고 있는지, 결과를 얻고 있는지 확인했다. 식스 시

그마에서는 내가 하지 않았던 일이다. 바로 이런 이유 때문에 식스 시그마는 기대에 못 미치는 결과를 냈다. 어떤 공장이 좋지 못한 실적을 올리고 있을 때면 나는 그 공장의 경영진에게 짧은 메모를 전달했다. 데살라는 그런 메모를 받는 것이 '달갑지 않은 경험'이었다고 말한다. 프로세스 개선에는 당신이 생각한 것보다 당신의 많은 시간과 자원이 필요할 것이다. 사람들은 새로운 개선 계획을 실행하면서 맡은 임무를 어떻게 해나갈지 걱정하기 마련이다. 이런 걱정을 극복하게 만드는 데는 시간이 필요하다. 하지만 이런 노력에는 충분한 가치가 있다.

| 변화 관리 점검표 |

개선을 추구할 때라면 아래 사항을 반드시 수행해야 한다.

- 사고방식과 문화의 중요성을 이해한다. 사고방식이 바뀌지 않으면 운영 상태도 바뀌지 않는다. 특히 사람들이 '내 일도 하고 이것까지 해야 한다고?'라는 생각에서 반드시 벗어나도록 해야 한다.
- 전면적인 시행 전에 아이디어를 시험한다.
- 계획을 신중하게 시작한다. 변화가 지속적으로 이루어질 수 있게끔 충분히 시간을 두되, 추진력을 얻고 가능한 많은 혜택을 볼 수 있을 만큼 빠르게 진행한다.
- 변화에 영향을 줄 수 있는 적절한 리더들을 배치해야 한다. 동료 CEO는 이런 말을 한 적이 있다. "때로 경영진을 변화시키는 최선의 방책은 경영진을 바꾸는 것이다."
- 인력과 돈과 같은 자원으로 계획을 충분히 뒷받침한다. 모든 변화 노력에는 지휘 체계의 주입이 필요하다.

항상 이기는 조직

- 보고 체계를 마련하고 직접 점검과 현장 방문을 실시해 변화나 계획을 사람들에게 가시화시킨다.
- 변화에 대해 가르치는 훈련 프로그램에 참모들을 참여시킨다. 당신도 참여한다. 당신이 그렇게 하지 않으면, 당신 밑의 리더들은 참여하지 않는 데 대한 핑계거리를 얻게 된다.
- 변화 이니셔티브가 정말로 효과가 있는지 확인하기 위해 확증 편향이 없는지 확인하는 대신 반증가능성을 찾는다.
- 실제적이고 측정 가능한 지표를 만들어 변화가 일어나고 있는지 확인한다.
- 끊임없이 변화를 위해 노력한다. 이니셔티브가 효과가 있는 것처럼 보인다고 해서 그것이 조직 기본 구조의 일부가 되었다는 의미는 아니다.

모두를 위한 프로세스 변화

1980년대, 매사추세츠 린의 GE 생산·엔지니어링 부문에서 CFO로 일하고 있을 때 나는 일단의 훈련생들을 모아놓고 그들에게 그 사업 부문의 중요한 프로젝트를 맡겼다. 학교를 졸업하고 몇 년 간 다양한 기능 부서에서 근무한 젊은이들이었다. 어느 해 내 요청을 받은 몇몇 엔지니어들이 특정 제품의 디자인을 바꾸는 데 지나치게 긴 시간이 걸릴 것이라고 답한 적이 있었다. 엔지니어링 리더들에게 디자인 변화 프로세스에 대해서 묻자 그들은 이렇게 답했다.

"이미 프로세스를 50회나 확인했습니다. 더 빨리 할 방법이 없습니다."

확신이 들지 않았던 나는 우리 훈련생들에게 그 프로세스를 조사하게 하고 엔지니어링 리더 한 명에게 선임 고문 역할을 맡겼다. 나는 훈련생들에게 50개의 디자인 변화 요청을 한 뒤 그런 변화가 처리되고 실행되는 동안 단계별로 어떤 일이 일어나는지 추적하라고 지시했다. 정확히 어떤 일이 벌어지고 있었던 것일까? 이 일을 좀 더 잘 할 수 있는 방법은 없을까?

이 과제에 매달린 훈련생들은 디자인 변경 프로세스의 단계들을 정확하게 계획하는 사람이 아무도 없었다는 것을 발견했다. 제품의 디자인을 변경하는 데는 실제로 7개월이 소요됐다. 그 중 3개월은 디자인 원형을 만들어 그 디자인을 디자인 변경과 관련된 팀원들 사이에서 재래식 우편으로 주고받는 데 쓰였다. 나이가 좀 있는 사람이라면 이메일이나 다른 디지털 기술이 발달하기 전까지 행정 프로세스를 거치는 데 얼마나 오랜 시간이 걸렸었는지 기억할 것이다. 우리의 경우 모든 디자인 사본 제작이 디자인 센터에서 이루어졌고, 각 팀은 100여장의 디자인 사본을 만들어달라는 주문을 센터에서 모두 처리해줄 때까지 기다리고 나서야 그 사본들을 관련 당사자들에게 보내줄 수 있었다.

훈련생들은 두 가지 프로세스 변화를 추천했다. 첫째는 새로운 디자인을 디자인 센터에 보내 많은 수의 사본을 만들게 하는 대신 엔지니어들이 핵심 의사결정권자를 위한 사본을 빠르게 2부 만들어서 프로세스의 다른 단계들이 진행될 수 있게 하는 것이다. 두 번째는 극도로 느린 내부 우편 시스템이 일을 해낼 때까지 기다리는 대신 2부의 사본을 직접 핵심 결정권자에게 전달하도록 하는 방법이었다.

이 두 가지 변화로 7개월의 디자인 변경 프로세스가 3개월 단축됐다. 엔지니어들은 믿을 수가 없다는 반응을 보였다. 그들은 프로세스가 어떻게 진행되는지 파악하고 있다고 생각했으나 사실은 아니었다. 그들은 핵심 단계들을 개별적으로만 고려하면서 각 단계를 보다 효율적으로 만들 방법을 생각했다. 전체 프로세스를 생각지 못한 것이다. 거기에는 핵심 단계들과 외부 행위자(우편과 사본 제작 서비스) 사이 연결 과정이 포함되어 있었다. 비효율의 상당 부분이 연결 과정에 있었던 것이다.

내가 이 에피소드를 소개하는 데는 두 가지 이유가 있다. 첫째, 프로세스 변경은 어떤 규모의 팀에서나 가능하며, 꼭 조직적인 수준에서 시행되어야 하는 것은 아니다. 어떤 집단도 프로세스 개선에 투자함으로써 장·단기 성과를 개선시킬 수 있다. 팀이나 조직의 전면적인 운영 시스템을 개발하기에는 예산이 부족하다면, 당신의 일을 규정하는 주요 프로세스들을 목록으로 만들고 사람들이 이들 프로세스를 지속적으로 검토하고 조정함으로써 보다 효율적이고 효과적으로 일하게 하는 데 집중하도록 이끌어라. 대부분의 프로세스가 다른 기능 부서들까지 연결된다는 것을 염두에 두고, 프로세스의 한 쪽 끝에서 다른 쪽까지 총체적으로 파악해야 한다. 지표를 확인해서 프로세스들이 변화하고 있는지 확인해야 한다. 당신이 4명으로 이루어진 경리과의 성과를 강화하고자 한다고 생각해보자. 프로세스 개선 후에도 같은 인원의 봉급을 처리하는 데 여전히 4명이 필요하고 조직이나 회사 내에서 추가적인 혜택을 보는 사람이 없다면, 개선 노력에는 큰 성과가 없는 것이다. 그 프로세스가 일부 측면에서 약간의 개선을 보였더라도 말이다.

프로세스를 분석할 때면 나는 프로세스 지도maps가 상당히 유용하다는 것을 발견하곤 한다. 작은 팀의 리더라면 프로세스 지도를 작성하기 위해서 굳이 뛰어난 컨설턴트를 고용할 필요는 없다. GE의 회계 감사로 일할 때 나는 내가 감사하려는 운영 조직의 상태를 파악하기 위해 항상 비공식적인 나만의 프로세스 지도를 만들곤 했다. 프로세스의 첫 단계를 수행하는 사람부터 시작해서 그들에게 그들이 하는 일과 그들이 다음 단계를 위해 작업을 넘기는 사람이 누구인지 물었다. 그렇게 얻은 정보를 노트에 기록하고 다음 사람으로 넘어가서 프로세스 모든 단계의 지도가 완성될 때까지 같은 일을 반복했다. 그 과정에서 사람들에게 그들이 맡은 단계에서 문제가 발생하면 어떤 일이 일어나는지도 물었다. 내가 인터뷰한 사람들은 대개 프로세스가 효과가 없을 때 취하는 조치들에 대해서도 이야기를 해주었고 나는 그런 '예외'적 단계들도 지도에 포함시켰다(내가 '숨겨진 악의 온상'이라고 부르는 것의 또 다른 예이다). 이런 방식으로 지도를 만듦으로써 나는 팀이 수정할 수 있는 모든 종류의 비효율을 알아냈다. 당시의 나는 프로세스 개선에 대한 교육을 전혀 받은 적이 없었다는 것을 기억하라. 특별한 교육이 필요치 않았다. 그리 복잡하지 않았기 때문이다.*

---

* 지도를 만드는 외에도, 실제로 어떤 일이 일어나는지 확인하려면 견본 거래들을 추적해서 그 프로세스를 차례로 점검해야 한다. 단계마다 프로세스의 이 부분이 계획대로 작동하지 않을 때 무슨 일이 일어나는지 묻는다. 여기에서 수많은 오류를 발견하고 놀라게 될 것이다. 이는 프로세스의 한 단계가 의도대로 움직이지 않을 때 어떤 일이 일어나는지를 명확하게 보여줄 것이다.

항상 이기는 조직

| '숨겨진 악의 온상'을 찾아 바로잡는다 |

1. 기존 프로세스를 처음부터 끝까지 단계별로 보여주는 지도를 만든다.
2. 문제가 발생할 경우 흔히 선택되는 제2안도 지도에 표시한다.
3. 프로세스를 최적화하고 최종 사용자를 참여시킨다.
4. 새로운 프로세스가 보다 효율적이며 동시에 최종 사용자가 얻는 결과를 개선하는지 확인한다.

믿기 힘들겠지만, 많은 기업들이 자신들의 일이 어떤 프로세스를 거치는지 정확히 파악하지 못하고 있다. 각 단계를 지도로 그린다면, 시설에서 내내 운영되고 있었지만 리더나 관리자는 간과해온 '숨겨진 악의 온상'을 파악하게 될 것이다. 이런 프로세스와 프로세스 단계들을 최적화시키면, 장·단기 실적을 향상시킬 수 있다. 기능 부서 혁신에서와 마찬가지로 최종 사용자를 반드시 참여시켜야 한다. 사람들은 의도보다는 말에 집중하는 경향이 있다. 지시를 이행하기 위해 프로세스의 비용을 낮추기는 하나 그 과정에서 프로세스가 전달하고자 하는 가치를 훼손시키는 것이다. 진정한 프로세스 개선은 상충되는 것처럼 보이는 두 가지 일을 반드시 동시에 달성해야 한다. 프로세스를 보다 효율적으로 만들면서도 효과적으로 만들어서 최종 사용자(외부 고객이든 내부 고객이든)에게 보다 많은 가치를 전달해야만 한다. 하니웰 운영 시스템을 따르는 공장들은 운영비가 적게 들 뿐 아니라 보다 빠르게 보다 높은 품질의 물건을 생산해서 우리가 고객에게 더 나은 서비스를 할 수 있게 만들어준다.

프로세스 개선을 진행할 때에는 다음의 그림을 염두에 두도록 한다.

프로세스가 실제로 어떤 상태인지와 우리는 프로세스가 어떤 상태라고 생각하는지 혹은 어떤 상태이길 바라고 있는지에 대해서 다시 성찰하게 해보는 대단히 유익한 그림이다. 그 차이는 '숨겨진 악의 온상'이다.

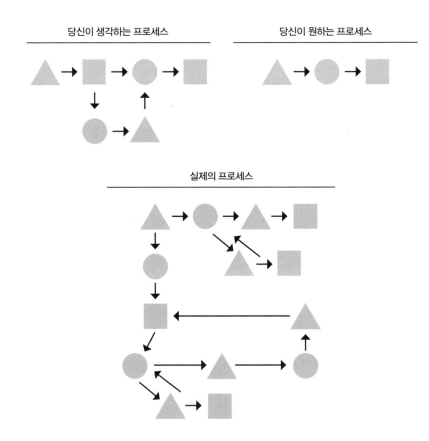

■ 프로세스 지도 ■

당신이 생각하는 프로세스

당신이 원하는 프로세스

실제의 프로세스

일상적이지만 마법과 같은

내가 우리의 디자인 변경 프로세스를 어떻게 개선했는지 이야기한 두 번째 이유는 프로세스 개선의 일상적이지만 마법과 같은 속성을 강조하기 위함이다. 우리가 디자인 변경을 실행하는 방법을 개선시켰다고 해서 GE의 분기별 성과가 의미 있는 정도로 높아진 것은 아니다. 우리가 낭비하던 압축가스를 줄인 것도 하니웰의 실적에 큰 영향을 준 것은 아니었다. 하지만 그런 변화들이 꼭 우리의 재정에 의미 있는 방식으로 영향을 주어야 차이가 생기는 것은 아니다. 중요한 것은 프로세스 변화의 습관이다. 오랜 시간에 걸쳐 수많은 지속적인 변화에 착수하는 습관이 중요하다. 리더들은 하나의 대담한 조치로 하룻밤 사이에 회사를 변화시키려 할 때가 많다. 프로세스 개선은 그만큼 극적이거나 대단하지 않다. 프로세스 개선이란 확립되는 데 수개월, 심지어는 수년이 걸리는 사고방식과 운영 규범의 변화이다. 이는 장래에 긴 시간 동안 점진적으로 축적된 이익을 낳는다(시간이 가면서 연 생산성 증가율 1퍼센트와 3퍼센트가 가져오는 복리 효과의 차이가 얼마나 커지는지 기억하라). 프로세스 개선은 리더로서 가진 당신의 권한을 위임하고 그 조치에 가장 가까운 사람들에게 권한을 부여해서 실제적인 업무를 조금씩 매일 개선하는 일이다. 그들의 식견, 판단, 크고 작은 결정이 오랜 시간 동안 쌓여 조직을 앞으로 나아가게 한다.

프로세스 개선의 진짜 마법은 그것을 통해 조직이 시간의 흐름과 함께 진화하며 오랜 시간이 흘러도 유연함을 유지한다는 점이다. 사람들은 찰스 다윈을 생각하면 언제나 '적자생존'이라는 말을 떠올린다. 나는 그 말의 핵심은 가장 유연한 자가 살아남는다는 데 있다고 생각한다. 지상에서 생명의 역사가 이어지는 동안, 특정한 환경에 잘 적응하는 종들과 특정한 환경에서의 생존에 '적합'한 많은 종들이 존재해왔다. 환경이 변화하면 충분히 유연하지가 못했던 종들은 적응하지 못하고 결국 사라졌다. 하니웰 운영 시스템을 우리 회사에 도입하면서, 나는 전 조직(공장의 시간제 근로자에서부터 공장의 관리자들, 모든 기능 부서와 사업 부문의 리더들에 이르기까지)이 보다 유연해져서 우리가 변화하는 비즈니스 환경에 적응하고 경쟁의 선두에 설 수 있게 되기를 바랐다.

혁명적인 변화는 듣기에는 좋은 말이지만 견고한 장·단기 성과로 가는 최적의 경로는 아니다. 혁명적인 변화를 택한다면 당신은 큰 위험을 안게 된다. 미래가 어떻게 펼쳐질지는 절대 정확히 알 수 없기 때문이다. 혁명은 의도치 않은 방향으로 움직일 수 있다. 지속적인 진화에 능숙한 조직은 엄청난 위험을 감수하며 혁명적인 변화를 끌어들일 필요가 없다. 항상 변화하고 있기 때문이다. 이런 식으로 생각해보라. 시장의 여러 차원이 한 해에 4퍼센트씩 변화하고 있다면, 그것은 그렇게 큰 변화라고 생각되지 않는다. 하지만 그에 따라 당신도 변화하지 않는다면, 혹은 변화를 약간 앞서가지 않는다면, 이런 변화의 영향은 해가 갈수록 심각해질 것이다. 그 상태로 10년이 지나면, 당신은 당신의 현재 상태와 시장의 상태 사이에 엄청난 격차가 있음을 실감하게 될 것이다. 그때에는 그것을 따라잡기 위한 혁명적인 변화가 반드시 필요해질 것이고, 거기에는 위험과 와해가 수반될 것이다. 사업이나 조직의 상태에 따라 혁명이 요구되는 경우도 있다. 하지만 변화가 일어날 때 거기에 발을 맞추거나 그보다 조금 앞서가는 편이, 그리고 지속적·점진적으로 진화할 수 있는 그런 진화에 헌신하는 조직을 발전시키는 편이 위험한 혁명보다 훨씬 낫다.

내가 하니웰을 맡았을 때, 회사가 오래 버티지 못하고 사라질 것이라고 생각하는 사람들이 있었다. 하지만 우리는 도전을 계속했기에 성장하고 번창할 수 있었다. 하니웰 운영 시스템과 프로세스 변화, 문화적 변혁을 통해서 우리의 모습을 끊임없이 향상시키고 시간이 흐르면서 더 나은 개선을 이루는 도전을 말이다. 프로세스를 점진적, 지속적으로 강화하는 것은 하니웰 문화의 일부가 되었고, 회사의 모든 것에 대한 경영 방법을 우리에게 알려주었다. 프로세스 개선에 몰두해보라. 당신도 그것을 당신 문화의 일부로 만들 수 있을 것이다.

1 당신 팀이나 조직의 프로세스는 최대 효율을 달성하고 있는가? 당신은 프로세스들을 완벽하게, 즉 핵심 단계들만이 아니라 연결 고리까지 모두 파악하고 있는가? 직원의 참여가 당신의 기대만큼 높지 않다면, 비효율적인 프로세스가 그 원인은 아닌가?

2 지속적인 프로세스 개선을 위한 시스템이 자리 잡혀 있는가? 그 시스템은 얼마나 효과적인가? 당신은 일선 근로자들에게 작업이 이루어지는 방식을 개선할 권한을 부여하고 있는가?

3 핵심 비즈니스 운영 외에, 비영업 부서, 행정 기능 부서를 보다 효율적으로 운영하기 위해 노력해왔는가? 이런 기능 부서들의 실질적인 효율과 효과는 어느 정도인가?

4 변화 계획이 조직에 깊이 뿌리 내리고 있는가? 그렇지 않다면 이유는 무엇인가?

5 당신은 프로세스 개선을 추진하는 데 얼마나 관심을 두고 있는가? 매일 추진하는가? 아니면 그런 책임을 다하지 못하고 있는가? 중소기업의 속도로 대기업의 효율을 달성하도록 조직을 밀어붙이고 있는가?

6 프로세스 개선 계획의 구조를 시간이 지나도 개선을 지속할 수 있는 방식으로 만들었는가? 그것이 효과를 발휘하고 있는지 직접 확인하고 있는가?

7 당신 팀이나 조직은 지속적인 진화에 능숙한가? 운영의 현재 상태에 지나치게 매달리고 있지는 않은가?

8 상·하위 10위를 정하는 기법을 사용해서 성과를 개선할 수 있는 상황이 있는가?

9 개선 계획에 충분한 자원을 공급하고 있는가? 모든 변화 노력에는 지휘 체계의 주입이 필요하다는 것을 기억하라.

원칙 5

고성과 조직 문화를 구축한다

CEO 자리에 앉은 나는 하니웰과 그 문화를 알고 싶은 마음에 처음 몇 개월을 전 세계에 있는 우리 시설들을 방문하고 전체 회의를 개최하며 보냈다. 애리조나 피닉스에 넓게 자리 잡은 항공 우주 시설에서 열린 행사 도중에, 한 여성이 일어나서 처음에는 다소 이상하게 들리는 질문을 했다.

"데이브, 당신은 빨강인가요? 파랑인가요?"

"뭐라고요?"

내가 물었다. 나는 얼마 전 뉴욕시로 이사하기 전까지 켄터키에 있었고 그곳에서는 빨강과 파랑으로 대표되는 루이빌 대학과 켄터키 대학의 경쟁 구도가 중요한 문제였다.

"빨강인가요? 파랑인가요?"

그녀가 다시 말했다.

항상 이기는 조직

"얼라이드시그널AlliedSignal인가요? 아니면 하니웰인가요?"

'세상에, 그런 뜻이었군.'

나는 생각했다.

2000년대 초, 하니웰의 기업 문화는 그냥 안타까운 정도가 아니었다. 아예 존재조차 하지 않았다. 항공우주, 화학, 자동차 제품을 중심으로 하는 산업 기업인 얼라이드시그널은 1999년 하니웰을 인수했고 이렇게 합병된 기업은 하니웰의 이름과 얼라이드시그널의 기업 본부를 사용했다. 2000년 이 '새로운' 하니웰은 화재 경보·보안 시스템 제조업체인 피트웨이를 세 번째 회사로 인수했다. 하니웰에서 이어온 사업에 종사하는 직원들은 스스로를 기술과 '고객 기쁨customer delight'라고 부르는 것에 집중하고 있다고 생각했다. 아이러니한 것은 그들이 형편없는 성과를 내고 있었기 때문에 고객을 그다지 만족시키지 못했고, '기쁘게' 하기에는 한참 못 미쳤다는 점이다. 얼라이드시그널 쪽의 직원들은 별개 문화를 유지하고 있었는데 어떤 대가를 치르더라도 분기별 실적을 맞추는 데 집중하는 이 문화 역시 제대로 기능하지 못했다. 나는 분기 말이면 얼라이드 직원들이 상관의 사무실에 들어가 이런 대화를 나눈다는 농담을 하곤 했다. 직원이 "이번 분기 실적을 맞추려면 고객들에게 바가지를 씌워야 할 텐데요"라고 말하면 상관은 "그래서 무슨 말을 하고 싶은 건데? 당연히 실적을 만들어야지!"라고 대답한다고 말이다. 하니웰의 직원들은 회사 내에서 '빨강'으로, 얼라이드시그널의 직원들은 '파랑'으로 인식됐다. 합병 전 두 브랜드의 색상을 반영한 것이다. 피트웨이 출신 직원들은 이 색깔 전쟁에 참여하지 못했다. 하니웰이며 얼라이드시그널의 직원들이 '대기업'스러운 사고방식을 가졌다고 믿은 그들은 모두를 무시하고 항상 그래왔던 방식으로 자신의 사업을 운영했다.

이런 분열은 우리 사업에 엄청난 피해를 불러왔다. 하니웰의 인사·보안·커뮤니케이션 담당 수석 부사장 마크 제임스Mark James는 2000년 항공우주 부분 인사 책임자로 처음 회사에 들어왔다. 그가 회상하듯이, 상황은 표준적인 운영 방식 없이 '모두가 제멋대로 일을 하고 있는 완벽한 혼란'이었다.

"이렇게 설명하면 가장 정확할 것 같습니다. 밖에 나가 한 무리의 사람을 고용한 뒤 서로 아무 이야기도 하지 않게 한다면 빚어질 상황이었다고 말입니다. 그 안에 있는 모두가 자신만 생각했습니다. 제 느낌은 그랬습니다. 지침을 주는 사람도 없었고, 저와 어떤 종류의 검토를 하는 사람도 없었고, 경영 검토를 하러 온 사람도 없었습니다."[1]

당연하게도, 회사는 훌륭한 인재를 유지하는 데 어려움을 겪었다. 젊은 관리자들은 우리의 문화가 체계가 없고 비협조적이라는 것을 알게 되었다. 그들은 몇 년만 눈을 딱 감고 참은 뒤, 경력을 만들어서 다른 곳으로 가 의미 있는 경력을 쌓자는 식의 생각을 했다.

CEO가 된 나는 색깔 전쟁을 끝내고 통일된 문화를 만드는 것을 최우선사항으로 삼았다. 간부 중에는 우리가 처리해야 할 전략적 사안들이 쌓여 있는 와중에 문화를 바로잡는 데 왜 그렇게 많은 시간을 투자하는지 의문을 갖는 사람들도 있었다. 굳이 해야 한다면 사기를 진작시키기 위한 단기 계획에 투자해야 한다는 것이 그들의 생각이었다. 나는 절대

항상 이기는 조직

그렇지 않다고 답했다. 사기가 문제라면, 그 문제를 바로잡는 최선의 방법은 높은 성과를 올리는, 승리하는 기업을 만드는 것이다. 이는 우리가 높은 성과를 올리는, 승리하는 문화를 만들어야만 한다는 뜻이다. 아무리 좋은 전략적 결정을 내려도 회사의 누구도 그에 대한 조치를 취하지 않는다면, 어떤 진전도 만들어낼 수 없을 것이다.

강력한 문화, 즉 사람들이 일을 잘 해내야겠다는 내재적인 동기 부여가 되는 문화, 정책과 절차의 의도에 부합하는 문화, 말뿐이 아닌 행동이 함께 하는 문화. 조직이 최선의 성과를 내려면 이런 문화가 중요하다. 단, 장기적인 성장을 확보하면서도 단기적인 결과 달성에 높은 기준을 목표로 하는 문화만이 중심적인 문화가 될 수 있다. 모든 사람이 실행에 대한 추진력을 느끼지 않는다면, 조직은 이들 목표의 하나만 달성하게 될 것이고 둘을 동시에 이룰 가망은 희박해질 것이다.

회의론자들은 바람직한 문화를 목표로 하는 것은 요즘 기업의 아주 기본적인 사항이 아니냐고 말할지도 모르겠다. 나도 동의한다. 기업에 분명한 문화가 필요하다는 것은 혁명적인 사실이 전혀 아니다. 문화의 핵심 요소를 결정하는 것은 로켓 과학처럼 복잡한 일도 아니다. 우리는 우리 문화를 성장, 고객 중심, 결과 달성, 팀워크 촉진, 현명한 위기대응, 자기 인식, 세계화된 사고방식 등 12개의 핵심 행동으로 규정했다. 나는 우리 팀에게 이런 행동들은 혁명적인 것이 아니라고 늘 말하곤 했다. 하버드에 있는 누구도 우리 본사에 와서 "세상에, 도대체 어떻게 이런 걸 만들었어요?"라고 놀라지 않을 것이다. 비결은 실행에 있다. 하니웰은 오래 전부터 우리 전 직원이 이런 행동(우리가 규정한 다섯 가지 핵심 전략 계획은 물론)을 삶에 구현하도록 만들기로 약속했고, 오랜 세월 그 약속을 꾸준히 지켜왔다. 그 과정에서 우리의 성과가 바뀌었듯, 우리 문화도 변화했다. 장기 성장과 단기 성장 모두를 이루고 싶다면, 두 가지 모두에 끈질기게 매달려야 한다. 문화만 얘기해서는 안 된다. 부지런히 실행에 옮기고 절대 멈추지 말라.

문화의 상세한 규정

너무나 당연한 말이겠지만 문화 구축을 위한 노력은 당신이 원하는 문화를 규정하는 데서 시작되어야 한다. 나는 GE에서 일하는 동안 문화의 중요성을 절감했고 무엇이 고성과 문화를 이루는지에 대해 대단히 정확히 알고 있었다. 하니웰에서의 맞이한 둘째 달에 나는 하니웰에서 집중하고 싶은 다섯 가지 사안, 즉 성장, 생산성, 현금, 사람, 운영 조장 체계operating enabler(식스 시그마, 이후에는 하니웰 운영 시스템과 같은)로 5대 핵심 전략 이니셔티브을 만들었다. 문화를 규정하기 위한 10가지 행동 목록도 만들었고 하루 꼬박 팀과 이들에 대해 논의하는 회의를 가졌다. 우리는 두 가지 행동을 더 추가하는 한편 내가 만든 원래의 행동 몇 가지를 수정했다. 우리 중 몇몇은 이런 농담을 했다. 하나님은 10계명만 필요하셨지만, 색깔 전쟁을 끝내고 거대한 조직을 성과 기계로 만들기 위해서는 2개가 더 필요했다고.

| 5대 핵심 전략 계획 |

1. 성장 (고객 서비스, 세계화, 기술을 통한)
2. 생산성 (성장과 동반된)
3. 현금 (운전 자본 확대, 고가치 수익 달성)
4. 사람 (적절한 준비를 갖추었으며 동기가 부여된 인재의 유지)
5. 운영조랑 체계 (식스 시스마, 하니웰 운영 시스템, 기능 혁신 등)

| 12가지 핵심 행동 |

1. 고객과 성장에 집중한다
   - 고객에게 좋은 서비스를 하고 공격적으로 성장을 추구한다
2. 강한 영향력으로 이끈다
   - 리더처럼 생각하고 본보기의 역할을 한다
3. 결과를 달성한다
   - 자신이 한 약속을 지키기 위해 부단히 노력한다
4. 사람들을 더 낫게 만든다
   - 동료, 하급자, 관리자의 탁월성을 촉진한다
5. 변화를 옹호한다
   - 운영에 있어 끊임없는 개선을 추진한다
6. 팀워크와 다양성을 촉진한다
   - 전체 팀의 측면에서 성공을 정의한다
7. 세계화된 사고방식을 채택한다
   - 모든 관련된 관점에서 사업을 바라보고, 통합된 가치 사슬의 측면에서
     세상을 바라본다

8. 위기에 현명하게 대응한다
   - 더 나은 보상을 위해 보다 큰, 하지만 현명한 위험을 감수해야 한다는 것을 인식한다
9. 자신을 안다
   - 자신의 행동과 그것이 주위의 사람들에게 주는 영향을 인식한다
10.   효과적으로 소통한다
   - 다른 사람들에게 적시에, 사려 깊은 방식으로, 간결한 정보를 제공한다
11.   통합적인 방식으로 생각한다
   - 이용 가능한 자료에 직감, 경험, 판단력을 적용해서 자신의 전문 분야를 넘어서는 보다 전체주의적인 결정을 내린다
12.   기술적, 기능적 탁월성을 개발한다
   - 특정 전문 분야에서의 효과적인 역량을 갖춘다

우리는 이 12가지 핵심 행동을 지정하기만 한 것이 아니다. 우리는 이들에 상세하게 살을 붙였다. 사람들은 "우리는 팀워크를 원한다"고 이야기한다. 하지만 실제로는 반대 의견을 억누르는 데 대한 변명으로 팀워크라는 말을 사용한다. 그 결과는 치명적인 집단 사고이다. 팀워크를 규정하면서 우리는 팀 내의 모든 사람들이 의견이 있을 때마다 자유롭게 목소리를 낼 수 있어야 하며, 팀 리더는 팀 내의 모든 사람에게 기여할 수 있는 기회를 줘야 하고, 최종적으로는 리더들이 결정을 내려야 한다고 명시했다. 합의는 목표가 아니었다. 그 외에도 팀 리더는 자신들의 결정에 대해 설명해서 모두가 그런 결정의 근거를 이해하도록 해야 한다. 사람들은 리더가 직원의 말에 동의하지 않으면 그가 귀를 기울이지

항상 이기는 조직

않는 것이라고 생각하는 때가 종종 있다. 그렇지 않다. 팀의 리더는 이야기를 듣고 이해하지만 동의하지 않을 수 있다. 이런 경우, 사람들은 그들의 방식을 따르지 않더라도 그들의 의견이 중요했다는 것을 알 필요가 있다. 리더는 결정과 그 근거가 되는 논리를 그룹에게 설명해서 직원들이 자신의 의견이 존중받았다는 것을 확실히 알게 해야 한다. 마지막 단계로, 팀원들은 동의하지 않더라도 그 결정을 지지하고 실행해야 한다. 집단이라는 배경에서 이런 역학이 나타나는 것이 우리가 원하는 팀워크이다.

배우는 마음가짐을 어떻게 행동으로 규정했는지 생각해보자. 성장하려는 사람이라면 끊임없이 배워야 한다. 이는 책을 읽고, 다른 사람과 대화를 나누고, 다른 사람의 말에 귀를 기울이고, 시장과 고객 등에 대한 최신 정보를 놓치지 않는 것을 의미한다. 하지만 이는 자신에 대해 더 잘 아는 것을 의미하기도 한다. 우리는 모두가 자신의 장점과 단점을 더 잘 파악해서, 모두가 나름의 문제를 갖고 있으며 이에 대해 노력을 기울여야 한다는 것을 인식하기를 바랐다. 리더들은 특히 그들이 다른 사람에게 어떤 영향을 주는지 파악해서 약한 부분을 강화할 수 있어야 한다. 예를 들어 나는 내가 방어적이며 때로는 과도하게 단호하다는 것을 알고 있다. 이것이 나란 사람이다. 하지만 사람들을 가장 효과적으로 이끌려면 이런 반응을 약화시켜야만 한다. 다른 사람들 역시 자신의 약점을 찾아 고쳐야 한다. 하니웰의 모든 혹은 대부분 사람이 이렇게 한다면 우리는 훨씬 더 강력한 고성과 조직이 될 것이다.*

이렇게 12가지 행동과 정확한 정의를 모두 준비한 우리는 우리가 바라는 문화에 '하나의 하니웰(One Honeywell)'이라는 이름을 붙였다. 그리 독창적인 이름은 아니지만 우리의 경우에는 대단히 적절한 이름이었다. 우리는 서로 반목하는 여러 회사들이 모인 상태였고 이제 하나가 될 것이란 의미였기 때문이다. 하나의 하니웰이 모든 사람을 협력하게 하고 우리 회사를 번창하게 하는 접착제가 되게 할 생각이었다. 이런 결합 의식을 강화하기 위해 우리는 하나의 하니웰을 모두가 공통으로 갖고 있는 회사의 목표, 고객 봉사에 집중한다는 목표에 연결시켰다. 우리는 사람들이 화합하는 데 중심이 되는 공통의 목표를 규정해야 했다. 하나의 하니웰은 어떤 하위문화가 옳은가를 두고 입씨름을 하는 대신, 우리 모두가 고객을 기준으로 옳은 일을 하고 그 과정에서 회사를 키워나가자는 목표에 집중했다.

---

* 나는 교육 시간이면 자기 인식을 위해 내가 어떤 노력을 했는지 이야기한다. 참가자들이 자신의 문제와 그것을 완화시킬 방법에 대해 더 깊이 생각하도록 하기 위해서이다. 우리는 성과에 대한 칭찬과 리더들이 참석하는 교육 시간에 이루어지는 360도 다면 평가를 통해 직원들의 자기 인식을 강화에 도움을 주었다. 회사 전체에서 360도 다면 평가를 실시하지는 않았다. 다른 곳에서 관찰한 바로는, 그 평가 자체가 부담이 되면서, 시간을 잡아먹는, 귀찮고, 비효과적인 일이 되기 때문이다.

항상 이기는 조직

문화의 확산 그리고 그 너머

바람직한 문화를 파악한 우리는 그것을 조직 전체에 확산시키기 시작했다. 그렇다. 확산이다. 다음 몇 년 동안 우리는 12가지 행동을 우리의 훈련 프로그램과 실적 평가에 통합시키고, 보상을 결정하는 기준에 리더가 우리가 구축하고자 하는 문화를 대변하고 있는가를 포함시켰다. 평가서에도 12가지 행동이 인쇄되었고, 상관은 각 팀원이 이런 행동을 어떻게 이행하고 있는지 명시해야 했다.

직원을 채용할 때에도 후보들이 12가지 행동에 따라 행동하는 경향이 있는가를 평가하기 시작했다. 우리의 채용 방법과 리더들에 대한 보상 방법은 '6원칙'에서 더 자세히 이야기할 것이다. 지금으로서는 문화에 대한 고려가 큰 역할을 했다는 것만 말해두기로 하자. CEO로서의 첫 3년 동안, 우리는 내 참모의 절반 정도를 교체해 하나의 하니웰을 적극적으로 받아들이는 리더들로 자리를 채웠다. 또한 우리는 핵심적인 자리에 하니웰 내부 인사를 보다 많이 채용했다. 이전에는 경영진의 절반 이상을(65퍼센트) 외부에서 영입했기 때문에 하니웰에 있는 많은 직원들은 이것이 이윤만을 추구하는 용병 문화를 만든다고 느꼈다. 우리가 계속해서 요직에 외부인을 끌어들였다면 하나의 하니웰을 지속적으로 추구하기 힘들었을 것이다. 내가 CEO 자리에서 물러날 즈음에 우리는 리더의 약 85퍼센트를 회사 내부에서 고용하는 상태가 되었다. 어느 정도의 외부 인사 영입은 조직에 새로운 사고를 불어넣겠지만, 대부분의 경우 문화의 일관성을 확보하는 데는 내부인을 고용하는 것이 필수적이다.

우리는 수만 명의 시간제 근로자에 관한 인사 결정에 있어서도 우리의 문화를 적용했다. 하니웰 운영 시스템의 성공을 위해서, 자신의 일에 높은 수준의 지적, 직접적 참여를 보여주는 공장 직원들이 필요했다. 우리는 관리자들이 직원을 고용할 때 사용할 수 있는 특별한 질문표를 개발했다. 새로 들어오는 직원이 '하니웰 운영 시스템을 받아들일 준비'가 되었는지 확인하기 위한 조치였다. 여기에는 가상의 상황에 처했다고 가정하고 후보자들에게 어떤 반응을 할지 묻는 질문들이 포함된다. 이런 토대 위에서 우리는 후보자들이 우리가 구축하고자 하는 문화에 적합한지에 대한 얼마간의 식견을 얻는다. 12가지 행동과 하니웰 운영 시스템은 대단히 밀접한 연관이 있기 때문이다.

이런 문화를 뒷받침하는 인사 프로세스 개편에 있어서, 우리는 12가지 행동 자체만이 아니라 보다 광범위하게 단결심과 하나의 하니웰의 마음가짐을 고취하는 데도 초점을 맞췄다. 경영자원검토Management Resource Review도 고려해봐야 한다. 대부분의 기업이 이를 실시하고 있지만, 우리는 이 프로세스를 일반 기업이 하는 것보다 훨씬 진지하게 받아들인다. 개별 기업에서 경영자원검토를 실시하는 외에도 나는 매년 참모들을 모두 모아서 회사 내 사업 부문과 부서 전체의 최고 경영진 모두(총 400명)를 아우르는 포괄적이고 통합적인 경영자원검토를 실시한다. 우리는 이 리더들 한 사람 한 사람에 대해서 논의를 진행한다. 대화가 진행되는 동안 기능 부서의 리더는 사업 부문 리더들의 성과에 대해 논평을 할 기회를 갖고, 사업 부문 리더들은 기능 조직 내의 경영진이 얼마나 일을 잘했다고 생각하는지 견해를 밝힌다. 이런 대화는 조직 내에 흔히 존재하

항상 이기는 조직

는 사업 부문과 본사 기능 부서 사이의 사일로silo(외부 또는 다른 내부 시스템 또는 조직과의 정보 교환 부족-옮긴이)를 허물고, 우리 모두가 협력해야 하며 모두 서로에 대한 책임을 갖는다는 생각을 강화시킨다. 기능 부서의 리더는 이제 더 이상 "그냥 우리 조직만 관리하게 날 내버려 두세요"라는 말을 할 수 없다. 조직 전체의 다른 사람들이 관여하고 장악할 기회를 갖게 되기 때문이다.

우리는 하니웰 내부의 다른 주요 사안을 설계할 때에도 비슷한 접근법을 취했다. IT 시스템을 기획할 때, 우리는 IT 전문가만이 아니라 사업 부문의 대표들도 포함시켰다. 성장의 날에 전략을 검토할 때면 나는 관련된 기업 리더는 물론 기능 전문가(인사, 법무 등)들도 함께 자리하게 했다. 연례 기술 심포지엄을 예로 들어보자. 기술 심포지엄은 전 세계 하니웰 엔지니어들과 과학자들이 모여 그들의 "깜짝 놀랄 만한" 혁신을 보여주는 자리이다. 우리는 하니웰 전체의 마케터들도 초대해 참석하게 했다. 기술 혁신은 마케팅의 전문 지식이 주입되지 않는 한 상업적인 가치를 갖지 못한다. 연구와 설계 프로세스에서 일찍부터 그들 사이의 지적 참여가 이루어지게 하자는 바람에서 기술 심포지엄을 양쪽 전문가들이 모일 수 있는 기회로 만든 것이다.

보다 일반적으로는, 모든 면에서 편 가르기를 없애고 회사 내 모든 유형의 집단이 협력할 수 있게 만들기 위해 노력했다. 이런 종류의 협력은 과거의 문화에서는 일어나지 않았다. 하지만 이제는 가능해졌다. 하나의 하니웰을 가장 핵심적으로 보여주는 상황이다. 모든 상호 작용이 기능 부서, 제품 라인, 프로세스, 지역을 망라하도록 완벽하게 체계화시킬 수는 없다. 하지만 가능한 많은 사람들이 서로에 대해서 알 수 있도록 최선을 다할 수는 있다. 불신은 협력을 막는다. 불신은 사람들이 서로로부터 격리될 때 만연한다. 신뢰를 두텁게 구축할수록 바람직한 문화는 보다 넓게 퍼져 나가고, 사람들이 매일 내리는 수천 개의 결정이 바람직하지 못한 방식, 즉 당신이 사라지기 원하는 방식을 깨뜨릴 가능성은 높아진다.

문화를 개인의 미션으로

당신이 바라는 문화를 프로세스와 구조에 엮어 넣는 것도 중요하지만 그 문화를 직접 소통시키는 것도 그만큼 중요하다. 이를 알고 있는 리더는 많지만 직원과 관리자들에게 문화를 강조하기 위해 그들이 해야 하는 만큼 열심히 노력하는 리더는 많지 않다. 기존의 문화가 전혀 제 기능을 하지 못했기 때문에 우리는 몇 개의 프로세스 변화를 이루고 그것으로 됐다고 말할 수가 없는 상황이었다. 우리는 문화를 고수하고 몇 달이 되었든 끊임없이 사람들의 머리에 주입하는 일을 해야 했다. 나는 임기 내내 시간의 4분의 1을 문화와 하나의 하니웰에 생기를 불어넣을 사람들을 고용하고 유지하는 일에 쏟았다. 나는 하니웰 전반에서 끊임없이 우리 문화에 대해 이야기하고, 문화를 강화할 기회를 가질 수 있다고 생각되는 본사에서 이루어지는 모든 교육에 참석했다(한 달에 두세 번).

다른 리더의 참여가 얼마나 중요한지 알고 있었던 우리는 연례 고위 임원 회의를 고성과와 그것을 가져다줄 문화에 대해 이야기할 기회로 삼았다. 이전의 임원 회의는 비용 절감을 위해 본사 식당에서 열리는 하루 동안의 행사였다. 그리 고무적이지 않은 행사였기 때문에 따라서 아무도 참석에 크게 신경을 쓰지 않았다. 2003년부터, 우리는 그 회의를 개편했다. 쾌적한 장소에서 열리는 3일간의 행사로 바꾸고 주의 깊게 선정한 300명의 리더만을 초청했다. 회의 참석이 우리가 좋은 성과를 올린 리더들에게 보상으로 주어지는 특권처럼 변했다. 하나의 하니웰 정신에 따라 우리는 행사 참석자를 가능한 다양하게 만들었고, 전 세계의 모든 사업 부문의 리더들을 초청하면서 인종과 성별에 대해서도 신경을 썼다. 우리는 행사 내부에 여러 모임을 설계할 때 리더들이 이런 경우가 아니고서는 교류하지 못할 만한 다른 지역이나 다른 사업 부문의 사람들을 만날 기회를 만들기 위해 노력했다(예를 들어, 임의적인 자리 배치를 통해). 행사 마지막 날에야 리더들은 그들과 같은 사업부의 사람들을 만나게 된다. 하지만 그때에도 우리는 본사 리더들을 참석하게 해서 사업부와 본사 사이의 보다 깊은 유대를 구축할 수 있게 했다. 모두가 그들이 공동 운명체라는 것을 깨달아야 했다. 몇 년이 흐르자 우리의 연례 고위 임원 회의는 그런 이해를 성장시키는 중요한 촉매로 부상했다.

이런 공식 행사가 분위기를 조성하는 데 큰 몫을 하기는 하지만, 문화를 주입하는 진짜 일은 일상에서 이루어진다. 우리 경영진과 나는 기회가 있을 때마다 다양한 방식으로 12가지 행동이 의무적일 뿐 아니라 성공에 필수적이라는 것을 강조했다. 교육 프로그램과 같은 때에는 직원들과 이런 행동들에 대해서 터놓고 이야기를 나눴다. 우리는 스스로의 행동이 본보기가 되도록 노력했다. 사람들이 자신들에게 주어진 정보를 합리적으로 흡수하면 문화 접변acculturation(서로 문화가 다른 둘 이상의 집단이 계속적이고 직접적인 접촉을 함으로써 어떤 한쪽 또는 양쪽의 본래 문화유형이 달라지게 되는 현상-옮긴이)의 문제는 일어나지 않는다. 원리나 아이디어가 효과를 내는 것을 보고 정보를 흡수하기 때문이다. 리더인 우리가 할 일은 우리의 행동이 12가지 행동과 일치하는지 늘 염두에 두는 것이다. 또한 우리는 우리 직원들이 우리 문화와 일치하지 않는 결정을 내리는지 주시하고 그런 경우 바로잡을 조치를 취해야 한다.

마음가짐으로 2,500만 달러를 구한 날

배우는 마음가짐과 거기에서 자기 인식의 중요성에 대해 강조했던 것을 기억하는가? 2014년 우리는 프릭션 자재Frinction Materials라는 실적이 부진한 자회사를 매각할 기회를 얻었다. 5,000만 달러의 손실을 보는 매각이었지만 이 사업이 계속해서 적자를 내고 있었기 때문에, 우리 장부에서 제거하는 것이 가치 있는 일이 될 것이라 판단했다. 우리는 거래 조건을 상세히 검토하는 긴 회의를 가졌다. 하지만 회의를 끝내면서도 나는 그것이 최종 결정이 아니라고 강조했다. 매수인에게 최종 결정을 전달하기까지 며칠의 시간이 남아 있었기 때문이다.

보통은 거기에서 결정을 끝냈을 것이다. 하지만 내게 결정을 빨리 내리는 경향이 있다는 것을 의식하고 있던 나는 남은 며칠을 계속해서 그 거래에 대해서 생각하는 데 쓰기로 했다. 나는 결정의 날에 우리 매각팀과 또 한 번 회의를 열었다. 내가 중국에 있었기 때문에 중국 시간으로는 밤늦게 화상 회의를 해야 했다. 다른 팀원들은 반기는 분위기가 아니었다. 이미 그 거래에 대해서 철저히 검토를 하지 않았나? 왜 또 그 일을 해야 하지? 하지만 어쨌든 우리는 다시 회의를 가졌다. 다행스런 일이었다. 수치에서 이전에 설명되지 않은 미묘한 차이들을 발견했기 때문이었다. 결과적으로 우리가 막 체결을 앞두고 있던 그 거래는 3일 전에 생각했던 것보다 심각한 상황이었다. 우리가 5,000만 달러가 아닌 7,500만 달러의 손실을 보게 될 상황이었다. 나는 결국 거래를 포기하기로 결정했다. 다시는 그 회사를 매각할 기회를 얻지 못할 것이라고 생각한 많은 회의 참가자들은 경악했다.

하지만 그런 기회가 찾아왔다. 몇 개월 뒤 우리는 프릭션 자재를 같은 매수인에게 매각했다. 손실은 5,000만 달러였다. 내 약점을 염두에 두고 있었기 때문에 그 약점을 고치고 손실액을 2,500만 달러 줄일 수 있었다. 반대를 무릅쓴 결정을 내리는 위험 앞에서도 내가 자기 인식의 방식으로 행동하는 것을 목격했던 다른 리더들도 그런 행동을 따르면서 우리 문화를 강화하게 되었기를 바란다. 이 거래 후에 나는 이 일화를 교육 시간과 사적인 대화에서 직원과 관리자들이 배우는 마음가짐을 택한다는 것이 어떤 것인지 이해하는 데 이용할 수 있게 되었다.

회사의 사업을 지원한다

다른 많은 경우에도 우리는 하나의 하니웰에 대한 존중의 정신을 확산시키는 데 중점을 둔 결정을 내린다. 문화 변혁을 시작했을 무렵, 우리의 여러 사업 부문은 다른 회사로부터 물건을 사곤 했다. 다른 하니웰 사업 부문이 똑같은 물건을 보다 경쟁력 있는 가격과 품질로 만들고 있는데도 말이다. 이 문제로 리더들과 맞서면서 그들에게 하니웰의 물건을 사달라고 요청하자, 그들은 내 말을 무시하고 이렇게 말했다.

"우리 물건은 질이 좋지 않아요."

그럴 때면 나는 구체적인 이유를 대라고 종용했다. 자세히 조사하면 리더들이 경쟁업체로부터 물건을 살 뚜렷한 이유가 발견되지 않는 것이 보통이었다. 내가 관찰한 바로는 사람들은 이웃집의 가족들보다는 오히려 자신의 형제, 자매와 많이 싸운다. 나는 하니웰이 경쟁력 있는 물건을 만들고 있다면 우리 자회사들은 그것을 사용할 수 있을지 진지하게 조사해야 한다고 못 박았다. 우리 제품이 적합하지 않다면, 그 제품을 제조하는 하니웰 사업부에 그 제품을 경쟁력 있게 만들기 위해서 할 수 있는 일을 알아보라고 충고해야 한다. 그런 대화는 하니웰 제품을 외부 고객은 물론 내부 고객에게도 보다 경쟁력 있게 만드는 변화로 이어질 가능성이 높다.

여기에서 우리의 문화와 사업 모두를 개선할 기회를 찾은 우리는 자회사에 대한 감사에 착수해 내부적으로 물건을 구매할 수 있지만 그렇게 하지 않고 있는 상황을 추적했다. 여러 사례를 찾을 수 있었다. 작은 규모도 있었고(우리 회사 것이 아닌 경쟁업체의 보안 설비를 구매하고 있었다), 상당히 큰 규모(우리 화학 공장은 프로세스 관리에 세계 최고 수준의 우리 공정 제어 기술을 이용하지 않고 있었다)도 있었다. 나는 인사팀 외에 자원 문제도 관리하고 있던 마크 제임스에게 하니웰 자회사들 사이의 거래를 촉진하는 일을 맡겼다. 극단적인 상황일 경우 내부 저항을 극복하기 위해 내가 개입했다. 나는 조직에 명확한 메시지를 전달했다.

"하나의 하니웰이 무엇보다 중요하다. 그것은 우리가 사업을 하는 방법이다."

기억에 남는 에피소드가 있다. 마크가 내게 와서 우리의 특수재료 및 기술 사업 부문이 큰 공장을 건설하면서 칼리더스Callidus(하니웰 자회사로 환경과 연소 관련 기술 제품을 만든다)가 제조한 배출가스연소탑을 사용하지 않으려 한다는 이야기를 전했다. 나는 특수재료 및 기술 사업 부문 리더들과의 회의를 소집해 그 문제에 대한 설명을 요청했다. 그들은 칼리더스의 배출가스연소탑이 그들이 필요로 하는 것과 잘 맞지 않으며, 이미 한 경쟁업체와 계약을 했고 그 계약으로 인해 우리의 배출가스연소탑을 사용할 수 없다고 주장했다. 그들의 이야기에서 석연치 않은 점을 발견한 나는 그들에게 이것이 사실인지 다시 확인해 줄 것을 부탁했다. 그들은 내가 그들의 권한 내에 있는 세부적인 일에 지나치게 간섭한다며 나를 비난했다. 나는 거기에 개의치 않고 그들의 자문을 맡았던 법무팀원을 호출해 특수재료 부문이 우리 제품 사용을 금지하는 계약을 맺었는지 물었다.

"꼭 그렇지는 않습니다."

그가 말했다.

"뭐라고요?"

"그 사업 부문 관리자들이 제게 와서 이렇게 말했습니다. '우리는 하니웰 설비를 쓰고 싶지 않습니다. 외부 유통업체를 이용하고 싶어요. 우리가 하니웰 설비를 쓰지 않아도 될 변명거리나 이유를 좀 만들어 줄 수 있어요?' 그래서 제가 그렇게 해드렸죠."

세상에. 특수재료 부문 리더들을 다시 호출한 후, 나는 그 사업 부문 총괄 관리자들과 프로젝트 관리자는 물론 칼리더스의 대표들까지 아침 일찍부터 회의실에 모았다. 그리고 이 상황의 모든 측면을 자세히 살피고 특수재료 부문이 새 공장에서 칼리더스의 제품을 사용할 수 있는 방법이 있는지 찾으라고 지시했다. 우리는 '1원칙: 게으른 사고방식을 몰아낸다'에서 설명한 기법을 사용해 모든 관계인을 한 번에 한 자리에 모아 놓고 문제를 처리하고 문제가 해결될 때까지 자리를 뜨지 못하게 했다. 칼리더스가 만드는 것이 적합하지 않다면, 우리는 그 정확한 이유를 알아야 했다. 우리 법무 고문은 경쟁업체와의 계약에 대해서 알고 있는 변호사를 회의에 파견해서 계약상의 의무에 위배되는 결정을 내리거나 정보를 누설하는 일이 없도록 했다. 나는 법무 고문과 함께 회의를 시작하는 것을 본 뒤 자리를 떴던 그날 저녁 진전 상황을 확인하기 위해 돌아갔다.

내가 아침에 회의실을 떠날 때만해도 분위기는 험악했다. 특수재료 부문 리더들은 나의 개입에 분개했다. 그날 오후 회의실로 돌아갈 때까지만 해도 나는 무슨 결과를 보게 될지 알지 못했다. 놀랍게도 모두가 웃

항상 이기는 조직

고 있었다. 특수재료 부문의 담당자들은 칼리더스가 이용할 수 있는 기술 역량에 대해서 알고 싶어 했다. 전혀 모르고 있었기 때문이었다. 칼리더스의 설비가 그들에게 아주 잘 맞는 것으로 드러났다. 그들은 구매에 합의했고 우리 변호사는 그 구매가 외부 공급업체와의 계약에 위배되지 않는다고 확인해주었다. 칼리더스에게는 수천 만 달러에 이르는 추가 매출이었다. 우리 문화에 대한 큰 가르침을 주는 순간이기도 했다. 회의실에 있던 모두가 하나의 하니웰에 큰 의미가 있음을 알게 되었다.

이 상황에 개입하지 않고 특수재료 부분이 자기 의지대로 결정을 하게 놓아두는 것이 내 편에서는 훨씬 쉬운 선택이었을 것이다. 그러나 내가 그런 선택을 했더라면 문화의 변화는 일어나지 않았을 것이다. 문화에 부응하지 못하는 상황을 찾고 그것을 공개적으로 바로잡는 것이 내게는 대단히 중요했다. 이 상황을 통해 배움을 얻은 사람들은 자신의 행동을 하나의 하니웰 정신에 맞추어 변화시킬 것이다. 나는 하나의 하니웰에 큰 의미가 있으며 이것이 우리 모두가 사업을 하는 방법의 기반이 되어야 한다는 것을 지적해야 할 때마다 이 이야기를 꺼낸다.

어디에나, 하나의 하니웰

나는 우리 문화와 부합하지 않는 결정이나 관행을 지적하는 일을 결코 멈추지 않았다. 이런 일이 너무나 자주 일어나서 그 문제를 언급하는 방식을 새롭게 개발했다. 이렇게 말한 것이다.

"이건 하나의 하니웰답지 않은 접근법인데요."

전화 한 통이나 회의에서의 어떤 결정만으로 해결되는 경우도 있었다. 누군가를 다른 하니웰 리더와 상의하도록 해서 그들이 마주하고 있는 문제를 해결하는 데 도움을 받으라고 하는 것이 효과를 발휘하는 때도 있었다. 그런가하면 몇 달 혹은 몇 년 동안 계속 주의를 기울여야 하는 경우도 있었다.

처음 하니웰에 도착했을 때, 유럽의 사업 부문 리더들은 너무나 소원해서 서로의 이름조차 모르고 있었다. 유럽에서의 총원 회의 때 나는 참석한 200명의 사람들에게 각자가 속한 하니웰 사업 부문을 호명할 때 손을 들어달라고 부탁했다. 여러 사업 부문을 호명했지만, 5~6명으로 이루어진 일단의 사람들이 손을 들지 않았다. 나는 그들에게 물었다.

"여러분은 어떤 사업 부문 소속인가요?"

그들은 방화 제품 사업부(자동화 및 관제 솔루션 사업 부문의 일부)에서 일하고 있다고 답했다.

"왜 자동화 및 관제 솔루션 사업 부문을 호명할 때 손을 들지 않으셨죠?"

내가 물었다. 그들은 자신들이 자동화 및 관제 솔루션 사업 부문에 속해 있는지 몰랐다고 답했다. 잠깐 생각해보라. 이 사람들은 핵심 간부들이다. 그런 사람들이 자신의 사업부가 하니웰 전체 조직에서 어디에 위치하고 있는지조차 까맣게 모르고 있었던 것이다.

유럽 사업 부문들은 서로 유대가 없을 뿐 아니라 회사로부터도 단절되어 있었다. 유럽을 처음으로 순회하는 동안, 17명의 유럽 지역 리더 중

항상 이기는 조직

에 10명만이 내가 주재한 회의에 참석했다. 나타나지 않은 7명은 불참 이유를 알리지조차 않았다. 나는 6주 후 다시 회의를 소집하고 사업 부문 리더들에게 모두의 참석을 기대하고 있다고 분명히 알렸다. 처음에 참석하지 않았던 리더들에게 이유를 묻자 그들은 나와 회의를 하는 것이 시간 낭비라고 느꼈다고 솔직히 말해주었다. 그 시간을 고객을 만나는 데 사용하는 편이 더 낫다고 여긴 것이다.

"뭐라고요?"

나는 심호흡을 하고 욕이 튀어나오는 것을 참아냈다.

"그렇게 생각할 수도 있겠군요."

내가 말했다.

"저도 고객들과 시간을 보내는 것에는 적극 찬성합니다. 하지만 제가 바란 것은 저나 유럽의 다른 리더들과 함께 몇 시간을 보내면서 하나의 하니웰 문화를 만들자는 것뿐이었어요. 저는 여러분이 고립적으로 경영을 하기보다는 서로 돕기를 원합니다."

대부분의 리더들은 그 메시지를 받아들였다. 하지만 하나의 하니웰이라는 개념에 대해 우호적이지 않은 몇 명의 리더는 포기해야 했다. 나는 유럽 리더들과의 비슷한 만남을 갖기 위해 한 해 두 번씩 유럽을 방문하기 시작했다. 그 자리에서 그들의 사업에 대한 최신 정보를 들었고 그들이 서로 관계를 맺게끔 자극을 주었다. 사업 부문 리더들에게 정식 프레젠테이션을 요청하는 외에도 나는 자유로운 분위기의 대화를 주도해서 모두가 참여를 하고 서로에 대해서 좀 더 편안한 느낌을 가질 수 있게 만들었다. 나는 그들과 함께 고객을 방문할 기회도 얻었다. 그들은 이런 방문이 사업에 도움이 된다고 여기게 되었다. 차츰 리더들이 이런 만남에 의욕을 보였다. 4~5년 후에는 하나의 하니웰이라는 마음가짐이 어느 정도 자리를 잡았고 리더들이 상당한 유대를 구축해서 스스로 분기별 모임을 갖기 시작했다.

보다 일반적인 측면에서, 우리 경영진과 나는 끊임없는 출장으로 회사 전체에 문화적 통합의 감각을 발전시켰다. 내 전임자들은 출장을 많이 다니지 않았다. 하지만 나는 하나의 하니웰이 회사 전체에 자리 잡기 위해서는 경영진이 직접 모습을 보이는 것이 필요하다고 느꼈다. (이것은 세계화 전략에도 중요한 것으로 밝혀졌다. '7원칙: 성장에 충분히 투자한다' 참조.) 우리 사업 부문의 일부 리더들은 그 생각에 동의하지 않았고 여객기로 끊임없이 출장을 다니는 데 불평을 했다. 현장에 더 많이 나서도록 모두를 격려하는 의미에서 나는 경영진을 위한 두 대의 걸프스트림 550Gulfstream 550 제트기를 구입했다. 이들은 아주 훌륭한 항공기로 대륙 간 여행을 위해 설계된 것이다. 사치라고 생각하는 사람들도 있겠지만, 나는 리더들이 멀리 떨어진 지부, 공장, 고객과 자주 접촉하면서 우리가 얻는 문화적 혜택에 비하면 적은 비용이라고 생각한다. 우리 리더들은 문화 대사로서의 기능을 하면서, 사내 이메일보다 훨씬 더 효과적으로 12가지 행동을 전파할 것이다. 일선의 상황을 리더들이 직접 만나는 덕분에 우리가 얻는 사업상의 이득은 말할 것도 없다. 어디에 있건 직원들은 리더가 그들이 하는 일을 중요하게 생각한다는 것을 알아야 한다. 리더들이 그 점을 확인시켜주는 가장 좋은 방법은 모습을 드러내는 것이다!

새로운 전용기 덕분에 우리 리더들은 더 이상 변명을 할 수 없었다. 밖으로 나가야 했다. 그리고 실제로 그들은 그렇게 했다. 정확한 수치를 이야기할 수는 없지만, 나는 우리 중역들이 출장에 쓰는 시간이 전임자들이 썼던 시간보다 10배는 많으리라고 짐작한다. 나는 1년에 500~600시간 정도를 비행기에서 보낸다. 하루 24시간으로 계산하면 연간 20~25일인 셈이다. 우리 임원들의 비행시간은 매년 300~400시간 정도이다. 피곤하냐고? 당연하다. 하지만 문화를 구축하는 일은 그만큼 중요하다.

문화가 당신을 제한하게 놓아두지 말라

문화의 변화를 추진할 때 당신이 규정한 바람직한 문화에 지나치게 제한을 받는 것은 실수이다. 당신이 공식적으로 채택한 것보다 높은 성과를 내는 다른 관련된 행동, 가치, 원리가 있는가? 그렇다면 망설이지 말고 그런 것들도 추진하라.

시간 엄수는 우리가 정의한 12가지 행동에 들어가지 않는다. 하지만 회의가 늦게 시작하는 조직과 마감 시한을 어기는 연구·개발팀은 훌륭한 제품을 만들어 고객에게 정시에 물건을 배송하지 못할 것이다. 내가 일했던 다른 조직의 경우, 늦게 시작한 회의는 조직 전체에 파급 효과를 일으켜 다른 회의가 계획대로 진행되는 것을 방해하고 각종 운영상의 혼란을 야기하는 경향이 있었다. 사람들은 모든 것의 시간을 계속해서 바꾸고 있었다. 시간과 에너지의 큰 낭비였다. 리더들은 다른 관련 당사자들이 출석하지 않은 회의에 참석해서 시간을 낭비하게 된다. 시간 엄수는 최소한의 존중의 표시이자 다른 사람의 시간이 당신의 시간만큼 중요하다는 인식의 표시이다. 우리가 그것을 13번째 행동으로 포함시키지 않은 것은 시간 엄수가 중요하지 않아서가 아니다.

임기 동안, 나는 마감을 지키고 회의를 예정된 시간에 시작하고 끝낼 것을 요구했다. 회의에 있어서, 특정 사안에 대한 회의가 얼마나 걸릴지 확실하게 알지 못하는 경우 필요한 것보다 길게 계획한 후, 남은 시간은 참석자에게 되돌려줘야 한다. 회의 시간에 엄격한 제한을 가하자 회의의 질이 더 나아졌다. 리더들은 시간이 제한적이라는 것을 알았기 때문에 해당 문제의 핵심을 파악할 수 있는 개요서를 포함시키곤 했다. 이런 개요서를 쓸 때면 리더들은 몇 가지 핵심 아이디어로 생각을 정리하고, 참석자를 위해서 내용을 간추려야 했다. 이렇게 해서 귀중한 시간을 정말 중요한 문제에 대해 논의하는 데 쓰는 일이 보다 쉬워졌다.

12가지 행동에 반영되지는 않았지만 우리가 매우 강조했던 개념은 진실성이었다. 단기와 장기 모두 좋은 성과를 거두려면 고객, 투자자, 공급업자, 직원, 정부, 사업을 운영하고 있는 지역 사회 등 우리가 대하는 모든 사람과 신뢰 관계를 구축해야 했다. 이는 우리 실적의 현실을 정확하게 측정하는 지표를 채택하고(1원칙: 게으른 사고방식을 몰아낸다), 회계 관행에서 투명성을 높이는 것을 의미하며, '2원칙: 현재와 미래를 위한 계획을 동시에 세운다'에서 보았듯이 우리의 전략 기획도 강화하는 것을 의미한다. 그것은 우리가 오염 지역을 정화하고 복구하겠다고 지역 사회에 한 약속을 지키고, 환경적으로 건전하고 에너지 효율적인 운영으로 에너지 효율 제품이 전달해야 하는 혜택을 달성하는 것을(3원칙: 해묵은 문

항상 이기는 조직

제를 회피하지 않는다) 의미하기도 한다. 결정적으로, 우리가 사업을 하는 모든 국가의 해당 법률을 지키는 것도 의미한다. 우리는 매년 연례 고위 임원 회의를 통해, 법을 어기는 직원·관리자·리더를 결코 보호하지 않을 것이고 오히려 그들의 잘못을 적극적으로 밝힐 것이라고 지적하며 법 준수의 중요성을 확실히 강조했다.

실제로 이 마지막 약속을 지켜야 했던 위기에서 우리가 적절한 대처를 했다고 말할 수 있어서 다행이라고 생각한다. 한 번은 중동의 한 고객이 그 지역의 우리 영업팀 리더 한 사람이 비리를 저질렀다는 것을 알리기 위해 애리조나 피닉스까지 찾아 온 일이 있었다. 우리는 조사를 통해 우리 고객의 말이 맞다는 것을 발견했다. 일부 고위 임원은 이 문제를 조용히 처리하고 싶어 했지만 나는 거절했다. 이 영업팀 리더가 비양심적인 짓을 했다면 그 지역 사업부의 다른 사람들도 그에 대해서 알면서 입을 다물었을 것이다. 우리는 우리 조직과 하나의 하니웰 문화에 부합되지 않는 모든 종류의 부패를 공개적으로 다룰 필요가 있었다.

우리는 그 하니웰 리더를 고소했고 회사의 변호사 한 명을 중동으로 보내 그곳 모든 사업부가 참석하는 회의를 열었다. 그 자리에서 무슨 일이 일어났는지 밝히고 우리가 비슷한 일탈을 묵과하지 않을 것임을 명확히 했다. 이 사건을 공개적으로 다룬 덕분에 리더들이 걱정했던 것처럼 우리의 이미지를 더럽히는 일은 일어나지 않았다. 오히려 그 반대였다. 두어 달 후 이 지역에 출장을 갔을 때, 우리 영업 사원 중 한 명으로부터 우리가 '깨끗한' 회사라는 믿음 때문에 더 많은 고객들이 우리와의 거래를 원하고 있다는 이야기를 들을 수 있었다.

문화에 대해서 신중한 자세를 취한다

대기업을 이끌고 있든 작은 팀이나 사업부를 이끌고 있든 문화를 자세히 살펴야 한다. 아마 당신은 행동, 태도, 일반적인 작업 환경을 규정하는 글도 올리고, 문화를 확산시키기 위한 얼마간의 노력도 했을 것이다. 그런데 당신은 정말로 그것을 열심히, 꾸준히 밀어붙였는가? 그것을 최우선으로 삼고 고수했는가? 직접 문화에 맞는 행동을 보였는가?

리더로서 직접 문화에 헌신하는가 여부는 많은 차이를 만든다. 똑같은 메시지를 반복하는 것이 진력이 날 정도로 자주 문화에 대해서 이야기해야 한다. 그리고 거기에서 좀 더 이야기해야 한다. 아무리 반복해도 부족하다. 조직의 다른 사람들이 받아들이지 않을 수도 있다. 그렇다면 그들을 교육시켜라. 나는 2002년 3월 5대 계획을 처음으로 도입했다. 그해 말, 당신의 세계 커뮤니케이션 담당 리더였던 톰 벅마스터Tom Buckmaster가 내게 와서 2003년의 계획은 무엇이냐고 물었다. 조직에 그 내용을 빨리 알리고 싶었던 것이다. "무슨 얘기죠?" 내가 물었다.

"항상 신년 계획을 만들었었는데요. 포스터도 준비해야 합니다. 다음 해에도 일정에 늦지 않게 준비하고 싶습니다."

"뭐 하나 물어보겠습니다."

내가 말했다.

"지금의 5대 핵심 전략 계획을 우리가 다 달성했다고 생각하십니까? 우리가 그것들을 다 완성한 걸까요?"

그의 얼굴이 붉어졌다.

"음, 아닌 것 같습니다."

"그렇다면 왜 바꿔야 하죠?"

"바꿔서는 안 될 것 같네요."

내가 CEO 자리에 있는 동안 5대 핵심 전략 계획은 바뀌지 않았다. 12가지 행동도 마찬가지였다. 조직은 일관성을 필요로 한다. 조직은 예측가능성을 필요로 한다. 조직은 반복을 필요로 한다. 내가 인터뷰를 했을 때 마크 제임스는 나를 숲에 들어와 문화 변화를 요구하는 '짜증스러운 큰 곰'에 비유했다. 그는 처음에 사람들이 나를 내쫓고 내가 가축을 잡아먹지 못하게 하고 싶어 했다고 전해주었다. 내가 계속 나타나자 그들은 나와 더불어 살아야 한다는 것을 깨달았고 자신의 행동을 변화시켰다. 시간이 흐르자 그 곰을 커뮤니티의 일부로 보게 되면서 12가지 행동을 자신의 것으로 받아들이게 되었다. 문화 변화는 내가, 그리고 우리 리더십 팀의 구성원이 고집스럽게 매달리자 비로소 일어난 점진적인 과정이었다. 우리는 모두 거기에 전념했다. 당신도 그래야 한다.

내가 발견했듯이, 전체 회의는 문화를 알릴 대단히 좋은 기회이다. 직원들에게 이야기를 할 때는 듣기 좋은 말만 하려 하지 말고 꾸밈없고 솔직한 태도를 유지하라. 해당 공장의 직원들이 문화 변화가 어떻게 펼쳐지게 되냐고 물을 때면, 나는 그것이 나보다는 그들에게 달려 있다고 딱 부러지게 얘기했다. 그들이 고객을 위해서 훌륭하게 일을 해내고 생산성을 높게 유지해서 시설 이전에 경제적 타당성이 없게 만든다면 공장은 오랫동안 지속될 것이다. 한 번은 총원 회의에서 노조 리더가 내 보상에 대한 이야기를 꺼냈다. 나는 하니웰이 이전 회사와 같은 돈을 제시했다면 이전 회사를 떠나지 않았을 것이고 내 보상 중 한 푼도 깎을 생각이 없다는 말로 응수했다. 노조 리더가 웃으면서 그 역시 그럴 것이라고 말하자 청중도 웃었다. 사람들은 사실을 알아보고 받아들인다. 당신이 솔직한 태도를 취할 때, 사람들은 당신이 문화에 대해 해야 하는 말에 보다 마음을 열 것이다.

물론 리더로서 할 일은 문화에 대해 이야기하는 데서 끝나지 않는다. 사람들이 문화를 수용하는 데 책임감을 느끼게 할 기제를 고안해야 한다. 보상과 진급을 문화와 연결시켜라. 바람직한 문화와 일치하지 않는 관행이나 결정을 발견했다면, 변화를 요구한 뒤 그런 변화가 정말로 일어났는지 확인해야 한다. 모든 직급의 사람들이 당신이 항상 문화에 집중하고 있다는 것을 알게 해야 한다. 마크 제임스가 말했듯이 말이다.

"사람들의 지갑을 건드려서 그것이 그들에게 의미 있는 것, 그들이 주의를 기울이는 것이 되게 만들어야 한다."[2]

기존 프로세스와 관행의 개선

문화를 제도화시킬 때는 기존 프로세스와 관행에 마구잡이로 접목해서는 안 된다. 기존 프로세스나 관행에 대해 자세히 알아보고 그 자체에 개선이 필요한지 의문을 가져봐야 한다. 2002년 법무 고문이 새롭게 갱신된 행동 강령을 승인해 달라고 요청했다. 보고의 요지는 큰 변화가 없고 나는 서명만 하면 법무팀이 회사 전체에 알린다는 것이었다. 나는 그런 형식적인 접근법을 취하는 대신 4개월에 걸쳐 단어를 하나하나 확인해서 그것이 타당한지, 그저 고상하기만 하고 결국은 의미가 없는 문서가 아닌지 확인했다. 우리는 수없이 많은 변화를 주었고 결국 실제 딜레마에 봉착했을 때 우리가 원하는 행동과 그 문서가 부합하도록 만들었다. 우리는 사업을 하는 과정에서 직원이 처할 입장을 생각하고 우리가 그들에게 기대하는 행동에 대한 지침을 제공했다

예를 들어, 우리는 커피 한 잔처럼 작은 것조차 선물로 받는 것을 금지하는 무관용 정책을 시행했다. 우리 측 구매자가 공급업자를 방문해서 커피를 마실 경우, 우리는 그 구매자가 커피 값을 내야 한다고 규정한다. 듣기에는 어떨지 모르겠지만 전혀 현실적이지는 못하다. 우리는 공급업체와 견고한 관계를 구축하길 바라는데 이 정책은 구매자를 불편한 상황에 빠지게 한다. 하니웰과의 관계를 돈으로 사려하는 것으로 취급해 공급업체를 모욕하는 행동이 될 수도 있고, 융통성이 있다고 생각하며 행동 강령을 무시할 수도 있는 것이다. 그 정책은 구매자를 겨우 커피 한 잔 같은 사소한 것으로 사업상의 거래에 쉽게 영향을 받을 수 있는 사람으로 본다는 뜻으로 해석될 수도 있다. 구매자에게도 모욕일 수 있는 것이다. 이 정책으로 인해 나 역시 곤란한 입장에 서게 될 때가 있었다. 나는 아시아 고객들의 선물을 받아야 할 때가 종종 있었다. 이 경우 선물을 받지 않는 것이 실례가 되기 때문이다. CEO에게만 이런 선물을 받는 것이 허용된다면 직원들은 어떤 메시지를 받게 될까?

기존 정책의 한계를 인지한 우리는 이것을 상관에게 밝힌다는 조건에서 선물을 받는 것을 허용하는 소위 햇빛 정책으로 변경했다. 내가 전

달하려는 메시지는 우리 구매자들이 주어진 규칙을 맹목적으로 따르려 할 것이 아니라 나름의 판단력을 발휘하길 기대한다는 것이었다. 그들은 사업상의 관계를 공고히 하는 과정에서 식사 대접을 받는 것과 고가의 물건이나 서비스를 받고 그 대가로 공급 업체가 협상에서 혜택을 보는 것 사이의 차이를 이해할 수 있어야 한다. 우리는 사람들이 자신이 처한 상황에 대해서 생각하고 좋은 판단을 하는 문화를 원했다. 우리의 새로운 행동 강령은 그것을 반영해야 했다. 결국 우리는 이런 상황을 비롯한 많은 상황을 반영하는 행동 강령을 만들 수 있었다.

기존의 관행이나 정책에 이의를 제기해 우리의 문화와 보다 합치되도록 만든 또 다른 영역은 교육 프로그램이었다. 우리는 교육 과정에 12가지 행동을 통합시켰다. 하지만 전반적으로 교육에 활기를 더해야 한다는 점도 인식하고 있었다. 그런 필요성을 절실히 느낀 것은 임기 초반 회의를 위해 교육 센터를 방문했을 때였다. 교육이 진행 중인 강의실에 잠깐 들러 인사를 하면서(새 CEO의 친근한 태도를 보여주는 뭐 그런 일) 몇 가지 질문을 던졌다. 참석자들은 내 질문에 당황했고 내가 누구인지 모르는 것 같았다. 그럴 만한 이유가 있었다. 거기에는 하니웰 직원이 없었기 때문이었다. 다른 회사가 교육을 위해 우리 시설을 사용하고 있었던 것이다. 우리는 우수한 교육 센터를 갖추고 있었으나 자주 이용하지 않았기 때문에 비용을 충당하기 위해 시설을 임대했다.

우리는 제공하는 교육 코스를 확대하고 재편했고, 지도부와 나는 우리가 무엇을 누가 가르치는지에 각별히 주의를 기울였다. 나는 다양한 교육 과정 중에 최소한 1시간은 나와 시간을 보내도록 하는 관행을 만들었다. 학생들이 우리가 달성하려는 것이 무엇인지 나로부터 직접 들을 수 있게 하기 위한 조치였다. 보통은 인사팀에서 이런 일을 처리하지만, 문화는 너무나 중요한 것이기 때문에 나는 우리가 가르치는 모든 것에 그 중요성이 반영되기를 바랐다. 우리와 직접 관련된 것이기 때문에 외부 전문가를 고용해서 고용 과정을 만들고 전달하게 하는 대신 회사 내부에서 교육을 맡게 되었다. 초기에는 마케팅 교육 프로그램을 만들기 위해 노력하는 과정에서 학계에서 유명한 비즈니스 프로그램을 채용해 커리큘럼을 고안했다. 1,000명의 직원에게 그 커리큘럼을 도입하기 전에 나는 그 교육이 정확한 개념과 관행을 가르치는지 확인하고 싶었다. 참모들과 나는 직접 3일간 교육에 참여했다. 안타깝게도, 그 커리큘럼은 주제를 전혀 우리가 원하는 방식으로 전달하지 못했다. 때문에 우리는 우리 사업 부문 리더와 기능 부서 리더들이 가능할 때마다 강사로 나서는 마케팅 교육 프로그램을 직접 만들었다. 그때 이후 나와 참모들이 직접 참여해보지 않은 교육 프로그램은 절대 시행하지 않았다. 우리의 참여와 평가의 결과로 수정되는 경우도 있었고 프로그램 자체가 완전히 취소되는 경우도 있었다.

성과 평가를 변화시켜 12가지 행동에 대한 척도를 포함시킬 때에도 우리는 평가 프로세스 자체를 보다 엄격하게 만들었다. 우리는 직원들이 활발한 평가 토론을 갖는 데 동의했는지 확인하기 위해 시스템 내에 확인 단계를 추가했다. 또한 평가가 보다 유용하고 정확하게 이루어지도록 하기 위해 상향 평가 승인을(직원과의 논의가 있기 전에 상관의 상관이 평가를 승인하는) 시행했다. 그리고 평가 과정 중에 봉급의 변화에 대해 논의하기로 결정했다. 이전에는 직원들이 평가를 받고 4개월 후에 봉급이 올랐는지, 얼마나 올랐는지를 알게 되었다. 봉급 인상이 성과와 유리된 것처럼 보였다. 우리는 보상에 대한 결정이 평가의 메시지를 강화해서 사람들이 그 평가를 보다 진지하게 받아들이고 필요한 경우 자신의 행동을 변화시키길 원했다. 일부 인사부 리더들은 평가에서 봉급에 대해 이야기하는 것이 자멸적이라고 주장했다. 당신은 아마도 봉급의 대한 조치가 평가 메시지를 강화해주길(인간의 본성 탓에 항상 일어나는 일은 아니지만) 바랄 것이다. 내가 보낸 메시지는 칭찬을 많이 받았지만 봉급 인상이 적거나 없다면, 봉급 쪽을 믿으라는 것이다. 그게 세상이 돌아가는 방식이다.

재능과 문화의 적절한 균형을 찾아

마지막 조언은 인재에 관한 결정은 문화를 지지하는 방식으로 내리라는 것이다. 단, 지나치게 공격적이어서는 안 된다. 조직에서 지나치게 빠르게 지나치게 많은 변화가 일어나면 사람들은 동요할 수 있다. 나는 고성과 문화를 구축하기 위해 고위급 리더들을 많이 교체하긴 했지만, 한편으로는 변화의 필요를 안정성의 필요와 조화시키기 위해 노력했다. 당신도 마찬가지이다. 가능한 빠르게 변화를 추진하되 변화가 뿌리 내리기 힘들 정도로 빨라서는 안 된다. 같은 논리로 나는 하니웰 운영 시스템을 천천히 진행시켰고 회사 전체에 걸친 대규모 구조 조정은 시행하지 않았다. 빠르게 가고자 한다면 속도를 늦춰라.

채용을 원하는 문화를 구축하는 수단으로 이용하는 것도 중요하다. CEO가 되고 맞은 두 번째 해 동안, 나는 중국의 리더들에게 500명의 직원을 신규 채용해서 직원을 50퍼센트 늘리라고 지시했다. 그곳은 리더들은 하니웰의 가치관이 중국 문화의 특정 부분과 부합되지 않아 하니웰의 가치와 일관되게 행동하는 사람들을 고용하는 것이 불가능하다고 주장했다. 나는 그 말을 받아들일 수 없었다.

"중국의 인구가 얼마입니까?"

내가 물었다. 그들은 13억이라고 답했다.

"그 사람들 모두가 똑같은 생각을 갖고 있나요?"

내가 물었다.

"그렇진 않습니다."

우리 리더들이 말했다.

"13억 중에 우리처럼 생각하는 500명이 존재할 가능성이 있나요?"

"예."

그들이 말했다.

"그럼, 그 500명을 찾으세요!"

그들은 그런 사람들을 찾았고 우리는 1만 3,000명의 현지 직원과 단 75명의 미국인의 힘으로 중국에서 사업을 번창시키고 있다. 당신이 원하는 문화에 적합한 사람을 고용하는 것은 가능할 뿐 아니라 꼭 필요한 일이다. 사업의 성격이 어떻든, 인력의 크기가 어떻든, 사업이 세계 어디에서 벌어지는 것이든 마찬가지이다.

문화가 중요하다

하니웰의 문화의 변화는 끝나지 않고 이어지고 있다. 변화를 시작하고 오래지 않아 변화의 결과가 드러났다. 2~3년이 흐르자, 사람들은 색깔 전쟁에서 벗어나 고객과 5대 핵심 전략 계획을 중심으로 화합하며 12가지 행동을 내면화시켰다. 회사 복도를 다니거나 공장을 돌아다니다 보면 사람들이 대화에서 '하나의 하니웰'이라는 말을 사용하는 것을 들을 수 있다. 그들은 "그 접근법은 하나의 하니웰과 아주 잘 맞는 것 같아"라고 말하곤 했다. 리더들이 내리는 결정이 바람직한 행동을 반영하는 경우가 이전보다 많아졌다. 직원들은 나와 나의 팀이 강제하지 않아도 서로 돕고 협력하기 시작했다. 조직마다 매일 수천 개의 결정이 이루어진다. 리더들이 그 모든 결정에 참여할 수는 없다. 견고한 성과 문화가 자리를 잡으면 사람들이 당신이 바라는 방향으로 결정을 내릴 가능성이 훨씬 높아진다. 문화는 단순히 결과를 내는 데 그치지 않고 결과를 유지하는 데까지 도움을 준다.

하나의 하니웰이 자리를 잡았고 우리가 전혀 다른 회사가 되었다는 것을 확실히 알 수 있는 순간이 왔다. 2009년 봄, 우리는 심각한 대침체를 겪고 있었다. 어려운 시기에 대한 준비는 갖추어두었지만(9원칙: 불황에서도 장·단기 목표를 동시에 계획한다) 우리 경영진은 상당한 비용 절감 조치를 취해야 했다. 최후의 수단이 아니라면 해고를 피하고자 했던 나는 401(k)의 기여도를 줄이는 것이 최선의 방법이라고 생각했다. 그것을 원하는 사람은 아무도 없었지만, 그 외에는 다른 방법이 없었다. 우리는 직원들에게 최선인 방법을 택하면서, 고객을 위해 최선을 다해야 했다. 하지만 투자자에 대한 우리의 약속도 중요하게 생각해야 했다. 나는 이렇게 말했다.

"이것이 제가 생각해낼 수 있는 최선의 방법입니다. 하지만 다른 제안도 기꺼이 받아들이겠습니다."

그해에는 보너스를 받지 않겠다는 말도 전했다. 우리는 침체의 와중에도 경쟁업체에 비해 좋은 실적을 올리고 있었고 그 어느 때보다 열심히 일을 하고 있었다. 그러나 다른 사람들에게 희생을 요구하려면 CEO도 희생을 한다는 것을 보여주어야 한다고 생각했다.

내가 제안한 조치가 정말 회사를 위한 최선인지 판단하고 싶었던 나는 팀을 세 그룹으로 나누어서 각각 두 시간 동안 우리 재무 상태를 자세히 살피고 가능한 다른 방안을 찾아보라고 지시했다. 집단 순응 사고를 피하기 위함이었다. 우리는 다시 모였고 각 그룹이 개별적으로 이른 결론은 동일했다. 401(k)의 기여분을 삭감해야 한다는 것이었다. 나쁜 옵션들 중 가장 나았다. 이후 우리 리더들은 내 눈물을 자아내는 발언을 했다(나는 쉽게 눈물을 흘리지 않는다!) 각기 자발적으로 보너스를 포기하기로 결정했다는 말을 전한 것이다. 그들은 회사에 굳은 믿음을 갖고 있으며 직원들에게 연대감을 보여주길 원한다고 했다. 그 말을 듣자 하나의 하니웰이 진짜라는 것이 느껴졌다. 과거의 하니웰에서는 누구도 자발적으로 보너스를 포기하지 않았다. 그런 일은 일어날 수가 없었다. 우리는 사람들이 믿음을 갖고 희생하는 조직을 구축하는 데 성공한 것이다. 그것은 더 이상 '나'의 일이 아니었다. 그것은 '우리'의 일이었다.

회의론자들은 그런 변화가 듣기엔 그럴듯하지만 회사의 입장에서 실질적인 성과로 이어지냐고 물을 것이다. 하나의 하니웰이 우리 경영진이 투자한 모든 시간과 노력을 정당화할 정도로 장·단기 결과를 견인했을까?

하나의 하니웰이 우리 사업에 미친 영향을 보여주기 위해서 이야기를 하나 해볼까 한다. 2008년 하니웰은 스캔 기술을 만드는 메트로로직Metrologic이라는 회사를 인수했다. 계약 조건에 따라 메트로로직의 CEO는 하니웰의 직원으로서 1년간 이 회사를 운영해야 했다. 이후 그는 다른 직장으로 갈 수도 있고 벤처 사업을 할 수도 있다. 우리는 이 리더를 좋아했고 그가 하니웰에 남기를 바랐지만 그럴 가능성이 낮다는 것을 알고 있었다. 이전에 GE과 잉가솔랜드Ingersoll Rand에서 일했던 그는 대기업에서 다시 일하고픈 마음이 별로 없었고 우리가 1년 동안 그를 붙잡아둔 것을 다소 귀찮게 여겼다.

처음 한 달 정도 그는 별 열의 없이 최소한의 일만 했다. 그러나 그 후 그는 좀 더 노력을 기울이기로 마음먹었다. 기왕 있는 자리라면 제대로 일을 하는 편이 낫다고 생각한 것이다. 다음 몇 개월 동안 하니웰의 다른 사람들과 상호 작용을 하면서 그는 생각보다 이 조직이 마음에 든다는 것을 발견했다. 그는 모두가 자기 생각만 하고 정치적으로 행동하며, 본사와 개별 사업 부문이 반목하는 냉정한 문화를 생각했었다. 그러나 그가 발견한 것은 모두가 고객을 위해 봉사하고, 현명한 장·단기 결정을 내리고, 본사와 사업 부문이 각자의 이해를 따지지 않고 협력하는 회사였다. 그는 이후 내게 이렇게 말했다.

"하니웰이 성과로 인정을 받는 문화를 가지고 있다는 것을 믿기 시작했습니다. 누가 친구고 지인인지는 중요하지 않았습니다. 중요한 것은 그 사람이 전달할 수 있는 것이었습니다. 많은 기업들이 성과와 실력을 중시한다고 말하지만 실제로 돌아가는 상황은 그렇지 않습니다. 하니웰에서는 실제로 그런 식으로 일을 하기 때문에 저는 제 일을 정말로 즐기게 되었습니다."[3]

이 리더, 다리우스 아담칙Darius Adamczyk은 하니웰에 남기로 결정했고 곧 성과를 인정받아 더 중요한 직책에 앉게 되었다. 현재 그는 여러 수상 경력을 보유한 대단히 성공적인 회장이자 CEO이다.

문화는 정량화하기가 정말 힘들다. 하지만 우리가 하나의 하니웰을 개발하고 꾸준히 밀어붙이지 않았더라면 회사의 상황을 역전시키고 장·단기 실적을 높일 다른 방법은 없었을 것이다. 지속적인 성과는 강력한 문화에서 비롯된다. 우리의 문화는 세계 최고 수준의 재능 있는 리더를 회사에 남게 만들었고 하니웰을 13만 직원들이 일하는 좋은 회사로 만들었다. 우리의 문화는 회사를 한데 묶어서 지속적인 성장을 위한 기반을 형성했다.

당신도 강력한 고성과 문화를 구축할 수 있다. 하지만 당신이 이미 문화를 구축하는 작업을 '실행'하고 있다는 생각은 버려야 한다. 당신이 어떤 일을 하고 있다고 생각하든, 그 노력을 2배로 만들어야 한다. 기회가 있을 때마다 문화를 밀어붙여라. 스케줄표를 조정해서 문화 구축을 위한 시간을 더 만들어라. 모든 결정을 문화를 염두에 두고 내려라. 문화를 내세우고 문화에 대해 설명할 기회가 생기면 놓치지 말고 적극 활용하

라. 귀찮고 시간 낭비처럼 보일 때에도 말이다. 간단히 말해, 회사의 미래가 문화에 달려 있는 것처럼 사력을 다해 문화를 촉진해야 한다. 실제로 그렇기 때문이다.

1. 당신의 문화는 얼마나 강력한가? 직원, 관리자, 리더들이 정말로 문화에 대한 믿음을 갖고 있는가? 아니면 그저 입으로만 문화를 외치고 있는가? 그들은 조직에 헌신하는가? 아니면 완벽히 자기 이해에 따라 움직이는가? 당신의 문화는 정말로 당신이 원하는 성과를 견인하는가?

2. 오랫동안 정립된 문화가 있다면, 그것은 여전히 효과가 있는가? 당신이 정의하지 못하고 놓친 특정한 행동이나 태도가 있는가?

3. 문화의 규정에는 윤리적 요인이 포함되어야 한다. "변호사가 이 자리에 없으니 하는 말인데……"로 시작하는 대화에 주의를 기울여라. 그런 대화라면 바로 중단시켜라. 변호사를 입회시킨 후에 그에 대해 논의하라.

4. 당신은 문화 구축 활동에 얼마만큼의 시간을 사용하는가? 당신은 회의, 일상적 대화, 의사 결정, 공식적인 행사에서 매일 문화를 인식시키고 있는가? 문화에 대한 당신 스스로의 헌신이 시간이 지나면서 약화되고 있지는 않나? 모든 기회를, 시간 낭비처럼 보일 때조차 당신들에게 필요한 문화를 강화하는 데 사용하는가?

5. 고용, 해고, 성과 평가, 교육과 같은 조직의 관행에 문화를 가능한 단단히 뿌리 내리게 하기 위해 노력하는가?

6. 당신의 기본적인 "인사 프로세스"는 얼마나 강력한가? 문화를 보다 잘 전달하기 위해 개편이 필요한 것은 없는가?

7. 요직을 채워야 할 때 지나치게 외부 후보에 집중하지는 않는가?

8 끈질기게 문화 구축에 애써왔다면, 직원들에게 강조하는 보완적인 가치나 개념은 더 없는가?

9 대기업을 이끌고 있다면, 당신과 다른 리더들은 일선에서 문화를 촉진하기 위해 본사를 떠나 현장을 충분히 방문하고 있는가?

10 당신들의 행동 강령(혹은 회사 문서)은 당신과 직원들이 움직이고 있는 실제 세상을 반영하는가? 당신은 이들 서류에 있는 모든 것에 부합되게 행동하는가? 고매하기는 하나 결국의 의미 없는 진술들로 채워져 있지는 않은가?

11 어려운 문제에 대해 숙고할 때, 당신은 그룹을 여러 개의 더 작은 그룹으로 나누어서 집단 순응 사고를 피하려는 노력을 하는가?

내부 리더 육성에 끊임없이 집중한다

2009년 10월 어느 월요일 저녁, 내가 CEO가 되고 약 7년이 지났을 즈음, 항공우주 부문의 사장이 저녁 식사 자리에서 깜짝 발언을 했다. 2주 후 퇴사하고 태양 전지 업계의 유망한 스타트업으로 자리를 옮기겠다는 이야기였다. 그는 하니웰을 사랑하지만 보다 작고, 민첩하고, 유연한 회사에서 일하고 싶다고 말했다. 그뿐이 아니었다.

"데이브, 믿어지지 않으시겠지만 식당에 오는 길에 CFO도 사임하고 다른 곳으로 옮길 거란 얘기를 들었습니다."

그러니까 나는 중요한 사업 부문의 고위 간부 두 사람을 떠나보낼 참이었다. 우리는 어떻게 될까? 이 일을 어떻게 다루어야 회사 운영에 지장이 생기지 않을까? 외부에 어떻게 설명하면 투자자들이 이들의 사임을 우연의 일치가 아닌 더 큰 문제의 증거라고 해석하지 않을까?

나는 그날 밤 본사의 인사 책임자에게 전화를 걸어 단도직입적으로 말했다.

"빨리 움직여야 합니다. 48시간을 드릴게요. 수요일에는 이 두 사람이 떠나게 되었다고 발표하고 후임자를 확정했으면 합니다."

"그건 불가능합니다."

그가 말했다.

"새 리더들을 그렇게 빨리 구할 수는 없어요. 이 자리에 맞는 내부 후보들을 인터뷰해야 하고, 그 후보들의 자리를 채울 사람을 인터뷰해야 하고, 그런 식으로 빈자리를 모두 채워야 합니다."

"가능하게 만드세요."

내가 말했다.

우리는 그 일을 가능하게 만들었다. 수요일 오후, 우리는 회사를 떠나는 두 명의 자리를 채울 사람들을 지명하고 그 자리를 채우기 위해 두 직급 아래까지 진급시키는 발표문 초안을 만들었다. 하지만 아직은 공개적으로 발표할 수가 없었다. 자리를 떠나는 사장의 새 회사가 내부 검토를 마치지 않았기 때문이었다. 나는 옛 사장을 불러 새 회사가 조금 더 빨리 움직일 수 있을지 물었다.

"새로운 회사, 그 작고 보다 민첩한 회사 사람들에게 나이 든 공룡 하니웰이 일을 진행시킬 준비가 되었으니 그들도 일을 빨리 진행시켜야 한다고 말해줄 수 있겠습니까?"

우리는 승계 계획(기업·조직에서 직원들이 언제든지 상급 관리자를 대체할 수 있도록 훈련·준비시키는 것-옮긴이)을 진지하게 준비해왔기 때문에 대단히 빨리 움직일 수 있었다. 대부분 기업이 임원진에 대한 승계 계획을 갖고 있

항상 이기는 조직

다. 하지만 대개 승계 계획은 반복적인 활동을 중심으로 하며, 조직은 요직이 비는 경우 그 자리를 채울 사람을 명확히 파악하지 못하고 있기 마련이다. '의도를 따르는 것이 아니라 말만을 따르게 되는' 과정의 예이다. 우리는 승계 계획에 대해 깊이 생각하면서 자리가 비었을 때 그 일을 실제로 맡게 될 사람을 찾아두었다. 결과적으로, 우리는 고위급 임원이 자리를 비울 때 후임을 임명하는 데 이틀 이상이 필요치 않았다. 덕분에 우리는 보통 이런 변화에 뒤따르는 모호한 분위기와 그 결과로 나타나는 혼란을 피할 수 있었다. 우리는 연속적이고 안정적이라는 인상을 줄 수 있었다.

리더십의 이행을 빠르고 매끄럽게 진행하는 것은 대단히 중요하다. 요직을 채우기 위해서는 한두 달(혹은 그 이상)이 걸릴 수 있으며 새로운 리더가 자리를 잡는 데 또 한두 달이 걸린다. 그 사이에 조직은 정체된다. 아무도 열심히 일을 하지 않고, 따라서 단기 목표 달성은 힘들어지며, 순조롭게 진행되던 장기 계획도 추진력을 잃는다. 리더들은 그런 침체를 불가피한 일로, 조직 내에서 피할 수 없는 현실로 받아들이는 경우가 많다. 사실은 그렇지 않다. 성과에 대한 영향을 피하기 위해서는 훨씬 이른 시기부터 준비를 해두어야 한다. 그래야만 누군가 자리를 비우는 경우 박자를 놓치는 일이 생기지 않는다.

단기와 장기 모두에 걸쳐 좋은 성과를 내고 싶다면 고위 간부직 전반에 주의를 기울여야 한다. 문화, 프로세스 개혁, 인수·합병과 같은 영역에 아무리 많은 투자를 해도, 회사의 전략에 헌신하고 그것을 실행할 수 있는 역량을 갖춘 재능 있는 고위 간부가 없다면 진전을 이룰 수 없다.

그런 리더를 적절한 수로 갖추는 것도 중요하다. '1원칙: 게으른 사고방식을 몰아낸다'에서 나온 금언을 기억하라. 매출을 늘리는 동안에도 고정 비용을 일정하게 유지해야 한다. 프로세스 변화를 통해 조직 전체의 효율을 높이기 위해 노력해야 하는 것과 마찬가지로, 성장하는 과정에서 비교적 소규모이더라도 중량에 비해 훨씬 강한 펀치를 날리는 경영진을 안정적으로 유지함으로서 조직을 점점 민첩하고 날렵하게 만드는 것도 중요하다. 리더의 숫자를 늘리기보다는 리더의 질을 강화하면 장기와 단기를 불문하고 어떤 시간 범위에든 적응하고, 경쟁하고, 성과를 낼 수 있는 조직의 역량을 키울 수 있다.

리더십의 질을 개선하는 방법

리더십의 질을 개선하는 것을 간단한 일로 생각하고 있는가? 성과를 내지 못하는 취약한 리더를 해고하고 그들을 더 나은 사람으로 대체하면 된다고 말이다. 이런 접근법으로 지도부를 강화할 수도 있을 것이다. 하지만 그 과정에서 당신은 갑작스럽게 지나치게 많은 변화를 강요함으로써 조직에 혼란을 야기하게 된다. 앞서 '5원칙: 고성과 조직 문화를 구축한다'에서 언급했듯이, 나는 하니웰에서의 첫 몇 해 동안 여러 고위 임원을 해고했지만, 그것은 급속하게 이루어진 숙청이 아니었다. 우리는 기존 리더가 가능한 자리를 지키게 함으로써 안정감을 지키고 조직이 이런 변화의 영향을 흡수하는 데 필요한 시간을 보장하기 위해 노력했다.

　　　　　　　　　　　　　　　　　항상 이기는 조직

점진적인 변화는 어떤 경우에나 건전한 경영 원리지만, 인사 문제에 있어서는 특히 더 그렇다. 도입 부분에서 이야기했듯, 내가 도착했을 때의 하니웰은 GE과의 합병에 실패한 탓에 매우 혼란했다. 약 1년 동안 두 회사가 거래 성사를 기다리는 동안, 비공식적으로는 GE리더들이 하니웰을 운영했다. 아직 소유하지 않은 상태에서 말이다. 그 결과는 혼란이었다. GE은 우리의 전 사업 부문에 거래가 성사되면 구조 조정을 통해 그들을 없앨 것이라고 공언했었다. 결과적으로, 중간 관리와 경영진 상당수가 이탈했다. 남아 있는 사람들의 대부분은 거래 불발의 반작용으로 큰 보상을 받게 될 것을 기대하며 때를 기다리고 있었지만 실적을 올리는 데는 거의 기여하지 않았다. GE와의 거래가 실현되지 않자 회사는 임시 CEO의 관리 하에서 명확한 전략도 없이 표류했다. 덧붙여, 회사는 '5원칙: 고성과 조직 문화를 구축한다'에서 언급한 문화 전쟁으로 몸살을 앓고 있었다. 이런 배경에서 내가 도착했을 때는 경영진의 자리 25퍼센트가 비어 있었다. 내 목표는 변화는 물론 안정을 가져오는 것이었다. 우리 시스템에 지도부 전면 교체의 형태를 띤 더 큰 충격을 주는 일은 피해야 했다. 많은 투자자들은 문제를 이런 식으로 보지 않았다. 그들은 내가 왜 경영진을 새롭게 구성하지 않는지 의아해하면서 내게 자리를 맡을 역량이 없거나 다른 재능 있는 리더들이 나와 일하는 것을 원하지 않는 것이라 생각했다. 나는 다른 생각을 갖고 있었다. 우리에겐 경영진의 역량 개선이 절실히 필요했으나 그 일은 점진적으로 진행되어야 했다.

다행인 것은 경영진 역량의 개선에는 대담한 시도가 필요치 않았다는 점이다. 우리가 발견했듯이, 인사 프로세스를 강화함으로써 직원들이 효과적으로 일을 하게 하는 데 큰 발전이 있었다. 나는 앞서 '5원칙: 고성과 조직 문화를 구축한다'에서 우리가 경영자원검토에서 이룬 몇 가지 변화에 대해 설명했다. 나는 참모들과 연례 회의를 열어 그 자리에서 회사의 400명 리더들에 대한 견해를 교환했다. 우리가 이룬 가장 근본적인 변화는 경영자원검토의 강도와 엄격함을 전반적으로 강화한 것이다. 내가 도착했을 때 리더들은 경영자원검토를 하는 시늉은 하고 있었지만, 전략 기획이나 회계에서와 마찬가지로 이 과정은 거의 의미가 없었다. 특정 역할에 내정된 사람들에 대해서 "오늘 아무개가 자리를 떠나면 그 자리에 정말 이 사람을 앉히겠습니까?"라고 물으면, 리더들은 어깨를 으쓱이며 이렇게 말했다.

"음, 아니오."

인재 후보의 풀 자체가 깊지 않은 데다가, 우리는 그런 것을 갖추고 있다고 스스로를 속이고 있었다.

나는 그런 미온적인 태도가 더 이상은 용납되지 않는다는 것을 분명히 했다. 첫 2년 동안, 우리는 리더들에게 경영자원검토를 다시 하도록 했고 그 후 경영자원검토를 또다시 하도록 했다. 그들이 정말 각각의 자리에 앉히고 싶은 사람이 그 자리에 있도록 하고 그렇지 않은 경우에는 빈자리를 공백을 인지할 때까지 남겨 두도록 했다. 나는 대규모 연례 회의 외에도 개별 사업 부문의 리더들을 1년에 두 번씩 만나 그들의 경영자원검토를 재검토했다. 이런 잦은 경영자원검토에 대한 재검토로 리더들은 과거에 비해 승계 계획과 경영진 개발에 일 년 내내 더 많은 주의를 기울이게 되었다.

경영자원검토를 시행할 때면 우리는 전략 계획과 그것을 실행하는 데 필요한 경영진 역량에 대해서 논의하고 최고의 성과를 내는 사람들에게 어떤 자리를 맡겨서 그들의 경력을 발전시킬 수 있을지 토론하는 데도 상당한 시간을 할애했다. 우리는 인재 개발 계획을 만들었고, 20여 명 정도의 유망한 리더들에게 나를 포함한 참모들의 멘토링을 받게 했다. 내 후임인 다리우스 아담칙은 한때 나의 멘티였다.

성과 검토를 의미 있게 만든다

우리는 경영자원검토에 반영되는 정기적인 성과 검토도 강화시켜 성과가 중요하다는 메시지를 보냈다. 이전에는 평가가 막연하고 '뜬구름'을 잡는 식이었다. 평가를 받는 사람들이 자신의 평가서를 작성하면 상관이 수정을 해서 승인했다. 정말 웃기는 일이다! 우리는 상관이 직속 하급자가 얼마나 일을 잘 하고 있는지 실제적으로 평가하도록 지시했다. 격렬한 항의가 쏟아졌다. 리더들은 매년 자세한 성과 검토서를 쓸 시간이 없다고 주장했다. 고객을 만나고 전략에 집중하느라 너무나 바쁘다는 것이었다. 나는 다음과 같은 식의 대화로 이 리더들이 비즈니스 논리를 익히게 만듦으로써 새로운 정책을 방어했다.

나: 최고의 인력을 확보하는 것이 차이를 만듭니까?

저항하는 리더: 그렇습니다.

나: 평가를 하는 데 시간이 얼마나 걸립니까?

저항하는 리더: 한 시간입니다.

나: 평가서를 작성하는 데는 시간이 얼마나 걸립니까?

저항하는 리더: 한 시간입니다.

나: 직속 하급자는 몇 명입니까?

저항하는 리더: 10명입니다.

나: 그렇다면 1년에 20시간을 당신이 높은 성과를 내는 최고의 인력을 확보하고 있는지 확인하는 데 할애하는 것이 좋은 투자가 아니라고 생각하십니까?

저항하는 리더: 음…….

바로 이것이다.

우리는 성과 리뷰에 12가지 행동 각각에 대한 측정을 포함시키는 변화를 주고, 각 관리자가 각각의 평가에 상관의 승인을 받게 함으로써(5원칙: 고성과 조직 문화를 구축한다) 성과 리뷰를 보다 실질적이고 진지한 프로세스로 만들었다. 여기에는 내 참모들의 하급자(총 125명)에 대한 평가서를 내가 상위 검토하는 과정이 포함되었다. 보통 내가 보기에 불완전하다는 이유로 이 평가서의 20퍼센트 정도가 반려됐다. 우리는 직원들이 우리의 문화를 지지하고 상관들이 성과 검토를 진지하게 받아들이게 만들기를 원했다. 이미 설명했듯이 우리는 그 목표를 위해 평가의 시점을 조절해 봉급 결정이 같이 이루어지도록 했다. 우리의 엄격한 평가 프로세

항상 이기는 조직

스는 관리자의 편에서 더 많은 노력을 요하지만, 조직 상부의 성과를 높이는 데 확실한 도움이 되었고 해당 시점의 리더십 역량에 대한 보다 정확한 그림을 얻게 해주었다.

| 적절하게 책임을 묻기 위해 상향 위임을 조심한다 |

약 20년 전, 〈하버드 비즈니스 리뷰Harvard Business Review〉는 상향 위임 현상에 대한 '원숭이는 누구의 어깨 위에?(과제의 책임을 원숭이로 표현해 하급자가 원숭이를 상급자의 어깨로 넘기는 현상에 대해 다룬 기사-옮긴이)'라는 훌륭한 기사를 실은 적이 있다.[1] 보통 이하의 성과를 내는 사람은 상관에게 조언을 구하는 척 가장해 의논을 함으로써 과제에 대한 책임을 상관에게 넘기거나 그와 공유하곤 한다. 여기에는 몇 가지 다른 형식이 있다. "회장님께서는 어떻게 하고 싶습니까?"라고 물으면서 문제를 설명하는 무해하게 보이는 이메일을 보내거나 회의에서 이 문제를 부각시키는 경우가 있다. 이때 당신은 그 책임을 다시 그들에게 돌려주어서 그들이 해법을 찾아내게 해야 한다. 그들에게 다양한 옵션을 찾고 각각의 옵션을 뒷받침하는 논리를 설명한 뒤 조언을 요청하라고 지시한다. 이렇게 하지 않으면 그들은 당신이 그 결정에 대한 책임을 맡고 있다고 생각할 것이다.

결정에 이르기 위해 거치는 사고 과정에서 당신의 의견을 묻는 하급자도 있을 것이다. 이것은 틀림없이 그 결정의 소유권을 나눠 갖고자 하는 시도이다. 당신은 그들만큼 모든 관련 정보에 대해 잘 알지도 못할 텐데도 말이다. 성과 검토의 시기가 오면, 그들은 이 대화를 지적하면서 책임의 공동 소유를 주장해 좋지 못한 성과의 책임을 회피할 것이다. 이 속임수에 넘어가지 말라. 이런 경우, 나는 내 의견을 말하되 그 책임을 곧바로 하급자의 어깨로 다시 옮겨 놓는다. 이렇게 말하면서 말이다.

"괜찮게 들리는데요. 하지만 분명히 하자면, 결정은 제 몫이 아닌 당신 몫입니다. 당신이 현장에 있으니 당신이 해결해야겠죠. 결과에 대한 책임도 당신이 져야 하고요."

당신은 '저성과자를 수호하는 성인군자'인가?

물론 강화된 성과 검토로 리더의 역량을 끌어올리지는 못한다. 수준 이하의 성과에 직면했을 때 우리는 그 문제를 해결해야 한다. 수년 동안 하니웰은 성과가 부진한 사람들에게 지나치게 무른 태도를 유지했다. 비효과적이거나 좋지 못한 리더들이 자리를 지키게 해준 것이다. 이유는 다양했다. 상관들이 어려운 대화를 가지는 것을 꺼렸거나, 성과가 저조한 리더를 안쓰럽게 생각했거나, 특정 리더들은 너무나 가치가 높아서 좋지 못한 행동에도 불구하고 내보낼 수 없다고 생각한 것이다. 우리가 분명히 했듯이, 더 이상은 누구도 없어서는 안 될 존재가 아니었다. 목표치는 달성했으나 문화적 가치를 지지하지 않는 핵심 리더들 두 명을 내보냈다. 우리가 고위 경영진에게 얘기했듯이, 밑에 있는 비효과적인 리더들을 내보내는 것이 두려워지거나 망설여질 때, 그들에게 기회를 또 주고 싶을 때는, 그 리더들 밑에서 일하는 수천 명의 인생과 커리어에 대해서는 물론이고 우리가 전체로서 주주와 고객들을 위해 좋은 성과를 내야 할 의무에 대해서 생각해봐야 한다. 좋지 못한 성과를 내는 사람의 부정적인 효과는 널리 퍼지기 마련이다. 다른 사람들 사이에 조직이 용인하는 한계가 생각했던 것보다 낮다는 인식이 스며든다. 성과가 좋지 못한 사람을 제거함으로써, 모든 사람에게 우리의 기준이 높다는 것을 일깨울 수 있다. 이것은 내가 시간제 근로자이던 시절 배운 교훈이다. 내 동료들과 나는 그룹 내에서 가장 성과가 낮은 사람이 누구인지 잘 알고 있었다. 그 사람이 잘리면 우리는 자신이 가장 성과가 낮은 사람이 되는 상황을 막기 위해서 열심히 일을 했다.

하니웰의 리더는 직급을 막론하고 CEO와 이사회의 구성원까지 모두가 '성과가 좋지 못한 사람의 수호성인'이 되지 않도록 해야 했다. 제 일을 하지 않는 리더를 보면 반드시 조치를 취했다. 시간이 흐르자 이것은 승계 계획에 대해서 보다 엄격한 태도를 유지하는 데 큰 도움을 주었다. 리더를 제거해야 할 때 우리는 망설이지 않았다. 그를 대체할 후임을 혼란 없이 바로 세울 수 있다는 것을 알았기 때문이다.

우리는 성과 개선을 책임지는 사람을 바꾸는 것 역시 그만큼 중요하다는 것을 발견했다. 인사에 있어서는 전통적으로 상관이 성과가 좋지 못한 사람 옆에 앉아서 코칭과 감독을 해야 한다는 생각이 이어지고 있었다. 우리는 그것은 상관이 할 일이 아니라고 판단했다. 팀 내에 있는 10명 중 1명의 열등생을 정상 궤도에 올리려면 관리자는 귀중한 시간을 많이 빼앗기게 된다. 리더들을 다른 9명이 조직을 위해 뛰어난 성과를 내는 데 도움을 주는 일을 하는 편이 낫다. 성과가 좋지 못한 리더(그리고 하급 관리자와 직원 역시)는 자신의 성과를 바로잡는 데 대한 책임을 져야 한다. 빠른 시간 안에 변화가 없다면, 그들은 그로 인한 결과에 직면하게 될 것이다. 냉정하고 단호하게 보이겠지만 실제로는 그렇지 않다. 사실은 열심히 일하고 성과를 내고 있는 대다수 사람들을 존중하고 지원하는 일이다. 우리는 성과가 낮은 사람들을 정중하게 처리하려고 노력하며 두 번째 기회를 얻을 자격이 있다면 그런 기회를 제공한다.* 하지만 우리는 단기적으로 그리고 장기적으로 성공하기 위해서는 팀에 강력한 리더가 필요하다는 점을 잘 알고 있다. 이는 사람들을 엄정하게 평가하고, 수준 이하의 리더들은 개선의 여지가 없을 경우 내보내며, 좋은 성과를 내는 리더들을 잘 챙긴다는 의미이다.

가장 까다로운 경우는 좋은 성과를 내는 사람이 우리의 가치를 지지하지 않거나 적극적으로 그 가치를 해하는 일을 할 때이다. 부드러운 개입이 여러 번 실패하자 나는 단호한 태도로 전환해 '각목 대화'라고 부르는 것을 실시했다. 나는 해당 리더를 앉혀 놓고 이전의 내 제안을 받아들이지 않았기 때문에 지금 각목으로 그들을 때리고 있는 셈이라고 솔직히 밝혔다. 나는 그와 사실에 대해 논하지 않았다. 그것이 문제가 되는 상황은 이미 지났기 때문이다. 나는 내가 사실을 안다는 점, 그들이 변화해야 한다는 점, 그렇게 하기를 원하는지 결정할 2~3일의 시간이 있다는 점을 명확히 밝혔다. 그들이 계속 비협조적일 경우 그들을 대신할 후보를 마련해두었다는 말도 덧붙였다. 이들은 믿을 수 없다는 반응을 보이고 내가 어디서 정보를 얻었는지 물은 후, 결국은 모두 남기를 바란다고 말했다. 그 순간 그 결정을 받아들이는 대신 나는 그들에게 2~3일간

---

* 나는 깊게 뉘우치고 기꺼이 변화하려는 사람에게는 두 번째 기회가 반드시 주어져야 한다고 굳게 믿는 사람이다. 나 역시도 젊은 시절 좋은 의도를 가진 사람들이 내 방식을 고칠 기회를 주었고 나는 그 기회를 통해 변화했다.

향상 이기는 조직

그 결정에 대해서 생각해보고 내게 돌아오라는 입장을 고수했다. 세 사람 모두 남았고 변화하기로 했다. 나는 그냥 엄포를 놓은 것이 아니었다. 나는 실제로 그들의 사임을 대비해두었다.* 내가 이들의 신념까지 바꾸었는지는 알 수 없는 일이다. 하지만 그들의 태도는 바꾸었다. 올바른 문화를 구축하려면 당신의 가치를 옹호할 준비가 되어 있어야 한다. 그것이 협조하지 않는 스타플레이어를 내보내는 일일지라도 말이다.

| 대상자가 내면화시킬 수 있는 피드백 방식 |

지나치게 많은 리더들이 직원들을 자신의 특정한 리더십 스타일에 적응시키려 한다. 최고의 성과를 원한다면 당신 스타일을 넘어서 개인에게 맞추어진 피드백을 제공하라. 어떤 직원에게는 주의를 끌기 위해서 소리를 지르거나 욕을 해야 할 수도 있다. "이것보다 더 낫게 할 수 있을 만한 능력이 있지 않나요?"라고 말하는 것만으로 충분한 사람도 있다. 전자를 정중하게 대한다면 불평만 유발하고 뚜렷한 행동 변화는 이끌어내지 못할 것이다. 어떤 스타일의 사람인지 잘 파악하고 그에 따라 피드백을 조정하라. 전문가들은 리더가 '비판은 남모르게 칭찬은 공개적으로' 피드백을 해야 한다고 조언하곤 한다. 민감한 특정 사안에 대해서는 남모르게 비판하는 것이 적절할 수 있

---

* 당신이 어떤 종류의 거래를 처리하고 있든 상대가 누구이든, 빈총으로 협상에 임하지 않는 것이 중요하다. 몇 번은 허세가 통할 수 있지만 사실이 드러나면, 사람들은 당신이 항상 신뢰하고 믿을 수는 없는 사람이라고 생각하게 될 것이다. 협상에서는 말한 대로 행동하는 것이 정말로 중요하다. 대안을 준비해둔다면 당신은 보다 자신감 있고 단호하게 행동할 수 있을 것이다. 이는 협상 상대가 당신을 인식하는 방식에도 영향을 준다. 이것은 당신이 조합이나 직원을 상대하고 있든, 회사를 사고파는 거래에서 협상을 하고 있든 똑같이 적용된다.

지만, 보통 비판과 칭찬 모두 공개적이어야 한다. 직원들은 특정한 행동이나 성과가 수용되는 것인지 아닌지를 이해해야 한다. 그렇지 않으면 그들은 조직이 왜 그것을 허용하는지 궁금해할 것이다. 리더들이 비난과 칭찬을 사람들 앞에 공유하면, 팀원들은 당신이 만들려고 노력하는 고성과 문화에 대해서 배우게 된다.

최고의 리더를 끌어들이기 위해

나는 돈만으로는 인재에게 동기를 부여할 수 없다고 굳게 믿고 있다. 대부분의 사람들은 성취감을 주는 의미 있는 일을 원하기 때문이다. 우리는 일과가 끝나고 집에 돌아가서 가족들에게 우리가 한 모든 성취에 대해서 자랑스레 이야기할 수 있기를 바란다. 내가 만난 일부 비즈니스 리더들은 여기에서 도가 지나쳐서 의미 있는 일이 인재가 직장으로부터 원하는 모든 것이라고 말한다. 그렇지는 않다. 돈은 차이를 만든다. 최고의 인재를 얻으려면 그들이 하는 일에 대해서 극히 좋은 대우를 하고 동시에 그들이 좋아하는 일과 작업 환경을 제공해야 한다.

단기와 장기 모두의 성과를 일관되게 추진하는 노력이 그랬듯이, 하니웰 운영 시스템과 우리의 문화 혁신은 리더들이 우리 회사에서 일하면서 보다 많은 성취감을 느끼게 만들었다. 장기근속 직원들이 경험을 통해 이야기하듯이, 패배하는 조직보다는 승리하는 고성과 조직에서 일하는 것이 훨씬 더 재미있다. 금전적 보상에 대해서라면, 우리는 망설임 없이 리더들에게 시장 평균을 가뿐히 넘어서는 보수를 지급했다. 보상 평가 기관, 그리고 투자자로부터의 격렬한 비난을 감수해야 했다.

기관들은 보상을 계산할 때 보다 정형화된 접근법을 택하는 것을 선호했다. 일부 '전문가'들은 보상을 결정하는 가장 좋은 방법이 해당 연도 회사의 주식 시장 성과를 직접적인 기준으로 삼는 것이라고 믿는다. 만약 주가가 경쟁업체의 75퍼센트라면 리더들에 대한 보상은 75퍼센트보다 낮아야 한다는 것이다. 어리석은 짓이다.

우선, 주식 시장은 성과를 보여주는 좋은 단기 지표가 아니다. 둘째 성과는 비율을 따져 도표로 만들 수 없다. 한 미식축구 선수의 40야드(약 36.6미터) 전력 질주 기록이 4.3초라면 4.4초인 사람에 비해 겨우 2퍼센트 빠를 뿐이다. 100분위에서 100번째와 98번째의 차이이다. 큰 차이가 아닌 것 같다. 하지만 그 0.1초와 2퍼센트가 슈퍼볼에서 이기고 지는 것, 볼을 잡거나 빼앗기는 것을 가른다. 성과에서의 작은 차이가 큰 영향을 줄 수 있다. 스포츠뿐 아니라 비즈니스에서도 그렇다. 우리는 리더에게 보상하는 방식을 통해 그것을 인정해줄 필요가 있다.

그해에 어떤 일이 일어났는지에(업계의 변화나 급박한 전략 지원을 위해 필요한 투자 등) 상관없이 특정 수치 달성에 보상을 얽매는 방식 역시 마찬가지이다. 리더들에게 예산 편성 때마다 성과를 측정하는 가늠자를 더 줄이기 위해 싸우라고, 덜 공격적인 목표, 보다 적은 예산을 얻기 위해 노력하라고 가르치는 것과 다름없다. 리더들은 단기적으로 성과를 올리면서 장기적으로도 투자하도록 스스로를 밀어붙이는 대신 미래를 대비하는 일은 가능한 조금 하고 현재를 용케 빠져나가면서 보상을 얻을 것이다.

내가 하니웰을 떠날 때까지 우리는 공정함을 최우선으로 삼는 보상 방식을 채택했다. 인간은 성과와 다른 사람과의 비교에서 공정한 대우를 받고 있다고 느껴야 한다. 나는 우리 직원들이 그들이 예산 목표를 달성했는지 여부만이 아니라 장·단기 성과 전체를 두고 평가를 받는다는 믿음을 갖길 바란다. 우리의 접근법은 예상보다 훨씬 좋지 않은 결과를 보여준 업계의 직원들을 보호하고, 업계가 예상보다 빠르게 성장했다는 이유만으로 그 업계에 관련된 직원들에게 많은 보상이 주어지는 경우를 없앴다.

최고의 인재를 끌어들이고 보유하기 위해 우리는 인재들에게 다른 회사라면 더 높은 직책에 줄 보수를 지급한다. 왜 다른 회사가 빼가려는 시도를 할 때까지 기다렸다가 그때서야 시장이 평가한 가치를 지급할 생각을 하는가? 우리 회사의 보상담당 컨설턴트들은 우리가 너무 많은 보수를 주고 있다고 생각했다. 그 증거로 그들은 고위 경영진의 낮은 이직률을 지적했다. 어이가 없는 평가이다. 경영진의 안정성이 나쁜 일이란 말인가? 강력한 장·단기 성과를 달성하려면 높은 성과를 내는 인재가 자리를 지켜줘야 한다. 다른 회사에서 이직 제의가 들어오더라도(많은 고위 경영진이 스카우트 제의를 받는다) 물리치고 말이다. 그들의 기여에 대해 후하게 보상하는 것은 대단히 유용하다. 그 어리석은 컨설턴트들에게 설명했듯이, 사람들이 하니웰을 떠나는 것은 내가 그들을 떠나보내고 싶을 때뿐이어야 한다.

또한 우리는 올해의 목표만이 아니라 장기적인 성과 달성에 주의를 기울이도록 동기를 부여하는 방식으로 리더들에게 보상을 하려 노력했다. 회사의 주가 움직임에 보상을 연계시키는 데 따르는 진짜 문제는 그것이 단기성과주의를 조장한다는 점이다. CEO로 재직하는 동안, 리더들에 대한 단기 보상은 50~70퍼센트 사이로 업계의 평균 정도였다. 하지만 우리의 장기 보상(스톡옵션과 제한부 주식으로 이루어지는)은 업계 상위 10퍼센트였다. 전문가들은 이것이 과도하다고 불평했지만, 리더들이 장기 성장 계획을 뒷받침했을 때 개인적으로 큰 혜택을 받는지 알고 있다는 것은 큰 의미가 있다. 많은 리더들이 봉급과 보너스보다는 옵션과 제한부 주식을 통해서 하니웰에서 큰돈을 벌었다.

당신이 우리처럼 방향 전환이 필요한 시점에 있다면, 장기적 보상을 제공하는 것이 까다로운 일일 수 있다. 회사가 잠재적 이익의 전망이 지나치게 현실성이 없어 보이는 심한 침체기에 있을 때는 보통의 장기적 보상 수단(스톡옵션이나 제한부 주식)이 사람들에게 매력을 갖지 못하기 때문이다. 임기 초반 경영진을 안정시키고 사기를 북돋우기 위해 우리는 주식이 아닌 현금을 지급하는 특별한 성장 계획을 마련했다. 3년에 걸쳐, 리더들은 해당 사업 부문과 회사 차원에서 유기적 매출과 ROI 성장 지표가 상승했을 경우 봉급과 보너스의 최대 200퍼센트에 해당하는 현금을 받았다. 이런 지표들을 견인할 수 있다는 것은 소득과 현금 흐름이 증가하고 있다는 의미이며, 시장이 우리가 정말 성장하고 있다는 것을 인식하면서 우리 주가도 오르게 될 것이라는 의미였다.

어려운 시기에 좋은 리더들을 보유하는 데 한층 더 도움을 주기 위해, 우리는 분기별로 그들의 현재 성과, 이것이 그들의 보수에 미치는 영향,

그들이 개선해야 할 부분을 업데이트하는 서한을 보냈다. 이 계획은 큰 성공을 거두었다. 리더들의 이직률이 갑자기 크게 떨어졌고 하나의 하니웰 정신을 강화하는 데도 도움이 되었다. 리더들은 열심히 일을 했고 그로 인해 금전적 보상을 얻었으며 동시에 주가의 상승도 목격하게 되었다.

보상 계획으로 많은 돈이 나가면, 보상 담당자들과 컨설턴트들은 그 계획이 엄정하지 못하다고 생각한다. 그들은 계획이 적절하다면 예상 보상액의 정확히 100퍼센트를 지급하게 된다고 말한다. 그렇지 않으면 본래의 목표가 지나치게 낮았던 것이라고 말이다. 터무니없는 소리이다! 원래의 목표가 지나치게 손쉬웠던 것일 수도 있겠으나, 지급액이 높아진 것은 리더들이 동료들에 비해 이례적으로 뛰어난 성과를 올렸음을 반영할 수도 있다. 보상 계획이 항상 예정된 금액의 100퍼센트만을 지출하게 되면 이례적인 성과를 올린 리더들을 실망시킬 위험이 있다. 그들은 뛰어난 성과를 냈으나 그에 대한 보상을 얻지 못했다고 생각할 것이다. 성과가 있다면 보상을 하라. 공정함에 필요한 것은 바로 그런 적절한 보상이다.

고위 리더와 중간급 리더들의 이직률을 더 낮추기 위해서, 우리는 장기 보상을 주는 방식에 변화를 줬다. 우리는 직원들이 제한부 주식(회사가 좋은 실적을 내지 못하더라도 어느 정도 가치가 있는)을 스톡옵션(회사가 좋은 성과를 냈을 때만 가치가 있는)보다 훨씬 가치 있게 생각한다는 것을 알고 있었다. 스톡옵션은 본질적으로 주식보다 위험한 데다, 우리는 과거 좋은 실적을 내지 못했었기 때문이다. 블랙 숄즈(Black-Sholes) 모형(옵션 분석에서

항상 이기는 조직

일반적으로 사용되는 가격 설정 모델)을 사용하는 전형적인 일반 통념은 하니웰의 스톡옵션과 제한부 주식의 가치를 1:4로 보았다. 우리는 이 규칙을 그대로 받아들이는 대신 설문 조사를 실시했고, 직원들이 실제로 스톡옵션의 가치를 그보다 훨씬 낮게 본다는 것을 발견했다. 직원들은 10주의 스톡옵션의 가치가 1주의 제한부주식의 가치와 같다고 생각하고 있었다. 그럴 만도 했다. 최근의 형편없는 실적을 생각하면 많은 리더들이 우리의 미래 전망을 확신하지 못하는 것이 당연했다. 좀 더 낮은 직급의 리더들에 대해서 우리는 제한부 주식의 비율을 극적으로 높여 1주의 제한부 주식에 대해서 전형적인 4주 대신에 6주의 비율로 스톡옵션을 발행했다. 그 결과 블랙 숄즈 모형이 말하는 것보다 훨씬 적은 수의 제한부 주식을 발행할 수 있었다. 리더들은 이런 변화를 반겼고, 이직률은 낮아졌으며, 우리는 돈을 절약하게 되었다.

신중한 채용

직원의 보유만큼 중요한 것이, 처음부터 적절한 사람을 고용하는 것이다. 여기에는 상당한 생각, 노력, 헌신이 필요하다. 바쁜 리더들은 선정 프로세스에 타협을 하는 경우가 많다. 요직이 비면 조직은 서둘러 일을 해치운다. '아무도 없는 것보다는 누구든 있는 것이 낫다'고 말하며 손을 뻗는 것이다. 단기적으로는 맞는 말일지 모르지만 그마저도 그 자리에 누군가를 앉혀 놓는 것에서 오는 안도감에 불과하다. 실제로는 적합지 않은 사람이 엄청난 고통을 유발할 수도 있다. 몇 개월 동안 자리를 비워 두고 최적의 인물을 찾으면서 거기에서 불거지는 혼란을 처리하는 것이 평범한 인물에 만족하는 것보다 훨씬 낫다.

우리는 최고의 인재를 채용하도록 하기 위해서 이례적으로 많은 시간을 투자한다. 회사에 있는 약 200개의 최고위 직급의 경우, 우리 인사팀 리더와 내가 각 자리의 후보자들을 직접 인터뷰한다. 일부 임원들은 이 관행을 싫어한다. 내가 지나치게 작은 일까지 간섭한다고 생각하는 것이다. 하지만 나는 이런 인터뷰가 극히 중요하다고 생각한다. 첫째, 그들은 우리가 품질 관리를 실행하게 해준다. 임기 첫 두 해 동안, 인터뷰한 최종 후보의 4분의 1 정도가 거부당했다. 우리는 리더들이 최적의 인물을 고용하는 것보다 그 자리를 채우는 데 만족한다는 것을 발견했다. 기억에 남는 일이 있다. 우리 사업 부문 한 곳에서 3년 전 해고했던 리더를 고용하려고 했다. 나는 다른 회사에서 직접 그 사람을 고용했다가 약 6개월 만에 해고한 적이 있었다. 우리 인사팀 리더와 내가 거부권을 행사하지 않았다면, 아마도 그를 세 번째로 해고해야 했을 것이다.

나와의 인터뷰는 후보들에게 새로운 자리가 회사에 얼마나 중요한지 보여주는 효과도 있었다. CEO와 세계적으로 인력을 관리하는 인사팀 리더가 당신이 지원하는 자리에 대해서 당신과 한 시간씩 이야기를 나눈다면, 그것이 전하는 바는 명확하다. 또한, 이런 인터뷰는 내가 그에게 바라거나, 그의 성과에 대해 원하는 바를 전달할 수 있는 기회이기도 하다. 나는 후보자들에게 전임자들이 했던 일을 해체해버리는 것이 아니라 그것을 기반으로 성장시키기를 원한다고 이야기했다.

'성장' 프로세스에서 후보자가 변화가 필요한 부분을 파악하도록 다소 극단적으로 후보를 밀어붙여야 할 때도 있다. 한 사업 부문의 CFO 후보에게 전임자의 정책에서 변화시키려하는 부분이 있느냐고 묻자 그는 없다고 답했다. 나는 분명히 필요한 변화를 가져오는 방법이 있을 것이라면서 그 점에 대해 이의를 제기했다. 그는 아니라고 답했다. 나는 15분 동안 방에서 나가 있겠다고, 내가 돌아올 때까지 그가 변화시킬 세 가지 실질적인 정책을 대지 못하면 그에게 그 자리를 내주지 않을 것이라고 말했다. 15분 후, 그는 그가 만들 11가지 주요한 변화를 제시했다. 모두가 좋은 것이었다. 우리는 그를 고용했고 그는 뛰어난 CFO가 되었다. 인터뷰의 가치와 사람들을 지적인 면에서 강하게 밀어붙이는 일의 가치를 보여주는 또 다른 증거였다.

　인사팀의 기능 혁신도 우리가 적절한 리더를 선정하는 데 중요한 역할을 했다. 상충되는 것처럼 보이는 두 가지 일을 성취한다는 철학에 맞게, 인사팀에는 인사 비용을 낮춤과 동시에 비어 있는 자리에 보다 빨리 인재를 고용하는 등 더 나은 서비스를 달성하라는 목표가 주어졌다. 인사팀은 빈자리를 충원하는 데 얼마나 시간이 걸리는지는 측정해왔지만, 우리가 적절한 리더를 고용하고 있는지는 측정하고 있지 않았다. 이를 바로잡기 위해 우리는 채용 3개월 후와 12개월 후에 신규 고용인의 관리자를 대상으로 설문 조사를 시행했다. 그들이 고용한 사람의 역량에 만족하는지 알아보는 설문 조사였다. 우리는 자리가 빨리 채워지기를 바라지만 질을 희생하는 것은 원치 않았다. 역량을 측정함으로써, 우리는 인사팀의 모두가 적절한 사람을 보다 빠르게 고용하는 데 훨씬 역점을 두도록 만들었다. 첫 해 평가자의 절반은 1~5까지의 점수 범위 중 4점 이하의 점수를 줬다. 이후 평가 대상자의 90퍼센트가 4점 이상의 점수를 부여했다. 우리의 설문 조사는 떨어지는 점수를 통해 문제 부위를 알려주는 대단히 유용한 도구가 되었다.

조직 내부의 진주를 찾는다

지난 5장에서 우리는 경영진의 내부 고용을 강조했다. 내부 고용을 하는 데는 연속성을 구축하고 하나의 하니웰이 회사에 굳건히 자리 잡는 것으로 목표로 한다는 이유도 있지만, 그것을 최고의 인재를 얻는 방법이라고 생각했기 때문이기도 하다. 조직은 때로 바로 눈앞에 있는 인재를 보지 못하고, 그들의 조건이나 경력만을 가지고 그들에 대한 고정 관념을 만든다. 쿼터백 톰 브래디가 뉴잉글랜드 패트리어츠 미식축구팀에 입단했을 때는 아무도 그를 알아보는 사람이 없었다. 그는 팀에 들어간 첫 시즌 벤치만 지켰다. 그동안 당시의 스타 쿼터백은 형편없는 성적을 냈다. 스타 쿼터백이 부상을 당하자 비로소 팀은 브래디라는 무명 선수에게 관심을 돌렸다. 패트리어츠는 승점을 기록하기 시작했고 최초의 수퍼볼 우승으로 가는 길에 오르게 되었다. 그후로도 브래디는 팀을 8번이나 수퍼볼로 이끌어 그 중 다섯 번 우승컵을 안으면서 통산 6번의 우승을 기록하고 미식축구 역사상 최고의 쿼터백으로 부상하게 되었다. 명예의 전당에 오를 선수를 1년 동안 벤치에 앉혀둔 것이다. 그의 뛰어난 재능은 인정받지 못했다. 인재를 평가하는 방법이 극히 엄격한 업계에서 말이다.

사업에서도 조직 내부의 사람은 중요한 직책에 적합하지 않다고 인식하기가 쉽다. 경험이 없어서, MBA 학위가 없어서, 하버드가 아닌 이류 주립 대학에서 MBA를 취득해서, 특정한 자리에서 좋은 성과를 냈지만 당신이 불공정하게 정형화시켰기 때문에 말이다. 이유는 가지각색이다. 내가 자주 이야기하듯이, 내 경험에 따르면 경험은 과대평가를 받고 있다. 재능이 많은 신인이라면 아주 적은 경험만 결합되어도 훨씬 큰 가치를 창출할 수 있다. 승계 계획에 있어서, 우리는 항상 스스로에게 물었다. "우리 조직 안의 어떤 사람이 제2의 톰 브래디가 될 수 있을까?" 사람들에게 기대를 걸었다가 큰 코를 다칠 때도 있었다. 그러나 대부분의 경우, 우리 내부의 인재들은 그런 도전의 기회 앞에서 능력을 발휘했다. 톰 브래디처럼 그들은 아무의 시선도 받지 못한 채 내내 자리를 지키고 있었던 것이다.

누구를 고용해야 할지 판단할 때 우리는 조화를 이룰 수 있는 혹은 기존 직원들의 성격을 보완할 수 있는 특정 성격의 사람들을 추가함으로써 함께 원활하게 협력하는 팀을 구축하는 데도 주의를 기울였다. 해당 팀에 과단성 있는 리더가 있다면, 우리는 그의 주위에 보다 신중한 성격의 사람을 배치하려고 노력했다. 나는 참모진을 구성하면서 팀 내 균형을 고려했다. 나는 내가 방어적이고 결단력이 있다는 것을 알고 있었다. 나 자신이 비판에 대한 방어적인 반응을 줄이는 것도 중요하지만, 나로부터 감정적인 반응을 덜 이끌어내는 방식으로 나를 보좌하는 사람을 고용한다면 훨씬 도움이 된다. 마찬가지로 나는 팀에도 보다 신중한 사람들을 두어야 했다. 모두가 나처럼 과감하다면 우리는 시속 250킬로의 속도로 함께 절벽에서 떨어지고 말 것이다. 팀원의 성격 유형을 이해하기 위해 나는 마이어스-브릭스Myers-Briggs 테스트를 사용한다. 내가 보기에는 세상에서 가장 좋은 도구인 것 같다. 나는 인사에 관련된 도구들을 별로 좋아하지 않지만 마이어스-브릭스만은 효과를 보장한다!

| 똑똑한 것만으로는 충분치 않다 |

많은 기업들이 경영진의 자리를 채울 때 똑똑한 사람들을 고용하려 한다. 하지만 지성만으로는 좋은 리더가 될 수 없다. 똑똑한 리더들은 매일 같이 더 나은 판단력을 가진, 자존심이 그만큼 세지 않은, 상식이 보다 풍부한 사람들, 실행과 세부 사항에 보다 주의를 기울이는 사람들, 더 나은 대인관계 기술을 가진 사람들, 차질과 지연에서 보다 잘 회복할 수 있고, 좀 더 독립적으로 생각하고, 더 열심히 일하는 사람들에게 난타를 당한다. 사람들을 이끌고 좋은 결정을 내리기 위한 회의를 주재할 때 이런 기술들을 어떻게 이용해야 하는지 배워야 한다. 또 그만큼 중요한 것이, 똑똑한 것에 더해 그런 역량을 가진 사람을 고용해야 한다는 점이다. 그리고 세상에 입증해 보일 것을 가진 사람을 뽑도록 해야 한다. 속담에 있듯이, 돛에 바람을 불어넣는 것보다는 바람을 조금 빼는 것이 더 쉽다. 욕심을 내라. 더 많은 역량을 가진 사람, 세상에 많은 것을 내보일 수 있는 사람을 뽑아야 한다.

항상 이기는 조직

리더의 수를 적게 유지한다

지금까지는 리더의 자질을 강화하는 방법에 대해 이야기했다. 하지만 아무리 좋은 자질을 가진 리더라도 너무 많이 두어서는 안 된다. 조직은 '리더십 과잉' 때문에 고통을 받는 경우가 대단히 많다. 기업들은 새로운 사업 계획에 의의를 부여하기 위해 새로운 리더의 자리를 만들곤 하면서 기존 리더들이 가능한 효율적으로 일하도록 하는 데는 충분히 신경을 쓰지 않는다. 리더들이 지나치게 많으면 성과가 떨어진다. 이들 리더의 대부분 높은 성과를 올리는 유능한 사람들인데도 말이다. 리더가 많다는 것은 요식 체계가 많다는 뜻이기 때문이다. 리더는 단순히 조직을 이끌기만 하는 것이 아니다. 그들은 회의, 승인, 프로젝트, 절차, 우선순위 등의 형태로 다른 사람들이 할 일을 만든다. 좋은 리더일 때는 특히 더 그렇다. 이후 조직의 다른 사람들은 이들 리더들에게 반응하는 데 더 많은 시간을 쓰고, 자신의 팀원을 이끌고 관리하는 데는 보다 적은 시간을 할애하게 된다. 각 리더는 각기 자신의 참모가 있다. 이는 조직의 비용과 복잡성을 더 높인다. 리더가 많아지면 사람들이 은퇴하거나 조직을 떠날 때 채워야 할 자리가 더 많아진다.

내가 CEO가 되었던 때는 투자자들조차 우리가 리더십 과잉을 겪는다고 보지 않았다. 오히려 그들은 우리를 군살이 없는 회사라고 생각했다. 하지만 그 후 몇 해 동안 조직을 안정시키는 과정에서 나는 우리 지도부가 가능한 것보다 비대하지 않나 하는 생각을 갖게 되었다. 제조 분야의 전문가인 우리 리더 하나는 제조 부문의 고위 간부들 모두와 함께 멀리 떨어진 장소로 매년 여행을 갔다. 그 지역에 언젠가 공장을 건설할 수 있을지 평가한다는 명목이었다. 그들은 분기별로 3일씩 참모 회의도 가졌다. 내게는 대단히 이상하게 보였다. 제조 운영을 개선하고 하니웰 운영 시스템을 실행하는 일이 절실히 필요한 시점에 여행이나 참모 회의에 왜 그렇게 많은 시간을 투자할까? 나는 그들의 여행과 회의를 중단시키고 그 리더의 자리를 없앴다.

나는 여전히 약간의 노력만 기울이면 리더들을 자극해서 보다 효율적인 운영을 하게 만들 수 있다고 생각한다. 나는 여러 자리를 닥치는 대로 없애는 대신, 모든 기능 부서와 사업 부문의 리더들에게 매년 재무 과제뿐 아니라 점진적으로 조직 내 리더의 수를 줄이는 과제를 부여했다. 우리는 740명 규모의 지도부를 갖고 있었다. 지도부의 자리가 비어도 반사적으로 다른 사람을 채용하지 않고 우리에게 그 사람의 자리가 정말 필요한지, 우리가 전임자의 책임을 다른 리더의 일에 집에 넣을 수 있을지 자문했다. 대부분의 경우 그 자리가 정말로 필요했지만, 10번에 2~3번쯤은 보다 적은 수의 리더로 더 많은 일을 할 수 있는 가능성을 찾을 수 있었다. 우리는 전체 인력에 대해서도 비슷한 일을 했다. 사업 기능과 지역에 따라 직원 인구를 추적해 매달 우리 사업 부문들이 선진국에서 지나치게 많은 인력을 고용하고 있지 않은지 확인한 것이다. 이후 자세히 설명하겠지만, 새롭게 부상하는 고성장 지역에서는 고용에 제한을 두지 않았다. 그곳에서는 역량 구축을 원했기 때문이다. 하지만 선진국 사업부에서 직원 인구가 늘어나는 것을 볼 때면 반드시 지적하고 넘어갔다. 채용에 대한 엄격한 통제는 사업이 성장하는 동안 비용을 일정하게 유지하는 데 꼭 필요하다.

리더의 수를 적게 유지하는 것은 요식 체계로 인한 지연을 줄이는 외에도 비용을 줄여서 보유하고 있는 리더들에게 후한 보상을 하는 일을 쉽게 만들며 최고의 인재를 유인하고 유지할 수 있게 해준다. 우리 의결권 위임장에 포함된 하니웰의 2013년 실적과 2017년 실적을 비교하는 다음 도표에 대해 생각해보자.

여기서 알 수 있듯이, 14년 동안 우리의 매출은 83퍼센트, 주당순수익은 371퍼센트, 시가총액은 400퍼센트 상승했다. 동시에 우리 인센티브 보상 계획이 적용되는 고위 리더의 수는 14퍼센트(101명) 감소했고 보너스 풀의 총 비용은 단 14퍼센트 상승했다. 이는 투자자들의 큰 이익을 나타낸다. 보유 주식의 엄청난 가치 상승에도 불구하고 투자자들은 리더들에게 우리가 훨씬 빈약한 실적을 낼 때보다 약간 많은 보상을 지불하고 있는 것이다(주식 공여와 보너스만이 아닌 봉급까지 포함한 전체 보상 비용을 보았을

■ 사업 실적 ■

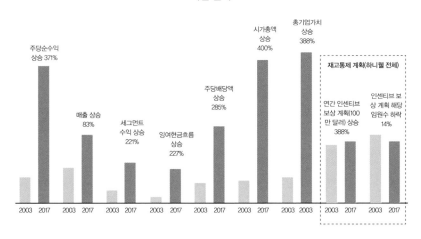

때도 마찬가지이다). 분석가들은 도대체 뭘 근거로 우리가 리더들에게 지나친 보상을 한다고 말했던 것일까? 리더들에게 더 많은 일을 하라고 요구했고 이에 그들이 장·단기 모두에서 좋은 성과를 내 주주와 고객들에게 이익을 주었다면, 그 리더들은 평균보다 많은 보상을 받을 자격이 있다.

인사는 인사 담당자들에게만 맡겨두기에 너무나 중요한 문제이다

지도부의 질에 대해서 깊이 생각해보지 않았다면 반드시 그런 시간을 가져야 한다. 10명으로 이루어진 팀을 이끌건, 10만 규모의 조직을 이끌건 마찬가지이다. 대규모 조직의 경우, 이 책에 설명된 기법들에 고개만 끄덕인 후 인사팀에 그 실행을 맡겨버리고 싶은 유혹이 들 것이다. 그것은 큰 실수이다. 조직의 의사결정권자인 당신은 지도부의 개발, 채용, 해고의 세부적인 부분까지 직접 관여해야만 한다.

앞서 글로벌 인사팀 리더와 내가 200개 최고위 리더 자리의 최종 후보들을 직접 면담한다는 이야기를 언급했었다. 하지만 그것은 시작에 불과하다. 나는 600명 고위 간부의 보상 계획을 직접 검토해서 그것이 공정한지, 연례 교차 기능 경영자원검토 재검토 과정에서 들은 내용과 일치하는지 확인했다. 조직에 본보기를 만들기 위해서 나는 참모들에 대한 평가서를 직접 작성하고 직속 하급자 한 명 한 명과 깊이 있게 논의했다. 또한 나는 참모들이 그들의 하급자를 대상으로 작성한 평가서를 꼼꼼히 읽으며 검토했다.

2006년 우리는 핵심 하위 임원 약 60명을 대상으로 하는 특별 양도제한조건부주식restricted stock unit(특정 기간에 기업이 내건 목표를 달성할 경우 주식을 지급하는 성과보상체계. 임직원에게 회사 주식을 특정 가격에 살 수 있는 권리를 주는 스톡옵션과 달리 양도제한조건부주식은 일정 기간 경과 후 회사가 제시한 조건을 충족할 경우 무상으로 주식을 지급하는 방식–옮긴이) 수여 프로그램을 만들었다. 우리는 매년 60명을 선발해 봉급의 50~120퍼센트에 해당하는 양도제한조건부 주식을 수여한다. 이 상을 받은 리더는 3년 내에는 다시 받지 못한다. 따라서 3년에 걸쳐 잠재력이 큰 하위 리더 약 200명이 이 혜택을 받을 수 있다. 매년 8월이면 나는 모든 수혜자에게 전화를 걸어 그들이 한 어떤 일 때문에 그 보상을 받게 되었는지, 그 보상의 의미에 대해 이야기를 나눈다. 상당한 시간이 걸리지만 그만한 가치가 있는 일이다. 이 전도유망한 리더들은 내 전화를 장난 전화로 생각하기도 한다.

"10만 명이 넘는 직원으로 이루어진 조직의 CEO가 왜 내게 전화해?"

이 상을 개인화함으로써 긍정적인 인상을 남기는 것은 이들 임원의 이직률이 같은 집단의 다른 임원들에 비해 눈에 띄게 낮아지는 데 기여했다.*

---

* 여담으로 나는 회사를 떠나는 리더의 퇴직금을 승인하다가 인사팀에 우리가 이 사람에게 1년여 전에 양도제한조건부주식을 주었다는 것을 발견하고 그 이유를 물어보는 경우가 종종 생겼다. 분석을 한 인사팀은 2년 내에 회사 외부에서 고용되었던 양도제한조건부주식 수혜자들은 회사를 떠날 확률이 높다는 것을 발견했다. 이 사람들은 양도제한조건부주식을 받고 나면 자신의 성과에 대한 관심이 떨어진다는 점을 알고 그 점을 이용해서 재임 초기에 가시적인 성과를 올리고, 양도제한조건부주식를 받은 후에 회사를 떠나버린 것이다. 우리는 회사에 2년 이상 재임하지 않은 사람은 양도제한조건부주식를 받을 수 없다는 규칙을 만들었다. 그러자 양도제한조건부주식

팀의 인사 문제에 내가 개입하는 것에 대해 설명할 때 나는 프랑스 총리 조르주 클레망소Georges Clemenceau의 말을 인용하곤 한다. 클레망소 총리는 "전쟁은 장군들에게 맡겨두기에는 너무 중요한 문제이다"라고 말했었다. 인사팀 사람들이 들으면 불편하겠지만 나는 종종 "인사는 인사팀에 맡겨두기에는 너무 중요한 문제이다"라고 이야기한다. 그것은 부인할 수 없는 사실이다. 나는 CEO로서 우리 조직의 리더들을 잘 알기를 원하며 그들이 가능한 최고가 되도록 인도하기를 원한다. 시간이 지나면서 나는 하니웰 전체 300~500명의 리더 모두와 개인적으로 알게 되었다. 5장에서 언급했듯이 나는 그들이 우리가 우리 문화에서 바라는 가치를 반드시 구현하도록 하고 싶었던 데다, 그들과 친숙해지는 것은 내가 한 임원이 회사를 떠나기로 했을 때 거의 즉각적으로 자리를 채우는 데 도움을 줄 수 있다는 의미이기도 했다.

당신의 직접적인 참여가 다른 사람들에게 본보기의 역할을 한다는 점도 기억하라. 우리는 하니웰 전체의 리더들에게 하급자에 대한 신중한 성과 검토를 실행하라고 요구하는 데서 더 나아가 통상적으로 기업들이 제공하는 간부 코칭과 MBA 프로그램을 제거하고 리더들에게 하급자를 코칭하고 가르치는 과제를 맡겼다. 상당한 불평을 야기했지만 조직 전역의 리더들이 내가 우리 참모들의 성과를 직접 검토하고, 우리 교육 프로그램에서 참여하고, 임원 후보를 인터뷰하는 모습을 지켜본 것이 상당한 도움이 되었다. 직접 참여하는 모습을 보여줌으로써 리더십이 성

수혜자가 회사를 바로 떠나는 일이 사라졌다.

항상 이기는 조직

공에 정말 중요하며 당신이 그 가치를 소중하게 생각한다는 메시지를 보낼 수 있다.

보상에 있어서는 공정함을 추구해야 한다. 여기에서는 리더들을 중심으로 설명하지만 우리는 하니웰 전 직원의 보상 프로그램을 설계할 때에도 공정성을 가장 중요하게 생각했다. 전 사업 부문의 보너스를 계산할 경우 우리는 그 사업 부문이 목표를 달성했는지만 보는 것이 아니라 그 사업 부문의 성과가 이전 해, 업계 전체, 회사 전반의 성과에 비해 어떤지도 비교했다. 또한 리더들이 우리의 장기 성장을 가능케 하는 옳은 결정을 내렸는지도 살폈다. 때로 그럴 만한 정당한 이유가 있다고 생각될 때는 회사 전체의 보너스 풀을 상향 조정하기도 했다. 물론 하향할 때도 있었다. 우리는 전 조직이 우리가 그들이 내놓은 실질적인 성과를 알아봐주리라는 것을 알고 현재에 최선을 다하는 한편 미래를 위해서도 투자하기를 원했다.

경영 인재를 개발할 때는 비난을 받을 준비를 하도록 하라. 요즘에는 리더들을 후하게 대접하는 것이 좋은 반응을 얻지 못한다. CEO 보상에 대한 논란이 얼마나 많은지 생각해보라. 많은 사람들이 보상이 경영진에게 혜택을 주는 방향으로 조작된다고 생각한다. 가재는 게 편이라는 식으로 생각하는 것이다. 우리의 경우에는 그렇지 않았다. 중요한 것은 단기적 그리고 장기적 성과였다. 우리는 보상을 후하게 지급했다. 실제 장기적으로 좋은 성과를 냈기 때문이다. 계산을 해보니, 보상 기관이 권고하듯이 리더의 보상을 주가를 기준으로 했다면 더 많은 보상을 주어야 했다는 결과가 나왔다. 리더에게 보상을 후하게 할 때는 기준을 확실히 해야 하고 장기적인 사고를 촉진하는 방향으로 해야 한다. 하지만 요즘 대부분의 비즈니스는 단기성과주의에 매여 있다. 그래서는 안 된다.

지도부가 중요하다

내 주장에도 불구하고, 당신은 여전히 내가 지도부를 지나치게 강조하는 게 아닌가 의문을 가질지도 모르겠다. 우리가 올린 성과에서 어느 정도가 이 책에서 설명된 다른 계획들이 아닌 정말로 우리 지도부의 역량 때문일까? 리더들에게 그렇게 많은 관심과 자원을 할애할 만한 가치가 있을까? 첫 번째 질문에 대한 답은 '많다'이고 두 번째 질문에 대한 답은 완전무결한 '그렇다'이다. 이 책의 초고를 쓸 때 그 제목은 '리더십이 중요하다Leadership Matters'였다. 틀림없는 사실이기 때문이다. 하니웰 인사 총괄책임자인 마크 제임스가 말했듯이, 많은 사람들이 리더들을 전구처럼 생각한다. 전구처럼 갈아 끼우면 똑같은 양의 빛을 얻을 수 있다고 생각하는 것이다. 진실과는 거리가 멀어도 한참 멀다. 동급 최고의 리더를 유인하고, 유지하고, 개발하는 모든 과정에 시간을 투자하지 않았다면, 우리는 기록으로 남길 만한 결과를 창출하지 못했을 것이다. 조직 내의 성장 계획, 프로세스, 일반적인 지적 담론에 집중하는 것도 대단히 중요하다. 하지만 훌륭한 지도부가 없다면 큰 성과에 이르지 못했을 것이다.

지도부의 중요성을 보여주기 위해 칼 존슨Carl Johnson이라는 사람에 대해 이야기해보려 한다. 그는 오하이오 갈리언의 작은 마을에서 성장했다. 아주 어려운 환경이었다. 아버지는 수감되어 있었기에 어린 시절의 대부분을 함께하지 못했고 그의 어머니와 재혼한 계부는 학대를 일삼았다. 그런 가정에서 성장한 트라우마 때문에 칼의 남동생은 결국 마약 과용으로 목숨을 잃었다. 운동에 대한 열정을 키우지 않았더라면 그 역시 같은 운명에 처했을 것이다. 그는 고등학교의 스타 쿼터백이 되어 자신의 팀을 주 선수권대회로 이끌었다. 축구팀 코치가 그에게는 아버지 같은 존재였다. 코치는 그에게 마을을 떠나 대학에 진학하라고 격려했다. 칼은 코치의 말을 따랐고 쿼터백으로 축구 장학금을 받으며 신시내티 대학에 입학했다. 이후 그는 휴스턴 대학에서 MBA를 취득했다.*

1998년, 칼은 피트웨이에서 일을 시작했고 2000년에는 우리가 피트웨이를 인수하면서 하니웰의 직원이 되었다. 그는 방화 사업부에서 착실히 경력을 쌓았다. 2006년 우리는 그를 가스탐지기 사업부의 책임자 자리에 앉혔다. 이 사업부는 당시 미미한 수익을 올리고 있었으며 끔찍한 품질 문제를 안고 있었다. 고객들이 결함 있는 제품을 받는 일이 일상적으로 일어났었다. 몇 년 동안 칼은 하니웰 운영 시스템을 실행하기 위해 열심히 노력했다. 그의 조직은 품질 문제를 바로잡았고, 몇 가지 훌륭한 새 제품을 개발했으며, 고객을 만족시키는 데 집중했다. 그 결과 그 가스탐지기 사업부는 빠르게 성장했고(3년간 자체 성장률 50퍼센트 이상) 20퍼센

---

* 칼은 너그럽게도 이 책을 위한 인터뷰에 응해 주었고 그의 딸이 아버지의 생에 대해 쓴 글을 공유해주었다. 그의 성장 과정에 대한 이 이야기는 우리 인터뷰와 칼의 딸이 쓴 글이 토대가 되었다.

트가 넘는 수익률을 기록했다. 현재까지도 이 사업부는 높은 수익률을 유지하고 있다.

칼은 우리가 리더를 계발하고 유지하는 데 성공했음을 보여줄 뿐 아니라 리더가 우리의 성공에 엄청난 기여를 한다는 것을 보여주는 대표적인 사례이기도 하다. 그는 우리 안에 있는 톰 브래디 중 하나였다. 내부에서 리더를 개발하는 방향으로 시선을 두고 지도부 파이프라인에 끊임없이 집중하지 않았더라면 우리는 그를 발견하지 못했을 것이다. 또한 금전적으로 충분한 보상을 하고 그가 번영할 수 있는 훌륭한 작업 환경을 제공하지 않았더라면 그처럼 오래 그를 회사에 붙잡아 둘 수 없었을 것이다.

우리는 외부에서 자리에 적합한 리더들을 끊임없이 찾고 있다. 하지만 많은 적임자들이 우리 주위에 있다. 그것도 칼처럼 오랜 시간을 말이다.

"저는 '하니웰에서' 미래를 보았습니다."

그가 회상했다.

"안정성을 보았습니다. 발전을 보았습니다. 저와 제 가족이 성장할 수 있는 기회를 보았습니다. 특히 제 마음에 든 것은 대단히 경쟁적이고 결과 지향적인 환경이었습니다."

우리가 장기적인 결과에 집중하는 것도, 우리가 '일회성' 사고방식을 가지지 않고 '올바른 결과'를 내는 데 집중하는 것도 그의 마음에 들었다. 칼은 2018년 회사를 떠났다. 20년 동안 회사를 위해 헌신한 후의 일이었다.

오늘과 내일 그 모두에서 승리하려면, 당신의 사업에는 칼과 같은 리

향상 이기는 조직

더가 더 많이 필요하다. 그들을 찾고, 키우고, 그들이 성과를 올릴 영감과 권한을 부여받는 환경을 조성하는 것은 당신의 몫이다. 당신은 그렇게 하는 것이 선순환을 만든다는 것을 알게 될 것이다. 훌륭한 리더를 적절한 환경과 만나게 한다면 당신은 성과를 얻게 될 것이고, 이로써 리더는 더 높은 성과를 올리는 데 필요한 금전적, 정신적 보상을 얻게 될 것이다. 당신의 사업이 얼마나 많이, 얼마나 빠르게 성장할지 누가 알겠는가?

1. 팀이나 조직의 지도부 파이프라인을 구축하는 데 얼마나 많은 시간을 할애하는가? 다른 우선 사항에 밀려 이런 긴급한 과제를 놓치고 있지는 않은가?

2. 충분히 엄정하게 승계 계획을 시행하고 있는가? 당신의 조직은 리더가 떠남으로 인해 자주 동요하는가? 고위직 간부가 바로 내일 회사를 떠난다면, 대체하는 인물을 찾는 데 얼마나 걸릴까? 이미 조직에 있는 숨은 진주를 적극적으로 찾고 있는가?

3. 보상이 주로 단기적인 목표를 지향하는가? 단기적인 성과에 대한 보상과 장기적인 성과에 대한 보상 사이의 균형을 이룰 방법에는 어떤 것이 있을까?

4. 중요한 직책의 후보들에 대한 면접에 직접 참여하는가?

5. 팀이나 조직 내의 리더들은 어떻게 교육하는가? 당신이 거기에 참여하는가?

6. 최고의 리더들에게 충분히 보상하고 있는가? 최고의 인재를 원한다면 그만한 보상을 해야 한다! 그들이 성공하는 데 필요한 조건을 만들고 있는가?

7. 당신의 조직에 지나치게 많은 리더가 있지는 않은가? 리더들이 회사를 떠날 때 당신은 그 자리에 다른 사람이 정말로 필요한지 자문하는가? 그 자리를 다른 자리와 통합할 수는 없는가? 참모가 이니셔티브에 집중하기 위해 새로운 지도부 직책을 원할 때(정당한 요구일 때가 많다) 당신은 그들에게 다른 곳의 지도부 직책을 포기하라고 강요하는가?

8. 팀이나 조직 내의 인사 관행이 충분히 엄정한가? 상관이 성과 검토를 진지하게 받아들이는가? 이 검토의 시점을 봉급 인상 시점과 일치시키는가? 좋지 못한 성과를 내는 사람에게 강경한 입장을 취하는가? 높은 성과를 내는 사람들에게 충분한 보상을 하는가?

9. 하급자들이 이메일이나 직접적인 대화를 통해 책임을 상급자에게 떠넘기지 않도록 주의를 기울이는가?

3부

성장을 위한
투자

WINNING NOW, WINNING LATER

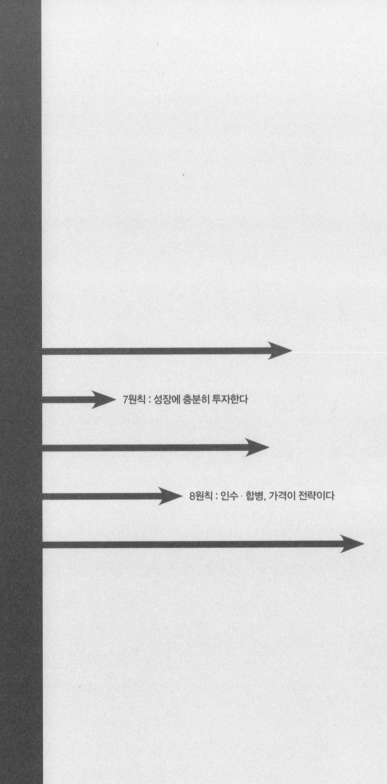

7원칙 : 성장에 충분히 투자한다

8원칙 : 인수·합병, 가격이 전략이다

7
원칙

성장에 충분히 투자한다

1997년 내가 GE의 주요 가전 사업 부문을 맡고 있을 때, 우리는 전자레인지와 같은 속도로 요리를 하되 보통의 오븐처럼 음식을 바삭하게 갈색으로 굽는 어드밴티엄Advantium 오븐 라인을 개발했다. 어드밴티엄은 조리에 전자레인지의 기술을 이용하되 고열 램프를 사용해 음식을 갈색으로 만드는 특별한 조리 기능(우리가 광파 기술이라고 부르는)이 추가되어 있었다. 마케팅 리더가 내게 처음으로 어드밴티엄에 대한 프레젠테이션을 할 때였다. 기기는 전자레인지가 들어가는 기존의 주방 공간에 딱 맞게 만들어져 있었지만 문이 2개였다. 하나는 전자레인지용, 하나는 광파오븐용이었다. 정말 우스꽝스럽게 보였다. 전자레인지는 크지 않았다. 고객들은 그런 크기의 기기에 문 2개가 있는 것을 이상하게 생각할 것이었다.

나는 기술자에게 광파 기술이 작동하는 방식을 보다 상세하게 설명해

달라고 부탁했다. 고열 램프 외에는 전자레인지 기술을 사용했다는 것을 알게 된 나는 기기의 구멍은 하나로 만들고 버튼을 눌러서 전자레인지와 광파 기능을 전환할 수는 없느냐고 물었다. 기술자는 30초간 생각을 하더니 "할 수 있습니다"라고 대답했다. 마케팅 리더는 펄쩍 뛰면서 물었다.

"도대체 처음 제품 콘셉트를 정하던 몇 개월 전에 그 사실을 얘기하지 않은 겁니까?"

기술자는 황당한 표정으로 답했다.

"물어보신 적이 없잖습니까?"

많은 회사가 연구·개발의 문제로 골치를 썩는다. 기술팀과 마케팅 팀이 소통을 하지 않기 때문이다. 하니웰에서도 마찬가지였다. 이 문제를 해결하기 위해 우리는 연구·개발 프로젝트의 시작에서부터 기술자와 마케터가 긴밀히 협력하게 했다. 우리는 또한 매년 전사적인 규모로 벌어지는 테크 심포지엄Tech Symposium이란 행사를 만들었다. 전 세계 수백 명의 기술자들과 마케팅 간부가 이 자리에 모여 협력을 도모하고 네트워크를 만든다. 이런 노력은 연구·개발 기능의 출력을 높여 장기적 성장을 강화하는 지속적인 노력의 일환이었다. 리더들과 주주들도 물론 내일 고객에게 판매할 기술에 오늘 투자하는 일의 중요성을 잘 알고 있다. 하지만 연구·개발에 많은 돈을 투자하는 것(우리 역시 한 일)만으로는 충분치 않다. 장기와 단기 모두 좋은 성과를 내기 위해서는 오랜 시간에 걸쳐 사업을 성장시켜야 하며, 이는 연구·개발 프로세스를 개선하는 데 현명하고 신중한 투자를 함으로써 투자한 돈에서 보다 많은 이익을 얻어

항상 이기는 조직

내는 것을 의미한다.

　장기적 성장은 연구·개발팀의 어깨에만 걸려 있는 것이 아니다. 앞서 미래에 대한 투자 자금을 조달하기 위해 유연성을 창출하는 데 사용했던 기획 접근법을 설명한 바 있다. 프로세스 개선과 효율 향상의 과정에서 매출을 지속적으로 늘려가면서도 고정비를 일정하게 유지하는 것이다. 당신이 창출한 잉여 가치의 일부를 주주들에게 되돌려주는 것도 중요하고 그 일부를 오래 묵은 문제를 해결하고 프로세스와 문화 변화를 통해 생산성을 향상시키는 데 유보하는 것도 중요하다. 하지만 그 잉여 가치의 상당 부분은 성장 이티셔티브의 포트폴리오에 투자해야 한다. '8원칙'에서 나는 회사의 성장 측면을 확장하고 개선하기 위해 우리가 추구했던 공격적인 인수·합병 전략에 대해서 설명할 것이다. 여기에서는 연구·개발, 세계화, 보다 나은 고객 경험을 어떻게 사용하면 미래의 성공에 힘을 더할 수 있는지 설명할 것이다. 우선은 성장의 진정한 토대인 고객 경험부터 설명하기로 하자. 오늘 고객을 만족시키지 못하고 있다면 당신이 다른 성장 영역에서 이루는 어떤 진전도 큰 영향을 발휘하지 못할 것이기 때문이다. 고객을 만족시키지 못한다면 신규 고객은 추가할 수 있을지는 모르지만 많은 기존 고객은 잃게 된다. 당신이 진정으로 좋은 고객 경험을 전달하고 있는지 확인하라. 그 후에 연구·개발, 세계화, 인수·합병과 같은 영역의 문제를 해결하도록 하라. 힘들고, 때로는 외로운 길이다. 하지만 당신이 강력한 장·단기 성과를 얻고자 한다면 반드시 그 길을 걸어야 한다.

입으로만 고객의 기대에 부응해서는 안 된다

내가 고객 만족의 중요성을 알게 된 것은 12살에 아버지의 주유소 겸 정비소에서 일을 하고 있을 때였다. 나는 창을 닦고, 화장실을 깨끗하게 유지하고, 정비소의 도구를 닦아 제자리로 되돌려 놓는 일을 도왔다. 내가 왜 이런 자질구레하고 지저분한 일들을 해야 하느냐고 묻자 아버지는 모든 것을 이해하려면 바닥에서부터 시작해야 한다고 말씀하셨다. 또 창을 닦는 것이 대단히 중요한 일이라고 말씀하셨다. 사람들은 어디서든 기름을 넣을 수 있기 때문에 우리는 손님들에게 우리 가게에 와야 할 좋은 이유를 만들어 줘야 한다고 말이다. 깨끗한 창은 고객의 눈에 우리를 돋보이게 만들도록 하는 방법이었다. 마찬가지로 화장실이 깨끗하게 유지되는 것을 발견한 고객은 우리에게 차를 정비 받는 것에 대해 더 긍정적으로 생각할 것이다. 그것은 우리가 스스로가 하는 일에 자부심을 갖고 있음을 외적으로 보여주는 장치였다. 아버지는 고객들을 공손하고 정중하게 대해야 한다는 것도 강조하셨다.

"기억해라. 깃대에 높이 올라갈수록 더 많은 사람이 네 똥구멍을 볼 수 있다는 것을."

원색적인 표현이었지만 나는 아버지가 무슨 말씀을 하시려는지 알아들을 수 있었다. 모두를, 특히 고객을 친절히 대하라!

하니웰에 왔을 때 나는 우리가 고객에게 최선을 다하지 않고 있음을 바로 알아차렸다. 우리는 입으로만 고객 만족에 대해 이야기했다. 입으로는 심지어 고객을 '기쁘게' 만들어야 한다고 말했다. 말은 쉽다. '1원

칙: 게으른 사고방식을 몰아내라'에서 이미 에어쇼에서 고객을 만났던 이야기를 했었다. 우리가 어떻게 일을 하고 있다고 생각하느냐는 질문에 그는 제품 개발 계약을 이행하지 않았다는 이유로 우리를 고소할 참이라고 알려주었다. 고객과 나눈 곤란한 대화가 이것뿐이라고 말할 수 있었으면 좋겠지만 그렇지가 않다. 고객들은 배송 지연, 수준 이하의 품질, 새 제품의 늦은 도입 등 다양한 문제로 내게 불평을 했다. 하지만 사업 부문의 리더들에게 그 문제에 대해 물어보면 그들은 실제적인 문제는 없다고 주장했다. 고객이 그들에게 불평을 하고 있지 않기 때문이었다. 그들은 우리의 품질과 배송 실적이 무난하다는 지표를 내세웠다.

지표가 잘못되어 있다는 의심이 든 나는 지표들을 보다 현실화시키고 각 공장의 실적을 감사해야 한다고 주장했다. '1원칙: 게으른 사고방식을 몰아낸다'에서 이야기했듯이, 우리는 공장 관리자들이 시스템을 조작하고 있다는 것을 발견했다. 예를 들어 고객들이 이전에 특정된 리드 타임 내에 주문하지 않은 경우나 영업사원이 주문을 정확히 넣지 않은 경우는 배송 지표에 포함시키지 않았던 것이다. 그들의 생각처럼 공장 관리자들은 그 문제에 대한 책임이 없었다. 그렇다면 뭐가 문제일까? 지표들만 보면 훌륭했다. 거의 완벽한 배송과 품질 성과였다. 하지만 고객이 경험했던 실제 성과는 거기에 크게 못 미쳤다. 고객들은 그들이 주문을 늦게 받은 이유가 무엇인지 고려하지 않는다. 그들은 필요한 시점까지 물건이 도착하지 않았다는 것만을 생각한다. 설상가상으로 시간이 흐름에 따라 고객이 불평을 하고 있다는 것을 알면서도 조직 전체가 그들의 불만을 무시하거나 경시하는 법을 배웠다. 우리의 태도는 "저 망할 고객들만 아니었다면…… 여기는 훌륭한 회사가 되었을 텐데!"라고 생각하고 있는 것 같았다. 목표치를 맞추려는 의욕 속에서 우리는 사업의 기본을 잊었다. 우리는 고객이 더 많은 주문을 할 수 있을 정도로 훌륭하게 일을 해내야만 회사가 계속 존재할 수 있다는 것을 잊었다.

| 지표가 보기보다 까다로운 문제인 이유 |

고객 경험에서 우리가 초기에 가지고 있던 문제는 측정의 중요한 개념을 보여준다. 사람들은 "측정되는 것은 관리된다"고 말한다. 하지만 꼭 그런 것은 아니다. 무언가를 측정할 경우, 사람들은 그 지표에 적응하고 그 지표를 재정의하는 것을 배우게 되고 그에 따라 당연히 지표는 상승한다. 나는 무언가를 측정하면 자연히 그 지표는 개선된다고 말하고 있는 것이다. 지난 3년 간 도입된 제품에서 매출의 50퍼센트가 나오길 바란다고 가정해보자. 신제품을 재정의하거나 동일한 구형 제품에 약간의 수정을 가하고 새로운 모델 넘버를 붙여 내보냄으로써 실질적인 변화가 없이도 50퍼센트라는 목표를 달성할 수 있다. 달리 말해, 지표는 의도가 아니라 말을 따르는 일을 촉진하는 경우가 많다. 유일한 해결책은 미리 명확한 정의를 정해두고 우리가 품질과 배송에 대해 마련한 것과 같은 감사 프로세스를 시행하는 것이다.

고객에 대해서라면 우리는 아주 훌륭하게 일을 해내겠다는 다짐 외에 더 중요한 것은 없다. 하니웰에서의 내 첫 두 해 동안, 우리는 조직의 사고방식을 전환시키기 위해 열심히 노력했다. 지표를 개선하고 성과를 감사하는 외에도, 우리는 고객 서비스 영역을 우리 12가지 행동의 하나로, 5대 핵심 전략에서 성장을 뒷받침하는 하나의 축으로 포함시키고 리더들을 고객 관련 지표에 따라 평가하면서 고객들에게 좋은 서비스를 하는 데 집중했다. 또한 우리는 매주 '회장배 일상의 영웅Chairman's Award for Everyday Heroes 상'을 만들었다. 고객을 위해 눈에 띄는 일을 한 직원에게 공로를 인정하는 상이었다. 전체 회의 때면 나는 고객 경험을 내가 구축하고자 하는 고성과 조직 문화의 필수적인 부분이라고 표현하면서 가장 우선적이고 중심적인 과제로 취급했다. 내가 사람들에게 늘 이야기했듯이, 고객 주문의 문제에 대해서는 더 이상 다른 사람을 탓할 여유가 없다. 문제의 근본 원인을 찾고 그 원인을 바로잡기 위해 프로세스를 변화시켜야 했다.

고객 경험의 개선에는 대단한 자금 주입이 필요하지 않았다. 그보다는 리더의 입장에서 사람들이 문화의 이 요소에 집중력을 유지하고 변화시키게 하는 일에 많은 관심을 기울이도록 만들어야 했다. 이런 노력이 차이를 만들었다. 처음에 우리의 실적이 얼마나 나빴는지를 생각하면 첫 두 해 동안 상당히 빠른 개선을 이룬 셈이다. 이로써 수익과 매출이 증가했다. 새로운 문화가 자리를 잡고 하니웰 운영 시스템이 실행되면서 우리는 계속해서 고객 경험을 향상시킬 수 있었다. 우리는 전혀 완벽하지 않았고 지금도 그렇다. 하지만 처음에 비해서 훨씬 나아졌다.

연구 · 개발에 더 많은 투자를 하라

또한 우리는 성장을 가속시키고 고객이 원하는 놀라운 신제품과 서비스를 개발하고자 했다. 우리 연구·개발팀은 공학계의 훌륭한 인재들을 보유하고 있었지만 팀 전체의 수준은 보통 이하였다. 항공우주 부문의 사장이자 CEO인 팀 마호니가 기억하듯이 말이다.

"우리는 전반적으로 신제품에 대한 투자가 한참 부족했습니다……. 목표치만 간신히 맞추려고 노력했고 신제품을 개발하지 않음으로써 장래의 보상을 확보하는 것이 매커니즘의 하나였습니다."[1]

설상가상으로 그나마 투자한 적은 자금도 그다지 효율적으로 쓰이지 않았다. 내가 말했듯이, 엔지니어들은 그들만의 사일로에서 움직였고 우리 사업이나 고객의 니즈에는 집중하지 않았다. 또한 엔지니어링 팀이 대단히 분권화되어 있어서 연구·개발팀 사이에 질과 성과가 고르지 못했다. 한편, 제품 개발은 극도로 느렸다. 새로운 아이디어를 실행 가능한 제품으로 만들어 시장에 내보내는 과정이 충분히 빨리 이루어지지 않았다. 최고기술책임자이자 자동화 및 관제 솔루션 사업 부문의 부사장인 댄 셰플린Dan Sheflin은 우리가 '하향 소용돌이'에 빠져 있었고, 그로인해 매출을 견인할 신제품이 부족했으며, 기존 제품 라인은 노화해서 수익을 높이지 못했고, 따라서 신제품 개발에 투자할 자금이 없었다고 회상했다.[2]

우리가 자체 조달한 연구·개발 예산은 매출의 3.3퍼센트에서 5.5퍼센트로 증가했다. 같은 기간 우리의 매출이 220억 달러에서 400억 달러로 2

배가 되었다는 것을 고려하면, 이는 총액의 3배 상승을 의미했다. 하지만 이런 수치는 우리 투자의 피상적인 면만을 보여줄 뿐이다. 수치는 연구·개발 기능의 개선된 품질을 반영하지 못하기 때문이다. 우리는 효율과 효과를 극적으로 개선하는 여러 가지 조치를 취해 우리가 연구·개발에 사용하는 모든 자금으로부터 최대한의 가치를 뽑아낼 수 있도록 했다.

첫째, 우리는 개발도상국의 연구·개발 규모를 늘려 비용을 낮췄다. 많은 리더들이 엔지니어링 작업의 질이 떨어질 것을 걱정하며 인도, 중국, 멕시코, 말레이시아와 같은 곳에서 연구·개발을 진행하는 것을 두려워했다. 내가 CEO가 되었을 때 우리는 인도에 하니웰테크놀로지솔루션 Honeywell Technology Solutions이란 시설을 두고 있었다. 전 세계 시장을 대상으로 미국이나 다른 선진국에 비해 낮은 비용에 이례적일 정도로 우수한 소프트웨어 엔지니어링 연구를 하는 시설이었다. 하지만 직원이 약 500명에 불과한 이 시설은 규모가 상당히 작았다. 기회를 감지한 나는 이 시설의 리더에게 인력을 2배로 늘리라는 지시를 했다. 그렇게 많은 엔지니어 고용을 정당화할 만큼 일거리가 없다며 그가 이의를 제기했다. 나는 믿음을 가지라고, 일은 들어오게 될 것이라고 말했다.

다음의 과제는 하니웰 전체의 사업 부문 리더들에게 연구·개발 니즈를 미국이나 서유럽과 같은 고비용 시설이 아닌 인도(그리고 이후에는 중국이나 체코의 유사 시설)에서 충족시키라고 설득하는 일이었다. 연구·개발 예산이 늘어남에 따라 나는 매 분기 우리 사업 부문들의 최고기술책임자를 만나 새로운 지출을 저비용 고품질 시설로 돌릴 것을 종용했다. 리더들에게 연구·개발 시설의 품질을 확인하기 위해 직접 인도와 중국을 방문할 것을 요구하기도 했다. 엔지니어링 인재를 고용하기 위한 승인을 요청하면 나는 그 승인을 하되 저비용 국가에서 고용하라는 조건을 달았다. 시간이 흐르면서, 사업 부문들이 그 메시지를 받아들였고 우리는 인도, 중국, 체코의 연구·개발 역량을 극적으로 확장시켰다. 현재 우리는 이들 국가의 하니웰테크놀로지솔루션에서 1만 명의 직원들과 하니웰 전체의 수많은 팀들을 위해 세계적 수준의 엔지니어링 작업을 수행하면서 매년 수백만 달러의 비용 절감 효과를 얻고 있다. 이는 우리가 글로벌 매출 성장의 기반을 마련하는 데도 도움을 주었다. 연구·개발 시설을 마련하면서 지역 시장에 대한 훨씬 깊이 있는 지식을 얻었기 때문이다.

우리가 연구·개발 기능의 개선으로 성장을 자극한 두 번째 방법은 신제품 개발 방식을 간소화한 것이었다. 2003년 하니웰 운영 시스템을 시작하면서 우리는 빠른 제품 개발VPD, Velocity Product Development이라는 이니셔티브도 함께 시작했다. 매출 상승이란 목표 하에 개발 프로세스의 모든 부분을 가상으로 재해석하는 것이다. 우리는 엔지니어, 마케터들과 함께 시스템을 관통하는 프로젝트 흐름을 분석해 속도 개선을 중심으로 한 장애를 확인하고 바로잡았다. 우리는 개발 프로세스를 단계별로 분해해 그에 대한 모든 것을 개선했다. 초기 단계부터 마케팅과 엔지니어링 부서의 협력을 도모하고, 제품 디자인의 유용성과 우리 공장의 제조의 용이성을 개선하고, 디자인의 급속 프로토타이핑을 실행하고, 신제품 론칭 방법을 강화했다. 우리는 새로운 디자인 변화에 필요한 결재선을 간소화하고, 소프트웨어 개발과 테스트를 개선시키고, 전자 디자인 도구

항상 이기는 조직

의 사용을 확대했다.

이런 철저한 노력 덕분에 우리는 프로젝트에 소요되는 엔지니어링 시간을 상당히 줄일 수 있었다. 관리자들이 신제품 개발 프로세스 개선을 우선시하게 만드는 일이 쉬운 일이라고 생각되는가? 그렇지 않다. 일상의 활동에 몰두해 있는 그들로부터 지원을 확보하는 것은 결코 쉬운 일이 아니다. 진척을 위해서 나는 분기별로 우리의 모든 CTO들을 만나 그들이 맡은 사업 부문의 VPD 진전 상황에 대해 논의했다. 우리는 연례 고위 임원 회의에서 VPD 프로세스를 다기능적으로 가장 잘 혁신한 사업 부문 리더와 CTO를 표창하고, VPD 실행 성과 상위 10대 사업부와 하위 10대 사업부를 발표했다. 나는 하위 10대 사업부의 리더들을 개별적으로 만나 개선에 대한 책임을 물었다.*

적절한 기술 역량의 구축

전체적인 연구·개발의 문제를 다루는 것 외에, 우리는 소프트웨어 엔지니어링 역량 개선을 위한 추가적인 변화도 만들었다. 초기 블루노트

---

* '1원칙: 게으른 사고방식을 몰아낸다'에서 설명한 성장의 날은 핵심 프로젝트와 이니셔티브에 대한 주기적 업데이트를 받을 수 있는 좋은 기회이다. 리더들이 유망한 프로젝트에 충분히 투자하지 않는 경우가 놀라울 정도로 많다. 리더들이 프로젝트의 담당 직원을 2~4명 늘린 것에 만족하는 때도 있다. 사실은 기대를 극적으로 높이고 25명의 인원을 배치해야 하는 경우인데 말이다. 리더들은 문제에 대해서 자원을 충분히 제공하지 않는 경향이 있는 것처럼(3원칙: 해묵은 문제를 회피하지 않는다), 가능성에도 큰 관심을 두지 않는 경향이 있다.

시간 중에, 나는 우리 팀에게 엔지니어링 인재를 분야별로 분석하라는 과제를 주었다. 기계, 전기, 화학 엔지니어들이 상당히 고르게 있을 것이라는 예상과는 판이하게 다른 결과가 나왔다. 놀랍게도 우리는 많은 소프트웨어 엔지니어를 보유하고 있으면서도 소프트웨어 엔지니어링 분야에는 집중하고 있지 않았다. TRW에서 CEO로 재직할 당시 소프트웨어 사업을 하면서* 나는 CMMICapabilit Maturity Model Integrated(역량 성숙 통합 모델)라는 소프트웨어 개발 기법에 깊은 인상을 받았었다. CMMI는 조직의 소프트웨어 개발 프로세스가 얼마나 성숙되었는지를 5단계를 최고점으로 1~5까지의 범위에서 평가하는 것이다. 1단계의 개발 프로세스는 '예측 불가능하고, 적절히 제어되지 않으며, 사후 반응적인' 것이고 5단계의 프로세스는 체계화되고 이해가 쉬우며 지속적인 개선에 집중하는 것이다.[3] 5단계의 프로세스라면, 실수를 최소화하고 전 조직이 실수로부터 배움을 얻어 실수를 반복하지 않는 체계화된 개발 절차가 구축되었다는 뜻이다.

나는 전 세계의 우리 소프트웨어 엔지니어링 모두가 5단계 프로세스를 채택하기를 원했다. 하지만 CFO들은 이런 목표를 추구하는 데 별 관심이 없었다. 그들이 보기에 CMMI는 지나치게 요식적이고(가능성이 없지는 않다) 혁신을 방해했다. 나로서는 그런 반발이 W. 에드워드 데밍W. Edwards Deming이 1950년대에 처음으로 제품 품질을 제조업의 핵심 요소로 승격시켰을 때 마주한 반응과 아주 비슷해 보였다. 미국 기업들은 관심

---

* 하니웰에 오기 전 2001~2002년에 그 자리에 있었다.

을 보이지 않았기 때문에 그는 그 프로세스를 일본에 소개했다. 일본의 자동차 제조업체들은 이 프로세스를 받아들여 세계 시장을 지배하게 되었다. 마찬가지로 CMMI는 미국(카네기멜론대학)에서 시작되었으나 당시의 5단계 기업들은 주로 인도와 일본에 있었다. 우리의 인도 하니웰테크놀로지서비스는 이미 수년 전부터 CMMI 5단계 인증을 받았던 것으로 드러났다. 그 프로세스가 그곳에서 확산될 수밖에 없었던 또 다른 이유가 있었던 것이다.

회유하는 데 수년이 걸렸지만 결국 여러 CFO들은 CMMI의 팬이 되었다. 우리 자동화관제시스템Automated Control Systems 사업 부문의 댄 셰플린은 CTO들을 이끌고 인도로 가서 2주 동안 그곳의 우리 시설이 어떻게 운영되고 있는지 자세히 조사했다. 그는 자신이 맡은 사업 부문의 모든 시설을 5단계로 만드는 일의 가치를 확인하고 돌아왔다. 6~7년의 시간을 거쳐 자동화관제시스템 전체의 소프트웨어 엔지니어링은 5단계를 달성했다. 어떤 이니셔티브처럼, 더 낫게 혹은 더 효율적으로 실행할 여지가 있었을 수도 있다. 하지만 어쨌든 CMMI는 앞으로 진전하는 큰 발걸음이 되었다.

전략적 연구 · 개발 구축

연구·개발과 엔지니어링 프로세스의 개선 외에도 우리는 비즈니스 리더들이 연구·개발을 보다 전략적으로 다루게 하기 위해 노력을 기울였다. 각 사업부는 연구·개발에 대한 지출액을 현재와 미래의 프로젝트에 대한 영향과는 상관없이 이전 예산과 이용할 수 있는 돈 중에 그들이 생각하는 적절한 '몫'을 기준으로 결정했다. 우리는 연구·개발 예산 설정을 본사 차원에서 중앙 집중화시켜 잠재 프로젝트들을 분석하고 사업에 가장 큰 영향을 발휘할 것이라고 생각되는 프로젝트 쪽으로 더 많은 자금을 돌렸다.

우주항공 사업 부문에서도 장·단기 성장을 조화시키는 방식으로 새로운 프로젝트들을 선택하기 시작했다. 대부분의 신제품 개발은 우리가 '장주기long-cycle' 프로젝트라고 부르는 것을 필요로 했다. 우리는 혁신적인 새로운 조정석 디자인 설계에 투자했으나 이 프로젝트가 끝나고 매출이 오르기까지는 6~8년이 필요했다. 2005년경부터 우리는 이런 종류의 프로젝트들이 새로운 '단주기' 프로젝트들, 즉 고객이 몇 년이 아닌 몇 개월 안에 구매할 수 있는 제품(완전히 새로운 항공기의 신형 플랫폼이 아닌 기존 항공기의 점진적인 개선)과 균형을 이루도록 했다. 이후 2010년에는 영업 인력을 확충해 단주기 프로젝트에 대한 지원을 크게 늘렸다. 장주기 프로젝트와 단주기 프로젝트의 조합으로 우리는 꾸준하면서도 보다 예측 가능한 성장을 실현할 수 있었다. 시간이 흐르면서 단주기 제품이 증가했고 현재는 수익성이 높은 10억 달러 규모의 사업이 되었다.

항상 이기는 조직

최종 사용자에게 주의를 기울인다

연구·개발을 개선하는 또 다른 방법은 직원들로 하여금 보다 나은 사용자 경험을 전달하는 데 집중하게 하는 것이다. 1990년대 후반, 우리 집에는 하니웰 온도조절장치가 있었다. 여름만 되면 그 장치는 너무 춥게 느껴질 때까지 에어컨을 틀어댔다. 온도조절장치를 조정하려고 시도했지만, 어떻게 해야 하는지 알 수가 없었다. 패널에 인쇄된 사용법을 보았지만 글자가 너무나 작은 것은 말할 것도 없고 아주 복잡했다. 사용자 설명서를 보았지만 아무리 애를 써도 설정 온도를 높이는 방법을 알 수가 없었다. 결국 나는 포기하고 스웨터를 입었다.

CEO가 된 후, 초기 전략 기획 검토 시간 중에 사용자 경험 개선에 대한 논의가 있기는 했지만 관심이 필요한 다른 우선 사항들이 너무나 많아서 사용자 경험은 뒤로 밀려났다. 이후 거의 10년 뒤, 웨스트포인트에서 리더십 강연을 하던 중(시골뜨기인 나로서는 엄청나게 영광스러운 일이었다), 나는 교수가 학교에서 '휴먼팩터human factor'를 다루는 학문을 얼마나 잘 가르치고 있는지에 대해 이야기하는 것을 들었다. 그리고 이 부분이 하니웰이 아직 집중하지 못했던 영역이라는 것을 깨달았다. 큰 잠재력을 갖고 있는 매출 성장 경로라는 생각이 들었다. 애플과 같은 기업은 말로 표현되지 않는 고객의 주요한 니즈를 예측하고 그것을 제품 디자인에 통합시키는 일에 능하다. 매출을 극대화시키려면 VPD 하에서 보다 많은 신제품을 보다 빨리 내놓는 것만으로는 부족했다. 우리에겐 보다 사용, 설치, 유지가 쉬운, 보다 나은 신제품이 필요했다. 이는 우리가 고객의 니즈를 보다 깊이 있게 이해해야만 한다는 것을 의미했다. 우리는 사용자, 설치자, 관리자의 경험을 개선해야만 했다.

CTO들과의 다음 분기 회의 때, 우리는 '하니웰 사용자 경험HUE, Honeywell User Experience'라는 이니셔티브를 만들었다. '제조업계의 애플'이 되겠다는 목표를 달성하기 위해 우리를 이끌어 줄 컨설턴트들을 고용했고,* 사용자 경험에 전문 지식을 가진 사람들을 충원했고, HUE만을 위해 특별히 고안된 공간들을 만들었으며, 분기별로 회사 단위의 HUE 상을 수여하기 시작했고, 일반 관리자들을 HUE에 노출시키는 이틀간의 교육 과정을 제공했다(세션마다 내가 강연을 했다). 내가 추진했던 다른 이니셔티브와 달리, HUE는 조직 내에서 처음부터 환영을 받았다. 하지만 여전히 자리를 잡는 데는 시간이 걸렸다. 우리는 1년 내에 하니웰 전체에 200명의 휴먼팩터 전문가를 고용한다는 계획을 세웠지만, 다른 우선 사항들이 끼어들어서 약 50명만 고용했다. 또한 관리자들은 엔지니어들을 현장에 보내 고객들과 시간을 보내는 일을 꺼렸다. 고객의 니즈에 대한 식견이 가지는 가치를 무시했기 때문에 제품 개발에 쏟을 수 있는 귀중한 엔지니어링 시간을 거기 사용하는 것을 원치 않았던 것이다.

그런 문제들에도 불구하고 HUE는 대단한 성공을 가져왔다. 그 한 예가 현 CEO인 다리우스 아담칙이 이끌던 프로세스 관제 사업부에서 개발된 엑스피리언 오라이언 콘솔Experian Orion Console이다. 산업 시설 관제

---

* 보통, 나는 컨설턴트 고용을 반대하는 편이었다. 우리가 일을 하는 방법을 직접 익히길 바랐기 때문이다. 그러나 프로젝트에 대해서 아는 것이 전혀 없는 경우(HUE와 같이), 컨설턴트의 사용을 인가했다. 물론 주의 깊게 관리한다는 조건 하에서이다.

항상 이기는 조직

실 내부의 제어반은 항공기의 조종석과 아주 유사한 기능을 한다. 산업 관제 운영자는 공장 운영에 대한 시각적 데이터를 받으며 문제가 발생했을 때 필요에 따라 개입한다. 전통적으로 이런 제어반은 복잡하고 사용하기가 어렵다. '미래의 관제실'을 만드는 일에 착수한 우리는 하니웰 기술자와 HUE 전문가 팀을 고객 시설에 파견해 정제공장, 화학공장, 제지공장, 광산의 관제 운영자들이 기존의 제어반을 어떻게 사용하고 있는지 관찰하게 했다.

고객의 피드백을 처리한 우리는 이런 제어반을 간소화시키고, 애플의 아이폰처럼, 즉 보다 단순하고, 직관적이고, 사용하기 쉽게 만들 수 있는 여러 가지 가능성을 발견했다. 우리는 산업 제어반을 완전히 다시 디자인해, 엑스피리언 오라이언 콘솔이라는 혁신적인 인체공학적 제어반을 만들었다. 이 제어반은 공장에서 발생한 운영상의 문제를 드러낼 뿐 아니라 공장 운영자가 이 문제를 안전하게 가장 유리하게 바로잡기 위해 사용해야 하는 기성 절차가 무엇인지 자동으로 알려주는 소프트웨어를 탑재하고 있다. 이 제어반은 디지털 비디오와 오디오 커뮤니케이션을 통합시켰으며, 무선이어서 운영 직원이 단말기로 공장에서 무슨 일이 일어나고 있는지 모니터할 수 있고 현장 운영을 도울 수도 있다. 2013년 출시된 엑스피리언 오라이언 콘솔은 수백 개 시설에 배치되어 특유의 디자인으로 사용자를 즐겁게 할 뿐 아니라 공장이 훨씬 높은 안전성, 신뢰성, 효율성을 달성하는 데 도움을 주었다.

여기에서 알아야 할 것이 하나 있다. 사람들이 HUE와 같은 이니셔티브가 좋은 아이디어라는 것을 충분히 아는 경우라도, 그들이 일상의 운영을 넘어서서 그 이니셔티브를 진지하게 받아들이도록 하려면 리더들이 끈질기게 밀어붙여야 한다는 점이다. 전반적으로, 우리가 HUE, VPD, CMMI를 통해 이룬 연구·개발 강화는 우리의 성장에 엄청난 도움을 줬다. 위에서 나는 우리의 전체 연구·개발 지출이 내가 재임하는 기간 동안 3배 증가했다는 것을 언급했다. 우리의 군살이 없고 보다 효율적이고 보다 고객 중심적인 연구·개발 프로세스를 고려하면, 실제 영향은 400퍼센트 증가에 가까울 것이다. 신제품과 서비스는 내 임기 마지막 7년 동안 우리가 추진했던 항공우주 계약의 75퍼센트를 따내는 데 도움을 주었으며, 전체 매출에서 미국 이외의 매출 비중을 늘리는 데도 큰 몫을 했다. 새로운 기술에 힘입어, 우리는 소형 제트 엔진에서 상업용 조정실 전자공학기술, 보안 시스템, 바코드 스캐닝, 창고 자동화, 정유 및 석유화학 기술에 이르기까지 수많은 시장에서 선도적인 위치에 섰다. 우리는 분기별 실적을 희생시키지 않고도 이런 성장을 달성했다. 당신 사업에서도 비슷한 결과를 얻을 수 있다. 다만 조직이 신제품과 서비스를 만드는 방법, 신제품과 서비스를 보다 신속하고 보다 낫게 만드는 방법에 대해서 기꺼이 비판적으로 생각해야만 가능하다.

세계화로 더 깊숙이, 하지만 천천히

연구·개발을 강화하면, 지리적 확장을 통해 매출을 더 높이는 데 보다 유리한 입장에 선다. 내가 하니웰에 합류했을 때, 미국 이외의 국가가 세

항상 이기는 조직

계 GDP의 4분의 3을 창출하고 있었으나 우리 매출에서 미국 밖에서 비롯된 것은 40퍼센트에 불과했다. 그 35퍼센트의 격차는 가능성을 의미했다. 반사적으로 생각했다면 우리는 한 번에 세계 여러 지역을 공략하고 곳곳에서 인수와 조인트 벤처 설립으로 광범위한 진출을 꾀하는 전면적인 세계화 접근법을 택했을 것이다. 하지만 이 책을 계속 읽어왔다면 우리가 보다 점진적이고 집중적인 접근법을 선호했다고 들어도 놀라지는 않을 것이다. 우리는 고성장의 큰 지역부터 공략했고 특히 중국과 인도로의 확장에 집중했다. 다음 페이지의 그래프가 보여주듯이, 2035년이 되면 세계 GDP의 53퍼센트는 고성장 지역에서 비롯될 것이다. 특히 세계 인구의 3분의 1을 거느리고 있는 2개의 고성장 지역, 인도와 중국은 엄청난 경제 확장을 보여줄 것이다. 이곳저곳으로 노력을 분산해서 일을 진척시키다 실패하기보다, 우리는 중국과 일본에 거점을 마련하고 그곳에서 다른 고성장 지역으로 확장하기로 선택했다. 이 두 나라에서 전략 이행에 성공한다면, 세계화가 주는 혜택의 상당 부분을 누리게 될 것이고 그 성공을 다른 곳에서도 복제할 수 있으리라고 생각한 것이다.

2004년 하니웰의 중국 사업은 연 매출이 3억 5,000만 달러에 불과했으며 성장률은 연 4퍼센트였다. 이런 성장률도 괜찮은 성적으로 보인다. 하지만 당시 중국의 전체 GDP가 연 11퍼센트 이상 성장하고 있었으며 산업 부문의 성장률은 17퍼센트에 달했다는 것을 고려하면 얘기는 달라진다. 당시 중국 사업부 책임자였고 현재 글로벌고성장지역Globoal Hight Growth Regions 부문 사장인 셰인 테드자라티Shane Tedjarati는 이렇게 이야기한다.

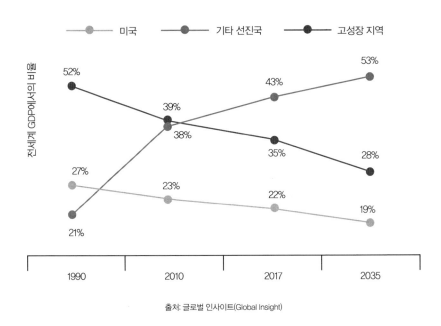

■ 전 세계 GDP에서의 비율 변화 ■

미국 ─── 기타 선진국 ─── 고성장 지역

출처: 글로벌 인사이트(Global Insight)

"우리는 매일같이 시장을 빼앗기면서도 그것을 모르고 있었습니다. 자멸 중이었다고 말하는 것이 정확할 것입니다. 시장과 고객, 경쟁업체에 대해서 알아야만 하는 것을 전혀 모르고 있었으니까요."**4**

미국 기반의 다른 기업들은 우리보다 훨씬 큰 입지를 다져두고 있었다. 분석가들이 망설임 없이 지적하는 사실이었다. 내가 하니웰에 합류하기 전에 완료된 구조 조정으로 중국의 인력은 크게 감소한 상태였다. 중국의 직원은 단 1,000명에 불과했다.

일부 분석가들과 참모들은 기업을 인수하거나 조인트 벤처를 구축해 중국에서 빨리 임계질량critical mass(본래는 핵분열 연쇄 반응을 유지하는 데 필요

항상 이기는 조직

한 최소 질량을 뜻하나 여기에서는 바람직한 결과를 얻기 위한 최소한의 규모를 뜻한다-옮긴이)을 달성해야 한다고 권고했다. 하지만 우리는 기존 사업 부문을 자체적으로 성장시키는 방법을 선택했다. 중국에서 사업을 운영하고 경쟁하는 방법을 배우는 느리고 어려운 프로세스를 거치면서 전 세계 다른 지역에서 채용할 수 있는 역량을 개발할 수 있을 것이라 생각한 것이다. 더구나, 중국에서의 인수는 광범위한 예비 실사가 필요한 시간이 많이 걸리는 일이었다. 많은 중국 기업의 회계가 신뢰하기 어렵다는 점을 고려한 나는 기업 인수에 많은 힘을 쏟았다가 그만한 보상을 받지 못하게 될 것을 염려했다. 우리는 인수할 만한 지역 기업들을 지켜보는 한편, 매출 성장에 기대를 걸고 중국에서 재능 있는 리더와 인력을 적극적으로 채용하는 데(매출이 실현되기를 기다려서 채용을 하는 대신) 좀 더 관심을 집중했다.

중국의 경쟁업체가 된다

테드자라티가 중국을 책임지는 총 책임자로 합류한 2004년까지는 진전이 느렸다. 중국어에 능통한 그는 수년간 중국에서 살았고 그 나라의 문화를 잘 알고 있었다. 또한 그는 야심찬 목표를 마음에 두고 있었다. 미국 기업이 진짜 중국 기업처럼 기능할 수 있다는 것을 보여주고 싶었던 것이다. 대부분의 서구 기업들은 별다른 지역 고객에 대한 지식이나 식견 없이 중국 같은 나라에 진입해 서구 시장을 위해 만든 제품, 관행, 공급망을 이용해 경쟁한다. 개발도상국의 최고급 시장에서는 고객을 끌어들이는 데 성공하겠지만 그 아래 시장에서 그들의 제품은 부적절하고 지나치게 비싸다. 고객과 그들의 니즈에 대해 잘 아는 지역 경쟁업체들은 이런 제품을 베껴서 보다 싼 값에 팔아 시장의 대부분을 점유한다. 이런 모방 제품들은 서구 기업의 제품만큼 좋지는 않더라도 질이 나쁘지 않은데다 가격은 훨씬 저렴하다. 대개의 경우, 지역 고객에겐 낮은 비용이 세련된 고급 기능보다 훨씬 중요하다. 그들은 이런 고급 기능을 필요로 하지 않는다.

테드자라티 아래에서 우리는 최고의 토착 경쟁업체와 경쟁할 수 있는 '내부인'이 되도록 운영을 개편하면서 지도부 인재들의 역량을 업그레이드하고, 중국 내의 최상급 시장은 물론 중급 시장까지 공략했다. 우리는 생각했다. 중국 내 우리의 운영 방식이 현지 경쟁업체를 이길 수 없다면, 이런 지역 업체들이 성숙해져서 선진국 시장으로 확장한 뒤에는 그들을 어떻게 이길 수 있겠는가? 우리는 외국인을 끌어들이는 대신 재능있는 중국 현지인을 지도부에 고용하고 제품에 대한 보다 많은 지역 공급원을 개발했다. 대부분의 기업들이 본사가 솔루션을 지시하고 프로젝트의 승인 권한을 보유하는 독재적 접근법을 취하는 경향이 있지만, 우리는 중국팀의 역량이 커짐에 따라 그들에게 보다 많은 자치권과 통제력을 부여했다. 연구·개발 시설을 개발도상국에 위치시키는 전략도 우리에게 큰 도움이 되었다. 연구·개발 지출에서 많은 가치를 뽑아낼 수 있어서만이 아니라 지역 소비자들이 원하고 지역 경쟁업체가 제공하는 것에 필적할 수 있는 사양과 기능을 가진 제품을 디자인할 수 있는 지역

　　　　　　　　　　　　　　　　　　　　　　　항상 이기는 조직

별 전문 지식을 구축할 수 있었기 때문이기도 하다.

초기 노력이 추진력을 얻으면서, 우리는 이 접근법을 '중국의 경쟁업체가 된다Become the Chinese Competitor'라는 이니셔티브로 공식화시켰다. 우리는 우리 중국 시장 내의 모든 것, 즉 마케팅, 경영 관리, 디자인 승인, 제조, 외부 구매, 직원 채용 등 모든 것이 현지에서 이루어지도록 하고 본사에서는 진전 상황을 정량적으로 측정하게 만들었다. 우리 리더들은 가장 강한 중국 경쟁업체를 확인하고 서구 업체들이 아닌 이들 경쟁업체에 대응할 방법에 대한 엄격한 분석을 실시해야 했다. 나는 한 해 두 번씩은 중국의 지역 리더들, 국가 지도자, 세계 비즈니스 리더들과 만나 우리가 일을 어떻게 하고 있는지, 우리에게 필요한 새로운 자원은 무엇인지에 대해 하루종일 논의했다.

이 프로세스는 매우 유용했던 것으로 드러났다. 지역 경쟁업체를 기준으로 삼아 우리 사업에 대해 파악하자 관련 측면들의 사업 성과가 회의 때마다 악화되는 것으로 나타나는 경우가 많았다. 우리의 사업이 악화되고 있는 것이라기보다는 우리의 약점(미국이나 유럽의 글로벌 리더들이 지나친 감시와 통제를 지속하는 영역 등)이 드러나고 있었던 것이다. 이런 문제 영역들이 노출되자, 조치를 취하고 개선을 시킬 수 있게 되었다. 여담이지만, 이것은 개방적이고 솔직한 회의가 성과를 강화할 수 있다는 것을 보여주는 훌륭한 예였다. 리더들은 매 회의 때마다 각 차원의 개선을 보여주어야 한다고 느끼는 대신 문제를 바로잡고 개선하는 데 보다 집중했고 이는 정확히 우리가 필요로 하는 것이었다.

유연성을 위한 구조 마련

세계적 확장을 위해 노력하면서 우리는 글로벌 기업으로서의 구조를 마련해야 할 것이 아닌지 고민하고 있었다. 각 사업 부문(항공우주, 특수재료 및 기술, 자동화 및 관제 솔루션, 운송 시스템)의 글로벌 사업부가 제품의 세계 판매를 책임지는 방식이냐, 일련의 국가별 사업부에서 해당 국가의 운영 리더가 자신의 담당 지역에서의 모든 사업 결과를 책임지는 방식이냐를 두고 말이다. 상충되는 것으로 보이는 두 가지를 동시에 한다는 내 철학대로 나는 둘 모두를 원했다. 우리 글로벌 사업부 리더가 결과에 대한 궁극적인 책임을 유지하되, 시장에 대한 우월한 지식을 가진 지역 리더가 의사 결정에서 목소리를 내야 했다. 국가 담당 리더는 사업을 책임지고 있기도 했고 그렇지 않기도 했다. 그들은 지역 시장에 파견되어서 사업 결정에 영향을 주었지만 유럽이나 미국에서 일하는 글로벌 사업부 리더들과의 조정도 필요했다. 이런 방식이 제대로 기능하도록 만들기 위해서는 매년 국가 담당 리더와 해당 사업 부문이 그 나라에서 우리가 달성하고자 우선 사항에 대해 명확히 합의해야 했다. 또한 국가 담당 리더들을 고용할 때는 지역 사업부와 글로벌 사업부 사이의 신뢰를 구축할 수 있는 사람을 확보하기 위해 특히 주의를 기울여야 했다.

이런 접근법 덕분에 우리의 의사 결정은 상당히 유연해졌다. 때로, 글로벌 사업부가 특정 국가 사업부를 무시하는 것처럼 보일 때면 우리는 국가 리더의 의사 결정에 힘을 실었다. 추가 반대로 기우는 경우도 종종 있었다. 중국의 경우 자동화관제시스템 내 현지 방화 사업부 리더인 리닝Li Ning이 꾸준히 발군의 실적을 내는 모습을 보여줬다. 그는 뛰어난 성과 덕분에 많은 자율권을 행사할 수 있었지만 자동화관제시스템 내 다른 중국 사업부 리더들은 실적이 그리 좋지 못했기 때문에 많은 자율권을 얻지 못했다. 이에 우리는 우리의 국가 담당 리더와 글로벌 사업부 모델에서 벗어나는 조치를 취했다. 리 닝에게 중국 내 모든 자동화관제시스템 사업부에 대한 결정권을 준 것이다. 거의 즉각적으로 연매출이 10퍼센트에서 20퍼센트로 상승했다. 이런 식의 결과를 얻기 위해서 모델을 수정해야 할 경우에는, 우리는 과감하게 그렇게 했다!

중국에 대한 끈질긴 노력은 보답을 했다. 우리 사업부 하나는 우리가 옳고 중국 고객이 틀렸다는 태도를 견지하면서 서구의 기준에 맞춰 디자인한 수소 흡착기로 중국에서 계약에 입찰을 했으나 100회가 넘는 실패를 맛보았다. 중국의 품질 기준은 서구 못지않았다. 다만, 중국 경제의 급속한 기술 개발 때문에, 중국 고객들은 긴 수명을 필요로 하지 않았다. 중국 기준에 맞춘 디자인을 시작하자 우리 사업부는 입찰한 프로젝트의 낙찰률은 3분의 1에 도달했다. 낙찰 받게 되었다. 중국 사업 전반에 걸쳐 우리는 천천히 그러나 꾸준히 유기적으로 입지를 구축해나갔다. 현재, 중국은 미국 이외에 하니웰에서 가장 높은 매출(약 30억 달러)을 올리는 국가이다. 우리는 1만 3,000명의 직원과 함께 30억 달러에 달하는 대단히 높은 매출을 올리고 있다. 이 직원 중 미국인은 단 75명에 불과하다.

2010년부터 우리는 이와 같은 접근법을 다른 고성장 지역으로 확대했다. 동시에 우리는 우리 사업 부문에도 고객이 있는 국가에서 사는 영업 인력을 배치하는 조치(상식적으로 들리겠지만, 상식적인 조치를 찾아보기 힘든 경우도 많다)를 비롯해 세계화된 사고방식을 포용하는 데 힘을 쏟았다. 한 사업부에서는 임원들이 직원을 세계에 내보내는 것이 특유의 문화를 저해할 것이라면서 저항했다. 나는 뭐라고 대답했을까? 우리는 세계화를 받아들이면서 동시에 응집력 있는 강력한 문화를 유지할 수 있으며 그렇게 해야 한다고 말했다. 시간이 지나면서 그 메시지가 점점 더 깊고 넓게 스며들었다. 2001년 미국 이외에서 비롯된 매출은 총매출의 42퍼센트였으나, 2017년에는 약 55퍼센트에 이르렀다. 2003년의 우리 매출의 10퍼센트였던 고성장지역의 매출은 2017년에는 우리 매출의 23퍼센트를 차지했다.

성장 우선순위를 선택하라

성장을 향한 여러 길을 설명했지만, 기업은 주어진 시간에 모든 방법을 같은 강도로 추구할 수가 없다. 때문에 우선순위가 중요하다. 성장 이니셔티브에 투자를 시작할 때는 회사의 상태, 강점과 약점을 찬찬히 살펴서 가장 큰 성장 가능성이 어디에 있는지 가려내야 한다. 신제품의 흐름이 이미 대단히 좋고 고객 서비스도 좋지만, 성장 가능성이 크다고 생각되는 특정 국가의 사업이 부진할 수가 있다. 그곳에서 시작하라. 이미 이야기했듯이, 노력을 집중해야 한다. 당연히 인내가 필요하다. 내가 좋아하는 은유로 이야기하자면, 밭을 갈고, 씨앗을 뿌려도, 4계절 내내 물을 주고 돌보지 않으면 식물은 자라지 않는다. 지름길은 없다.

항상 이기는 조직

세계화를 위해서는 당신이 진입하려는 새로운 시장에 실제로 들어가서 그곳에 대해 완전히 익혀야 한다. 연구·개발을 선택했다면 프로세스를 속속들이 재창조해서 엔지니어, 디자이너, 마케터, 그리고 경영자 자신까지 일을 하는 방법을 바꾸고, 고객에 대한 이해를 향상시키고, 더 나은 협력을 하고, 보다 생산적이 되도록 만들어야 한다. 고객 경험의 경우, 태도와 행동을 철저히 바꿔서 사람들이 어떤 대가를 치르든 '분기별 목표치를 달성'하기보다는 고객에게 서비스를 제공하는 데 집중하는 것을 습관으로 만들어야 한다.

직접 참여를 지속한다

성장에 대한 책임을 다른 사람에게 위임하고서는 결과를 기대할 수 없다. 성장에 대한 전망은 조직 내 사람들의 의욕을 높인다. 하지만 성장에 필요한 변화를 진행하다 보면 일상의 업무가 주는 압력 속에서 관성의 노예가 되거나 저항이 생길 수 있다. 처음에 연구·개발을 개발도상국에서 진행하자는 말에 경영진이 얼마나 저항했는지, 본사의 리더들이 개발도상국 사업부 리더들에 대한 통제권을 때로 포기해야 한다는 점을 얼마나 힘들게 받아들였는지 언급한 바 있다. 하지만 우리는 다른 영역에서도 저항에 직면했다. 경영진은 내가 연구·개발 지출을 늘리라고 요구하자 짜증을 냈다. 그들은 진행 중인 프로젝트가 많지 않아 지출을 소화하기 어렵다고 주장했다. 내 반응은 무엇이었을까? 프로젝트를 더 많이 진행시켜라!

　문제는 예상치 못한 부분에서도 발생했다. 임기 초반, 우리는 매년 봉급 계획을 세웠다. 다음 해의 평균 봉급 인상액을 결정하는 것이었다. 미국에 대한 분석을 끝내자 팀은 마칠 준비를 했다.

　"다른 나라들은요?"

　내가 물었다.

　"그걸 하는 사람은 없는데요."

　회의 테이블에 리더들이 답했다.

　"각각의 나라들에서 봉급을 얼마나 인상할지 스스로 결정합니다."

　끔찍한 세계화 사고방식이었다. 사고방식을 고쳐야 했다.

　고성장 국가를 방문하면 본국의 사업부 리더들의 지시로 현지 리더들의 채용이 금지되었다는 이야기를 듣게 될 때가 많았다. 본사로 돌아온 나는 매번 고위 리더들에게 직접 문제를 제기했다. 조직의 세계화를 바란다면, 혹은 고객을 보호하고 연구·개발 프로세스를 개혁하기를 바란다면, 그곳으로 가서 그 일이 일어나게 하라.

　일을 추진하는 동안에는, 이런 이니셔티브를 뒷받침하기 위해 취하는 조치들이 결과를 내고 있는지 확인해야 한다. 빠른 제품 개발, 세계화, 고객 경험 개선 같은 이니셔티브는 그 자체를 위해 추진하는 것이 아니다. 매출을 견인하기 위해 추진하는 것이다. 하지만 참호에 들어 있는 사람들은 자신이 쏟는 모든 노력을 실제 결과와 혼동하기 쉽다. 이니셔티브가 잘 되어가고 있다면 매출은 어떻게 나오고 있을까? 사람들에게 그런 질문을 던지는 것을 멈추지 마라. 이전에 이야기했듯이, 세상은 노력이

나 과정이 아닌 결과에 보상을 준다.

당신의 참여가 필요한 만큼, 옆에 적절한 사람들을 두는 것도 중요하다. 세인 테드자라티가 지역 시장과 우리의 회사 전체의 문화 사이에서 다리 역할을 해주지 않았더라면 우리는 중국에서 성공을 거두지 못했을 것이다. 또 다른 리더 크리슈나 미킬리네니Krishna Mikkilineni 역시 인도와 그 너머까지 소프트웨어 엔지니어링 역량을 확대하는 데 그만큼 중요한 역할을 했다. 미국의 하니웰에서 일했던 그는 우리 회사에 대해서 잘 알고 있었고 인도의 엔지니어링 인재들도 물론 그들에게 동기를 부여하고 그들을 회사에 붙잡아 두는 방법까지 파악하고 있었다.

제품 개발에 마케팅 감각을 불어넣는 일에 있어서는, 전략·마케팅 담당 최고책임자 론다 저머니Rhonda Germany의 역할을 빼놓을 수 없다. 팀 마호니가 기억하듯이, 내 임기 초반 항공우주 사업 부문의 마케팅은 정교함을 찾아보기 힘든 상태였다. 어떤 항공기 모델이 보다 넓은 시장에서 성공할 것인지에 대한 전략적인 이해가 거의 없었기 때문에 연구·개발 노력의 방향을 어디로 돌려야 할지도 모르고 있는 상태였다. 저머니의 합류가 모든 것을 바꾸었다. 마케팅의 탁월성을 '다른 차원'으로 끌어올린 것이다. 이 책의 다른 부분에서도 나는 지도부의 자질을 높이는 일의 중요성을 강조했다. 평범한 수준의 지도부로도 (아주 희박한 가능성이지만) 기존 고객을 지킬 수 있을지 모른다. 하지만 성장하는 것은 절대 불가능하다.

지평선을 계속 주시한다

장기적인 성장을 추구할 때는 여기에서 논의하는 특정 이니셔티브에 자신을 가두지 말라. 새로운 성장 영역에 대한 경계를 늦추지 말라. 임기 중반, 우리는 앞으로 수십 년 간 디지털 혁명이 산업 경제를 휩쓸게 될 것이고 우리가 거기에서 앞설 수 있다면 엄청난 이익을 얻을 것이라는 결론을 내렸다. 고성장 지역에서 소프트웨어 엔지니어링을 확대하고 전 세계 엔지니어들을 5단계 상태로 끌어올리는 것 외에도 우리는 항공기에서 와이파이 시간의 판매를 가능하게 하는 것과 우리의 새로운 소프트웨어 제품 개발을 위한 센션스Sentience 플랫폼과 같은 새로운 디지털 비즈니스 모델을 신속하고 일관성 있게 추진하는 작업에 착수했다. 우리의 현 CEO 다리우스 아담칙이 센션스 플랫폼을 구축하고 확장했다. 현재 하니웰 포지Honeywell Forge라고 불리는 이 플랫폼은 확장 가능한 소프트웨어 구축을 위한 하니웰 내의 클라우드 기반 사물 인터넷 플랫폼이자 제품 개발 체제이다. 프로세스의 표준화로 개발자들은 새로운 소프트웨어 제품을 과거보다 신속하고 일관되게 만들 수 있게 되었다.

우리는 또한 채용 관행에 변화를 주어 디지털 인재 풀을 개선했다. 과거 우리는 유명 대학에서 디지털 인재를 찾았었다. 하지만 현재는 전형적인 프로그래머에 비해 10배의 아웃풋을 생산할 수 있는 소규모 엘리트 프로그래머 집단의 구성원을 끌어들이는 데 집중하고 있다. 이런 최고의 프로그래머들(우리는 이들을 승수 혹은 승수 효과를 내는 '멀티플라이어 multiplier'라고 부른다)을 유인하기 위해, 학교 성적에만 의지하지 않고 프로

항상 이기는 조직

그램과 관련된 특정 기술, 협력, 팀워크를 기준으로 채용 후보들을 평가하고 그들의 실제 행동을 관찰한다. 우리는 데이터 과학자들을 채용하는 데도 비슷한 접근법을 사용한다. 이 영역에서의 노력은 우리가 사업으로서 소프트웨어를 개발하고 그것을 더 많은 기존 제품에 통합시키는 데 큰 도움을 주었다.

또한 역량을 확대하고 채용 프로세스를 개선하기 위해서 조지아 애틀랜타에 건설한 새로운 소프트웨어 센터에 여러 다기능팀들을 끌어들였다. 우리는 최고의 디지털 인재들이 다른 똑똑한 사람들과 일하기를 원한다는 점을 깨달았다. 많은 사람들이 이런 인재는 실리콘 밸리만을 고집할 것이라고 생각하지만, 다른 곳에서 살기를 바라는 사람들도 있다. 유행을 좇는 흔한 앱이 아니라 의미 있는 프로젝트에 착수할 기회가 있는 경우에는 특히 더 그렇다. 하니웰에서 퇴직하기 전, 나는 애틀랜타에 정기적으로 방문해 인력들의 힘을 북돋우는 데 힘을 보탰다. 이는 다리우스 아담칙 역시 하니웰을 소프트웨어 산업 기업으로 만들기 위한 중요한 추진력의 일환으로 실행하고 있는 관행이다. 이런 노력은 주효했다. 현재, 회사 전체의 우리 엔지니어들 절반가량이 소프트웨어를 개발하고 있다. 몇 해 전과 비교하면 엄청난 변화이다.

새로운 성장 경로에 대한 주의를 게을리 하지 않으면서도 이전의 노력에 대해 잊어버리지 않아야 한다. 고객 경험에 집중하기 시작하고 2년 정도가 흐른 2004년쯤 우리는 그 영역을 상당히 잘 다루고 있다고 판단을 내리기에 이르렀다. 다음 6~7년 동안은 고객 경험을 계속 주시하면서 점진적인 개선을 계속했으나, 이후 이 영역은 후방으로 밀려났다. 회사의 모두가 고객 경험을 위해 무슨 일을 해야 하는지 알고 있다고 지나치게 자신했기 때문이다. 2013년 항공기 제조업체 에어버스Airbus에서 실시한 업계 설문 조사에서 항공우주설비 공급업체 중 최하위에 오른 것을 알고 우리가 얼마나 놀랐을지 상상이 가는가? 어떻게 이런 일이 있을 수 있지? 나는 우리 사업부 리더들에게 이 문제를 바로잡으라고 압력을 가했다. 다시 고객에게도 주의를 돌려야 했다. 지표의 질이 저하되었던 것으로 드러났다. 성과를 계산하면서 너무나 많은 예외를 만들고 있었던 덕분에 측정치가 더 이상 고객의 실제 경험을 반영하지 않게 된 것이다. 우리는 지표를 철저히 조사해서 고객들이 문제를 경험하고 있는 부분을 찾고 분석했고 수정 조치를 취했다. 이런 작업 덕분에 에어버스 순위를 극적으로 끌어올릴 수 있었다. 2018년 항공우주 사업 부문의 여러 사업부가 상위 사분위에 들게 되었다.

우리가 이미 보았듯이, 하니웰의 매출은 2002년부터 15년 사이에 220억 달러에서 400억 달러로 증가했다. 매출 증가 중 65억 달러는 인수와 다각화의 순 영향이었지만, 나머지 115억 달러는 고객에 대한 집중, 새로운 제품과 서비스 개발, 세계화 전략을 통해 가능해진 유기적 성장의 결과였다. 매출을 늘리면서 고정비를 일정하게 유지하는 데서 얻은 이익의 일부를 지속적으로 장기성장 프로젝트에 투자하지 않았더라면 이런 결과를 볼 수 없었을 것이다. 성장에 투자하지 않았다면 단기적으로는 주주들에게 더 많은 이익을 주었겠지만, 장기적인 성과는 큰 타격을 보았을 것이다. 성장을 원한다면 씨앗을 뿌려야 한다. 당장 시작하라!

1 성장에 투자해야 한다는 것은 잘 알고 있다. 그러나 성장 이니셔티브를 추진하는 데 얼마나 주의를 기울여야 할까? 당신은 거기에 충분한 자원을 공급하고 있는가? 당신은 성장의 날을 진전을 유도하는 데 사용하고 있는가?

2 고객들은 당신들의 생각만큼 만족하고 있는가? 그것을 어떻게 알 수 있을까? 최근 외부로 나가서 그들의 솔직한 피드백을 요청한 적이 있는가? 고객과 관련된 지표들은 얼마나 정확한가?

3 당신의 문화는 충분히 고객 중심적인가?

4 신제품 개발 프로세스는 얼마나 효율적인가? 그것이 기능팀들 간의 지속적인 협력을 촉진하는가? 그 프로세스들은 제품 개발 주기의 초반부터 마케팅을 통합하고 있는가?

5 연구·개발이 충분히 효율적으로 이루어지고 있는가? 고성장 지역에 연구·개발 시설을 구축하고 성장시켜 그곳에 입지를 마련하는 것을 고려하고 있는가?

6 적절한 연구·개발 프로젝트에 투자하고 있는가? 최고의 인재를 배치했는가?

7 제품 개발을 맡은 사람들은 당신들의 제품과 서비스에 대한 실제 경험에 얼마나 주의를 기울이고 있는가? 고객의 입장을 충분히 고려하고 고객이 입 밖에 내지 않은 니즈까지 파악하고 있는가?

8 세계화에 대해서 충분히 신중하고 전략적인 입장을 취하고 있는가? 지나치게 많은 장소에서 한 번에 사업을 시도하고 있지는 않은가? 해외 시장에서 현지 기업으로서 사업을 운영을 하면서 중급 시장의 현지 경쟁업체를 물리치는 데 주력하는가?

9 현지 운영자를 최대한 활용하는가? 그들이 본사의 지나친 통제로 인해 방해를 받고 있지는 않은가? 현지 운영자가 자치권을 행사할 역량이 있는가?

10 성장에 집중하는 일을 시작하고 있다면, 당신 회사의 기존 강점과 기회는 무엇인가? 장기 성장 투자에서 가장 큰 성공을 거둘 수 있는 부분은 어디인가?

11 전반적인 성과를 개선하기 위해 상·하위 10대 접근법을 사용할 수 있는 부분은 어디인가?

인수·합병, 가격이 전략이다

2004년 하니웰은 UOP라는 회사를 두고 다우 케미컬Dow Chemical과 한바탕 결투를 벌였다. 수년 동안 두 회사는 UOP의 지분을 50퍼센트씩 나눠 갖고 있었다. UOP는 정유·석유화학 공장을 위한 공정 기술을 개발하는 세계적인 기업이었다.* 양쪽 모두 크게 관심을 두지 않았기 때문에 수년 동안 관리가 부족했던 UPO는 실적이 좋지 않았다. 사업 범위를 세계로 넓히고 보다 많은 연구·개발 사업을 추진해야 할 필요가 있었다. 하지만 하니웰이 자금을 대려 할 때는 다우 케미컬이 자금 투입을 원치 않았고 다우 케미컬이 원할 때는 하니웰이 원치 않았다. 하니웰과 다우의 소유권 합의에는 일방 당사자가 회사의 다른 절반에 대한 입찰가를 제시할 경우 상대방은 그 가격에 매도할 수도, 그 가격에 입찰자가 가진 절반의

---

* 원유를 가치 있는 제품으로 바꾸는 화학 공정이다.

회사를 매수할 수도 있다고 명시하는 '텍사스 슛 아웃Texas Shoot-out' 조항이 있었다. 일방 당사자가 지분을 헐값에 넘기는 것을 막기 위한 조항이었다.

　나는 항상 UOP가 좋은 회사라는 생각을 가지고 있었고 다우의 지분을 사들이고 싶어 했다. 하지만 UOP를 인수하게 될 우리의 특수재료 사업 부문이 인수에 극구 반대했다. 그들은 이 회사가 직면하고 있는 문제들이 성장 잠재력을 해칠 것이라고 판단하고 이 회사에 믿음을 갖지 않았다. 2004년 우리가 지분을 매각하리라고 생각한 다우는 우리가 갖고 있는 UOP 지분에 8억 6,500만 달러를 제시해왔다. 그들의 예상을 깨고, 또한 우리 사업 부문의 격렬한 반대를 누르고, 나는 그 제안을 거절하고 그 가격에 다우의 지분을 매수하는 텍사스 슛 아웃 옵션을 행사했다. 보통 나는 사업 부문 리더의 권고에 반대하지 않는 편이다. 실제로 이것이 하니웰 CEO로 재임하면서 리더의 의견을 기각하고 인수를 추진한 유일한 경우이다. 막후에서 우리 인수팀이 예비조사를 벌였고, 우리 사업 부문 리더들이 틀렸다는 확신을 얻었기 때문이었다. 우리는 UOP에 대한 분석을 성실히 진행했다. 그 결과 좋은 업계에서 훌륭한 위치를 점하고 있으며, 수년간 적절한 투자를 받지 못했지만, 뛰어난 기술력과 인력이 우리의 글로벌 사업과 맞물린다면 세계의 다른 어떤 기업도 갖고 있지 못한 역량을 갖출 것이라는 결론을 내렸다. EBITDAearnings before interest, taxes, depreciation, and amortization(법인세, 이자 감가상각비, 차감 전 영업이익 - 옮긴이)의 5배라는 저렴한 인수 가격도 매력적이었다. 우리의 계산대로라면, 이 사업을 하니웰에 통합할 경우 몇 년 안에 상당한 이익을 보게 될 가능성이 대단히 높았다.

　많은 기업들의 인수·합병에서 상당히 저조한 성과를 낸다. 한 경영학자가 지적했듯이, '거의 모든 연구'가 거래의 80퍼센트는 당사자들이 의도했던 성과를 내지 못한다고 말하고 있다.[1] 하니웰도 그런 한두 가지 사례를 알고 있다. 내가 회장직에 앉았을 때 우리 회사는 실패로 끝난 수많은 인수 기록을 가지고 있었다. 일례로 5억 달러에 인수한 인쇄 기판 사업은 실제 가치가 3억 달러에 불과해 2억 달러의 손실을 냈다. 전적이 형편없었기 때문에 투자자들은 다른 회사의 인수를 강하게 말렸고, 포트폴리오 내의 몇몇 기업들이 뛰어난 성과를 내고 있음에도 불구하고 화학 사업 부문 전체를 매각하라고 종용했다. 나는 인수·합병에 좋은 방법과 나쁜 방법이 있다는 것을 지적했다. 올바른 인수·합병은 장기적으로 우리의 성장을 제고할 수 있다. 한편으로는 성장이 느린 사업을 처분하는 데 집중하는 것도 장기적인 성장을 더욱 촉진하는 데 도움이 된다.

　인상적인 장·단기 결과를 창출하며, 이전 장에서 설명한 세계화나 연구·개발 같은 유기적 성장 이니셔티브를 보완하기 위한 노력에는 전략적 인수, 합병, 다각화가 포함되어야 한다. 회사의 기업 포트폴리오를 적극적으로 관리하는 일은 단기적으로는 이익을 깎아 먹는다. 회사를 인수하는 데는 상각비와 관리부문의 구조 조정 비용이 필요한데, 보통 이는 첫 해의 손실로 이어지며, 매각은 매각된 사업의 수익을 잃는 결과를 가져오기 때문이다. 하지만 적절하게 이루어진다면 이런 거래는 몇 년 후 분기별 이익과 현금 흐름을 높이며 결실을 맺기 시작한다. 이윤이 늘어나고 현금이 계속해서 들어오면서, 기업들은 그들을 후속 거래 자금으로 사용할 수 있고 이렇게 해서 단기적인 결과와 장기적인 성장이 서로 연료가 되어주는 선순환이 자리 잡는다.

핵심은 초반에 기업 포트폴리오를 보다 적극적으로 관리하면서도 투자자에게 '충분히 좋은' 분기별 결과를 전달하는 것이다. 분기별 결과를 완전히 망치고 투자자들을 멀어지게 만드는 거래라면 해서는 안 된다. 또한, 이 책의 초반에 설명한 일반 사업 전략을 따라야 한다. 사업을 성장시키면서 고정 비용을 일정하게 유지해야 한다. 그렇게 된다면 재정 억제에서 창출된 수익을 단기 이익을 높이는 데 사용하면서 동시에 이후에 혜택을 보여줄 인수, 합병, 다각화에도 투자할 수 있을 것이다.

거래 성사 방법의 개선

인수·합병을 성장 전략으로 포용하기 위해서는 꾸준히 성공적인 거래를 성사시키는 능력을 개발해야 한다. 어떻게? 답은 거래 성립에 신중하고, 체계적인 방식으로 접근하는 것이다. 적절한 인수 프로세스를 마련하고 그 프로세스를 철저히 따라야 한다.

내가 인수·합병의 중요성을 처음으로 알게 된 것은 1990년대 후반이었다. 혹자는 인수를 끊임없이 부정하면서 인수가 이익이 되지 않는다고 주장했다. 하지만 사모 펀드의 비즈니스 모델 자체가 전략적으로 기업을 인수해서 사업을 개선할 적절한 조치를 취한 후, 기민하게 매도하는 데 근거하고 있다는 데 생각이 미쳤다. 사모 펀드 회사들이 인수·합

항상 이기는 조직

병을 통해서 그렇게 많은 가치를 부여할 수 있다면 하니웰 같은 큰 회사가 하지 못할 리가 있을까?

하니웰의 CEO가 된 나는 회사에 인수·합병을 실행하는 프로세스가 제대로 마련되어 있지 않다는 것을 알게 되었다. 형편없는 전적이 말해 주고 있었다. 하지만 그것이 우리가 그런 프로세스를 도입할 수 없다는 의미는 아니었다. 나는 인수·합병팀의 새 책임자 앤 매든Anne Madden에게 하니웰이 지난 10년간 체결한 거래를 분석해서 어긋난 부분과 성과가 있었던 부분을 파악하라고 지시했다. 이런 지식을 바탕으로 모든 사업 부문이 기업을 인수할 때 사용할 수 있는 새로운 프로세스를 개발할 생각이었다. 앤은 그 일을 환상적으로 해냈다. 다음 6개월 동안, 우리는 회사가 담당자에게 편하기만 할 뿐 계획이 없는 방식으로 거래를 해왔으며, 어떤 회사를 인수해야 할지 찾고, 이들 기업의 예비 실사를 실행하고, 가치를 계산하고, 인수한 회사를 우리 사업에 통합시키는 네 가지 핵심 영역에서 문제가 있었다는 것을 발견했다.

약점을 자세히 살피고 나자 인수·합병에 강력한 4단계 모델을 도입해야 한다는 결론이 나왔다. 하니웰은 나의 임기 내내 특히 초과 지불을 하지 않는 데 중점을 둔 이 모델을 사용하고 다듬어왔으며 지금까지도 사용하고 있다. 일부 기업에서는 리더들이 가격을 전략과 별개로 다루는 것처럼 보인다. '이것이 내 전략이다. 그에 대한 대가는 기꺼이 지불하겠다'라는 식으로 말이다. 실제로는 가격이 전략의 핵심이자 본질이다. 과도한 가격을 지불한다면, 투자자들은 당신의 전략이 주는 금전적인 혜택을 확인할 수 없다. 우리는 공정한 가격을 지불하는 것은 꺼리지 않는다. 하지만 초과 지불은 극도로 싫어한다. 당신도 그래야 한다.

당신 조직이 기업 포트폴리오를 업그레이드하는 데 문제를 겪고 있다면, 우리 모델을 실행해 현재 수익에 과도한 영향을 주지 않으면서 장기적인 성장 기회를 창출하기를 권한다. 각 영역을 살피면서, 하니웰이 거래 성사를 표준화시키고 그것을 중심으로 새로운 엄정한 체계를 개발하기 위해 어떤 일을 했는지 이야기해보기로 하자. 우리가 투자자들에게 사용한 아래의 표는 우리의 초기 인수·합병 프로세스와 그 결과를 잘 요약하고 있다.

■ 체계적 인수 · 합병 프로세스 ■

확인	예비 실사	가치평가	통합
프로세스의 점검 이전			
· 그건 매각해야 해 · 거래는 전략	· 거래에 대한 집착 · 발견 결과의 무시	· 매출 시너지 포함 · 실현율 낮음	· 지도부의 은퇴 · 지연된 출발
현재: 지난 15년			
· 전략 우선 · 지속적인 탐색 · 보다 깊고 넓은 파이프	· 기능적인 전문성 · 철저한 체계	· 시너지만큼만 비용 지불 · 철저한 조사 · 전략적 가격 설정	· 최고의 상시 인력 · 경영진 개발 · 예비 실사에서 기획 시작
견고한 파이프라인	나쁜 거래 제거	절대 초과 지불 없음	뛰어난 실적
좋은 업계에서 좋은 위치를 현명하게 차지한다			

항상 이기는 조직

견고한 파이프라인을 구축하라: 확인 단계

성공적인 거래 성사를 위해서는 우선 좋은 목표물을 찾아내야 한다. 앤이 발견했듯이, 우리는 인수·운영할 기업을 능동적, 전략적으로 찾지 않았다. 대신 우리는 투자 은행가의 매각 시도가 있을 때까지 기다렸다가 그 시점에만 매력적일 뿐 전략적인 타당성은 거의 없는 거래에 뛰어들곤 했다. 1990년대 후반, 하니웰은 소비자 시장을 대상으로 팬과 가습기를 제조하는 카즈Kaz라는 기업을 인수했다. 목표는 소비자들 사이에 하니웰 브랜드에 대한 인식을 높이고 소매 부문에서 입지를 마련한다는 것이었다. 하니웰은 소매 채널을 통해 시장을 공략하는 데 대해 아는 것이 전혀 없었다. 우리는 항공우주와 제조업에 주력하는 기업이었다. 카즈의 지도부가 전문지식을 전달하기로 되어 있었지만 1년 후 두 회사 사이의 문화 충돌로 팀 전체가 완전히 좌절하고 돌연 회사를 떠났다. 하니웰 내부의 누구도 이 사업을 운영할 역량이 없었고 관심도 거의 없어보였기 때문에, 수백만 달러의 손해를 보고 이 기업을 매각했다. 이 거래는 2002년 6월, 내가 회장이 되기 직전 마무리되었기 때문에 나는 그 결정에 참여할 수가 없었다. 이것은 처음부터 전략적으로 의심스러웠고 효과가 없었던 많은 거래 중 하나에 불과했다.

새로운 인수·합병 프로세스 하에서, 우리는 전략을 우선하면서 사업 부문을 동원해서 전략 성장 목표에 대해서 깊이 생각하고, 시장을 공격적으로 조사하고, 바람직한 인수 목표물을 찾는 광범위한 파이프라인을 구축, 유지하기 시작했다. '바람직한'이라는 말이 의미하는 바는 좋은 위치를 점하고 있는 기업, 즉 수익성이 있는 고성장의 좋은 업계에서 시장 점유율이 높거나 향후 인수를 통해 높은 시장점유율을 달성할 수 있는 (예를 들어 경쟁 지형이 대단히 세분화된) 기업이었다.

하버드 경영대학원의 저명한 교수 마이클 포터Michael Porter는 1980년부터 산업 품질과 그에 대한 분석이라는 개념을 주창하며 기업 리더들 사이에서 큰 인기를 모았다. GE에서 일하는 동안 나는 좋은 업계에 있다는 것이 주는 큰 차이를 직접 목격했다. GE의 주요 가전 사업 부문을 경영할 때, 우리는 좋은 위치를 점하고 있었다. 그러나 우리가 속한 업계는 경쟁이 심하고 성장률이 형편없는 곳이었다. 우리가 아무리 열심히 일을 해도, 뛰어난 성과를 올릴 가능성이 낮았다. 가격에 대한 압박이 너무나 강했다. 나는 이 경험을 통해 좋지 못한 업계에서 좋은 위치에 있는 기업을 발전시키는 것보다는 좋은 업계에서 좋지 못한 위치를 점한 기업을 진전시키는 편이 훨씬 쉽다는 것을 발견했다. 내가 인수한 한 실리콘 업체는 실적이 형편없었지만 업계 자체는 선전하고 있었다. 3년도 안 되는 시간 안에 우리는 이 회사를 혼란에 빠뜨린 운영상의 문제를 개선해 매출을 2배로 만들고 이윤을 2배 이상으로 끌어올렸다. 이 프로젝트는 GE의 주요 성공 사례가 되었다. 물론 좋은 업계에서 많은 수정이 필요치 않은 기업을 찾는다면 훨씬 좋은 결과를 볼 것이다. 그런 경우 투자 수익률이 대단히 높은 매력적인 성장을 목격하게 될 것이다. 이런 이유로 우리는 포트폴리오의 성장을 위해서 추구하는 종류의 투자를 '좋은 업계의 좋은 위치'라는 말로 요약했다.

최선의 기회를 찾기 위해서 하니웰의 사업 부문들은 기존 사업 부문의 덩치를 키우는 바람직한 볼트온bolt-on 인수 기업(우리 사업과 같은 유형의 제품을 만드는 기업)을 찾고 우리의 유망한 사업 부문들과 인접한 좋은 업계를 찾기 위해 노력했다. 이런 방법으로 인수 대상을 찾으면 우리는 인수 후 이들 기업을 경영할 충분한 전문지식을 갖고 있는 상태가 된다. 단, 이런 기업을 찾고 거래를 발전시키는 것은 공이 많이 드는 일임을 알아야 한다. 하니웰에서 오랫동안 임원으로 일했던 로저 프레딘을 이렇게 회상했다.

"인수할 회사를 찾아 무역박람회를 돌아다녔습니다. 은행가들과도 이야기를 나누었습니다. 회사를 찾을 수 있는 기회라면 누구와든 이야기를 했습니다. 우리의 초점은 항상 그 문제에 있었습니다."[2]

리더들은 인수할 회사를 찾는 일에 계속 집중했다. '2원칙: 현재와 미래를 위한 계획을 동시에 세운다'에서 이야기한 전략에 대한 철저한 접근법이 그 주된 이유였다. 항상 전략에 몰두해 있었기 때문에 리더들은 인수 기회를 계속 조사하는 일을 자연스럽게 대화의 일부로 만들 수 있었다. 이런 적극적인 참여로 우리는 파이프라인을 꽉 채워둘 수 있었다. 프레딘은 이런 태도로 협상에서 보다 절제된 태도를 유지할 수 있었다고 말한다. 해당 거래가 성사되지 않았다고 해도 문제가 되지 않았다. 파이프라인에 항상 많은 거래가 준비되어 있었기 때문이다.

전략적으로 리더들이 유망한 인수 대상 회사와 수년 간 대화를 계속하면서, 임원들과 유대를 구축하고 매각 준비가 될 때까지 정기적으로 상태를 확인하는 경우도 있었다. 그런 노력으로 호감도를 높임으로써 거래가 성사될 확률이 높아지고 이후 인수 기업을 하니웰에 통합하는 것이 보다 쉬워졌다. 우리가 최고가 입찰자가 아니었는데도 인수에 성공한 경우가 여러 번 있었다. 우리가 시간을 들여 인수 기업의 임원들과 친분을 쌓고 그들의 신뢰를 얻었기 때문이다. 물론 성공한 거래가 많았던 만큼이나, 표적으로 삼았으나 결국 인수에 실패한 경우도 많았다. 앤은 한 명의 왕자를 찾기 위해서는 100마리의 개구리에게 입을 맞춰야 한다고 말하곤 했다. 그녀의 말이 옳았다.

| 견고한 파이프라인을 건설하기 위해서는 |

- 은행가들이 거래를 가지고 문을 두드릴 때까지 기다리지 말라. 시장을 능동적으로 조사해야 한다.
- 좋은 고성장 업계에서 좋은 위치를 점하고 있는 기업을 찾는다.
- 당신이 몸담은 업계에 인접한 좋은 업계에 있는 기업, 볼트온 인수 기업을 찾는다.
- 모든 인식된 인접성이 동일하지는 않다. 인접성이 기존 사업과 지나치게 동떨어져 있다면 큰 손해를 입게 된다.
- 목표물을 찾아내는 일을 일상의 우선 사항으로 삼는다.
- 인내심을 가진다. 잠재 인수 업체와 장기적인 관계를 맺는다.

나쁜 거래의 제거: 예비 실사 단계

인수 후보를 찾았고 협상 중이라면, 다음 단계는 이 인수 후보의 상태가 매도인이 말하는 것과 일치하는지 확인하는 것이다. 회사와 장부를 조사할 때는 정말 인수를 원하는지 그렇다면 어떤 가격에 인수하고자 하는지를 생각해야 한다. 문제가 해결되지 않을 때 거래에서 물러나는 시나리오를 대비해서, 거래에 특별 조건을 덧붙이는 것은 어떨까? 앤이 발견했듯이, 과거 하니웰은 매번 기업에 대한 예비 조사를 철저히 하는 시스템을 마련해두지 않았었다. 사업 부문이 거래를 성사시키고 싶은 생각이 간절해서 경고 신호들을 무시하고 거래를 마무리 짓는 경우가 너무나 많았다.

우리는 사업 부문들이 인수 후보에 대한 예비 심사를 할 때 따라야 하는 핸드북을 만들었다. 이 핸드북에 들어 있는 내용은 특별히 혁신적인 것이 아니었다. 이 핸드북은 재무, 성장 계획, 인사, 법과 환경 문제 등을 평가하는 방법에 일관성을 유지하는 데 도움을 주었다. 전반적으로 이 핸드북은 해당 기업에 대한 우리의 추정이 틀렸음을 입증해서 확증 편향의 함정에 빠지지 않게 하는 데 초점을 맞추었다. 우리는 법무, 회계, IT와 같은 영역의 기능 전문가들에게 예비 심사 중에 드러난 모든 사안에 대한 의견을 묻고 우리가 어떤 조치를 취해야 하는지 판단하도록 했다.

예를 들어, 우리 법무팀은 우리가 인수를 고려하고 있는 기업이 고소를 당할 수 있다는 결론을 낼 수 있다. 상황을 분석한 우리 법무팀은 우리가 직면한 위험의 정도, 우리가 이에 대비한 보험을 들거나 면책권을 확보할 수 있는지, 위험을 줄일 수 없다면 거래에서 손을 떼야할지를 확인한다. 법무 자문은 거래의 타당성을 결정한다.

마지막으로 우리는 보상 구조를 변화시켰다. 특정 인수를 성사시키는 데 관여한 리더들에게 지급하던 보너스를 없앤 것이다. 그런 보너스는 좋은지 나쁜지에 상관없이 거래 성사만을 장려하는 셈이다. 우리는 좋은 거래를 하고 나쁜 거래는 피하기를 원한다.

| 나쁜 거래를 제거하기 위해서 |

- 예비 조사 실행 방법을 표준화시킨다.
- 기능 전문가들로부터 예상되는 문제들에 대한 의견을 듣는다.
- 거래 성사에 포상하지 않는다. 시간이 흐르면서 미심쩍은 거래를 밀어붙이는 상황으로 이어질 수 있다.

절대 초과 지불은 없다: 가치 평가 단계

앤의 분석이 보여주었듯이, 과거 우리는 인수한 회사의 가치를 평가하는 모델이 없었고 투자 은행가들이 가져다주는 가치 평가에 의존했다. 땅을 산다고 생각해보자. 그 땅의 가치에 대한 중개인의 말만 믿고 땅을 사겠는가? 당연히 아니다. 직접 조사를 해봐야 한다. 최소한 그 지역의 다른, 비슷한 땅이 얼마나 팔렸는지 훑어보는 정도라도 말이다. 회사를 사고 나서 4년이 지난 후에 우리가 예상했던 효과가 나타나지 않는다면, 투자자들에게 은행가들의 가치 평가 모델이 도움이 되지 않았다고 핑계를 댈 수 있을까? 나름의 모델을 만들고 그 모델이 하는 이야기를 믿고

항상 이기는 조직

거기에 따라 일을 실행할 수 있어야 한다. 이는 직접 나서서 스스로 가치 평가 작업을 실행해야 한다는 의미이다.

체계적 인수·합병 프로세스의 일환으로, 우리는 우리 회사의 누구나 사용할 수 있는, 예상 현금흐름과 이익에 미치는 영향을 중심으로 하는 표준 가치평가 모델을 구현했다. 우리는 인수 기업이 산출할 매출과 이윤 예상치를 인수 기업이 제공하는 수치에 의존하지 않고 우리가 직접 구해 그에 따라 움직여야 한다고 명시했다. 여기에는 인수로 인해 가능해질 잠재적 비용 시너지(법무, 인사와 같은 기능 부서를 통합하고, 생산 역량을 합리화하고, 하니웰 운영 시스템 실행으로 효과를 높이는 등의 방법으로 창출할 수 있는 효율)가 포함되었다. 과거의 접근법 하에서는 잠재적 매출 시너지(기존 기업이 인수 기업의 고객을 상대로 매출을 올릴 수 있는 능력, 또한 인수 기업이 기존 기업의 고객을 상대로 매출을 올릴 수 있는 능력 때문에 실현될 매출 증가)가 포함되었다. 하지만 과거의 거래를 분석한 앤과 그녀의 팀은 우리의 이전 인수가 기대한 비용 절감 효과는 불러왔으나, 매출 시너지 효과는 예상의 약 10퍼센트에 불과했다는 것을 알아냈다. 우리는 특정 인수로부터 실현할 수 있는 가치를 조직적으로 과대평가해 거래 대금을 초과 지불하고 예상한 결과를 얻는 데 실패했던 것이다.

우리는 가치 평가 모델을 바꾸어 전적으로 예상 비용 절감에 기반을 두었다. 우리는 잠재 매출 시너지를 계산했고 새로운 인수 기업을 하니웰에 통합하는 과정 동안 그 효과를 추적하기는 했지만, 거래에서는 매출 시너지를 고려하지 않았다. 이 경우 매출 시너지가 실현되면, 전적으로 우리에게 긍정적인 일이 된다. 추가적으로, 이익에 미치는 단기적인 영향을 최소화하고 미래의 성장을 확보하기 위해 우리는 모든 거래에 세 가지 구체적인 재무 요건을 요구했다. 첫째, 우리가 매수하는 모든 기업은 거래 후 2년 차까지 하니웰의 주당순이익(이때 제외되는 것은 없다)을 높여야 한다. 둘째, 내부수익률internal rate of return(IRR, 예측한 장래의 순수익이 실현되는 것으로 가정한 경우 일정액의 투자에 관한 수익률-옮긴이)이 10퍼센트 이상이어야 한다. 셋째, 5년 차 동안 총 투자자본수익률Return on Investment, ROI이(즉, 모든 비용과 현금흐름이 고려된) 10퍼센트를 넘어야 한다.* 달성하기 상당히 어려운 지표들이다. 이 요건을 달성하기 위해서는 과다지불이 불가능하며, 엄청난 비용 시너지를 실현해야만 한다. 시간이 흐르면서 우리는 우리가 EBITDA의 11~12배를 지불한다면, 그리고 우리가 그 기업의 운영 비용을 매출의 6~8퍼센트로 낮출 수 있다면 매우 좋은 성과를 거둘 수 있다는 것을 알게 되었다. 비용 시너지를 고려하면, 인수의 실제 비용은 EBITDA의 4~6배 범위가 되고, 이는 인수를 엄청난 성장의

---

* 이 요건들 각각에 대해서 말을 조금 보태기로 한다. 우리는 인수 기업들이 처음에는 수익 증대에 부담이 되며, 인수 기업이나 은행가들이 그와 다른 말을 한다는 것은 그들은 거래에 수반된 모든 비용을 고려하지 않았다는 증거임을 잘 알고 있었다. 첫 해가 지난 후의 주식 가치 증가를 요구함으로써, 인수가 장래에 재무적 측면에서 우리가 바라는 방식의 성과를 낼 확률을 높일 수 있다. 사실상, 단기 성과는 우리의 장기 예상을 검증한다. 이번에는 IRR목표에 관해서 이야기해보자. 많은 은행가들이 실행 가능성이 있다고 생각하는 많은 거래들을 우리에게 가져오곤 했다. 우리의 자본비가 8.97퍼센트 정도밖에 되지 않았기 때문이다. 나는 우리 재무 담당자들이 이런 거래들에 대해 따져보며 시간을 낭비하는 것을 원치 않았기 때문에 오랜 시간의 경험을 바탕으로 10퍼센트가 타당한 수치라는 결론을 내렸다. 10퍼센트에서 실행 가능성이 없는 거래라면 8.97퍼센트에서도 좋을 리가 없을 것이고 실제로도 그렇다. 마지막으로 5년 차의 총 ROI 10퍼센트는 세 가지 기준 중에 달성하기가 가장 어렵다. 하지만 매출과 이익의 성장으로 그 수준에 도달할 수 있다면 훌륭한 거래임이 틀림없다.

항상 이기는 조직

지렛대로 만든다. 2013년 모바일 컴퓨팅 기업 인터멕Intermec의 인수에서 우리가 지불한 금액은 EBITDA의 17배였지만 엄청난 비용 절감 효과를 실현할 수 있었기 때문에 이 회사 인수의 실제 비용은 EBITDA의 4배에 불과했다.

보다 근본적으로, 우리는 절대 초과 지불은 없다는 철학을 채택했다. 뉴햄프셔 출신인 나는 북부 미국인들의 검약 정신의 전통을 이은 것을 자랑스럽게 여기며 실적을 내지 못할 가능성이 존재한다면 좋은 거래일 수 있더라도 돌아선다. 우리 같은 대기업의 경우 소규모 거래에서의 실수 정도는 감당할 수 있다. 하지만 큰 규모의 거래라면 올바르게 해야 한다. 이 철학을 적용한다는 것은 인수의 가치를 보수적으로 평가하고 거래가 지나치게 높아질 경우에는 거래를 포기하는 것을 의미한다. 일부 리더들은 기업 인수 전략을 추구할 때는 기꺼이 그만한 대가를 치러야 한다는 논리를 내세우며 거래를 포기하는 것을 극히 싫어한다. 주객이 전도된 상황이다. 앞서 언급했듯이 가격은 전략의 본질이다. 훌륭한 전략을 가지고 있으나 회사에 대해 과다한 값을 지불한다면? 전략의 혜택은 당신 회사의 주주가 아닌 상대 회사의 주주에게 돌아간다.

거래를 진행하는 주체가 사업의 성장을 꿈꾸며 거래를 추진한 리더가 아니라면 협상에서 빠져나오는 일이 훨씬 더 쉬워진다. 2002년 12월 임기를 시작하고 6개월쯤 지났을 때 우리는 항공기 객실의 항전 시스템 제조업체인 베이커 일렉트로닉스Baker Electronics를 인수했다. 항공우주 사업 부문의 리더들은 가격이 어떻든 이 거래를 성사시키고 싶어 했다. 그들은 베이커 일렉트로닉스의 객실 기술을 우리의 조정석 기술과 연결시켜 고객들을 위한 흥미로운 상품을 만드는 능력을 갖출 수 있을 것이라 예상했다. 이 리더들은 직접 거래 협상을 진행하면서 우리 기능 전문가들이 제기한 잠재적 문제를 무시했다. 전문가들은 베이커 일렉트로닉스의 가치를 보다 낮게 평가했다. 특히 베이커 일렉트로닉스가 2001년 괜찮은 성과를 올린 후 바로 2002년 매출 하락을 겪었던 것을 지적했다. 전문가들은 계속해서 이의를 제기했지만 항공우주 부문은 매번 그 기업에 대해 설정한(그리고 높은 가격의 지불을 정당화하는) 운영과 재무 목표가 현실적이라고 주장했다. 항공우주 부문 리더들은 협상 동안 거래 성사에 과도하게, 심지어는 절박하게 매달리는 것처럼 보였다.

결국 우리는 그 회사에 과도한 대가를 지불했다. 다음 몇 년 동안, 베이커 일렉트로닉스의 매출은 저조했고 심지어 하락했다. 2006년이 되자 항공우주 부문의 리더들은 이 회사가 마음에 들지 않는다며 가능하다면 매각하겠다고 말하게 되었다. 물론 다른 요소들도 이 거래의 낮은 성과에 기여했지만, 이 일화는 거래를 추진한 리더들이 한 발짝 물러서고 다른 독립된 관계자들이 조건을 협상하도록 하는 것이 얼마나 중요한지 보여주었다.

따라서 새로운 인수·합병 프로세스의 체계를 잡는 과정에서 우리는 거래 당사자와 협상 주체를 명확하게 구분하기로 했다. 사업 부문 리더는 상대 회사와 인수 거래를 시작한 뒤 그 거래를 본사의 인수·합병 부서에 맡기고, 인수·합병 부서는 우리 사업 부문이 인수될 회사를 통해 전달하겠다고 말하는 결과를 바탕으로 협상을 진행한다.

사업 부문이 본사 사람들이 거래를 처리하는 방식에 동의하지 않는

항상 이기는 조직

경우도 있다. 기업 리더들이 계약의 성사에 지나치게 매달리거나, 매도인들과 사적인 관계를 발전시키는 것이다. 본사 인수·합병팀은 감정에 좌우되지 않고 협상을 하면서 과다한 대가를 지불하지 않도록 만전을 기한다. 설사 그것이 강경한 입장을 취하고 거래를 포기하는 것이더라도 말이다. 이런 식으로 진행되는 거래가 쌓이면서 차이가 드러나기 시작했다. 거래 당사자와 협상가의 분리는 사업 부문과 본사 인수·합병팀 간의 열띤 논쟁으로 이어졌다. 하지만 이런 분리를 통해 인수에 지불하는 가격을 사업 부문들이 기꺼이 약속한 성과 목표에 부합시킬 수 있었다.

리더로서 내가 할 일은 이 프로세스를 거친 거래를 최종적으로 감독하는 것이었다. 나는 거래가 우리가 협상한 가격에 진행할 만한 가치가 있는지 결정하기 위해 거래의 잠재적 단점을 찾았다. 각자의 일을 마치고 내 승인을 받을 준비가 되었을 즈음이면, 관계자들은 해당 거래에 대해 믿음을 갖고 자연스럽게 긍정적인 면에 집중하게 된다. 그런 긍정적인 결과가 나타날 가능성이 높긴 하겠지만 시간을 들여 잘못되고 있는 것은 없는지 점검해 우리가 모든 가능한 시나리오를 고려했는지 확인하는 것도 중요하다.

앞서 얘기한 베이커 일렉트로닉스의 인수에서 나는 감시권을 적절히 행사하지 못했다. 나는 같은 영역에서 몇 개월 전 훨씬 큰 인수의 승인을 거절했었다. 그 업계를 별로 좋아하지 않았기 때문이었다. 언짢아진 항공우주 부문 리더들은 내가 항공우주부문을 '좋아하지' 않고 그들의 판단력을 믿지 않는다고 느꼈다. 따라서 이번에는 내가 져줄 수밖에 없었다. 그 때문에 약 2,000만 달러를 낭비했다. 이 일을 통해 나는 잊을 수 없는 교훈을 얻었다. 이후 나는 감시권을 적절히 행사하기 위해 노력했고 좋은 결과를 얻었다(내가 종종 이야기했듯이, 리더의 역할은 문제가 일어났을 때 해결하는 것이 아니라 문제를 피하는 것이다. 이것은 리더의 역할 중 가장 중요하지만 가장 인정을 받지 못하는 부분이다). 나는 한창 절정에 있는 업계나 나라의 기업 인수를 여러 차례 막았다. 예를 들어 우리는 원유가가 배럴당 100달러이고 모든 사람이 더 오를 것이라고 말할 때, 즉 사람들이 이런 기업들의 가치를 한층 높이는 추정들을 내놓고 있을 때 정유 업계 기업의 인수를 피했다. 원유가가 50달러가 되었을 때 일어날 수 있는 일을 고려하도록 한 덕분에 그런 원유 관련 거래를 막을 수 있었다. 다행스런 일이었다. 이후 원유가가 급락했기 때문이다.

| 절대 초과 지불을 하지 않기 위해서는 |

- 당신만의 표준화된 가치 평가 모델을 개발한다.
- 매출과 이윤에 대한 자신의 추정치를 사용한다.
- 예상 매출 시너지가 아닌 예상 비용 절감을 고려한다.
- 인수 대상을 보수적으로 평가하고 거래가가 지나치게 높아질 경우 거래를 피한다.
- 거래 당사자가 조건을 협상하게 하지 않는다.
- 최종 감시권을 행사해, 불리한 면을 찾고 초과 지불할 위험이 있다면 거래를 무산시킨다.
- 잠재 거래 목표물의 파이프라인을 견고하게 유지해서 특정 거래 성사에

항상 이기는 조직

매달리지 않게 한다.

뛰어난 실적: 통합 단계

비용 시너지를 높이기 위해서는 인수 기업을 기존 기업과 잘 통합시켜
야 한다. 불행히도, 과거 하니웰은 이 부분에서 심각한 실수를 저지르고
있었다. 우리는 기업을 통합시키는 방법을 제대로 기획하지 않았고 거
래가 성사된 이후에는 예상 조치의 실행을 주저했다. 그 상태로 상황을
1년 동안 지켜보면서 우리의 파악이 정확했는지 확인하고만 있었다. 신
중하게 보일지 모르겠지만 인수 후 1년이 흐르면 변화는 훨씬 더 어려워
진다. 인수한 회사나 인수된 회사나 관리자와 직원들이 이미 상황에 익
숙해진 상태이기 때문이다. 기성 체제의 일부가 되어버린 것이다.

통합 기획과 실행을 전담하는 강력한 팀을 꾸리지 않고, 모든 사람이
자기 시간의 일부를 할애한 결과 통합에 실패한 경우도 있었다. 이 방법
은 혼란과 불확실성으로 가는 지름길이다. 통합에는 대단히 일거리가
많다. 큰 규모의 기업을 인수했을 때라면 특히 더 그렇다. 그 일을 전담해
서 통합을 매끄럽고 성공적으로 이끌 사람들이 필요하다. 또한 우리는
통합팀을 최고의 사람들로 꾸리지 않고 은퇴를 앞두고 있는 기존 회사
의 인력을 활용했다. 마지막으로 우리는 인수가 가치 평가 모델 하에서
제대로 실행되고 있는지 주기적으로 확인하는 데 실패했었다.

좋지 못한 통합의 예로 가장 기억에 남는 것은 2000년 대규모 복합 산

업 기업 피트웨이 코퍼레이션Pittway Corporation의 인수였다. 통합은 완전히 혼란에 빠졌고 여러 가지 형편없는 결정으로 이어졌다. 하니웰은 코네티컷의 피트웨이 공장을 닫고 멕시코로 이전시켜 공장의 600명 근로자 한 명 당 3만 달러의 인건비를 절감하기로 결정했다. 하지만 공장은 하니웰이 생각했던 것처럼 600명이 아닌 단 220명을 고용하고 있었다. 그 인력이라면 공장을 멕시코로 이전한다는 결정은 타산이 맞지 않았다. 본사는 피트웨이가 가진 IT와 경리, 기타 기능 시스템을 인수하겠다는 독단적인 발표를 해서 순 혜택은 전혀 없이 피트웨이의 비용만 높였다. 피트웨이 직원들의 사기는 낮았고, 하니웰이 공유하는 문화의 일부가 되겠다는 생각이 전혀 없었다.

"다른 실패한 하니웰 거래의 전례들을 곧장 따라가고 있었습니다."

인수 당시 피트웨이의 사장으로 일하고 있었던 로저 프레딘은 회상했다.[3] 거래 3년 후 인수가 부적절했으며 이 회사를 정상 궤도로 올려놓기 위해서는 완전히 새로운 다층적 통합 프로세스가 필요하다는 결론이 내려졌다.

통합을 실행하는 방법을 강화하기 위해 우리는 다른 기업을 인수하는 하니웰의 각 사업 부문에 거래를 마무리하기 전 통합 계획을 세우고 승인받도록 강제했다. 통합 계획은 매년 목표로 하는 지표(비용 시너지, 매출 시너지 등)를 명시하고, 특히 첫 해에는 목표를 분기별로 세분해야 했다. 또한 이 계획은 인수 후 진행하게 될 경영진의 변화, 급여와 보상의 변화, 기업 기능 시스템의 변화, 기타 계획하는 다른 대규모 조치들까지 담고 있어야 했다. 5,000만 달러가 넘는 모든 거래에 대해서는, 내가 직접 통합

팀과 함께 거래 성사 전 통합 계획을 검토하고, 거래 성사 후 첫 3개월 동안은 매달, 이후 최소한 1년 동안은 분기별로 검토를 실시했다. 최종적인 확인으로, 다른 기업을 인수한 하니웰 사업 부문의 리더에게 이사회에서 1년 된 시점의 진전 상황을 보고하도록 했다.

통합과 관련된 실행의 세부 사항도 다잡았다. 새롭게 인수된 인력이 변화를 잘 받아들이도록, 작업 공간에 새로운 표지판을 설치하고 통합 첫 날부터 명함을 전달했다. 인력 감축에 있어서는 양쪽 기업(인수를 실행한 하니웰의 사업 부문과 인수된 기업)의 최고 인재만을 보유할 것임을 명확히 했다. 말보다 실행은 훨씬 어려운 법이다. 채용·배치를 책임진 통합팀의 리더들이 두 시간 전에 알게 된 인수 기업의 직원보다는 수년간 알아왔던 하니웰 출신의 사람들을 선호하는 경향이 있었기 때문이다. 처음에는 외부 컨설턴트를 고용해 양쪽 회사의 직원들을 인터뷰하게 함으로써 이런 편향을 극복했다. 시간이 흐르면서 이렇게 객관적인 시선을 적용하는 것이 문화적 규범으로 자리 잡았고 외부의 도움이 없이도 적절한 직원 채용 및 배치가 가능해졌다. 가장 좋은 사례는(앞서 언급했듯이) 운영하던 메트로로직의 인수로 하니웰에 들어와 하니웰의 CEO가 된 다리우스 아담칙이다.

우리는 통합 전담팀을 마련하고 뛰어난 인재를 배치하기 시작했다. 통합에 기업의 다양한 기능이 필요하다는 것을 인식한 우리는 통합을 유망한 리더들에게 일반 관리 경험을 제공하는 기회로 사용했다. 또, 각 사업 부문으로 하여금 정규 경영자원검토(6원칙: 내부 리더 육성에 끊임없이 집중한다) 과정에서 인수 시 통합팀에 배치할 인재를 찾아두도록 했다. 미리 통합팀을 운영할 사람을 정확하게 파악하고 있기 때문에 거래가 시작되었을 때 훌륭한 팀을 신속하게 꾸릴 수 있었다. 이 팀을 예비 조사에도 이용하기 때문에, 우리는 거래 초반에 통합 팀 후보를 확인해둔 상태가 됐다. 통합팀의 구성원들은 매수가 완료되기 이전에 이미 인수될 기업의 세부 사항을 속속들이 알게 되기 때문에, 통합 과정에서 신속하고, 단호하고, 영리하게 움직일 수 있었다. 그들은 예비 조사를 수행하면서 처음부터 통합 계획을 만드는 데 힘을 보탰기 때문에 우리가 표적으로 삼는 사업 목표와 통합 계획에 보다 열성적으로 임했다. 이로써 실제 실행에 나설 필요가 없다는 것을 염두에 두고 보기에만 그럴듯한 '훌륭한 계획'을 만드는 '이관移管'의 문제도 피할 수 있었다. 또한 인수된 기업의 리더들을 통합에 끌어들였기 때문에 그들이 원래의 회사 내에서 전도사의 역할을 하면서 직원들의 지원을 보다 쉽게 얻어냈다.

통합팀은 예비 조사를 실시하고 새로운 인수 기업의 통합을 돕는 동안, 하니웰에는 생소하지만 보다 나은 운영에 도움이 될 만한 운영 요소들을 찾는 데도 신경을 썼다. 우리는 새로운 회사에 "이것이 하니웰의 방식이다. 이 방식을 따르라"고 하지 않았다. 우리 마음에 드는 혁신을 발견하면 그것을 기존 사업에 접목시켰다. 이는 운영 개선에도 유용했고 새롭게 인수한 인력을 끌어들이는 데도 도움이 됐다. 지배를 받는다는 느낌 대신에 첫날부터 존중을 받고 가치를 인정받는다고 느끼게 만든 것이다.

| 인수 기업을 끌어들이기 위해서는 |

- 거래가 성사되기 이전에 경영, 지표, 기타 관련 주제를 아우르는 통합 계획을 마련한다.
- 직접 계획을 검토하고 승인한다.
- 실행의 세부 사항을 강화한다.
- 통합 전담팀을 설치하고 초기에 팀원을 배치한다.
- 사고방식의 형성을 위해 변화를 일으키고 즉시 소통한다.
- 인수된 기업에서 마음에 드는 프로세스를 찾아 기존 회사에 혁신으로 도입한다.
- 인수가 가치 평가 모델의 예상대로 혹은 더 낫게 실행되고 있는지 확인하기 위해 직접 정기적인 후속 조치를 취한다.

잡초 솎아내기

체계적인 인수 프로세스는 장기적인 성장을 위한 포트폴리오 업그레이드에 필요한 조치의 일부에 불과하다. 기존 보유 기업들을 분석해서 회사에 바람직하지 못한 부분을 현명하게 처분하는 일도 필요하다. 하지만 그 분석을 맹목적으로 강행해서는 안 된다. 〈심슨네 가족들The Simpson〉에는 이런 에피소드가 있다. 텔레비전을 보고 있던 호머의 불평에 아내 마지는 이렇게 얘기한다.

"비난하기야 쉽죠."

그러자 호머는 "재미도 있지!"라고 답한다. 포트폴리오 분석에서도 마찬가지이다. 은행가, 컨설턴트, 직원들은 당신이 버려야 할 기업에 대한 의견을 신나게 내놓을 것이다. 왜냐? 쉽고…… 또 재미있으니까. 나는 이런 분석가들에게 이렇게 말하곤 했다.

"내가 맡고 있는 기업들의 장단점에 대해서는 이미 알고 있습니다. 여러분들이 제가 어떤 사업에 발을 들여야 할지, 그 방법은 무엇인지 말해 줄 수 있다면 훨씬 가치가 있을 텐데요."

인수 가능한 기업을 찾는 일은 정말 중요하다. 그 작업을 새로운 인수 프로세스의 첫 단계로 삼는 이유도 거기에 있다. 거기에서부터 시작해야 버려야 할 곳을 파악할 수 있다.

임기 첫 해 동안, 우리는 인수 프로세스를 강화하면서 기존 사업 부문과 그 자회사들에 대한 단순하지만 강력한 분석을 완료했다. 우리는 이들 각 기업이 좋은 업계에 있는지, 그 업계에서 좋은 위치를 점하고 있는지, 투자수익률이 좋은지를 확인했다. 우리가 찾은 답을 기반으로 우리는 각 기업을 세 가지 카테고리로 나누었다. A등급은 해당 기업이 좋은 업계 내에서 좋은 위치를 점하고 있으며 투자수익률이 높다는 것을 의미했다. A등급의 기준에 못 미치지만 거기에 이를 가능성이 있는 기업은 B를 받았다. A등급 기업으로 전환시킬 가능성이 없다고 보이는 기업에는 C등급을 부여했다.

| 포트폴리오 내 각 기업에 던져야 할 세 가지 질문 |

1. 좋은 업계에 있는가?
2. 그 업계에서 좋은 위치를 점하고 있는가?
3. 투자수익률이 높은가?

자회사의 80퍼센트는 A나 B등급에 속했다. 그리 나쁘지 않은 성적이었다. 나는 각 회사가 어떤 등급을 받았는지 외부에 공개하지 않았고 내부 청중에게만 제한된 방식으로 공개했다. 우리는 오랜 시간에 걸쳐 가능한 많은 C등급 회사를 매각했고 매년 분석을 계속해나가면서 결국 4번째 등급을 추가했다. 여러 총원 회의와 사업 검토를 진행해본 후 나는 우리가 기술 분야에 기대가 크다는 것을 발견했다. 사업이 잘 운영되고 있는지 여부만이 중요한 것은 아니었다. 따라서 우리는 우리 포트폴리오에 포함된 각 기업이 기대감을 불러일으키는 새로운 기술을 보유하고 있는지 여부를 고려하기 시작했다. 컨수머블 솔루션Consumable Solutions이라는 우리 사업 부문은 항공 우주 조립 라인에 들어가는 나사를 비롯한 작은 제품을 취급했다. 좋은 업계에서 좋은 위치를 점하고 있었고 투자수익률도 높았지만 그 회사의 유일한 기술은 IT 시스템에 있었다. 리더들은 거기에 큰 기대를 걸지 않았고, 다른 고위 간부들과 내가 매달 관심을 가지기 때문에 겨우 성장하고 있는 것처럼 보였다. 우리는 이 사업에 너무나 많은 시간을 할애하고 있으며 그 시간을 다른 곳에서 보다 생산적으로 사용할 수 있다는 점을 깨달았다. 거의 2년에 걸쳐 매수자를 찾은 끝에, 우리는 컨수머블 솔루션을 보다 잘 운영할 수 있는 기업에 매각했다. 우리는 현금 외에 주식도 취득했기 때문에 그 거래로 좋은 성과를 올렸다.

내 재임 초기에는 자회사 매각에서 가장 좋은 가격을 받는 것에만 집중했다. 시간만 잡아먹고 운영이 어려운 기업들을 빨리 처분해서 전략적 인수에 들일 돈을 마련하고 싶었던 것이다. 몇 년 후 블루노트 시간을 갖던 도중 인수 프로세스를 개발하는 데는 사모펀드 모델을 사용했지만 매각에는 사용하지 않았으니 시도해볼 가치가 있겠다는 생각이 들었다. 대부분의 대기업은 전략적 포트폴리오 분석을 실시하면 처분할 기업에 최대한 높은 가격을 받기 위한 매각 프로세스를 시작한다. 우리는 대신 이렇게 자문하기 시작했다. 우리가 오늘 기업을 매수해서 이익을 남기고 되팔려 하는 사모펀드회사라면 그 기업의 가치를 높이기 위해 어떤 일을 할까? 그리고 어떻게 그 기업을 매각할까?

우리 인수·합병팀 리더인 앤 매든과 협력해서 기업 가치를 개선시켜 보다 유리하게 매각하는 엄정한 프로세스를 개발했다(우리는 이 프로세스에 대한 논문을 쓰기도 했다). 자회사 매각에 더 주의를 기울인다는 것은 매각에 과거보다 많은 시간(때로는 수년)이 걸린다는 의미였다. 새로운 성장 영역에 투자하고 여러 잠재 매수자들 찾으며 매각을 위해 자회사들을 준비시키는 일에 매달린다면 시간이 흐른 뒤 우리는 주주를 위해 훨씬 더 나은 결과를 만들어줄 수 있게 될 것이다.

최선을 다해 운영하는데도 오토라이트Autolite 점화 플러그 사업은 연간 500만 달러의 적자를 내고 있었다. 투자자들과 사업부분 리더는 이 회사를 빨리 매각해서 우리 장부에서 털어버리기를 원했다. 우리는 당장 그렇게 하는 대신 거의 1년 가까이 오토라이트 제조 공정의 질을 높이는 데 투자해 이 회사가 2,000만 달러의 이윤으로 남기는 시점까지 이르게 했다. 또한 우리는 적절한 매수자나 조인트 벤처 파트너를 찾아 여러 매수자에게 구매의사를 물었다. 이런 노력 덕분에 그렇게 하지 않았다면 받았을 가격보다 2억 달러 높은 판매가를 받을 수 있었다.

포트폴리오 관리 방법의 전환

체계적인 프로세스가 유용하기는 하지만, 프로세스만 마련해두면 바로 보다 전략적이고 생산적이며 잘 통솔된 포트폴리오 관리가 이루어질 것이라고 생각해서는 안 된다. 아직 고려하지 못한 중요한 구성요소가 있다. 바로 당신과 당신의 리더들이다.

성장을 목표로 기업 포트폴리오를 관리하기 위해서는 리더의 편에서 상당한 시간, 주의, 집중력이 필요하다. 나는 임기 내내 CEO로서 새로운 인수와 매각 프로세스의 모든 요소를 자세히 조사할 뿐 아니라 거래 활동에 항상 주의를 기울였다. 나는 6주마다 매 사업 부문의 인수 파이프라인에 대한 검토를 수행하면서 리더들과 지속적으로 전략과 잠재 인수 대상 기업에 대해 논의했다. 네 개 사업 부문 각각에 대해 30분씩 걸리는 짧은 회의였지만 이를 통해 사업 부문 리더들이 궤도에서 벗어나 결실을 맺지 못할 아이디어에 시간과 노력을 낭비하는 일이 사라졌다. 더 중요한 점은 이들 회의가 매커니즘을 강요하는 역할을 했다는 것이다. 후속 조치가 있을 것을 알기 때문에 리더들은 진행 중인 거래의 특정 부분에 대한 조사를 하거나 인수 대상 기업을 추적하는 등 이전 회의에서 언급한 조치들이 확실히 취해지도록 만전을 기했다. 이런 회의에서만 진행 중인 인수나 합병 활동을 논의한 것이 아니었다. 연간 전략 계획을 논의할 때나 내가 이전에 설명했던 성장의 날 중에도 인수·합병 활동에 대한 논의가 이어졌다.

이전에 리더로서의 권한을 위임을 하되 포기해서는 안 된다는 이야기를 했다. 여기에서는 특히 감시 역할을 진지하게 받아들이고 '1원칙: 게으른 사고방식을 몰아낸다'에서 설명한 지적 탐구의 사고방식을 적용해야 한다. 팀이나 조직 내의 사람들이 고려해볼 거래를 들고 당신을 찾아왔다면 강하게 밀어붙여야 한다. 회사가 좋은 업계에 있다는 이야기를 듣는다면 거기에 대해 면밀히 조사하라. 누가 최대 경쟁자인가? 수익성이 얼마나 높은가? 그 업계가 보는 것만큼 정말로 매력적인가? 대상 기업의 업계 내 위치에 관련해, 세분화된 업계 내의 여러 업체들을 통합해서 큰 영향력을 가질 수는 없을지 열심히 생각해보라. 가스탐지기 사업에 진입했을 때, 그 업계에는 큰 업체들이 없었다. 하지만 8년 동안 우리는 여러 개의 회사를 인수해 하나의 기업으로 통합시킴으로써 업계 1위가 될 수 있었다. 우리는 바코드 스캐닝, 안전 설비, 디지털로 연결된 항공기와 같은 다른 업계에서도 같은 일을 했다.

인수 가능성을 고려할 때는 단기적인 결과에 대한 영향은 물론 위험에 대해서도 주의를 기울여야 한다. 우리 사업 부문들은 매 분기 '코끼

항상 이기는 조직

리'들을 내 앞에 들이민다. 정말 규모가 커서 거래가 성사되면 하니웰의 크기가 2배가 될 만한 인수 거래를 가져오는 것이다. 나는 이런 거래는 항상 피한다. 거래가 계획대로 성공하지 못할 경우 우리 실적에 미칠 영향을 걱정하는 데다, 성공한다 해도 장부에 반영해야 하는 상각비 때문에 단기 실적이 한 동안 저조할 것을 고려하기 때문이다. 내 임기 중에 성사된 거래로 가장 큰 규모는 2015년 계측 회사인 엘스터Elster의 50억 달러 인수였다. 큰 액수이긴 했으나 우리 매출이 400억 달러에 달하는 것을 고려하면 지나치게 큰 규모는 아니다. 내 원칙에 대한 단 한 번의 예외는 2016년 유나이티드 테크놀로지United Technologies 매수에 900억 달러를 제안한 일이었다. 그 경우, 지나치기에는 너무 매력적인 기회로 보였다. 유나이티드 테크놀로지는 대단히 유망하지만 제대로 관리가 이루어지지 않은 많은 사업을 갖고 있었고 우리는 두 회사를 합병해 그 사업들을 분할한다면 모두에게 돈을 벌어다 주는 유력 기업이 될 것이라고 생각했다. 거래가 성사되지는 않았지만 시도해볼 만한 가치가 있었다. 하지만 일반적으로는 가진 것을 하나에 다 걸어서는 안 된다. 견고한 장기 성장을 원한다면 굳이 눈에 띄는 위험을 감수할 필요가 없다.

위험을 유념한다면 다각화를 우선시하게 될 것이다. 전 재무장관 로버트 루빈Robert Rubin의 책《불확실한 세계In an Uncertain World》를 읽은 나는 긍정적인 측면이 대단히 크고 실현 가능성이 훨씬 높은 경우조차 거래에 잠재한 부정적 측면에 큰 관심을 쏟게 되었다. 실현 가능성이 낮은 일도 발생하는 경우가 있다. 때문에 대비를 해야 한다. 변화하는 조건에 유연하게 대응할 수 있도록 포트폴리오를 관리해야 하는 것이다.

리더인 당신은 조직이 합병, 인수, 다각화를 잘 해내기 위한 전문 지식을 보유하고 있는지 확인해야 한다. 거래 완성에 대한 보다 체계적인 접근법을 발전시키려면 법무, 회계, 인사, IT 등의 분야에 극히 강력한 기능팀들이 자리 잡혀 있어야 한다. 예비 실사를 할 때는 재무 상태가 올바른지, 인수 대상 기업이 거래에 열의를 갖고 참여하는지 확인해야 한다. 인수 대상 기업이 좋은 지도부와 의욕 있는 인력을 갖고 있으며 법적, 환경적 문제가 없는지에 대해서도 확신을 가질 수 있어야 한다. 또한 당신 회사의 모든 팀들이 스스로를 거래의 완충기나 들러리로 여기지 않고 모든 거래에 객관적인 시각을 가지도록 해야 한다. 이상적으로라면, 당신 조직의 사업 부문 리더들은 기능 전문가들을 회사가 최선의 결과(그것이 거래를 진행하는 것이든 거래에서 빠져나오는 것이든)를 얻도록 돕는 자원으로 여겨야 한다. 강력한 기능팀들은 검사를 통과한 거래를 보다 빠르고 매끄럽게 완성하면서 위험을 최소화하는 데도 도움을 준다. 시간이 흐르면서 당신 회사는 거래 진행에서의 신뢰성이 높다는 평판을 얻게 될 것이고, 이로써 경쟁 입찰의 상황에서 유리한 입지에 서게 될 것이다.

제품 포트폴리오에도 인수 · 합병의 논리를 적용한다

이 장에서의 조언은 주로 큰 조직을 운영하는 고위 임원들에게 적용되는 것처럼 보이지만 소규모 기업이나 비영리 단체가 장·단기 실적을 높이는 데도 비슷한 접근법을 취할 수 있다. 기업 내 사업부의 관리자들 역시 마찬가지이다. 당신이 제품 책임자라면 개별 제품을 포트폴리오에 포함된 자회사로 생각하라. 많은 관리자들이 고객들이 구할 수 있는 대단히 많은 수의 제품을 만드는 경향이 있다. 그중 대부분은 잘 팔리지 않고 많은 이윤을 남기지 못하는 데도 말이다. 관리자들은 신제품이 등장해도 일부 고객은 여전히 그 제품을 원한다는 이유를 대면서 구형의 열등한 제품을 버리려 하지 않는다.

SKUstock keeping units(재고품이 선반에 진열될 때의 최소 단위)를 적극적으로 관리해야 한다. 고성장 고수익 SKU에 투자하면서 성과가 좋지 못한 대다수의 SKU는 솎아 내는 것이다. 제품 포트폴리오에 1,000개의 저수익 SKU가 있다면 그들 모두의 가격을 2배로 올려보라. 아마도 이런 SKU 중 900개에 대한 주문은 끊어질 것이다. 그런 제품 단위는 제거한다. 수입은 줄겠지만 이윤에 큰 영향이 없다는 것을 알게 될 것이다. 수익성이 없는 수입이었기 때문이다. 고객들이 여전히 주문하는 100개 제품 단위에 대해서는 이제 이들 제품이 고객에게 가치가 있고 그 동안 가격이 극히 낮게 설정되었었다는 것을 알게 되었다. 이런 제품의 가격을 높게 유지하고 매출을 늘리는 데 집중하라. 크든 작든 사업을 책임지는 리더라면 자산 포트폴리오의 적극적인 관리를 통해 장기적인 실적으로 향하는 보다 나은 길에 들어서도록 노력해야 한다. 내가 설명한 식의 포트폴리오 분석을 해마다 반드시 실행하도록 한다.

하니웰, UOP를 받아들이다

우리는 2002년 포트폴리오 관리 프로세스를 고치는 작업을 시작했다. 하지만 적극적으로 기업 인수를 시작하는 위치에 서기까지는 몇 년이 걸렸다. 2004년 4분기, 3개의 거래가 한꺼번에 진행됐다. 총액이 35억 달러로 당시의 우리에게는 큰 과제였다. 노바르Novar는 1년간 주시해왔던 기업이지만 매수를 위해 회사와 접촉하지는 않은 상태였다. 회사의 약 40퍼센트 정도만 마음에 들었기 때문이었다. 또 다른 입찰자가 그 회사에 관심을 보이자 우리도 관심을 표했다. 거래 과정에서, 우리는 대단히 빠른 반응을 보였다. 노바르와 은행 모두가 놀랄 정도였다. 이미 준비가 되어 있었기 때문이었다. 우리는 결국 노바르를 인수했고 이후 우리가 원치 않는 부분을 처음 우리가 평가했던 것보다 높은 가격에 처분했다. 우리는 통합의 책임을 최고의 인재들에게 맡겼고 새로운 프로세스에 따라 꾸준히 정기 회의를 가졌다.

우리가 팔기로 결정한 노바르의 일부는 종이 수표 사업이었다. 수익성은 높지만 이 사업은 기존의 우리 기업 포트폴리오와 잘 맞지 않았고, 이 업계는 온라인 뱅킹의 부상으로 하향세에 있었다. 우리는 단기간 이 사업을 유지하면서 그 회사 리더들과 함께 그 사업의 가치를 최대화할 계획이었다. 안타깝게도 그 회사 리더는 오만하고 독재적이었고, 하니웰의 사람들과의 협력을 거부했으며, 하급자들을 위협했다. 우리는 민첩하게 조치를 취하지 않으면 이 리더가 권력을 잃지 않으려는 목적에서 사업을 고의로 방해할 것이라 판단했다. 따라서 우리는 새벽 기습을 감행하

항상 이기는 조직

기로 계획했다.

이 회사 내에서 새로운 CEO를, 하니웰에서 새로운 CFO를 미리 선정한 뒤, 우리는 일찍 일어나 새벽 비행기를 타고 이들이 일과를 시작하는 시간에 이 회사의 본사에 도착했다. 나는 우선 떠나는 CEO를 만나 즉시 자리를 비우라고 알리고 이유를 설명했다. 우리 CFO는 이 회사의 CFO와 만나 그에게 해임 사실을 알렸다. 하니웰 인사팀 리더는 새로운 CEO 후보를 만나 그 자리를 맡을 것인지 확인했다(그는 수락했지만, 우리는 만일의 경우를 대비한 대안을 갖고 있었다). 이후 나는 새로운 CEO를 만나 내가 기대하는 것을 설명했다. 우리의 인수·합병팀 리더인 앤은 이 하루 동안의 작전 계획을 세웠고 우리와 동행하면서 우리가 그 계획을 따르는지 확인했다. 우리는 직원들에게 공문을 내고, 새로운 지도부와 전체 회의를 한 후, 바로 회사를 떠났다. 즉각적으로 회사 전체의 운영 상태가 개선되었다.

직원들은 목소리를 내기 시작했고, 이전에 불가능했던 아이디어가 가능해졌으며, 모두의 삶이 더 나아졌다. 우리는 이후 이 회사를(그리고 노바르의 다른 부분들도) 이전에 우리 계획에서 예상했던 것보다 훨씬 더 높은 가격에 매각했다.

견고한 인수·합병 프로세스가 자리 잡혀 있지 않았다면 우리는 이 종이 수표 회사에 대한 이런 새벽 기습이나 후속 개선 작업을 실행하지 못했을 것이다. 전반적으로 노바르의 거래는 수익 증대, IRR, 5년차 ROI에 대한 우리의 기대치를 훨씬 넘어서는 좋은 성과를 가져다주었다. 우리는 그 회사의 40퍼센트를 예상보다 더 효과적으로 통합시켜 계획보다 훨씬 높은 비용 시너지를 실현했고 회사의 가치 평가 때 포함시키지 않았던 매출 시너지로부터도 상당한 이익을 보았다.

두 번째 인수, 젤웨거Zellweger는 비교적 규모가 작았지만(2억 5,000만 달러) 중요한 거래였다. 아직 참여하고 있지 않은 인접 시장(가스탐지)에 첫발을 딛는 것이었기 때문이다. 젤웨거를 운영하게 될 하니웰의 사업 부문, 자동화 및 관제 솔루션은 이 거래를 마음에 들어했지만 그곳의 리더들이 노바르의 거래에도 관여하고 있어서 젤웨거를 잘 통합시키는 데 집중할 시간이 없을 것을 염려하고 있었다. 나는 이 거래를 밀어붙였다. 문제와 기회들이 스스로 시점을 선택하는 것을 지켜보다가 기회가 드러났을 때 뛰어들어야 한다. 자동화 및 관제 솔루션 부문을 이끌고 있었던 로저 프레딘도 동의했고 우리는 그 일에 덤벼들었다. 우리는 그 이후 젤웨거 사업에 몇 개의 다른 인수 사업을 덧붙였고 이렇게 이루어진 회사는 10억 달러가 넘는 높은 매출을 올리고 있다.

세 번째 거래는 앞서 언급했던 2004년의 UOP였다. 이 인수 결정이 옳았다는 것을 처음으로 눈치챈 것은 거래가 마무리된 직후인 2005년이었다. 한 사모펀드 회사가 전화를 걸어, 이전부터 UOP 전체를 다우로부터 인수하려고 협상을 진행 중이었고 그때 제시했던 것과 같은 22억 달러에 하니웰로부터 회사 전체를 인수할 수 있다면 기쁘겠다고 말했다. 그때서야 알게 되었다. 다우는 회사의 절반에 8억 6,500만 달러를 제시해 사들인 뒤 이 사모펀드에 11억 달러를 주고 되팔아서 바로 2억 3,500만 달러의 수익을 실현할 생각이었던 것이다. 하마터면 완전히 바보가 될 뻔했다! 우리가 나섰던 것이 정말 다행이었다.

몇 년 뒤, UOP는 우리의 큰 성공작으로 변했다. 우리는 '호라이즌 쓰리Horizon Three'라는 연구·개발 프로젝트(대단히 장기에 걸쳐 성과를 내는 프로젝트들)의 규모를 400만 달러에서 2,000만 달러로 끌어올렸고 이 사업의 생산과 기술 역량을 확대시키는 여러 자본 프로젝트에 투자했다. 2006년, UOP는 식물 소재에서 환경 친화적인 디젤 연료를 만드는 새로운 기술을 도입했다. 다음 10년 동안 재생 자원으로 만들어지는 새로운 종류의 제트 연료, 이전에는 쓸모없었던 원유 잔류물을 연료로 바꾸는 절차, 천연 가스 생산 역량의 확대 등 상업적 가치가 있는 여러 혁신들이 뒤따랐다.

UOP의 역사는 100년에 가까우며 이미 그만의 자랑스러운 문화를 갖고 있었다. 때문에 그곳의 인력이 스스로를 진심으로 하니웰의 일부라고 여기기까지는 약 10년의 시간이 필요했다. 통합에서 가장 어려운 부분은 원유의 화학 공학 공정을 개발하는 UOP가 이런 공정의 관제 시스템을 생산하는 사업 부문과 긴밀히 협력하게 하는 것이었다. 오랫동안 UOP의 직원들은 공정 관제 부문을 '하니웰'이라고, 스스로를 UOP라고 구분해 불렀다. 공정 관제가 다른 사업 부문인 자동화 및 관제 솔루션에 속해 있기 때문에 UOP의 임원들이 이들을 더 멀게 느낄 수밖에 없었다. 이런 측면이 어려움을 가중시켰다. 2012년 전환점이 찾아왔다. 우리가 공정 관제 사업을 UOP가 속한 특수재료 및 기술 사업 부문에 추가한 때였다. 우리가 새롭게 특수재료 및 기술 사업 부문을 맡긴 리더는 공정 관제 사업을 운영하고 있었던 다리우스 아담칙이었다. 그는 두 사업을 통합하는 방법에 대한 특이한 식견을 제공했다. 다리우스는 하니웰의

CEO 자리를 이을 후보 중 하나이기도 했기 때문에 이런 변화는 그가 이끄는 사업의 규모를 확장시켜볼 수 있는 기회였다. 그가 확연히 커진 책임을 어떻게 맡아 진행하는지 지켜볼 수 있다는 의미인 것이다(10원칙: 후임 리더와 함께한다). 현재 UOP와 우리의 공정 관제 사업은 원활하게 협력하면서 스스로를 하나의 회사, 하니웰로 생각하고 있다. 그들은 세상의 다른 어떤 기업과도 견줄 수 없는 향상된 역량으로 새로운 제품, 공정, 기술, 소프트웨어를 개발한다. 다른 어떤 기업도 원유의 화학 공학 공정과 이런 공정의 관제 시스템 양쪽에 대한 전문 지식을 보유하고 있지 않기 때문이다. 승리할 수밖에 없는 조합이다.

이 세 기업의 성공적인 거래는 투자자로 하여금 우리가 인수·합병을 책임 있게 처리하며 그들의 돈을 날리지 않을 것이란 확신을 갖게 했다. 하지만 아직도 나는 포트폴리오 관리에 대해 '임무 완수'를 선언할 수 없었다. 로저가 이끄는 우리의 자동화 및 관제 솔루션 사업은 일찍부터 대상 기업을 물색하고, 접촉하고, 파이프라인을 구축하면서 인수·합병을 훌륭하게 진행하고 있었지만, 다른 하니웰 사업 부문은 뒤처지고 있었다. 회사 전체가 인수를 장기적인 성장 기회로 받아들이기까지는 시간과 지도부의 변화가 필요했다. 우리는 업그레이드를 목표로 포트폴리오에 대한 자세한 검토를 계속했다. 2007년 우리는 인수 프로세스를 다시 검토해서, 성공과 실패를 분석하고 소규모의 수정을 가했다.

우리가 발견했고 지금도 발견을 이어가고 있는 것은 체계적인 접근법이 실제로 성장을 유발한다는 점이다. 그 과정에서 몇 번의 실패도 있었다. 하지만 대단히 작은 규모의 인수였다. 큰 규모의 중요한 인수는 모

항상 이기는 조직

두 성공했고, 몇 건의 인수는 놀랄 만한 성과를 냈다. 내 임기 동안 우리는 약 100개의 기업을 인수했고 회사의 총매출은 150억 달러 늘어났다. 또한 우리는 총 85억 달러에 70개의 기업을 매각했다. 220억 달러 규모의 기업에서 시작해서 235억 달러의 매출을 올린 것이다. 대단한 활동이다. UOP의 경우 초반에는 수익에 약간의 타격이 있었지만 몇 년 내에 8억 6,500만 달러의 투자를 50억 달러 가치로 바꿀 수 있었다. 나쁘지 않은 성적이다. 이것이 건전하고 전략적인 포트폴리오 관리의 힘이다.

1 기업이나 제품 포트폴리오의 관리에 얼마나 주의를 기울이고 있는가? 포트폴리오 관리를 장기적 성장을 위한 경로로 우선시해왔는가? 직원들은 매각하려는 것(쉬운 부분)은 물론 인수하려는 것(힘든 부분)에도 집중하는가?

2 이전 거래에 대한 사후 분석을 실시한다. 합병, 인수, 다각화에 체계적으로 접근하는가? 아니면 즉흥적으로 접근하는가? 시스템이 자리를 잡고 있다면, 거기에 약점이 존재하지는 않는가?

3 합병, 인수, 다각화 프로세스를 주기적으로 재평가해서 그들이 효과가 있는지 확인하는가?

4 인수 대상을 얼마나 잘 찾고 있는가? 당신과 당신의 팀은 인수 대상 기업의 파이프라인을 꾸준히 구축하고 있는가? 이 기회들을 체계적으로 조사하는가?

5 예비 실사를 실시하는 명확한 프로세스가 마련되어 있는가? 거래에서 발생한 문제를 인식하고 해결하는 데 있어서 당신은 얼마나 수용적인가?

6 과거에 과다 지불을 한 적이 있는가? 그렇다면, 혹은 아니라면 그 이유는 무엇이었나? 인수 기업이나 은행가가 제시한 수치를 그대로 수용하는가? 아니면 인수 대상 기업에 대한 당신 나름의 가치 평가를 실시하는가?

7 통합 실행에 얼마나 능숙한가? 거래가 완료되기 이전에 계획을 마련해두는가? 인수를 진지하게 생각하고, 상근으로 일하는 최고의 인재들을 배치하는가?

8 다각화를 고려할 때, 거래 성사를 급히 서두르는가? 아니면 시간과 노력을 투자해 당신 회사가 인수에 대한 준비를 갖추게 하고 잠재 구매자를 육성하는가?

9 직접 포트폴리오 관리에 관심을 보이는가? 아니면 이 영역에서의 권한을 다른 사람에게 넘겨버리는가?

10 제품 포트폴리오를 가지고 있다면, 당신은 주기적으로 SKU 성과에 대한 검토를 실시해서 실적이 낮은 제품을 가려내는가? 가격을 2배 혹은 3배로 높여서 어떤 일이 일어나는지 살피고, 시장이 이런 SKU의 진정한 가치를 평가하게 해본 적이 있는가?

4부

조직이
피할 수 없는
상황

WINNING NOW, WINNING LATER

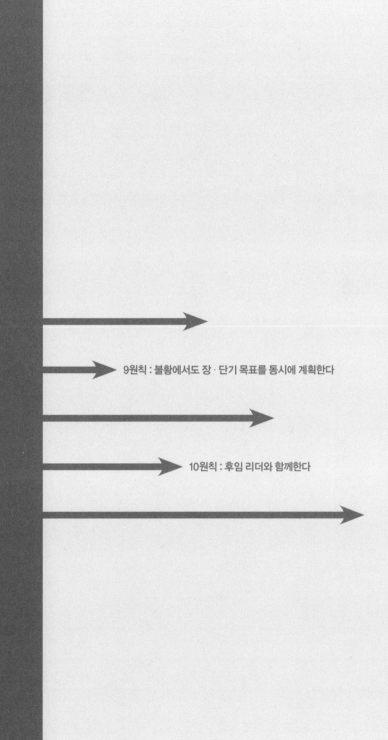

9원칙 : 불황에서도 장·단기 목표를 동시에 계획한다

10원칙 : 후임 리더와 함께한다

불황에서도 장·단기 목표를 동시에 계획한다

2018년 봄, 나는 사무실의 이사 준비를 하던 중에 2001년 여름 내가 써놓았던 편지를 우연히 발견했다. 미지의 미래 하니웰 CEO에게 쓴 이 긴 편지에는 리더가 직면하는 가장 어려운 순간, 즉 조직이나 팀과 불황을 헤쳐 나가야 하는 상황을 다루는 방법에 대한 개인적인 생각이 담겨 있었다. 당시 나는 이 편지를 써야만 한다고 생각했었다. 하니웰이 경쟁업체를 앞지르고 과거 실적을 상회하면서 2008년의 대침체를 성공적으로 벗어났기 때문이다. 기억이 생생할 때 우리가 어떻게 그 일을 해냈는지에 대한 내 생각을 기록해두고 싶었다. 내 후임들이 장래에 비슷한 상황을 좀 더 쉽게 다루고, 내가 배운 것을 배우느라 시간을 허비하지 않도록 돕고 싶었다.

조직에 대해 이런 사후 분석을 글로 정리해보지 않았다면(우리는 이것을 '백서white paper'라고 부른다), 시도해볼 것을 적극 추천한다. '1원칙: 게으른 사고방식을 몰아낸다'에서 보았듯이, 지적 엄정함은 조직이 오늘 그리고 내일도 좋은 성과를 추구하는 데 꼭 필요하며 리더들은 그런 엄정함을 확립하고 유지해야 할 특유의 위치에 있다. 몇 주에 걸쳐 대침체 대처에 대한 글을 적으면서 나는 우리가 직면했던 주요한 문제들을 회상하고 그들에 대한 우리의 반응을 자세히 생각했다. 글을 씀으로써 조직에게 최선의 관행이 무엇인지에 대한 제도의 기억institutional memory(한 집단의 사람들이 가지고 있는 사실, 역사적 자료, 개념, 경험, 지식의 집합체-옮긴이)을 지킬 수 있었고, 독자들(이 경우 책임자들과 핵심 임원들)로 하여금 침체에 대해서 보다 깊이 생각하게 할 수 있다. 이런 분석 글을 자주 쓴 것은 아니다. 조직이 큰 규모의 문제를 다루면서 그 과정에서 그냥 지나치기에는 아까운 교훈을 얻었을 때만 이런 글을 남겼다.

이 편지에 담겨 있는 조언은 오늘과 동시에 내일도 좋은 성과를 내는 조직을 구축하고자 하는 어떤 리더에게도 적용된다. 불황이 닥치면 리더들은 공황 상태에 빠지곤 한다. 생존 모드에 들어가서 분기별로 실적을 관리하고, 앞서 이야기했던 장기 성장 프로젝트를 외면한 채 수치가 떨어지지 않게 하려고 안간힘을 쓴다. 그런 조치는 당장 투자자들을 만족하게 할 수는 있겠지만 조직이 어렵게 이룬 진전을 무위로 돌린다. 이것은 큰 실수이다. 다행히도 우리는 이런 실수를 피했다. 대침체 동안 직면한 재정적 문제들에 대해 창의적인 해법을 찾음으로써, 경쟁업체의 실적에 앞서는 실적을 내면서도 장기 투자를 유지할 수 있었다. 우리가 취한 구체적인 기법들(성공한 것도 실패한 것도 있다), 이런 기법들에 대한 직원과 조직의 반응, 리더인 나의 반응이 내가 그 편지를 통해 전달한 것이다. 이제 그 편지의 일부를 독자들과 공유해보려 한다.*

불황이 달가울 수는 없지만, 절제력을 유지하고 균형 있는 장·단기 접근법을 계속 적용한다면 불황을 이용해 경쟁자들에 맞서 미래의 이익을 준비할 발판을 마련할 수 있다. 여기에서는 두 가지 기본 전략이 중요해진다. 첫째, 사전에 비용을 줄이면서도 여전히 회사의 장기 성장 프로젝트(프로세스 재설계와 문화를 비롯한)에 부정적 영향이 없게 해, 큰 타격을 받기 전에 불황에 대비한다. 둘째, 불황 동안 비용을 줄이더라도 회복 이후를 준비하기 위해 할 수 있는 일을 생각한다. 현재의 상황이 아무리 암울하게 보여도 회복되게 마련이다. 미래를 염두에 두고 단기 비용을 관리하기 위해서는 당신 편에서 더 많은 노력이 필요하며 독립적인 사고가 필요하다. 우울한 경제 뉴스가 아직 찾아오기 전에 최대한 민첩하게 불황을 대비하라. 불황이 심화되어 다른 사람들이 공황 상태에 빠졌더라도 차분함을 유지하고, 호황이 찾아올 것이며 조직에는 준비가 필요하다는 사실을 기억하라. 참모, 직원, 투자자들로부터 거센 저항이 있을 것이다. 하지만 당신이 입장을 고수하고 장·단기 관리에 경계를 늦추지 않는다면, 이 이해관계인들도 결국은 당신에게 감사하게 될 것이다. 언젠가는 이 상황에 대한 사후 분석의 글을 쓰고 있는 자신을 발견하게 될 것이다.

---

* 여러 사건들에 대한 내 기억에 힘을 싣기 위해서 이 장 전체에 걸쳐 비공개 내부 백서 '하니웰: 2008-2009년의 침체에서 배운 교훈Honeywell: Lessons Learned from the Recession of 2008– 2009'에 사용된 개념과 용어를 광범위하게 차용했다. 이것은 "직접 배운 교훈"에 대한 지식을 유지하기 위해 우리 재무팀이 마련한 문서로 내가 후임자들을 위해 쓴 편지와는 별개이다.

무슨 일이 일어날 수 있을지 심사숙고한다

불황은 아무 이유 없이 나타나는 것이 아니다. 경계를 게을리하지 않는
다면 그 조짐과 신호를 알아챌 수 있다. 불경기 중에도 장기 목표와 단기
목표를 함께 추구하는 입장을 고수하기 위해서는, 초기의 신호를 알아
보기 위해 노력하고 다른 사람들이 소홀히 하는 보호 조치를 취해야 한
다. 그게 2008년 우리가 했던 일이다. 대침체는 2007년 초 불거진 서브프
라임 모기지 사태에 의해 촉발되어 공식적으로는 2007년 12월 시작되었
다. 은행가들은 서브프라임 문제가 제한적이라고 주장했다. 더구나 하니
웰의 매출, 이윤, 주당순수익, 현금흐름, 주문이 모두 호조였기 때문에 처
음에는 서브프라임 사태가 큰 문제로 보이지 않았다. 우리의 인수·합병
체제는 성공적으로 돌아가고 있었고 우리에게는 많은 신제품과 서비스,
프로세스 이니셔티브, 지역 확장을 위한 자원이 가득 찬 파이프라인이
있었다.

하지만 내 마음 한편에는 의심이 자리하고 있었다. 1990년대 말의 아
시아 금융 공황은 태국 통화 가치의 급락에서 시작되었다. 당시의 관측
자들은 그것이 큰 문제가 아니라고 얘기했다. 하지만 위기는 브라질, 다
음에는 러시아로 퍼져나갔다. 사람들이 알아차리기도 전에 우리는 이미
세계적 위기의 한가운데 있었다. 이번에도 비슷한 상황이 벌어지는 것
은 아닐까?

2007년 말 투자자인 한 친구와 가진 저녁 식사는 이 점에 대해 깊이 생
각해볼 기회가 되었다. 나는 장난삼아 이 사람에게 하니웰의 주식을 사

라고 제안했고(59달러까지 떨어졌었던 주식은 당시 65달러였다) 이 사람은 그러 겠다고 답했다. 나는 "이제는 주가가 떨어지지 않을 겁니다"라고 말했지 만 그는 불황이 다가올 것이라고 예상하면서 주가가 떨어질 것이라고 주장했다. 나는 주가가 더 떨어지지 않을 것이란 강한 확신을 갖고 있었 기에 다음 해 까지 우리 주가가 59달러 아래로 떨어지지 않으면 밥을 사 겠다고 약속했다. 그럼에도 불구하고 나는 이 사람의 말을 귀담아 들었 고, 이 대화 이후 불황의 가능성에 대해서 더 진지하게 생각했다. 몇 개월 후 우리 주식이 59달러 아래로 떨어졌을 때에는 특히 더 그랬다(한창 불황 이 심할 때는 약 27달러까지 떨어졌다).

2008년 상반기에는 근심이 더 깊어졌다. 우리는 좋은 재무 실적을 유 지했지만, 너무나 많은 사람들이 경제에 대해 대단히 암울한 예측을 내 놓고 있었다. 이런 시점에는 예방 조치를 취하기보다는 때를 기다리는 편이 우리에게 훨씬 손쉬웠을 것이다. 투자자들은 예방 조치 같은 것은 요구하지 않았고 회사의 많은 리더들은 우리가 내고 있는 실적을 보면 서 우리는 불황의 영향을 받지 않을 것이라고 생각했다. 나는 결국 조치 를 취했다. 전 재무장관 로버트 루빈의 책《글로벌 경제의 위기와 미국》 을 읽으면서 얻은 식견이 한몫을 했다. 루빈은 주어진 상황에서 어떤 결 과든 나올 수 있으며, 가능성이 낮아 보이지만 실현될 경우 극히 해로운 것으로 판명될 수 있는 만일의 사태를 예측하고 대비해야 한다고 주장 했다. 100달러를 거는 내기였다면 나는 낙관주의자의 주장 쪽에 돈을 걸 었을 것이다. 하지만 우리는 가능성이 낮은(내 생각에) 시나리오, 즉 불황 이 하니웰에 큰 타격을 줄 것이라는 시나리오에도 대비를 해야 했다. 폴

사무엘슨Paul Samuelson이 남긴 명언처럼, 시장은 지난 다섯 번의 불황 중 아홉 번을 예측했다. 미래를 대비하는 일에 지나침은 없다. 경계를 게을리 하지 않는 것이 훨씬 현명한 일이다.

조기에 조치를 취한다

예방 조치로 우리는 2008년 7월 10억 5,000만 달러를 받고 컨수머블 솔루션을 B/E 에어로스페이스B/E Aerospace에 매각했다. 가격은 시장 최고가에 가까웠고 우리는 6억 2,300달러의 세전 이익을 장부에 올릴 수 있었다. 우리는 그 돈을 주주들에게 배당하는 대신 그 중 2억 달러를 구조 조정(공장 통합, 약 3,000명 직원의 해고 등)에 사용해 경기가 실제로 심각해질 때를 대비했다. 애초부터 불황과 관계없는 여러 가지 이유로 이런 구조 조정의 대부분을 장기에 걸쳐 실행할 계획이었다. 하지만 그 시점이 실행에 적기였다(2009년 우리는 거의 5,000만 달러를 절감했다). 2009년, 회계 연도의 예산 책정 과정에서, 나는 리더들에게 상당한 매출 하락을 예상하고 계획을 세우라고 지시했다. 이런 지시는 항공우주 부문 리더들의 거센 반발을 불러왔다. 그들은 단주기나 장주기 사업 모두 주문량이 높다고 주장했다. 매출이 감소하기 시작하면 1억 2,000만 달러의 비용 감축이 가능한 상황이었다. 나는 그들에게 상황이 나빠질 것을 대비해 그런 비용 감축을 당장 시행하라고 말했다.

다행한 일이었다. 2008년 10월, 공식적으로 침체가 시작된 후 거의 1년

항상 이기는 조직

이 다 되어 단주기 사업이 바닥을 쳤다. 2008년 4분기 우리 매출은 8.4퍼센트 하락했다. 일부 사업은 16퍼센트의 하락률을 보였다.[1] 하지만 우리는 구조 조정을 마쳤고 처음부터 보수적인 추정을 하고 있었기 때문에 이익은 매년 높아졌다. 주당순이익이 91센트에서 97센트로 상승한 것이다. 우리는 사업에서 약 6억 달러(주당 60센트)의 비용을 절감했다. 이런 긍정적인 단기 실적을 기록하는 과정에서도 우리는 장·단기 실적을 더욱 개선하기 위한 준비를 갖췄다. 이미 비용 감축을 시작했기 때문에 불황이 심해져도 추가적인 감축은 그리 심각하지 않았다. 또한 우리는 이 책에서 앞서 설명한 모든 성장 이니셔티브에 계속해서 보다 수월하게 자금을 조달할 수 있었고 고객들에게 약속을 지킬 수 있었다(이에 대해서는 곧 더 자세히 설명할 것이다).

투자자들에게는 안타까운 일이지만, 이런 사전 대비도 불황이 닥쳤을 때 주가를 지지하는 데는 큰 도움이 되지 못했다. 주가는 가파르게 하락해서 2008년 11월에는 27달러에 이르렀다. 시장에 대한 두려움에 과거 불황기에 형편없는 실적을 냈던 회사의 평판이 더해진 결과였다. 주가는 2011년 봄까지 다시 60달러 선을 회복하지 못했다. 하지만 대침체가 끝난 뒤, 투자자들은 경쟁자들에 비해 훨씬 먼저 불경기에 대비하고 대침체 동안, 그리고 대침체 후에 높은 성과를 올린 공로를 인정해주었다. 우리는 예지력이 있는 선지자가 아니다. 그저 '1원칙: 게으른 사고방식을 몰아낸다'에서 설명한 지적 훈련의 토대를 마련했을 뿐이다. 나는 폭넓은 독서를 하면서 우리 업계 너머에 있는 사람들의 아이디어에 나 자신을 노출시켰다. 그 덕분에 나는 분기별 실적을 뛰어넘어 보다 큰 경제의 그림을 보고 합리적인 예방 조치를 취할 수 있었다.

침체에 대한 우리의 준비가 완벽했던 것은 아니다. 2007년 수년간 이어진 주식 환매에 대한 투자자들의 압력으로 나는 55달러에 우리 주식을 사들이는 데 20억 달러를 사용했다. 일부에서는 주주들에게 현금을 돌려주는 것이 나쁜 조치가 아니라고 주장하겠지만(특히 우리 주식이 172달러에 팔리는 지금의 시점에서 생각했을 때는), 심각한 불황의 와중에 20억 달러의 현금은 대단히 유용한 것이다. 하지만 전체적으로는 사업이 호조를 보이는 때에도 경계심을 잃지 않았고 그것이 우리에게 도움을 주었다. 나는 지적 엄정함을 함양하기 위한 우리의 노력을 보이지 않지만 중요한 장기 투자로 생각한다. 일상의 여러 압력 속에서 책을 읽고 생각할 시간을 만들어내는 것은 쉬운 일이 아니다. 하지만 그런 투자는 결국 더 나은 결정의 형태로 보상을 한다. 우리의 경우 우리가 가장 필요로 할 때 그런 보상이 찾아왔다. 대침체 직전과 대침체 동안 말이다.

고객 보호

조기 대응에도 불구하고 2009년에 심각한 매출 하락을 경험했다. 계획을 만들 때 예측했던 것보다 심각했기 때문에, 비용을 추가적으로 줄이거나 투자자들에게 심각한 손실을 넘겨줘야 했다. 비용 절감에 있어서라면, 직접재료(제조 중에 사용되는 공급품. 특정 제품에 귀속시킬 수 있다)에 지불하는 비용을 약간 줄일 수 있었지만 그것은 큰 도움이 되지 않을 터였다.

항상 이기는 조직

우리는 많은 공급업체와 가격을 제한하는 장기 합의를 해두고 있었다. 간접재료(생산과 기타 간접 공정에 사용되는 재료. 특정 제품에 귀속시킬 수 없다)에 관련된 비용과 사용은 줄일 수 있었고 실제로 그렇게 했지만 그 역시도 큰 도움은 되지 않았다. 직원이든, 고객이든, 투자자이든 누군가는 고통받아야 하는 상황이었다. 고통을 어떻게 분배하느냐가 문제였다.

비용 절감에서 우리의 일반적인 접근 원칙은 장기적으로 하니웰의 역량을 과도하게 훼손하는 조치는 피하자는 것이었다. 당장은 상황이 좋지 않지만, 좋은 날이 돌아올 것이다(그와 반대되는 많은 견해가 있었지만 나는 그렇게 굳게 믿었다). 우리는 그런 회복기에 대한 준비를 갖춰야 했다. 그것은 고객에게 불리한 방식으로 비용을 절감할 수 없다는 의미였다. 고객은 한 번 떠나보내면 되찾기가 어렵다. 우리는 고객에게 서비스를 할 수 있는 수준의 인력을 배치하고 재료를 보유해야 했다. 프로세스 개선 이니셔티브, 특히 하니웰 운영 시스템과 고객을 위해 개발하기로 약속했던 신제품과 새로운 서비스에 대한 자금 투입도 계속해야 했다. 고객이 새로운 제품을 도입하는 속도를(우리 제품이 통합되는) 늦춘다면 우리도 지출을 줄이겠지만 그렇지 않으면 지출을 지속해야 한다. 우리는 앞부분에서 설명한 연례 기술 심포지엄에 대한 자금 지원도 계속했다. 연구·개발에 그만큼 노력을 집중해놓고 불황 동안에는 신제품이 중요치 않다는 메시지를 주고 싶지는 않았다. 우리의 핵심 목표는 고객이 불황 동안 우리로부터 어떤 영향도 느끼지 못하도록 하는 것이었다. 고객을 위해 높은 성과를 거두지 않는다면 투자자와 직원들 모두가 고통을 받을 것이기 때문이다.

인재 기반의 유지

이제 투자자들과 직원이 남는다. 우리는 경쟁업체보다 나은 재무 실적을 올리는 한편으로 장기적인 산업 기반을 보존하는 선에서 충분한 비용 절감을 추구했다. 일부 리더는 비용 감축으로 직원들에게 피해를 주는 것을 꺼림으로써 투자자들이 매출 감소의 모든 타격을 감내하게 한다. 비용 절감은 유쾌한 일일 수가 없다. 지도부라고 해서 이 일이 쉬운 것은 아니다. 나는 비용 절감으로 인해 유발된 고통에 불만을 토로하는 사람들에게 이렇게 답한다.

"그것이 이런 상황이 침체라고 불리는 이유이다. 사람들은 이 상황을 파티라고 부르지 않는다."

이런 상황에서 리더들의 손에 들린 선택지에는 좋은 것이 없다. 나쁜 것과 덜 나쁜 것 중에 선택을 해야 한다. 덜 나쁜 선택은 투자자를 위해 더 나은 결과를 내고(주가가 여전히 저조한 가운데서도), 직원들의 고통을 최소한으로 하고, 회복에 대한 준비를 갖추는 선택이다.

불황 동안에도 우리가 성공할 수 있었던 핵심에는 영구적인 감축이 아닌 한 해고를 피한 우리의 결정이 있었다. 이는 영향을 받은 자리에 다시 채용을 하지 않는 것을 의미한다. 연구에 따르면 해고는 낮은 수준의 혁신, 남은 직원들 사이의 사기 저하와 실적 하락, 고객 이탈률의 증가로 이어진다. 한 연구는 "해고 이후 대다수의 기업이 수익성 하락을 경험하는 것을 발견했다"고 말한다.[2]

하니웰도 해고로 인한 의도치 않은 결과로 고생을 했다. 2001년 불황 동안, 우리는 중국 사업장의 많은 사람들을 내보냈다. 중국의 시장은 두 자릿수의 성장을 보이고 있었는 데도 말이다(리더들의 입장에서는 미국에 있는 직원들보다는 수천 킬로 떨어진 곳의 직원을 감축하는 것이 훨씬 쉽다). 이것은 중국 사업에 엄청난 차질을 빚은 것으로 드러났다. 때문에 '7원칙: 성장에 충분히 투자한다'에서 설명한 것처럼 이곳의 사업을 재구축하는 데 그렇게 많은 노력이 필요했던 것이다.

대부분 1~2년의 불황 동안에는 해고를 피하는 것이 상식이다. 직원 해고를 결정한 뒤 실제로 실행할 때까지는 약 6개월이 필요하다. 어떤 자리를 없앨지 찾고 모든 절차가 적법한지 확인해야 한다. 직원이 해고되면, 퇴직금과 해고의 다른 요소들에 쓰인 돈을 모두 만회하기까지 6개월의 운영 기간이 필요하다. 이후에 약 6개월 정도 수익을 보다가 경제가 회복된다. 경기가 회복되면 수요의 증가를 다루기 위해 다시 사람을 고용해야 한다. 공장을 짓는 데 6개월, 투자를 만회하는 데 6개월이 걸렸는데, 6개월 동안 수익을 낸 뒤 문을 닫은 경험이 있다면 그 사람은 다시 그일을 반복하지 않을 것이다. 우스꽝스러운 짓일 테니 말이다. 하지만 어째서인지 리더들은 사람들에 대해서는 이런 일을 하면서도 이상하게 생각지 않는다.

나는 침체가 수년 동안 이어지지는 않을 것이라고 확신했다. 해고는 좋지 못한 선택지였지만 모든 부담을 투자자에게 전가시킬 수는 없었다. 우리에게는 그들의 투자금을 보호하고 늘려야 할 수탁자로서의 책무가 있다. 우리가 경쟁업체에 한참 못 미치는 수익을 내고 있다면, 투자자 커뮤니티는 우리를 경기에 영향을 받는 기업(불황에 좋은 실적을 내지 못하는 기업)으로 여길 것이고 우리 주식은 주당순수익에 비해 크게 높지 않은 가격에 팔려서 주식을 보유한 사람들에게 피해를 줄 것이다. 우리는 과거의 불황 동안 보여준 저조한 실적 덕분에 이미 경기에 영향을 받는 기업으로 알려졌고, 이는 우리 주식이 다른 산업 기업들에 비해 10~20퍼센트 싸게 거래되는 이유 중 하나였다.

나는 불황에 더 나은 실적을 보여줘서 우리가 평판을 높이고 수익보다 시가 총액이 훨씬 높아지게 만들 수 있기를 바랐다. 나는 그 핵심이 직원들과 투자자가 느끼는 고통을 보다 균형 있게 만들고, 산업 기반을 지킴으로써 회복기에 보다 나은 대응을 할 수 있는 방식으로 비용을 절감하는 데 있다고 생각했다. 경쟁자들보다 2배, 3배 나은 실적을 올릴 필요는 없었다. 경쟁업체보다 약간 높거나 비슷한 실적이면 충분했다. 하지만 그것은 인건비를 어떻게든 줄여야 한다는 의미였다. 나는 우리 팀원들에게 일시 해고(여기에서는 복귀가 보장된 단기간의 무급 휴직 개념으로 사용된다-옮긴이)에 대해서 조사해보라고 지시했다. 일시 해고는 생각보다 복잡한 것으로 드러났다. 주와 나라마다 기업의 일시 해고를 규제하는 규칙이 달랐다. 하지만 법률문제에 매달린 끝에 우리는 이 옵션을 선택하기로 했다. 직원들은 일자리를 잃지 않는다. 대신 무급으로 일정 기간 동안 집에 머물게 된다. 모든 경쟁업체가 해고를 선택했지만 우리는 그것이 이치에 닿지 않는다고 생각했다. 인사·보안·커뮤니케이션 담당 수석 부사장 마크 제임스의 말대로다.

"직원을 해고하기 위해서는 직원들에게 엄청난 돈을 쥐어주며 집에 있거나 다른 일자리를 찾는 혼란을 겪게 한 뒤에 활황이 되면 다시 그들을 고용해야 한다."**3**

일시 해고에 대해 단호한 입장을 취하다

우리는 사업부에 재무 상황에 따라(불황에 따른 영향은 사업부마다 달랐다) 12개월에 걸쳐 최대 4주의 일시 해고를 분산 시행하도록 명령했다. 처음에는 그 정책에 대한 직원들의 호응이 컸다. 그들은 상황이 어렵다는 것을 알고 있었고 우리가 일자리를 유지하려는 시도를 한다는 데 감사했다.

　일시 해고는 직원들에게나 회사에게나 어려운 일이었다. 불황이 심화되는 것이 확실해지면서 우리는 몇 차례나 일시 해고라는 방법에 의지해야 했다. 매달의 수입이 25퍼센트 이상 떨어질지 모르는 상황을 견디면서 가정을 꾸리는 것이 얼마나 힘들지 상상해보라. 나는 직원의 10퍼센트를 (영구) 해고하고 일시 해고를 중단해달라고 요청하는 익명의 투서를 받기 시작했다. 일시 해고 조치를 공개 투표에 부친다면 동료들 앞에서 비정하게 보이고 싶지 않은 대다수의 직원이 찬성할 것이다. 하지만 무기명 투표를 하게 한다면 자신은 높은 성과를 올리는 사람이기 때문에 불행한 10퍼센트에 들지 않을 것이라고 생각하면서 해고에 찬성할 것이다.

　몇 개월이 지나고, 일시 해고로 직원들이 타격을 입으면서 사기가 떨어졌다. 한 자회사의 리더가 내게 전화를 걸어 네 번째 일시 해고 조치를 철회해달라고 청했다. 그들은 매출 전망의 달성에 자신감을 갖고 있었고 직원들을 회사에 나오게 해도 목표를 달성할 수 있다고 확신했다. 그 회사는 9개월 연속 목표치를 달성하지 못하고 있는 상태였다. 내가 캐묻자, 그 회사의 리더는 다음 달 목표를 달성할 수 있을지 모르겠다고 인정했다. 이 회사에 네 번째 일시 해고 조치를 강제하는 것 외에는 다른 선택지가 없었다(좋은 결정이었다. 이 회사는 10개월째에도 목표치 달성에 실패했기 때문이다).

유쾌한 일은 아니지만 필요한 조치이다. 나는 일시 해고에 대해 단호한 입장을 취했다. 일시 해고로 직원들은 일자리를 잃지 않으며 회사의 입장에서 해고보다 시행에 적은 비용이 들기 때문이기도 했지만(퇴직금 지급이 필요치 않다), 장기적으로는 산업 기반을 유지할 수 있어서이기도 했다. 우리 직원들이 가진 모든 지식이 조직 내에 유지되므로 경기가 회복되었을 때 고객에게 서비스를 하고 혁신을 하는 데 훨씬 더 높은 위치를 점할 수 있다.

불황에 대한 일반적인 비용 절감 대책

여러 비용 절감 방법의 장단점을 생각해보는 데 도움을 주기 위해서 다음과 같이 표로 정리해보았다.

비용 측면

	장점	단점
직접 재료 (제품 제조에 직접 들어가는 재료)	• 공급업체로부터의 가격 인하가 가능하다면, 아주 좋다!	• 실행이 어렵다. 대부분의 기업이 공급 업체와의 기존 계약을 맺고 있기 때문이다. 하지만 반드시 시도는 해봐야 한다. • 재고자산회계를 해야만 하는 경우라면 비용 절감의 효과가 지연된다.
간접 재료/서비스 (제품에 직접 들어가는 재료 외에 공급 업체에 지급하는 돈)	• 사용을 줄임으로써 즉시에 비용을 절감할 수 있는 좋은 방법.	• 고객에게 영향을 주지 않는 한, 타당한 방법이다.
비정규직/계약직 직원	• 절감으로 비용을 바로 낮출 수 있다. 고용인의 분류와 관련해 적용되는 법을 주시하면서 인력의 적은 일부(10~20퍼센트)를 항상 비정규직/계약직 직원으로 유지하고 있는 경우라면 효과가 있다.	• 고객에게 영향을 미치지 않도록 주의해야 한다. • 고용인의 법적 분류를 주시해야 한다.

직원들에게 주는 급여

	장점	단점
해고	• 비용 절감이 인력의 적은 부분(10~20퍼센트)에만 영향을 준다.	• 재무상의 이익이 크지 않다 • 조직이 큰 비용을 부담하게 되며, 남은 직원들이 생존에 대해 죄책감을 가질 수 있다. • 해고로 산업 기반이 피해를 입으면서, 회복기의 대응 능력이 떨어진다.

일시 해고	• 재정적인 측면에서 비용이 훨씬 적게 든다. • 회복기에 대비해 산업 기반을 지킬 수 있다. • 회복이 시작되면 직원들의 분위기가 훨씬 나아진다.	• 일시 해고는 인력의 100퍼센트에게 영향을 미친다. • 주와 국가마다 법률이 달라 집행이 더 힘들다.
수당	• 직원들이 수당 삭감의 영향을 바로 느끼지 못한다. • 비용 절감이 회사 재정에 빠르게 나타난다.	• 직원들은 수당 삭감을 좋아하지 않는다. 하지만 그런 삭감이 일시 해고나 해고보다 낮다는 점을 인정할 것이다.
감가상각/무형자산 상각	• 고객에게 영향을 주지 않는 한, 훨씬 고통이 적다.	• 대부분의 상각은 과거의 지출에 따라 좌우되기 때문에 영향을 주기 어렵다.
보너스	• 직원들이 보너스 삭감을 필수적인 것, "우리가 모두 함께 고통을 분담하고 있다"는 징표로 본다. • 보너스 삭감은 재정에 즉각적인 영향을 미친다.	• 리더들이 훨씬 적은 보수를 받으면서 훨씬 더 열심히 일하고 있다는 느낌을 갖는다. 장기에 걸쳐 리더들을 돕는 방법(예를 들어, 주식을 통한 보너스 지급)을 찾아 억울함을 최소화해야 한다.
고객에 대한 직접 지원 (협동 광고 등)	• 고객 지원의 삭감은 재정에 즉각적인 영향을 준다.	• 고객 지원 감소는 고객의 이탈을 유발해서 장기적으로 피해를 줄 수 있는 정말 나쁜 방법이다.

불황은 파티가 아니다

여러 차례의 일시 해고 조치로 2억 달러를 절감하고 2천 명의 해고를 피하기는 했지만 2009년을 온전하게 지내기에는 부족했다.[4] 2009년 중반, 매출이 계속 하락하는 가운데, 우리는 인건비를 더 줄여야만 그해 두 번째로 수익 예상치를 하향 조정하는 일을 피할 수 있었다(다른 모든 기업이 그런 것처럼 우리도 2009년 1분기에 수익 목표를 조정했었다). 우리 팀과 나는 2009년 내내 이 문제에 대해서 논의했다. 팀원들의 의견은 나뉘었다. 대부분은 이렇게 주장했다.

"직원들에게 그렇게 할 수는 없습니다."

나는 그들에게 나쁜 선택지들 중에서 고를 수밖에 없는 입장이라는 것을 재차 상기시켜야 했다. 불황은 파티가 아니다.

우리는 보너스와 수당 삭감 등 다른 대안에 의지해서 대규모 해고나 4주 이상의 일시 해고를 피했다.* 나는 이사회에 내 보너스를 없앨 것을 건의하기로 이미 결정한 상태였다. 5장에서 언급했듯이, 나는 이 결정을 401(k) 기여분을 50퍼센트 줄인다는 제안을 하는 과정에서 발표했다. 팀원들은 수당 삭감은 원하지 않았지만 이런 조치가 나쁜 옵션들 중에서는 최선이라는 결론을 내렸다. 직원들이 이미 초기의 일시 해고로 고통을 받았었고 이 방법은 즉각적으로 고통이 느껴지지 않기 때문이었다(우리가 의무적인 급여 삭감이나 2~3주의 추가 일시 해고를 시행한다면 그들은 바로 큰 고통을 느낄 것이다). 놀랍게도 팀원들과 항공우주 부문의 지도부는 모두가 자발적으로 보너스를 받지 않겠다고 선언했다. 결국 나의 제안대로 수당을 삭감했고 회사의 전체 보너스 풀을 3분의 2 삭감했다. 보너스 지급 시즌에는 남은 3분의 1의 보너스 풀을 이용해 현금이 아닌 제한부 주식

---

* 우리는 비용을 줄이기 위해 신규 채용, 직원 보상 프로그램, 급여 인상을 동결하고 공급망과 재고를 보다 엄격하게 관리했다.

과 옵션의 형태로 보너스를 지급했다. 이로써 우리는 돈을 아낄 수 있었다. 침체가 끝나 주가가 올라가면, 리더들은 장기에 걸쳐서 부족분을 보상받게 될 것이다.

불황에도 성장을 위한 씨앗을 뿌린다

일시 해고 덕분에 절감한 2억 달러 외에도, 보너스 풀의 삭감으로 2억 달러를, 수당 삭감으로 2억 달러를, 운영 개선으로 약 9억 달러를 절약할 수 있었다. 이렇게 절감한 돈으로 2009년에도 주요 성장 프로그램에 대한 투자를 줄이지 않으면서 경쟁업체보다 나은 실적을 올릴 수 있었고 이전의 불황 동안의 실적을 능가할 수 있었다(다음 페이지 표 참조). 또한 우리는 일부의 절감 요구에도 불구하고 직원들에 대한 투자(교육, 기술 심포지엄, 고위 임원 회의 등)를 지속했다. 덕분에 2009년 12월 매출이 반등하기 시작할 때 우리 인력과 지도부는 피해가 없는 온전한 상태를 갖추고 있었다. 고객과의 관계는 탄탄했고, 문화, 프로세스, 인수·합병 전략은 후퇴하지 않았다. 오히려 우리는 보다 싼 값에 매수할 수 있는 기업을 찾으며 인수·합병을 가속화했다. 불황의 외중에 우리는 보호 장비 제조업체 스페리언Sperian을 14억 달러에 인수해 안전 제품Safety Products 사업부의 기업 포트폴리오에 추가했다. 또한 메트로로직을 7억 2,000만 달러에 인수해 바코드 스캐닝 사업부에 추가시켰다(더불어 내 후임인 다리우스 아담칙도 얻었다!).

항상 이기는 조직

	매출	영역별 이익	주당순이익
지난 불황	11퍼센트 하락 $25.0 → $22.3 2000 / 2002	주당순자산가치 320 감소 14.5% → 11.3% 2000 / 2002	손실 $2.05 → -$0.27 2000 / 2002
이번 불황	15퍼센트 하락 $36.6 → $30.9 2008 / 2009	유지 13.3% → 13.3% 2008 / 2009	30퍼센트 하락 $3.82 → $2.59 2008 / 2009

원 보고에 나타난 지난 불황: 2008년과 2009년, 실적 기준
Honeywell: Lessons Learned from the Recession of 2008 – 2009"

빠른 성장을 대비한 준비가 다 갖춰져 있었다. 2006년부터 2012년까지 우리의 주당순수익은 78퍼센트 상승했다. 투자 경쟁업체들(투자금을 두고 우리와 경쟁하는 다른 대형 산업 기업들)이 보인 평균 상승률의 2배가 넘는 수치였다. 다음 페이지의 표가 보여주듯이, 다음 10년 동안 우리의 실적은 S&P 500대 기업의 실적을 왜소해 보이게 만들었다. 수년간 연구·개발, 하니웰 운영 시스템, 문화, 세계화, 안전 교육에 해온 많은 투자가 결실을 맺기 시작했다. 처음에 직원들은 이런 비용 절감 조치를 짜증스러운 일로 받아들였지만, 불황 이후에는 많은 사람들이 내게 구조 조정보다 일시 해고를 선택해줘서 감사하다는 인사를 전해왔다. 직원들의 이직률은

2008년보다 2009년 약간 더 높아졌고, 하니웰을 우호적으로 생각하는 직원의 비율은 약간 낮아지는 데 그쳤다.[5] 이후의 주가 상승으로 지도부의 보너스는 원상회복되었다. 이후 회사가 성장하면서 직원들도 높은 급여, 보다 안정적인 일자리, 사람들의 신뢰를 얻는 회사라는 형태로 혜택을 보았다. 턱없이 높은 의료비로 인해 퇴직자 의료 혜택은 회복시키지 못했지만 401(k) 기여분은 과거의 수준으로 되돌렸다.

■ 하니웰 vs S&P 500 (2003년 1월 1일부터 2018년 3월 31일까지) ■

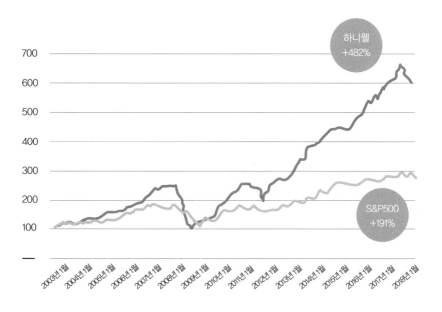

불황을 좋아하는 사람은 없다. 하지만 우리의 경험이 입증하듯이, 불황이 꼭 당신이 마련해둔 장기 성장의 토대를 파괴하는 것은 아니다. 중요한 것은 다른 사람들이 모두 공황 상태에 빠졌을 때 차분함을 유지하는 것이다. 내가 말했듯이 불황은 일시적임을 기억해야 한다. 결국은 다시 회복된다. 리더인 당신은 회복에 대해서, 조직이 수행해야 할 일에 대해서 생각을 해야 한다. 주주에게 가능한 최고의 수익을 전달한다는 이유로 모든 성장 투자를 줄여서는 안 된다. 투자자들을 적절히 만족시킬 만한 수익을 내면서도 투자를 줄이지 않기 위해서 할 수 있는 모든 일을 해야 한다. 이런 식으로 불경기를 통제한다면 그 시점까지 회사가 해온 모든 투자를 유지하고 장기적 실적을 낼 역량을 온전히 지킬 수 있다.

공급업체와의 관계를 다진다

지금까지는 인건비에 집중했다. 하지만 재료를 중심으로 한 우리 전략 역시 침체 이후의 성과에 중요했던 것으로 입증되었다. 비용 절감에 초점을 맞춘 전략이 아니었는데도 말이다. 침체에서 벗어날 때 기업이 겪는 가장 어려운 문제는 경쟁업체들도 생산을 늘리기 때문에 공급망을 따라가면서 원자재 부족 현상이 심화되는 것이다. 항공사가 비행시간을 7퍼센트 줄이면, 리더들은 현금을 유보하기 위해 하니웰에 대한 부품 주문을 25퍼센트 줄이고 기존 재고를 소진한다. 같은 논리로, 우리는 공급품에 대한 주문을 40퍼센트 줄이고, 공급업체들도 각기 유통업체에 대한 주문을 50~60퍼센트 줄인다. 최종 시장에는 7퍼센트 감소였지만 점점 커지는 것이다. 회복기에는 정반대의 일이 벌어진다. 공급망을 이동하면서 수요의 급등 정도가 점점 커지는 것이다. 몇 단계 아래의 공급업체들은 하루아침에 주문이 2배로 늘어나면서 수요를 충당하지 못한다. 해고한 노동자를 재고용하고 필요한 자재에 접근할 시간이 필요하기 때문이다. 결과적으로, 회복기의 기업들은 그렇지 않았다면 가능했을 만큼의 빠른 성장이 불가능하다.

나는 매출이 감소하고 있을 때에도 이 문제에 대해서 많은 생각을 했고 가장 빠른 하락세를 보여주고 있는 단주기 사업들이 회복기에 공급 문제로 가장 어려움을 겪을 위험이 클 것이라 예상했다. 내가 만난 한 경제학자의 대단히 단순한 예측은 직관적이면서도 정확했다.

"기업은 불황에 들어설 때와 같은 방식으로 불황에서 빠져나온다."

장주기 사업이기 때문에 1년 동안 매출 감소가 2~3퍼센트에 불과했다면, 회복 기간 중에 비슷한 기간 동안 매출 증가도 2~3퍼센트에 그칠 것이다. 단주기 사업이어서 불황이 닥치면서 6개월 만에 매출이 20~30퍼센트 감소했다면 사업이 제 자리를 찾는 동안 20~30퍼센트 매출 증가를 기대할 수 있을 것이다. 이런 논리로, 우리는 우리의 단주기 사업들의 경우 비교적 짧은 기간에 걸쳐 수요가 크게 늘어날 것으로 예측했다. 필요한 공급품에 접근하지 못하면, 회복은 정체될 것이다. 이 시장의 경쟁업체들이 우리를 앞지르거나 혹은 모두 같이 어려움을 겪는 상황이 펼쳐질 것이다. 우리는 회복이 시작되었을 때 유리한 입장에 서기를 바랐다.

이런 시나리오를 준비하기 위해서 나는 자회사의 리더들에게 불황의 와중에도 공급업체들과 협력해 회복을 대비하라는 주문을 했다. 당시의 리더들에게는 불가능하게 보이는 일이었다. 많은 경제학자들과 우리 참모들 일부는 L형 회복을 예상하고 있었다. L형 회복이란 근본적으로 존재하지 않는다. 이 견해에 따르면 우리 매출은 불황 이전의 수준으로 결코 되돌아가지 못한다. 나는 과거에 그랬듯 회복기가 찾아올 것이고 회복기가 찾아왔을 때 우리 단주기 사업부는 공급품을 받는 대기줄의 맨 앞에 있어야만 한다고 주장했다. 우리 리더들은 이를 위한 대화를 시작했다. 공급업체들과의 협력을 통해 회복기가 시작되면 경쟁업체들보다 가장 우선적으로 공급품을 제공받기로 미리 못 박아둔 것이다. 이는 우리만의 독창적인 조치였다. 경쟁업체들은 이런 조치를 취하지 않았다. 또한 우리는 더 나은 지급 조건, 가격 할인, 장기 거래를 협상할 기회도 얻었다. 불황 동안에는 이 모든 조건을 얻기가 보다 쉬웠다. 이런 노력의 결과, 우리는 경제가 나아지면서 경쟁업체를 앞지르는 매출 성장세로 투자자들에게 기쁨을 줄 수 있었다. 우리의 가장 수익성이 높은 항공우주 산업 부품 사업은 2011년에서 2012년 사이 경쟁업체들보다 약 50퍼센트 빠른 성장세를 보여주었다. 그곳의 리더들이 공급업체와 긴밀히 협력해왔기 때문이었다.

불황을 통제하는 4가지 추가적 방법

경쟁업체들과 달리 불황과 회복에 대비하는 것 외에도 당신 팀과 조직이 경기 후퇴를 통제하는 데 도움을 줄 수 있는 다른 조치들이 있다. 첫째, 공개 기업이라면 투자자의 기대를 관리해야 한다. 수익 추정치를 낼 때는 보수적인 입장을 취한다. 불경기가 얼마나 악화될지 모르기 때문에 매출이 예상보다 낮은 경우를 대비할 여지를 마련해야 한다. 한 번 정도는 수익 추정치를 수정할 수 있지만 이런 일을 여러 번 한다면 평판에 문제가 생길 것이다. 동시에 경쟁업체에 뒤지지 않는 실적을 달성하기 위해 노력해야 한다. 평판을 바로잡는 것은 쉬운 일이 아니다. 따라서 신중해야 한다. 한 번 수익 추정치를 낮춘 후에도 어려움을 겪고 있다면, 추가적인 추정치 하향을 고려해야 할 것이다. 우리는 보너스 풀과 수당을 줄이는 조치를 취했다. 이는 장기적인 실적을 위태롭게 하지 않으면서 투자자들 사이에서 우리의 평판을 지키고 직원에 대한 즉각적인 타격을 최소화한 적절한 조치로 드러났다.

둘째, 비용 삭감과 같은 민감한 사안을 결정할 때는 당신 팀의 다른 리더들과 힘을 합쳐 의견을 일치시켜야 한다. 직원에게 피해를 주는 조치들 앞에서 경기 하락의 심각성을 부정하거나 주주들이 모든 고통을 떠안아야 한다고 주장하는 리더들이 있다. 어떤 해법도 모두의 동의를 기대할 수는 없다. 대신 팀원들에게 직면하고 있는 난제와 당신이 추천하는 조치들을 제안하고 그들 스스로 결정을 내리도록 해야 한다. 나는 이렇게 숙고가 필요한 문제에서는 한 팀을 여러 그룹으로 나누곤 한다. 이 기법은 팀이 집단사고에 빠지지 않게 하는 데 도움이 된다. 때로 팀원들은 당신이 생각하지 못한 해법을 만들어낼 것이다. 당신이 제안한 비용 감축 조치가 그나마 덜 나쁜 대안이라는 데 동의할 수도 있다. 이 사안들에 대해서 직접 깊이 생각해볼 기회가 있었기 때문에 결국 고통스러운 결정을 내리게 되더라도 그것을 지지할 수 있게 된다. 지도부에 내가 제

항상 이기는 조직

안한 수당 감축 기타 논란이 많은 비용 감축 조치에 대해 숙고해보게 한 것이 최종적으로 그들의 동의를 이끌어내는 데 도움이 됐다. 마크 제임스가 회상하듯이, '칭얼대는 소리가 없어졌다.'[6]

당신이 수백 명 심지어는 수천 명의 리더와 관리자가 있는 큰 조직을 이끌고 있다면, 고위 경영진들만이 아닌 그들 모두가 당신의 비용 절감 전략에 동의해야 한다. 우리는 프랑스에서 일시 해고 조치를 시행하면서 지도부 전체의 지지가 만드는 차이를 목격했다. 프랑스 법에 따르면, 직원들은 자발적으로만 일시 해고에 참여할 수 있다. 우리는 자발적으로 일시 해고에 참여하는 직원의 수에 큰 차이가 있는 것을 발견했다. 한 공장은 5퍼센트만 일시 해고에 동의한 반면 80퍼센트의 참여율을 보인 공장도 있었다. 무슨 일이 있었는지 조사를 한 끝에 우리는 모든 것이 공장 관리자들에게로 귀결된다는 것을 발견했다. 그들이 직원들에게 어떻게 일시 해고를 설명했고, 직원들이 관리자들에게 얼마나 신뢰를 갖고 있는지가 관건이었다.

리더들의 담당하는 중요한 역할을 이해한 우리는 인건비 삭감이 진행되는 동안에도 연례 고위 임원 회의가 계속되도록 노력했다. 이 행사를 이전만큼 쾌적한 장소에서 여유롭게 진행할 수는 없었지만 우리에게는 꼭 필요한 일이었다. 리더들에게 고객에 대한 봉사를 계속하고, 인재 기반을 보호하는 등의 일이 얼마나 중요한지 인식시킬 수 있는 자리였기 때문이다. 또한 불황의 정도가 얼마나 심각한지 인정하고 이런 상태가 영구적이지 않으며 경기가 회복될 것이란 생각도 강화할 수 있었다. 우리는 리더들에게 우리가 보너스를 삭감하는 이유를 알리고 회사가 회복되면 원상 복귀될 수 있는 방식으로 진행하고 있다는 것을 설명해야 했다. 마지막으로 내가 보너스를 받지 않을 것이란 사실도 알려야 했다. 고위 임원 회의를 비롯한 회의들 덕분에, 우리 리더들은 그 메시지를 받아들였고 직원들의 불평이 터져 나오는 가운데서도 불황에 대한 우리의 대응을 전반적으로 지지해주었다.

세 번째로 불경기를 통제하는 가장 중요한 방법은 평직원들과 터놓고 솔직하게 소통하는 것이다. 직원들도 회사가 어떻게 되어가고 있는지 그 진실을 들어야만 한다. 처음부터 장밋빛 그림을 보여주면, 매출이 더 악화되었을 때 다시 상황을 설명해야 할 것이다. 불황이 얼마나 심각해질지 당신이 확실히 아는 것처럼 행동하지 않는 것도 중요하다. 당신도 모르니까 말이다. 당신이 하는 모든 예측이 되돌아와 당신의 발목을 잡을 것이다. 사람들이 느끼는 고통을 인정하고 그들이 왜 그것이 필요한지 이해하도록 도와주어야 한다. 불경기가 결국은 끝나고 회복이 시작될 것이며 지금 취하는 조치 덕분에 모두가 성공을 향한 더 나은 위치에 서게 될 것이라고 사람들을 안심시켜라. 희망을 주라는 것이다. 희망은 대단히 강력한 감정이다. 어떤 일을 하든, 사람들이 당신 역시 희생하고 있다는 것을 알게 하라. 나는 일찍부터 제로 보너스 제안을 염두에 두고 있었지만, 이것을 분명히 밝힌 것은 불황에 들어서고 6개월이 지난 시점이었다(관리 방식의 문제 때문에 이사회 앞에서 선수를 치는 것처럼 보이고 싶지 않았다). 이것이 실수였다. 불필요한 분노가 뿌리내리게 했기 때문이다.

직원들은 조직이 힘든 시기에도 직원들을 공정하게 대우하리란 것을 알고 있어야 한다. 하지만 공정성만큼 중요하게 고려해야 할 것이 장기

항상 이기는 조직

적인 결과이다. 어떤 견지에서는 연구·개발 지출을 삭감하는 것이 공정할지 모르겠지만, 그렇게 하는 것은 고객 이탈과 사업 하향세를 불러 장기적으로 직원들에게 피해를 입히는 결과를 초래한다. 대침체 기간 동안에는 하니웰 전체의 직원에게 했듯이 인도 소프트웨어 엔지니어링 사업에서도 일시 해고를 강제하는 것이 공정하게 보였다. 하지만 인도의 경제는 탄탄했고 현지의 어떤 경쟁업체도 직원을 해고하거나 일시 해고하지 않았다. 하지만 우리는 일시 해고 조치를 취했기 때문에 인도 직원의 이탈률이 높아졌고 이는 사업에 타격을 주었다. 각 사업부가 시장을 기반으로 일시 해고 조치를 조정한 것처럼, 이런 기법을 채용할 때에는 지역별로 차별화를 시키는 것이 중요하다. 직원들에게 모두가 함께하고 있음을 소통시키고, 스스로의 존재를 증명하기 위해 할 수 있는 모든 일을 하되 장기적인 성장을 희생시켜서는 안 된다는 점을 명심해야 한다.

불경기를 통제하는 네 번째 방법은 이용 가능한 현금을 최대화하는 것이다. 현금은 언제나 좋은 친구이지만 힘든 시기라면 특히 더 그렇다. 불황이 닥치기 직전에 주식 환매를 하지 않았더라면 더 좋았겠지만, 우리는 당시 현금 보유에 있어서 상당히 좋은 위치에 있었고 불황 동안에도 상당한 현금을 창출했다. 이로써 우리는 인수 역량을 비롯한 상당한 유연성을 얻게 되었다. 우리에겐 부채, 은행가, 채권자와 관련된 문제가 없었다. 현금·부채 계획에 있어서는 늘 보수적인 입장을 견지했기 때문이었다. 불황 동안에서 다리를 뻗고 잠을 자려면 현금을 손에 쥐고 있어야 한다.

| 불경기를 통제하기 위해서는 |

- 최선을 다해 예측한다.
- 투자자의 기대를 관리한다.
- 최대한 다른 리더들의 동의를 이끌어낸다.
- 직원들과 터놓고 솔직하게 소통한다. 불경기가 얼마나 심화될지 당신은 알지 못한다.
- 이용 가능한 현금을 최대한 확보한다.
- 회복에 대비한다.

뿌린 대로 거둔다

불황은 균형 잡힌 장·단기 전략에 대한 리더들의 헌신을 시험대에 올려놓았다. 매출이 늘어나고 있을 때는 매출이 감소할 때보다 미래 성장의 토대를 마련하는 것이 훨씬 쉽다. 하지만 불황 때에도 장기와 단기 모두에 철저한 관리와 집중력을 유지하는 것이 가능하며 경쟁업체가 그런 집중력을 잃었을 때라면 진정한 장기적 우위를 구축할 수 있다. 불황 동안 단기와 장기에 집중하는 것은 리더가 직면하는 가장 어려운 도전이다. 내가 2011년 하니웰의 미래 리더에게 쓴 편지에서 경고했듯이 불황은 'CEO로서(더 나아가 리더로서) 보람을 찾기가 극히 어려운' 시기이다.

"불황은 당신의 모든 지도력을 시험한다. 모든 조치에 확고한 태도를 가져야 하고(확신이 없을 때조차) 커뮤니케이션에서는 공감의 태도를 가져야

항상 이기는 조직

한다. 기업이 당신을 가장 필요로 하는 때가 있다면 바로 불황일 때이다."[7]

장기와 단기 모두에 집중력을 잃지 않는 일은 대단히 어렵다. 하지만 꾸준히 노력한다면 한결 쉬운 일이 될 수 있다. 앞서 나는 지적 엄정함의 함양을 장기적인 투자에 비유했다. 불황에 더 나은 결정이라는 형태로 보답하는 장기적 투자로 말이다. 장기와 단기 성장을 동시에 추구하는 노력 대부분은 상황이 어려워졌을 때 보상을 준다. 우리가 문화를 키우는 노력을 해왔기 때문에 우리 리더들은 자발적으로 보너스를 없애는 조치를 취했고 직원들은 반복된 일시 해고 조치로 어려움을 겪으면서도 회사에 대한 신뢰를 잃지 않았다. 우리는 강력하고 질 좋은 지도부를 갖추고 있었기 때문에, 우리 리더들은 우리의 메시지를 직원들에게 보다 원활하게 소통시키면서 사기를 유지시킬 수 있었다. 우리는 회계 관행을 개혁했었고, 특히 유통업체의 계약 몰아넣기를 없앴기 때문에 그렇지 않았다면 경험했을 것에 비해 적은 매출 하락을 겪었다. 하니웰 운영 시스템을 실행했었기 때문에 우리는 이용할 수 있는 수입이 더 많아졌고 이로써 극단적인 해고 조치를 취해야 할 부담이 줄어들었다.

장·단기 성과를 높이기 위해서 취하는 모든 조치는 호경기에 성장을 돕고, 불경기에는 최악의 결과로부터 당신을 지켜준다. 그런 의미에서 현명한 리더는 항상 다음 불황을 대비한다. 의식하지 않더라도 말이다. 기업의 내실을 다지려면 적절한 분기별 실적을 유지하면서도 장기적인 성장을 향하는 위치에 서게 해야 한다. 이렇게 한다면 조직은 가장 험악한 경제 폭풍도 무사히 헤쳐 나갈 것이다. 하니웰은 이 방법으로 효과를 보았다. 당신의 팀이나 조직도 효과를 보게 될 것이다.

1 당신은 거시 경제 추세에 충분히 주의를 기울이고 있는가? 사업이나 산업의 세부적 사항에 지나치게 집중하고 있지는 않은가? 업계 외부의 사람들과 충분히 이야기를 나누고 있는가?

2 불경기의 초기 신호에 주의를 기울이고 적절한 예방 조치를 취하고 있는가? 아니면 "이것은 큰 문제가 아니다"라고 말하는 사람들의 이야기를 듣고 안심하고 있는가?

3 지평선에 먹구름이 나타나면, 분기별 실적을 크게 끌어내리지 않으면서 대비할 방법이 있는가?

4 어려운 시기에 고객에 대한 봉사 역량에 영향을 주거나 당신이 해 온 이전의 성장 투자를 무위로 돌리는 삭감 조치를 택하는가?

5 해고에 대해서 생각하고 있다면, 다른 대안은 존재하는가? 일시 해고는 어떤가?

6 불황의 와중에서 당신은 회복기를 계획하고 있는가? 다시 회복하는 수요를 충족시키기 위해서 빠르게 생산을 늘릴 수 있도록 공급업체와 협상을 진행하고 있는가?

항상 이기는 조직

7 불황에 대한 대응에 있어서 명령으로 일관하는가 아니면 다른 리더들과 갈등 상황에 대해 깊이 있는 대화를 나누고 어려운 결정을 함께 내리는가?

8 매출 상황이 기대보다 악화되는 경우에도 충분한 여지가 허용되는 방식으로 투자자의 기대를 설정하고 있는가?

9 직원들과 터놓고 솔직하게 소통하면서 그들이 피해를 입을 때에도 견딜 수 있도록 돕고 있는가?

10 불경기에 성공적으로 대처했다면 후대를 위해 배웠던 것을 되돌아보고 기록하는 시간을 갖는가?

10
원칙

후임 리더와 함께한다

현재 수익을 내는 동시에 미래에 투자하는 일에 아무리 성실히 임하더라도, 당신의 성과에는 언제나 취약한 면이 있다. 당신이 자리에서 내려와야 할 때라면 그 취약점은 더 나쁠 수 없이 취약해진다. 후임자들은 경영에 대해 당신이 확립한 접근법을 어떻게 따라야 할지 알고 있는가? 좋은 의도에도 불구하고 예상치 못한 문제로 인해 후임이 궤도에서 벗어나게 되지는 않을까? 승계 과정에서 조직 내 긴장과 불확실성이 확대되면서 후임을 혼란에 빠뜨리지는 않을까? 이것은 실질적인 문제이다. 기업계에서는 서투른 승계 과정을 흔히 볼 수 있다. 내가 퇴임할 즈음 애널리스트들은 내가 떠난다는 사실 자체가 그들에게는 공포의 경종이었다. 지난 20년 동안 이 부문에서 성공적인 CEO 교체가 이루어진 적이 없었기 때문이다. 승계 실패를 예상하고 주가가 하락하고 있다는 이야기가 들려왔다.

항상 이기는 조직

괜한 걱정이었다. 나는 다리우스의 승계 과정을 매끄럽게 만들기 위해 할 수 있는 모든 일을 했다. 뿐만 아니라 우리는 새로운 CEO를 선정하는 데만 10년을 보내며 이례적으로 철두철미한 과정을 밟았다. 우리는 오랫동안 추려내서 최종 몇 명의 후보로 압축한 뒤 결국 다리우스를 선택했다. 이후 우리는 2년 동안 권력 이양을 계획하고 실행했다. 퇴임을 10년 전부터 구상하고, 2년에 걸쳐 승계 과정을 이어나가는 것이 지나치다고 생각될 수도 있다. 하지만 이런 노력 덕분에 우리는 CEO 승계 과정에서 혼란과 내분을 피할 수 있었다. 조직의 모든 사람들이 항상 누가 책임자인지 명확히 알고 있었기 때문에 주요한 문제에 집중할 수 있었고 좋은 성과를 낼 수 있었다. 승계 과정 가운데서 다리우스와 나는 훌륭한 협업 관계를 만들고 발전시켰다(이 관계는 지금까지도 이어지고 있다). 나는 변화를 일으키려는 그의 노력에 힘을 실어주고 귀중한 조언과 지침을 전달할 수 있었고, 그는 자신이 앞으로 펼칠 의제를 깊이 생각하고 준비할 수 있었다. 완벽한 승계란 존재하지 않을 것이다. 하지만 우리의 승계 과정은 우리의 기대를 거의 100퍼센트 만족시킬 정도로 매끄러웠다. 다리우스, 그리고 하니웰이 내가 이룬 것을 기반으로 더욱 날아오를 수 있게 만든 것이다.

　장·단기 성과를 달성하는 일을 중요하게 여긴다면, 사업의 다른 부분에서 발휘하는 것과 같은 종류의 독립적인 사고를 이용해 미리 퇴임을 구상해야 한다. 퇴임이 가까워지면, 후임을 당신의 역할로 안내하는 데 다른 리더들이 하는 것보다 훨씬 많은 시간과 관심을 투자해야 한다. 그 것이 당신이 한 모든 투자에서 성과를 거두고 그 모든 투자가 회사와 그 직원들에게 이후 수년 혹은 수십 년 동안 혜택을 줄 수 있도록 하는 가장 좋은 방법이다.

후보를 찾고 시험한다

많은 리더들이 머릿속으로는 승계 계획을 일찍 시작하는 것이 중요하다는 데 동의할 것이다. 하지만 실행에 있어서는 단기 과제를 우선시하면서 주의를 기울이지 않거나 건성으로 임한다. 퇴임을 생각하는 것이 기분 좋은 사람이 어디 있겠는가? 나도 마찬가지였다. 하지만 너무나 많은 조직이 잘못된 사람을 리더로 선택하는 것을 목격했던 나는 그보다는 나은 일을 하기로 마음먹었다. 내 목표는 내가 있는 동안은 물론 그 후로도 오랫동안 좋은 실적을 내는 회사를 만드는 것이었다. 실제로 나는 세 부분의 유산을 남기고 싶다고 말하곤 했다. 첫째, 내 임기 중에 하니웰과 관련되었던 모든 사람(투자자, 고객, 직원, 공급업체)이 많은 돈을 벌기를 원했다. 둘째, 다방면에서 우수한 리더십 인재, 즉 다른 곳에서 끊임없이 스카우트 제의를 받지만 자신의 일을 사랑하고 회사에 대해 자긍심을 가지기 때문에 하니웰에 계속 머무는 리더를 많이 키우고 싶었다. 셋째, 10년 이상 하니웰 주식을 보유하면서 만족감을 느끼길 원했다. 하니웰이 나 없이도 번성해야 가능한 일이다. 이 마지막 유산은 적절한 사람, 프로세스, 포트폴리오를 마련하는 외에도 후임을 선정하는 데 대단히 깊이 생각하고 신중해야 한다는 것을 의미했다.

2007년 60~65세가 되는 10년쯤 후에 퇴임을 원하게 될 것을 예상한 나는 참모들과 함께 내부 승계자를 물색하기 시작했다. 뛰어난 성과를 올리고 CEO 역할을 맡을 잠재력을 가졌을 뿐 아니라 10년 이상 그 자리에서 일할 수 있을 만한 경영자를 찾았다. 우리는 항상 현재와 미래에 동시에 성과를 올리는 데 초점을 맞췄기 때문에 후임이 몇 년 후에 자리를 뜨는 것을 원치 않았다. 10년 미만이라면 조직에 깊이 있는 차이를 만드는 데 충분치 않을 것이기 때문이었다. 우리는 40대 후보들에 집중했고 능력은 출중하지만 나와 비슷한 연령대인 고위 리더들은 걸러냈다.

십여 명의 초기 후보군이 추려지자, 우리는 다음 몇 년 동안 그들에게 점점 더 큰 과제를 주면서 그들이 어떤 성과를 올리는지 지켜봤다. 후보 목록은 공개하지 않았지만 이사회의 경영 개발 및 보상 위원회Management Development and Compensation Committee에서 이 유망한 리더들에 대해 논의를 했고 연례 검토는 이사회 전원과 함께했다.* 시간이 흐르면서 후보 목록에 빠지는 사람도 추가되는 사람도 생겼다. 우리는 재능 있는 한 젊은 리더에게 스위스에 있는 40억 달러 규모 기업의 경영을 맡겼다. 그가 이 과제를 어떻게 해내는지 보기 위해서였다. 더 큰 일을 맡기기 위해 이 사람을 키우겠다는 의미의 제안이었지만 이 사람은 이런 식의 이동이 경력에 너무 큰 부담을 준다고 생각하고 그 제안을 거절했다. 우리는 그 후보

---

* 이 문단의 내용은 다리우스에게 CEO로 자리를 승계하는 문제를 다룬 비공개 내부 백서 '하니웰의 CEO 승계와 이전: 교훈(Honeywell's CEO Succession and Transition:Lessons Learned)'을 기반으로 한다. 사건에 대한 내 기억을 보완하기 위해서 이 장 전체에서 해당 백서의 개념과 용어를 차용했다.

를 목록에서 제외시켰다. 주어진 과제에 내재된 위험을 처리할 수 없다면 CEO로서 성공할 수 없을 것이다. 시장을 이해하는 데 느리거나 행동을 취하는 데 있어서 충분히 공격적이지 않았다는 이유로 고려 대상에서 제외된 사람들도 있었다. 또한 원래 목록에 없었던 후보인 다리우스를 추가했다. 이미 언급했듯이 다리우스는 2008년 우리가 바코드 스캐닝 기업 메트로로직을 인수하면서 하니웰에 합류했다. 이후 4년 동안 그는 스캐닝 및 모빌리티Scanning and Mobility의 매출을 15억 달러로 높였고, 수익을 눈에 띄게 향상시켜 사업의 규모를 2배로 키워냈다. 이후 그는 35억 달러 규모의 프로세스 솔루션Process Solution 사업을 혁신시키는 일도 훌륭하게 해냈다.

공식적인 리더 선정 프로세스를 만든다

이 CEO 후보들을 지켜보는 동안 나는 몇몇 최종 후보로 좁혀진 후의 공식적인 선정 프로세스를 어떻게 운영하는 것이 가장 좋을지에 대해서도 깊이 생각했다. 이 주제에 대한 책과 논문들을 읽어보았지만 대부분의 전문가들이 옹호하는 전략이 내 마음에는 들지 않았다. 이 전문가들은 자신이 개입했던 복잡한 선정 프로세스를 입이 마르게 칭찬했지만, 그들의 전략이 실제로 효과가 있었다는 증거는 거의 없었다. 새로운 CEO가 몇 년 뒤에 해임되거나 회사가 10년 동안 좋은 성과를 내지 못했다면, 그 새로운 CEO를 선정하는 데 사용된 프로세스를 정말 '훌륭하다'고 말

항상 이기는 조직

할 수 있을까?

완전히 불합리하게 보이는 선정 전략들도 있었다. 한 학파는 회사가 장래에 처하게 될 상황을 심사숙고해서 그에 따라 후임을 선정해야 한다는 주장도 있었다. 잘못된 생각이다. 이유는 간단하다. 누가 미래에 어떤 상황이 펼쳐질지 안단 말인가? 그 글에 따르면, 잭 웰치가 GE의 CEO가 되기 전, 맥킨지는 GE의 미래에 대해 네 가지 예언을 했고 이를 근거로 잭이 선정되었다고 한다. 이 예측 중 세 가지는 실현되지 않았는데도 (그리고 네 번째, 기술이 예상보다 빠르게 변화할 것이란 생각은 사람이라면 누구나 할 수 있는 것이었다) 그는 20년 동안 좋은 실적을 냈다. 웰치의 사례가 보여주듯이 미래를 예언하는 능력보다는 미래가 펼쳐질 때 성공적인 전략을 개발하고 실행하는 능력, 미래가 어떻게 펼쳐지든 전략을 생각해내는 능력이 훨씬 더 중요하다는 것이 내 생각이다. 하니웰 CEO가 되었을 때 직면한 상황이 내가 들었던 상황과 매우 달랐던 경험이 있었기 때문에, 그 능력이 내게는 훨씬 중요하게 다가왔다.

이런 연구 끝에 우리 하니웰이 나름의 미래 리더 선정 프로세스를 고안해야 한다는 확신이 들었다. 우리 이사 중 한 명의 추천으로 읽어보고 깊은 인상을 받았던 책이 있다. CEO로서 일할 리더를 회사 내부에서 선택해야 한다고 주장하는 조셉 L. 바우어Joseph L. Bower의《회사 내부의 CEOThe CEO Within》(국내 미출간-옮긴이)이다. 바우어에 따르면 당신에게는 특별한 종류의 내부자가 필요하다. 회사를 상세하게 알면서도 회사의 어떤 면에 변화가 필요한지 거리를 두고 파악할 줄 아는 사람, 즉 내부자의 입장에서 외부자의 시각을 가질 수 있는 사람이 말이다. 정확한 지적이다. 우리 이사회의 일부 구성원들은 우리가 선정한 10여 명의 후보 외에 외부 후보를 고려하고자 했으나 내가 반대했다. 리더십 인재를 내부에서 키우기 위해 많은 노력을 기울여왔기 때문에 조직 외부에서 더 나은 후보를 찾기는 힘들 것이라고 생각한 것이다.

강력한 승계 프로세스를 만드는 데 좀 더 도움이 되도록, 나는 이전에 CEO로 일했던 사람이나 현직에 있는 사람 중에 예닐곱 명을 인터뷰해보았다. 성공적인 승계를 이룬 사람도 있었고 그렇지 못한 사람들도 있었다. 이 대화를 통해 나는 최종 후보를 신중히 결정하는 것도 중요하지만 선정 프로세스의 기간을 주의 깊게 정하는 것도 중요하다는 점을 깨달았다. 우리에게는 최종 후보의 성과를 평가할 수 있을 만큼 충분히 긴동시에 이 후보가 차기 CEO 자리에 관심을 잃지 않을 정도로 짧은 프로세스가 필요했다. 3년이 적당해 보였다. 현재의 자리에서 후보가 거두고있는 성과도 중요하지만 성격, 지적 능력, 인성과 같은 무형의 자질도 고려해야 한다는 생각이 들었다. 그렇다면 우리가 봐야 할 무형의 자질은어떤 것일까? 문제 해결 능력 외에는 확실한 것이 없었다.

2013년 인사팀 책임자인 마크 제임스와 나는 후임으로부터 찾아야 할리더십 속성들을 목록으로 작성하고 하니웰 이사회의 조언을 들었다.그 결과로 만들어진 목록은 행간 여백 없이 한 페이지 반에 달했고 거기에는 약 45개 항목이 포함되었다. 우리 모두가 이 결과물에 만족했다. 그러나 어느 날 밤 블루노트 시간을 보내던 중에 나는 우리가 지나쳤다는것을 깨달았다. 각 항목에 대해 5점을 최고점으로 해서 후보를 평가하고평균을 내 최종 점수를 정하는 우리 모습을 상상해보았다. 아무도 각 요

항상 이기는 조직

소에서 최고점을 받을 수는 없기 때문에 결국 비슷한 범위에 드는 최종 점수를 받게 될 것이다. 세 명의 후보 중에 한 사람은 최고 5.0에서 총점 4.5점을 받았고, 다른 두 사람은 각각 4.4점과 4.2점을 받았다면 이런 평가가 얼마나 가치가 있는 것일까? 이건 올림픽 피겨 스케이팅 경기가 아니다. 우리에게는 명확하고 의미 있는 차이를 끌어낼 수 있는 후보 분석 방식이 필요했다.

우리는 해당 목록을 후보를 쉽게 평가할 수 있는 몇 가지 핵심 기준으로 압축시켰다. 결국 항목은 6개로 정리됐다.

| 리더십의 6가지 조건 |

- 강력한 승부욕: 우리는 어떤 일이 일어나지 않은 이유를 설명하는 데 능숙한 CEO를 원하지 않았다. 그보다는 예상치 못한 문제가 불쑥 나타났을 때조차 승리할 방법을 알아낼 수 있는 사람을 원했다.
- 지능: 우리는 문제가 일어나기 전에 피할 수 있는 현명하고 분석적인 사람을 원했다.
- 독립적으로 생각할 수 있는 능력: 유행을 좇는 사람은 필요치 않다.
- 용기: 내 후임은 과감한 결정을 내릴 수 있어야 하고 동시에 이런 결정이 옳았음을 사후에 입증할 수 있어야 한다.
- 호기심: 우리는 새로운 아이디어에 스스로를 노출시켜 오랜 시간 동안 신선한 생각을 유지할 수 있는 CEO, 자기 인식이 되는 늘 공부하는 사람이 필요했다.
- 동기를 부여하고 강력한 문화를 구축하는 능력: 우리의 차기 CEO는 훌륭한 인재를 채용하고 그들에게 동기를 부여해서 회사 전체가 전략을 지

지하게 만들 수 있어야 한다.

최종 후보들을 검증한다

이 기준을 적용해서 우리는 2014년 다리우스를 비롯한 CEO 최종 후보를 선정했다. 이들 리더가 최종 후보라고 발표하지는 않았으나 그들이 어떤 대응을 하는지 살피기 위해서 그들에게 큰 '도약'이 되는 일을 맡겼다. 그들에게 많은 책임을 맡기는 것이 나의 편에서는 상당한 위험을 감수하는 일이었지만, 나는 그들이 어떻게 일을 할지, 어떤 생각을 할지 보고 싶었고 그러기 위해서는 그들에게 의사 결정의 측면에서 더 많은 재량을 줄 필요가 있었다. 나는 분기별로 그들과 만나서 의사 결정 능력을 가늠하면서 그들 모두의 멘토가 되어줬다. 나는 확고하게 중립적인 자세를 유지했고 앞으로의 CEO 승계에 대해서는 함구했다. 내가 어떤 형태, 어떤 방식으로든 승계 프로세스에 대해서 이야기를 한다면 조직 내부의 사람들도 그렇게 할 것이고, 그렇다면 프로세스가 혼란에 빠지거나 후보자들 간에 적의와 험담이 생길 수도 있다는 것을 염두에 두었기 때문이다. 최종 후보자 중에 한 명이 어떤 일에서 훌륭한 성과를 낸 경우 후보자들에게 그 사실을 알렸고 그 반대의 경우에도 마찬가지였다. 미팅을 할 때는 개방형 질문을 던져서 그들이 사업의 여러 요소들에 대해서 어떤 생각을 가지고 있는지 파악하려고 노력했다.

다리우스는 110억 달러 규모의 특수재료 및 기술PMT 사업의 사장 겸

CEO가 되었다. 그가 경영하고 있던 자회사의 규모와 복잡성을 고려하면 대단히 큰 도약이었다. 처음부터 그는 내게 깊은 인상을 주었다. 단순히 열심히 일을 해서만이 아니라 예상치 못한 어려움을 다루는 능력 때문이었다. PMT 고객의 대부분은 정유와 가스 업계에 있었다. 그가 회사를 맡자마자 이 업계는 원유 가격의 하락으로 인해 심각한 불황에 빠져들었다. 대침체 동안 그 업계가 겪었던 것보다 훨씬 심각한 상황이었다. 다리우스는 일시 해고와 영구 해고를 통해 인건비를 줄이고, 사업을 보다 효율적으로 운영하고, 불황의 영향을 받지 않는 회사의 다른 부분에서 좋은 성과를 올리면서 이 상황에 대응했다. 그는 많은 관리자들과 직원들의 저항 가운데서도 비용 절감과 효율성 개선을 위한 조치를 실행했다. 결국 그는 목표치를 달성했다.

어려운 '도약' 과제가 주어져도, 최종 후보들은(나는 직접적으로 말하지 않았지만 이 시점에는 그들 자신이 후계자로 고려되고 있다는 것을 알고 있었다) 그 목적이 무엇인지는 알지 못했다. 2015년 말, 우리는 각 후보에게 회사의 전략 계획을 마련해서 2월 초 이사회 앞에서 공식적으로 발표하게 했다. 그 자리에는 나도 참석했다. 이사회의 일원으로 나도 그 자리에 참석해야 할지 논란이 있었다. 토론에 영향을 주지 않기 위해서 참석하지 않기로 했었지만 한 이사가 이렇게 말했다.

"당신이 있는 자리에서 자신의 생각을 말할 수 없는 사람이라면, 당신이 떠난 후에 자신의 생각을 밝힐 것이라고 어떻게 기대할 수 있겠습니까?"

좋은 지적이었다! 후보가 내게 아부를 하려고 한다면, 이후 이사회에 대해서도 같은 일을 할 가능성이 높다. 우리는 무엇이 회사를 위해 최선이라고 생각하는지 솔직하게 밝힐 수 있는 자신감 있고 양심적인 CEO를 원했다.

각 후보들이 계획 수립에 필요한 조사를 할 때는 재무 분석가의 도움을 받을 수 있도록 했다. 그리고 각 부사장이 각 후보에게 조언을 해주었다. 과제 선정은 전적으로 자유에 맡겼다. 후보들은 주제를 스스로 결정할 수 있었다. 나는 모든 후보에게 내가 어떤 조언이나 방향 제시도 하지 않을 것이며 계획서의 초안을 미리 검토하지도 않을 것이라고 분명히 말했다. 이사회의 일원이며 세계무역기구WTO의 미국 대사였던 린넷 데일리Linnet Deily의 말대로다.

"우리는 그들의 정신이 어떻게 일을 하는지를 보려고 한다. 그들이 얼마나 대담해질 수 있는지, 그들의 아이디어가 얼마나 타당한지 보고 싶다."[1]

이 과제는 최종 후보들이 전략 계획을 위해 조사를 하고 계획서를 작성하느라 연말의 휴가에도 정신없이 일을 해야 한다는 의미였다. 이후 다리우스가 회상하기를, 그는 두 달 동안 자기 일을 하는 외에도, 240페이지에 이르는 문서를 만들면서 일주일에 약 50시간을 이사회 프레젠테이션을 준비하는 데 할애했다고 한다. 이사회의 최종 결정이 얼마나 비중이 큰지 알고 있었기 때문이었다(그는 240페이지짜리 문서를 다 소화할 수 없을 것이라는 생각에서 간략한 보고용 요약문도 만들었고, 이는 좋은 성과를 냈다).

모든 프레젠테이션이 훌륭했다. 하지만 여섯 가지 기준에 따라 각 후보를 고려하자 다리우스가 두드러졌다. 프레젠테이션을 준비하는 과정에서 다른 후보는 이사회 구성원들이나 내가 어떤 것을 매력적이라고 느낄지에 대해 식견을 얻고자 하는 마음으로 어떻게 진행하면 좋을지 여

항상 이기는 조직

러 차례 질문을 했다. 다리우스는 아니었다. 전략 기획을 원하는 어떤 방식으로든 할 수 있다고 이야기하자 그는 나름대로 준비를 했다. 그의 편에서의 독립적인 생각을 나타내는 결정이었다. 또한 그는 회사 내에서 열정적인 상관으로 인식되어 있었다. 이 때문에 많은 사람을 놀라게 할 때도 있었지만 나는 그것이 마음에 들었고 그것이 '내부 출신의 CEO'되겠다는 그의 야망을 보여준다고 생각했다. 또한 그는 소규모 기업의 수장 출신으로 하니웰에 인수된 후 대기업의 문화를 받아들이고 하니웰 내에서 회사를 번성시킨 사람으로서 독특한 시각을 갖고 있었다.

'도약' 과제와 그 전의 기간 동안, 그는 꾸준히 용기와 승리를 향한 추진력을 보여주었다. 한 번은 그가 하니웰의 자회사 중 하나를 매각해야 한다고 권고한 적이 있었다. 큰 자리를 노리는 유망한 리더가 잘 하지 않는 발언이었다(그런 사람들은 보통 더 많은 재정적 책임을 원한다). 나는 매각에 반대하는 결정을 내렸다. 좋은 값을 받을 수 없었고 세금도 클 것으로 예상했기 때문이었다. 하지만 다리우스가 주장을 굽히지 않았기 때문에 나는 그 매각을 더 진지하게 생각하게 되었다. 우리는 이 사업을 주주들에게 넘겨서 세금의 영향을 피해 갈 수 있었다. 하니웰의 주가에는 타격이 없었고 결과적으로 무에서부터 15억 달러의 가치를 창출해냈다. 여기에서 우리가 배운 교훈은 다리우스의 지휘하의 하니웰이 포트폴리오를 개혁하는 데 큰 도움이 되었다.

이 프레젠테이션 이후, 이사회는 각 후보와 두 시간의 인터뷰를 진행했다. 다음으로 투표가 진행되었고 이사회는 만장일치로 다리우스를 차기 CEO로 선택했다. 옳은 선택을 했는지 시험하기 위해서 우리는 2개의 컨설팅 회사를 고용해 어떤 후보를 선택할지 독자적으로 추천해줄 것을 요청했다. 프레젠테이션 준비 기간 동안, 두 회사는 후보들에 대한 360도 다면 평가를 진행했고 후보들이 강도 높은 심리 테스트를 거치게 했다.

"6주 동안 광범위한 테스트를 거쳤습니다."

다리우스의 회상이다.

"4주간의 인성 테스트, 2주간의 인지 테스트였죠. 사업 기획 프레젠테이션을 위한 강도 높은 준비를 하는 와중에 이런 모든 테스트를 거쳐야 했습니다……. 제 인생에서 가장 힘든 시기였습니다."

조직에 지적으로 엄정한 문화를 구축하기를 원한다면 외부 컨설턴트 고용을 자제해야 한다. 조직 내의 리더들이 중대한 경영 과제를 스스로 처리하는 방법을 배우도록 해야 한다. 이 경우에 우리는 컨설턴트를 고용해 우리의 일을 하게 한 것이 아니라 우리의 분석이 정확한지 가치 평가를 요청한 것이다. 여러 차례의 요청에도 불구하고 우리는 컨설턴트들에게 후보들에 대한 우리의 생각을 전혀 알리지 않았다. 결국 우리가 현명한 선택을 했다는 것이 입증됐다. 컨설팅 회사 두 곳 모두 다리우스를 차기 CEO로 지명해야 한다는 의견을 갖고 왔기 때문이다.*

---

* 그를 선택했다는 이야기를 다리우스에게 전하자 그는 놀라서 이렇게 말했다. "당신과 포커는 절대로 하면 안 되겠어요. 감쪽같이 모르고 있었네요." 프로세스를 진행하는 동안 중립을 유지한 우리의 능력을 보여주는 증거였다.

항상 이기는 조직

승계의 관리

차기 CEO를 선정한 우리는 조직 내의 혼란을 최소화하고 앞으로의 시간 동안 그가 성공적으로 회사를 이끌 수 있도록 자리를 잡게 하는 방식으로 권력을 이양해야 했다. 많은 기업과 리더들은 빠른 이행을 선호하며, 회사가 어려움을 겪는 상황이라면 그런 접근법이 최선일 것이다. 과거와 완전히 단절하기를 원하고 과거의 리더가 오래 남아 방해하는 것을 원치 않기 때문이다. 하지만 우리처럼 회사가 성공적이라면 긴 이행에 장점이 있다. 조직이 새로운 리더에게 적응할 시간을 가지며 성과의 하락을 걱정하는 투자자들을 안심시킬 수 있다. 긴 이행은 새로운 CEO가 전임 CEO로부터 배우는 기회가 될 수도 있다. 물론 이는 물러나는 리더가 기꺼이 자리를 내놓고 후임과 건전하고 도움이 되는 관계를 유지할 수 있는 경우에만 가능하다. 한편 후임자 역시 전임 CEO와 협력할 수 있을 정도로 안정감을 느껴야 한다. 두 사람은 회사의 이익을 위해 자존심을 내려놓을 수 있어야 한다.

우리는 내가 경영을 돕는 2년간의 교체 기간을 갖기로 했다. 첫 해 동안 다리우스는 나의 COO 역할을 하면서 가까이에 사무실을 두고 연합전선을 형성해 회사를 운영했다. 나는 목표를 달성하는 책임을 맡았고 그는 첫 6개월 동안 회사 전체의 리더들과 회의를 가지면서 전보다 깊이 있게 사업에 대해 배우는 한편 전략을 세웠다(그리고 내 경험을 기억해 그에게 모든 자료에 대한 완벽한 접근권을 주었다). 또한 그는 하니웰의 기업 포트폴리오를 분석하는 데 집중했다. 나는 16년 동안 하니웰의 시가 총액을 200

억 달러에서 1200억 달러로 만들어냈고, 다리우스의 경우에 그에 준하는 결과를 만들기 위해서는 회사를 1200달러에서 6000억 달러 규모로 만들어야 했다. 대기업을 규제하는 법률들 때문에 그런 일은 훨씬 더 어렵고 가능성이 낮을 것이다. 가능한 최고의 성장을 달성하기 위해 그는 어떤 회사를 성장시키고, 어떤 것은 분할하는 것이 나을지 결정하는 데 있어서 극히 기민해야 했다. 첫 6개월 동안 다리우스는 사업을 분석하고 가능한 전략에 대해 내 생각을 듣는 데 대단히 많은 시간을 할애했다.

그 다음 6개월 동안, 다리우스는 전략 검토와 운영 계획 검토, 성장의 날, 운영의 날, 재무 기획 등 일련의 공식 회의를 주재하기 시작했다. 처음 6개월 동안은 내가 회의 테이블의 회장석에 앉고 다리우스가 옆에 앉았지만 이후에는 둘이 함께 회장석에 앉아 함께 결정을 내리고 합의를 했다. 나는 조직의 모든 사람이 그와 내가 함께 일하고 있으며 다리우스가 하니웰을 경영하게 될 것임을 알리고 싶었다. 어떤 결정도 혼자 내리지 않았고 그 역시 내가 확인하기 전에는 어떤 결정도 내리지 않았다. 나는 전략 검토 회의와 운영 계획 논의에 참석하는 일을 완전히 중단했다. 단, 각 프레젠테이션 이후에 다리우스와 나는 보고를 듣고 의논을 했다. 나는 리더들이 내가 아닌 새롭게 CEO가 될 다리우스에게 목표치 달성을 약속하고 있다는 점을 확실히 알고 있기를 바랐다. 그렇지 않으면 그들이 목표를 달성하지 못했을 때 약속을 철회할 구실이 되기 때문이다.

또한 다리우스는 나와 함께 고객들과의 회의에 참석하고, 공장을 방문하고, 정치 지도자들과 만남을 가졌다. 첫 해 동안 이런 식으로 다리우스가 맡는 CEO로서 책임을 더해가면서 그가 점진적으로 리더로서의 입

항상 이기는 조직

지를 다질 수 있게 했다. 나는 옆에서 매일 멘토링을 하고 막후 지원을 하는 역할을 맡았다. 우리는 그가 관찰할 것, 제안된 결정, 다른 사람들과의 상호 작용 등 모든 것에 대해 매일 이야기를 나누었다. 나는 이런 대화에 푹 빠졌고, 다리우스를 선택한 것이 옳은 결정이라는 확신을 더하게 됐다.

두 번째 해에 다리우스는 CEO가 되었고 나는 회장으로 남아 제한된 책임을 맡았다. 나는 그가 원할 때마다 내 의견을 말해주는 일을 계속했으나 대외적으로는 무조건 그에게 최종적인 책임이 있다고 단언했다. 고위 리더들에게는 내가 전만큼 많이 관여하지 않을 것이며 내가 가진 정보는 다리우스에게 직접 전달할 것임을 확실히 했다. 나는 CEO 사무실을 비워주고 다리우스가 COO로 일하면서 쓰던 보다 작은 사무실로 옮겼다. 누가 책임자인지를 상징적으로 보여주는 조치였다. 나는 내가 재임하는 동안 우리가 이룬 것에 대해서 대단히 자랑스럽게 생각하지만 우리 회사는 완벽하지 않으며 하니웰은 다리우스의 지도하에서 계속 진화해야 한다고 말하곤 했다. 연례 전략 임원 회의의 마지막 연설에서는 회사가 나의 이름을 따는 어떤 일도 하지 않기를 바란다고 이야기했다. 회사가 뒤가 아니라 계속해서 앞을 향하게 해야 하기 때문에 말이다.

자존심이 아닌 회사를 생각한다

처음 다리우스는 2년간의 교체 기간에 대해서 의문을 품었다. 그는 굳이 누군가 자신의 손을 잡아줄 필요가 없는 상황이라고 여겼다. 그는 이전에도 CEO였고 큰 사업부를 대단히 성공적으로 경영해왔다. 나와의 동반 관계가 어떤 효과를 낼지에 대해서도 확신이 없었다. 그는 이렇게 회상했다. "정말 데이브가 한 발 물러서서 제가 일을 하게 할지 걱정이 됐습니다. 그가 정말로 시간을 내서 여러 가지 일을 내게 설명해주고, 내가 결정을 내리게 해주고, 교체기 동안 회사에 영향을 줄 수 있을 만큼의 권한을 줄까? 데이브가 모든 실권을 쥐고 저는 꼭두각시 노릇을 하는 것만큼은 절대 사절이었습니다."[2]

우리의 방식은 효과가 있었다. 두 사람 모두 올바른 사고방식으로 교체에 접근했기 때문이었다. 나는 그를 동반자로 삼는 데 열려 있었다. 나는 떠날 준비가 되어 있었고 내가 말했듯이 그에게 기꺼이 의사 결정권을 넘기고 상하 관계가 아닌 동반자로 그와 협력하기를 원했다. 나는 다리우스가 스스로 결정을 내리기를 기대했다. 그가 다른 시각을 가지고 내가 놓친 기회와 위협이나 변화가 필요한 사업의 요소를 찾아낼 것임을 알고 있었기 때문이다.

우리의 훌륭한 실적을 아는 일부 사람들은 하니웰의 모든 것이 그대로 유지되기를 원했다. 하지만 귀를 기울이는 사람(투자자, 직원, 참모, 이사)이라면 누구에게나 말했던 것처럼 다리우스에게 완벽한 회사를 남겨주는 것은 불가능하다. 어떤 측면에서 보든 하니웰은 내가 처음 만났을 때보다 훨씬 나아졌다. 하지만 하니웰은 내가 떠날 때보다 더 나아질 수 있다. 회사가 번성하려면, 우리는 계속해서 변화하고 앞으로 나아가야 한다. 그리고 그런 일이 일어나게 해야 하는 것은 내가 아닌 다리우스이다.

향상 이기는 조직

또한 나는 그에게 도움이 될 만한 나의 모든 지식과 식견을 공유하기를 간절히 원했다.

다리우스는 배우겠다는 의지가 강했다. 자신의 어젠다를 설계하고 자신의 권한을 확고히 하기 시작하는 시점에서도 말이다. 그는 나에게 도움을 청하고 내 도움을 받아들이는 데서 전혀 위협을 느끼지 않았다. 모든 것을 혼자서 해야만 한다는 생각을 결코 갖지 않았다. 궁극적으로 우리 두 사람은 회사를 위해서 자존심을 버릴 수 있었고 때문에 한 팀으로서 적절히 기능하고 이행 과정에서 신뢰를 구축할 수 있었다. 조직의 다른 사람들도 우리가 하나가 되었다고 생각했고 그 결과 이행을 급작스럽고 우려가 되는 변화가 아닌 자연스럽게 펼쳐진 프로세스로 느꼈다.

떠나는 곳을 깔끔하게

리더십 이행 동안 조직을 매끄럽게 이끌기 위해 채용해야 할 마지막 전략은 마지막 몇 달 동안 집을 정리해서 후임자가 인수 과정에서 불쾌한 놀라움을 경험하지 않게 하는 것이다. 여기에는 발생한 새로운 문제를 재빨리 처리해서 후임에게 미루지 않는 일도 포함된다. 2016년을 내가 CEO 자리에서 물러날 준비를 할 때였다. 마침 회사의 재택근무 정책에 문제가 있다는 것이 드러났다. 우리가 새로운 사무 공간을 개발할 계획을 세우고 있을 때였다. 부동산 팀에서는 직원들이 어디에서 근무하고 싶어하는지 계산하고 있었다. 근무할 직원 수에 따라 계산하자 일부 지역에는 생각만큼 많은 사무실이 필요치 않은 것으로 밝혀졌다. 당시 COO 역할을 맡고 있던 다리우스는 재택근무를 하고 있는 직원 비율 때문이 아닌가 의심했다. 우리는 팀에 분석을 지시하고 당시의 직원 13만 5,000명 중에 약 5,000명이 재택근무를 하고 있다는 것을 발견했다.

과도하게 보이지 않는가? 다리우스와 나는 그렇다고 느꼈다. 우리가 재택근무 정책을 시행하는 이유는 부모님이 병환 중이거나 아이가 아픈 것처럼 일시적인 문제에 봉착한 직원을 돕기 위한 것이었다. 일반적으로는 직원들이 서로 직접 상호 작용을 하는 것이 중요하다고 생각했고, 다른 많은 기업들처럼 우리는 자연스런 만남을 촉진하도록 사무실을 재설계했다. 나는 우리 팀에 집에서 근무하는 모든 직원을 찾아 정말로 재택근무가 필요한지 평가하라고 지시했다. 그리고 재택근무 직원의 80퍼센트가 우리 정책을 의도와 다르게 이용하고 있다는 것을 발견했다. 무엇보다 이 행동을 묵인하는 관리자가 너무나 많았다. 거절을 할 수 없거나 해서는 안 된다고 느끼는 경우도 있었다.

고위 리더 중에는 직원의 상당수가 재택근무를 해도 괜찮다고 생각하는 사람들이 있었다. 그들은 젊은 세대의 직원들이 재택근무를 선호한다면서 이 정책을 엄격하게 적용한다면 구식으로 보일 것이라고 주장했다. 재택근무를 하는 직원들은 생산성이 낮았다. 또, 시간이 흐르면 매일 출근을 하는 번거로움을 감수하는 13만 동료들은 그렇지 않은 사람들에게 분개하게 될 것이 분명했다. 다리우스와 나는 변화가 필요하다는 결정을 내렸다.

이를 위한 조치를 장래로 미루고 내가 퇴임한 후에 다리우스가 이 문제에 철퇴를 내리게 할 수도 있었다. 그렇게 한다면 나는 직원들에게 좋은 인상을 남기며 떠나고 다리우스는 악덕 사장이 될 것이다. 나는 물러나는 입장에서 다리우스가 사장으로서 자신의 에너지를 직원의 불만을 처리하는 것이 아니라 성장과 다른 중요한 사안에 집중시키면서 좋은 출발을 하기를 원했다. 또한 나는 문제가 내가 보는 곳에서 일어났다면 내가 바로잡아야 한다고 생각했다. 때문에 2016년 10월 나는 직원들이 사무실에 오는 것을 대단히 중요하게 생각하는 이유를 설명하면서 재택근무를 극적으로 줄이는 변화를 발표했다. 나는 그 순간부터 모든 재택근무 신청은 글로벌 인사 총괄 책임자의 승인을 받아야 한다고 말했다. 집에서 일을 하던 직원들은 이런 변화를 싫어했다. 하지만 다리우스는 임기 첫 달에 이런 부정적인 반응에 직면하는 상황을 피할 수 있었다. 흥미롭게도 일부 고위 리더들의 생각과는 달리 이런 변화의 결과가 이직률에 미친 영향은 아주 적었고 채용에도 눈에 띄는 영향이 없었다.

　재택근무 정책의 변화 외에도 우리는 다리우스가 자리를 물려받는 시점을 조정해서 그가 곧바로 좋은 재무 실적을 보여줄 수 있게끔 만들었다. 5개년 계획에 따르면 2016년 5억 달러 지출이 예정되어 있었다. 항공우주 사업에서 큰 계약을 성사시키기 위해 쓴 비용 때문이었다. 우리는 보수적인 회계 관행을 따랐기 때문에 이 비용은 대차대조표에 자산으로 잡히지 않을 예정이었다. 대신 이런 투자의 결실로 이윤은 크게 상승할 것으로 예상되었다. 나는 다리우스가 CEO 취임 시점에 5억 달러의 지출 타격을 받지 않도록 내가 2016년까지 자리를 지켜서 그 영향을 직접 소화했다.

하니웰에서의 마지막 1년 동안, 나는 다리우스가 2017년 자리에 앉을 때 더 나은 위치에 있게 만드는 것을 염두에 두고 추가적으로 몇 가지 재정적 타격을 소화했다. 2015년과 2016년, 우리 사업은 산업 부문의 불황으로 영향을 받았다. 2016년 3분기는 우리에게 특히 어려운 시기였다. 목표치를 달성하게 하도록 이 부문의 사업부들을 종용하는 대신 다리우스가 이후 더 나은 입지를 갖게 하기 위해 노력하다 보니 주당순수익 1.6달러라는 목표에는 2센트 차이로 도달하지 못했다(목표치에 아주 가까웠고 추가적인 구조 조정으로 25센트를 더했음에도 불구하고). 또한 미래를 위한 구조 조정 등에 대한 노력을 소홀히 하고 싶지 않았다. 2016년 4분기, 나는 하니웰 부채의 상당 부분을 차환해 큰 비용 지출을 소화했다. 투자자가 보는 내 이미지는 나빠지겠지만 지금까지 견실한 실적을 보여주었기 때문에 이 조치가 내 평판을 그리 많이 해치지는 않을 것이라고 생각했다. 이로써 2017년과 2018년 이후의 이자 지출이 줄어들었기 때문에 다리우스의 부담을 한결 덜 수 있게 되었다. 다리우스가 자리에 앉자마자 재정 문제를 처리해야 한다면, 투자자들은 이 새로운 CEO가 정말 성과를 낼 수 있는지, 회사가 어려운 것은 아닌지 의심했을 것이다. 이는 CEO 교체가 원활하지 않았다는 것을 나타낸다. 내가 타격을 감수하는 편이 더 낫다.

나는 처음 CEO가 되어서 예상치 못한 큰 문제들과 마주하는 것이 어떤 기분인지 잘 알고 있었다. 내가 하니웰에 합류하면서 겪은 경험들 때문에 나는 어떤 일이 있어도 후임에게 비슷한 입지를 물려주지 않겠다고 다짐했었다. 회사를 '깔끔한' 상태로 넘겨서 후임자가 첫 날부터 급한 불을 끄러 여기저기 다니는 대신 장기 성장 과제에 집중할 수 있도록 말이다. 이렇게 하면 후임자는 뛰어난 장·단기 성과를 낼 수 있는 좋은 기회를 얻게 된다. 물론 다리우스가 별 일을 하지 않아도 뛰어난 재무성과를 낼 수 있었다는 말을 하는 것이 아니다. 분명 그는 열심히 일을 했고 많은 성과를 올렸다. 하지만 적어도 처음 CEO가 되었을 때의 나처럼 시한폭탄들을 처리할 필요는 없었다.

승계: 전략의 필수 부분

승계 문제는 미뤄지기 쉬운 일이다. 하지만 그렇게 해서는 안 된다. 단기적 시각과 장기적 시각을 동시에 갖고 사업을 보게 되면, 승계를 위한 준비가 사업을 운영하는 일상과 동떨어져 있지 않다는 것을 깨닫게 될 것이다. 승계는 전략의 필수적인 부분이며 강력한 지도부를 키우기 위한 모든 노력(6원칙: 내부 리더 육성에 끊임없이 집중한다)의 자연스러운 결과물이다. 팀과 조직 전체의 승계 계획을 적절히 세우지 않는다면 고위층의 승계 계획도 적절히 이루어질리 없다.

CEO가 되고 2년이 조금 못 된 2018년 말 다리우스가 내게 말했듯이, 그는 이미 그의 뒤를 이을 리더 후보를 찾고 계발하는 일을 시작했다.

"이 일은 리더의 과제입니다."

그가 말했다.

"저를 대체할 사람이 없다면, 저는 일을 잘 하고 있는 것이 아닙니다."

후보자 명부를 자세히 살펴라. 어떻게 그들을 시험하면 진정한 역량을 파악할 수 있을까? 과정 전체를 가능한 이목을 끌지 말고 비밀리에 진행해야 한다. 당신이 입에 많이 올리게 되면 다른 사람들도 분명히 그렇게 할 것이다. 선택할 좋은 후보가 많지 않다면 조직 외부로 눈을 돌려보라. 하지만 그와 함께 지도부를 검토하고 당신이 채용하고 있는 승계 프로세스도 다시 검토해보아야 한다. 지도부나 승계 프로세스가 생각만큼 견고하지 않을 수 있다. 또한 선정 과정을 지나치게 길게 끌고 가지 말아야 한다. 그렇지 않으면 기대가 큰 후보자를 잃게 될 위험이 있다. 다리우스가 회상하듯이 그는 선정 프로세스가 시기적절하게 마무리되지 않으면 다른 곳으로 옮길 준비를 하고 있었다.

"저는 늘 최고 경영자의 자리에 오르는 것을 꿈꿨습니다. 선정 과정이 더 길게 이어졌다면 저는 기다리지 못했을 거에요."[3]

후임자와 바람직한 관계를 구축하라

어떤 결정을 내렸든, 변화가 필요하거나 유지할 수 있는 사업 요소에 대해서 후임자와 지속적으로 대화해야 한다. 리더들을 멘토링하다 보면 기존 사업에서 잘못된 것에 집중하는 경향이 있다. 하지만 그것은 사업을 바라보는 최선의 방법이 아니다. 어떤 사업이든, 거의 언제나 선임자들이 만들어놓은 것을 기반으로 삼을 수 있는 방법들이 있다. 변화의 중요성을 인식하고 있더라도 말이다. 떠나는 리더로서, 자신의 목표와 사업에 대한 솔직한 분석을 공유하는 것은 후임자가 현명하고 사려 깊은 전략을 고안하는 데 도움을 줄 수 있다(후임자가 변화가 필요하다고 생각하는 것이 무엇인지에도 귀를 기울여야 한다).

리더의 역할을 맡게 되는 경우, 전임자와 그런 대화를 갖기 위해 노력해야 한다. 실패한 팀이나 조직을 맡게 되는 때라면, 전임자와 접촉해서 조직과 조직의 문제에 대한 대강의 인상을 파악하는 것이 좋다. 전임자가 자신의 역할을 성공적으로 해낸 경우라면 그의 시각을 파악하는 일에 더 많은 시간을 할애해야 한다. 2년에 걸친 승계와 같은 호사를 누릴 수 없다면 전임자과 사적인 관계를 맺고 멘토의 역할을 부탁하도록 해보라.

후임자와 긴 시간 동안 인수인계할 때는 개방적이고 솔직한 대화를 갖기 위해 초기부터 기본 원칙을 마련해두는 것이 좋다. 다리우스와 나는 우리가 각자 이사회 구성원을 비롯한 다른 사람들과 가지는 모든 중요한 대화를 서로 공유하고, 상대방이 했다는 말이나 행동을 이해할 수 없는 경우에는 서로에게 알리자는 데 합의했다. 이런 솔직한 대화 창구는 우리에게 큰 도움이 되었다. 그것이 아니었다면 일어났을 수 있는 오해와 긴장을 몇 번이나 피하게 해주었기 때문이다. 우리는 서로의 의견이 다르다고 해도 그것이 관계에 영향을 주지 않을 것이란 점을 확실히 해두었다. 다리우스는 이렇게 회상했다.

"상대가 다른 견해를 가졌다고 해서 감정적이 되는 일은 누구에게도 없었습니다. 우리는 합리적인 두 사람이라면 때로 다른 의견을 가질 수 있고 그것이 정상이라고 판단했습니다."[4]

물론 두 사람 사이의 의견 불일치는 반드시 비밀에 부쳐야 한다. 그렇지 않으면 다른 사람들이 그 시스템을 망치려는 다른 사람들의 이간질이 있을 수 있다. 어떤 경우든 나는 모든 결정이 다리우스가 내린 것이지 내가 내린 결정이 아니라고 확실히 밝혔다.

견고한 관계의 토대를 만들었음에도 불구하고 당신과 후임자가 함께 협력하기가 어려운 경우도 있을 것이다. 스스로의 행동을 점검해서 자신 문제의 근원이 아닌지 파악해야 한다. 후임자에게는 그가 이사회의 구성원이나 다른 사람들과 가지는 대화를 알려달라고 요구하고 당신은 그렇게 하지 않는다면 관계가 틀어져도 이상할 게 없다. 반대로, 솔직한 평가 후에도 후임이 문제를 유발하고 있다고 생각된다면, 두 사람은 협력 관계를 어떻게 개선시킬지에 대해 솔직한 대화를 나눠야 할 것이다. 최선을 다했음에도 불구하고 효과가 없다면, 조직이 정말로 당신의 뒤를 이을 적절한 사람을 선택했는지 의심해봐야 한다. 적절한 인물이 아닐 가능성이 높다.

이사회의 참여를 이끌어낸다

새로운 리더의 선정과 이행 프로세스에는 이사회를 참여시켜야 한다. 선정 단계에서 이사회 구성원들이 후보자에 대해 파악하도록 돕고(내 참모 전원이 모든 이사회 회의에 참석했다), 그들에게 최종후보자를 확인할 기회를 준다. 우리는 이사회 회의에서 최종 후보들이 전략 계획 프레젠테이션을 하게 함으로써 이런 기회를 마련했다. 이사회가 결정의 주체인 것은 분명하지만 CEO가 스스로를 그 결정에 표를 던지는 한 사람으로만 생각하는 것은 실수이다. 이사들은 1년에 후보들을 8~9번 볼 뿐이다. CEO는 그들과 매일 부딪힌다. 따라서 CEO는 선정 프로세스에서 대단히 중요한 역할을 한다. 다만, 당신이 선호하는 후보가 후임으로 선정되도록 하기 위해 지나치게 개입해서는 안 된다. 최종후보가 프레젠테이션을 한 후, 이사들은 숙고할 시간을 가졌다. 이사 한 명이 내 의견을 물었을 때, 나는 주저 없이 다리우스라고 말했다. 또한 나는 집단 투표가 아니라 이사별로 의사 표시를 해야 한다고 주장했다. 나는 우리가 내가 옳다고 생각하는 결정에 이르는 것을 원하기도 했지만, 한편으로는 이사들이 스스로 결정을 내리고 나로 인해 압박을 느끼지 않기를 원했다. 내가 이전에 언급했듯이, 이사들은 각자 나와 외부 컨설턴트들이 내린 것과 동일한 결정에 이르렀다. 만장일치로 다리우스를 선택한 것이다.

이행기 동안, 후임 리더는 보통 무에서부터 시작해 이사회의 신뢰를 얻어 나가야 한다. 그 과정에서 이사회 구성원들은 후임 리더들에게 자유를 부여해야 한다. 때로는 이사들이 지도권 이양을 이전의 리더가 추구하지 않았던 자신의 입맛에 맞는 전략을 밀어붙일 기회로 여기는 경우가 있다. 이사들은 새로운 리더가 어떻게 일을 해야 하는지 이야기하면서 자기 주장을 지나치게 강요하게 된다. 새로운 리더는 어깨 뒤를 넘겨다 보고 이사들이 어떤 생각을 하는지 지나치게 걱정하면서 스스로에 대한 사후 비판을 시작한다. 리더와 이사들은 자신의 역할에 대해서 깊이 생각하고 조직에게 최선의 이익이 무엇인지를 유념해서 지나친 욕심을 부리지 않아야 한다.

당신이 가능한 최고의 팀이나 조직을 후임에게 물려주고 있는지 확인하기 위해서, 블루노트를 펴고 앉아 후임이 처리해야 할지도 모를 불쾌한 과제들에 대해서 브레인스토밍을 해보라. 이런 문제들 중에 당신이 떠나기 전에 해결할 수 있는 것이 얼마나 될지 가늠해보라. 이런 일에서 뒷걸음치는 자신을 발견한다면 이 문제가 리더로서의 당신 이미지를 어떻게 만들지 생각해보라. 그것이 마음에 들지 않는다면 자신과 자신의 우선순위에 대해 생각해볼 필요가 있다. 훌륭한 리더는 조직을 우선한다.

발렌타인의 깜짝 소식

2017년 2월 14일, 내가 CEO 자리에서 물러나기로 한 때로부터 6주 전, 한 행동주의 투자 활동(기업의 지분을 확보해 경영에 개입함으로써 주주 이익을 극대화하는 활동-옮긴이)을 하는 헤지 펀드 써드포인트매니지먼트Third Point Management가 항공우주 사업 부문 전체를 분할하라고 충고하는 서한을 보내왔다. 대부분의 회사에서는 그런 움직임을 경고로 받아들인다. 충돌이 가까워오고 있으며 어쩌면 인수가 멀지 않았다는 걱정을 유발하는 것이다. 하지만 우리는 달리 생각했다. 이 투자사가 가치를 높이는 좋은 아이디어를 갖고 있다면 들어보기로 한 것이다. 결국 써드포인트나 우리는 같은 목표를 갖고 있다. 하니웰의 주가를 높이고자 하는 것이다.

우리는 써드포인트를 만나 왜 항공우주 부문의 분사가 좋은 아이디어

항상 이기는 조직

인지 그 팀의 생각을 들었다. 논의의 분위기는 전혀 험악하지 않았다. 그들은 우리가 최근 이룬 성과를 높이 평가했고 우리는 그들의 사업 수완을 높이 평가했다. 하지만 다리우스는 우리 포트폴리오를 분석하는 일을 대단히 많이 해왔기 때문에 잘 다듬어진 우리 나름의 아이디어를 갖고 있었다. 우리는 항공부문을 분할하는 대신 주택 및 건축 기술Homes and Buildings Technologies 사업과 터보 과급기 사업을 분리하기로 했다. 다리우스가 설명했듯이 우리는 항공우주 사업에 많은 투자를 했고 이 부문이 상당한 성장으로 우리에게 큰 도움이 될 것으로 예상하고 있었다. 반면 다른 두 사업은 분할시켰을 때가 결합된 하나의 사업으로 운영했을 때보다 더 빠른 성장을 할 것으로 예측되었다. 우리는 재무 분석을 시작하고, 이 사업부의 리더들과 이야기를 나누고, 투자 은행가들과 상의를 했다. 내내 내가 개입하긴 했으나, 선두에 선 것은 다리우스였다.

그의 논리는 하니웰 투자자 커뮤니티를 설득했다. 그들은 써드포인트가 아닌 우리의 계획을 지지했다. 좋은 일이었다. 우리의 계획이 성공했고 2017년 1월 1일(써드포인트 에피소드 직전)을 시작으로 12개월 동안 주가는 32퍼센트로 치솟았기 때문이다. 그에 비해 S&P 500의 같은 기간 상승폭은 19퍼센트에 그쳤다. 모두가, 써드포인트까지 모두가 승리했다. 이런 행동주의 투자회사의 움직임 덕분에 다른 투자자들도 우리 주식을 주시하게 되었고 이에 주가는 그렇지 않았을 때의 예상치보다 더 높아졌다. 투자자들은 다리우스가 얼마나 능력이 있는지 알게 되었으며, 의도했던 효과를 얻는 데 실패했던 이 사업 분야의 기존 승계와 다른 경우라는 것도 알게 되었다. 이 일은 우리에게 전환점이었다. 우리의 이행 과정이 끝나고 책임의 소재가 확실히 다리우스에게 있다는 것이 명확해진 순간이었다. 그는 써드포인트의 압박에도 굽히지 않는 강력한 리더십을 보여주었다. 그는 자존심을 세우지 않고 나와 의논을 했고 나를 회의에 참여시켰다. 그 결과 내 지식과 경험으로 그의 지식과 경험을 보완할 수 있었다. 내게도 모든 다른 사람들에게도 우리가 적임자를 선택했다는 것이 분명해졌다.

다리우스는 하니웰을 이끄는 일을 훌륭하게 해내면서 자신이 우리가 생각했던 똑똑하고, 자제력이 있고, 결단력이 있고, 독자적인 생각이 가능한 리더임을 입증했다. 다리우스가 CEO가 되고 첫 2년 동안 하니웰 주식의 총주주수익률은 55퍼센트였다. 이에 비해 같은 기간 S&P의 총주주수익률은 32퍼센트였다.[5] 그가 순조로운 출발을 할 수 있게 준비하는 데 투자한 모든 시간과 노력이 가치를 발한 것이다.

나는 마지막으로 참석한 2017년 투자자의 날 회의에서 우리가 다리우스를 선택한 프로세스를 설명하고 고별인사를 했다. 약 150명의 청중이 기립박수를 보내주었다. 대단히 이례적인 반응이었다. 그 자리에 있던 어떤 사람도 그런 회의에서 그런 일이 일어난 것을 경험해보지 못했다. 마음을 터놓고 그런 길고 엄정한 선정 프로세스를 받아들이지 않았더라면 우리는 결코 다리우스를 선택하지 못했을 것이다. 내가 이미 이야기했듯이, 그는 처음 고려한 후보 목록에 포함되어 있지도 않았다. 목록에 추가된 뒤에도 최종 후보 중에 유력한 후보가 아니었다. 하지만 우리는 스스로에게 최종 후보를 시험하고 그들이 어떤 일을 할 수 있을지 알아볼 충분한 시간을 주었다. 결국 자신을 돋보이는 후보로 만든 것은 다리

항상 이기는 조직

우스 자신이었다. 우리는 그가 취임한 순간부터 하니웰의 강력한 성장을 이끄는 데 필요한 시간, 공간, 멘토링을 제공했다. 또한 우리는 조직과 투자자들에게도 새로운 CEO에 익숙해지고 그를 포용할 수 있는 충분한 시간을 주었다.

내가 우리 프로세스를 너무 자랑스럽게 여기는 것처럼 보이는가? 실제로 그렇다. 나는 다리우스 역시 대단히 자랑스럽게 생각한다. 폴란드 출신인 그는 영어를 전혀 모르는 채 11살에 미국에 와서 미시간 주립대학에서 전기와 컴퓨터 공학 학위를, 시라큐스 대학에서 컴퓨터 공학 학위를, 하버드 대학에서 MBA를 취득했다. 작은 규모의 기업(메트로로직)을 이끌었던 그는 대기업과 중소기업이 어떻게 움직이는지를 모두 파악하고 있었고 이는 하니웰이 중소기업의 속도와 대기업의 효율로 움직이는 데 도움을 줄 것이다. 무엇보다 그는 하니웰이 어떻게 돌아가는지 이해할 뿐 아니라 어떻게 돌아가야만 하는지까지 이해하는, 독립적인 생각을 할 수 있는 사람이다. 어느 의미로 보나 그는 '뼛속까지 CEO'이다.

내가 하니웰에서 한 모든 일이 옳았던 것은 아니다. 하지만 다리우스, 그리고 내가 떠난 이후 회사의 성장에 관해서라면 정말 만족스럽다고밖에 말할 수 없다. 내가 다리우스가 하는 모든 결정에 뜻을 같이 할까? 아마도 아닐 것이다. 그렇다면 나는 그가 이끄는 다음 10년, 아니 그 이상의 기간 동안 하니웰의 주식을 보유하면서 기대감을 가질 수 있을까? 분명히 그럴 것이다.

1 당신의 뒤를 이를 사람에 대해서 생각하고 있는가? 아니면 이런 분석을 흐릿한 미래의 언젠가로 미뤄두고 있는가?

2 임기 초반인데도 이미 지켜보고 계발해야 할 후임 후보의 긴 명단을 만들어두었는가? 당신의 조직은 당신의 퇴임이 가까워졌을 때 최고위직의 선정 프로세스를 어떻게 진행할 예정인가?

3 내부 후보를 충분히 주의 깊게 살피고 있는가? 아니면 오로지 외부의 후보만을 찾고 있는가?

4 조직 전체가 관여하는 적절한 승계 계획을 가지고 있는가? 아니면 인사팀이 주도하는 양식과 프로세스의 조합에 불과한 승계 계획을 가지고 있는가?

5 선정 프로세스에 대해 독립적으로 생각을 하고 있는가? 아니면 컨설턴트나 이사회에서 처리할 것으로 생각하고 있는가?

6 당신 팀이나 조직의 다음 리더가 가져야 할 핵심적인 특성은 무엇인가?

7 후임 후보자들이 어떻게 일을 하는지 보기 위해 그들에게 '도약' 과제를 부여하는 것에 대해 생각해본 적이 있는가? 그들에게 결정을 내릴 수 있는 충분한 재량을 허용해서 그들의 진짜 생각이 무엇인지 확인할 수 있게 하고 있는가?

8 선정 프로세스에 이사회를 어떤 식으로 참여시키고 있는가?

9. 당신 팀이나 조직의 현재 성과를 고려할 때, 승계 기간이 적절한가? 최선의 결과를 얻기 위해 승계 기간을 어떻게 준비할 생각인가?

10. 후임자에게 권력을 물려주기 전에 처리해야 할 불거진 문제나 사안에는 어떤 것이 있나?

모든 승리는
리더십에서 시작된다

이 책에서 나는 하니웰에 대한 많은 이야기를 했다. 하지만 내 사생활과 관련된 이야기는 미처 하지 못했다. 1970년 고등학교를 졸업했을 때의 나는 게으르고, 미성숙하고, 목적의식이 없는 아이였다. 인생이 무슨 의미인지, 어디로 가고 싶은지도 모르고 달려들었다. 나는 뉴햄프셔 대학에 입학 허가를 받았지만 처음에는 진학을 포기하고 아버지의 주유소 겸 정비소에서 일을 했고 이후에는 미시간에서 삼촌과 목수 일을 했다. 어떤 일도 잘 풀리지가 않았다. 때문에 다음 해에는 행정처에 재응시 없이 학교에 들여보내 달라고 사정을 해서 대학에 들어갔다. 그 고마움에 대한 보답은 다음 몇 년 동안 수업에 들어가는 대신 술을 마시고, 담배를 피우고, 카드를 치면서 내 시간의 대부분을 보내는 것으로 대신했다. 2학년 말에 학생처의 부처장이 나를 사무실로 불러서 기숙사에서 나가라고 이야기했다. 내가 특별히 잘못한 일은 없었다. 그녀는 내가 종합적인 문제아라고 말했다. 내가 가는 곳마다 문제가 터진다고 말이다.

다음 해, 학업을 계속하면서 나는 뉴햄프셔 후크세트에 있는 GE 공장에서 타공기를 돌리는 야간 아르바이트를 했다. 메인의 요크항에서 어부 일을 하겠다는 생각으로 친구와 17년 된 33피트(약 10미터) 보트를 사기도 했다. 해야 할 일들이 너무 많다 보니 포기하는 것도 있었다. 뭘 포기했을까? 3학년 2학기 동안 나는 수업에 전혀 들어가지 않았고 평점 1.8점을 받았다. 나는 낮에는 어부로 일하고 밤에는 GE에서 일을 해서 큰 부자가 되겠다고 마음을 먹고 두 번째로 학교를 그만뒀다. 낚시는 교실에 앉아 있는 것보다 훨씬 재미있었다. 내 친구의 아버지는 우리 배에는 항구에 있는 어떤 배보다 빈 맥주 캔이 많다고 말씀하셨다. 우리가 잘 하지 못하는 일이 있었다. 물고기를 잡는 일이었다. 6개월 후 내 친구가 결혼을 했고 그의 아내가 그에게 이렇게 물었다.

"그 멍청한 친구랑 계속 낚시만 할 거에요?"

그는 그렇게 하지 않았다. 보트를 팔았다. 나는 무엇을 해야 할지 확신이 없었다. 여자 친구와 결혼하는 것이 가장 마음에 들었다. 1975년 4월이었다. 3층에 있는 난방과 단열이 되지 않는 아파트에서 살았다. 미래에 대한 아무런 계획도 없이 하루하루를 보내고 있었다. 두 사람 다 일을 했기 때문에 먹고사는 데는 문제가 없어 보였다. 결혼을 하고 한 달 후, 아내가 임신했다는 소식을 전했다. 피임약을 먹고 있었는데도 말이다. 그로부터 몇 개월 후 아내는 임신 때문에 더 이상 일을 할 수 없다고 얘기했다. 세 사람을 먹여 살려야 하는 책임이 온전히 내게 돌아왔다.

나는 겁이 났다. 은행에 있는 돈은 100달러 뿐이었다. 앉아서 돈 계산을 하다가 내가 벌고 있는 돈보다 우리가 매주 2달러씩 더 쓰고 있다는 것을 알게 되었다. 빈약한 예산을 계속 고수한다고 해도 1년 안에 파산할 상황이었다. 그 전에 얼어 죽지 않는다면 말이다. 가본 적이 없는 사람들을 위해 귀띔해주자면, 겨울의 뉴햄프셔는 무척 춥다. 온기라고는 난방을 한 아래층에서 올라오는 것과 난로에서 빠져나오는 것이 전부였다. 나는 밤마다 다음 해 2월에 태어날 우리 아기가 가족들을 부양하지 못하는 형편없는 애비 때문에 얼어 죽지 않을까 걱정하면서 뒤척이느라 잠을 이루지 못했다.

인생에 진지하게 임해야 했다. 우리의 생존이 거기에 달려 있었다. 더 나은 보수를 받는 일자리가 필요했다. 그것은 대학을 마치고 학위를 받아야 한다는 의미였다. 그래서 나는 야간에 GE에서 일을 계속하면서 주간에는 대학에 다녔다. 하룻밤 사이에 내 인생 전체가 뒤바뀌었다. 나는 담배를 끊고 운동을 시작했다. 더 부지런한 직원이 되었다. 갑자기 시간이 부족해졌기 때문에 시간을 낭비하는 일을 멈췄다. 성공하려면 집중해야 했다. 매학기 초에 나는 미리 스케줄을 짜서 어느 날 몇 시간을 공부하고 과제를 해야 할지 정확히 정해두었다. 이전의 나는 매번 과제물을 늦게 제출했지만, 이제는 일찍 제출하기 시작했다. 마감일로부터 6주 전에 제출한 경우도 있었다. 이전의 내 평점은 1.8점을 받은 학기를 포함해서 3.1점이었다. 이제 올 A를 받게 되었다.

내 아들 라이언Ryan은 1976년 2월 24일 태어났다. 요람 속의 아기를 바라보던 일이 아직도 생생하게 기억난다. 금이 간 창문에는 외풍을 막기 위해 마스킹테이프가 덕지덕지 붙어 있었고, 추위를 막으려 요람을 꽁 꽁 싸놓았었다. 아이를 제대로 돌보지 못할까봐 너무나 두려웠다. 그 모든 것이 나를 계속 움직이게 하는 동기가 되었다. 나는 1976년 5월 학교를 졸업했다. 약 6주 후 매사추세츠 린에 자리한 GE 항공기 엔진Aircraft Engines 사업부의 내부 감사인으로 첫 정규직 일자리를 구했다. 그렇게 일을 시작했고 그 후로 나는 뼈가 빠지도록 열심히 일을 했다.

우리가 보았듯이, 오늘 그리고 동시에 내일 승리하기 위해서는 리더와 팀과 조직의 편에서 비상한 노력과 헌신이 필요하다. 내가 인생을 어떻게 바로잡았는지 이야기한 것은 단순하지만 그리 인정을 받지 못하는 사실을 보여주기 위해서이다. 사람은 생각보다 훨씬 더 멀리까지 스스로를 밀어붙일 수 있다. 조직도 마찬가지이다. 너무나 많은 팀과 조직들이 실망스러운 장·단기 결과를 낸다. 이전과 다르게 움직이는 방법을 모르기 때문이고, 다르게 움직일 수 있다고 생각하지 않기 때문이다. 당신에게는 상충되는 것처럼 보이는 두 가지 일을 동시에 하도록 밀어붙일 수 있는 능력이 있다. 그리고 당신의 직원들도 그런 결과를 낼 수 있는 능력이 있다. 당신이 부지런히 그들을 격려하고, 인도하고, 감독하기만 한다면, 그리고 적절한 자리에 적절한 사람을 배치하기만 한다면 말이다. 직원들에게 지시를 할 때는 그저 "더 잘하라"라는 것으로는 부족하다. 직원들이 당면한 문제에 대해서 다르게 생각하는 데 동원할 수 있는 사고의 시동 장치나 제안을 제공해야 한다.

불가능해 보이는 일을 하라

밀어붙일 때 사람들과 조직이 어떤 일을 해낼 수 있는지를 나는 직접 목격했다. 그것도 여러 번 되풀이해서 말이다. 1994년 나는 GE의 실리콘 사업을 맡게 되었다. 그 이전 10년 동안 계속해서 저조한 실적을 내 온 사업이었다. 이전 본부장 네 명 중 세 명을 해고했다. 업계는 매년 5퍼센트의 성장률을 보이는데도 매출은 5억 달러에 묶여 있었다. 재정 목표치를 달성하지 못하는 것이 일상이었다. 공장은 엉망이었다. 유해 폐기물이 잔뜩 쌓여 있었다. 내 상관은 그곳의 팀을 내게 소개하는 자리에서, 환경 담당 책임자에게 지하 쓰레기 매립지의 불은 어떻게 되었느냐고 대수롭지 않게 물었다. 그 책임자는 괜찮다고 답했다. 나는 불이 얼마나 오래 지속되고 있냐고 물었고 그는 4개월이라고 답했다. 농담이라고 생각했지만 아니었다. 불을 진화하기까지 4개월이 더 걸렸다.

내가 일을 시작하고 몇 주 뒤, 약 200명과의 이틀에 걸친 회의 말미에 나는 우리의 일 처리가 엉망이며 사실을 모두 인정해야만 문제를 바로잡을 수 있다고 열정적인 연설을 했다. 회의 첫날을 마무리하던 때, 노조 지도자가 내게 다가와서 이렇게 말했기 때문이었다.

"데이브, 나는 왜 당신이 여기에 문제가 있다고 하는지 모르겠어요. 모든 것이 아주 좋아 보이는데 말이죠."

그의 말이 맞았다. 의욕에 가득 찬 것처럼 보이기 위해 여태 모두가 사업이 얼마나 잘되고 있는지만을 이야기했기 때문이다. 우리는 현실을 전혀 다루지 않고 있었다. 내 발표 차례가 오자, 나는 내가 원하는 것이 어떤 유형의 성과인지 명확하게 밝혔고 거기에 기여하고 싶지 않은 사람이라면 누구든 해고할 것이라고 선언했다. 내 참모들은 당황했지만, 몇십 명의 하위직 직원들은 회의 후에 내게 다가와서 개입해주어서 감사하다는 인사를 전했다.

"우리도 여기에 문제가 있다고 생각합니다."

그들이 말했다.

"그리고 우리는 장래에도 계속 일자리를 유지하고 싶어요. 그러려면 이 문제를 바로잡아야 합니다. 당신을 돕고 싶습니다."

기대하지 못했던 일이었다. 이 일은 나에게 귀중한 교훈을 주었다. 훌륭한 성과를 방해하는 것은 일선 직원이 아니라 리더들일 때가 많다.

사실 그 회의에서 우리의 제조 담당 리더는 내게 와서 공기 오염과 관련된 운영 허가의 문제 때문에 실록산이라는 화학 물질의 생산을 중단해야만 한다고 말했다. 엄청난 손해가 예상되는 일이었다. 실록산은 공장의 모든 화학 공정에 필요했고, 실록산이 없으면 생산 전체를 중단해야 한다. 몹시 화가 났다. 나는 생산 중단을 절대 받아들이지 않을 것이라고 단호하게 얘기했다. 충동적으로 한 말이었다. 그에게 환경 담당 리더, 기술 담당 리더와 회의를 가진 후 내일 오후 5시까지 이 문제를 처리할 방법에 대해 다른 답을 가지고 오라고 지시했다.

다음 날 아침 출근길의 기분은 엉망이었다. 생산 중단에 대해 상관에게 어떻게 말을 해야 하나 하는 걱정에 투덜대면서 사무실에 도착했다. 오전 7시 반이었다. 나는 바로 제조 담당 리더를 만났다. 그는 의기양양해 보였다. 그는 자신과 다른 리더들이 전 날 저녁 두어 시간에 걸친 만남을 가졌으며 운영 허가의 문제를 해결하고 생산을 계속하면서 연간 10만 달러를 절약할 수 있는 방법을 찾았다고 이야기했다. 나는 놀라면서도 기뻤다.

"애초에 왜 그렇게 하지 않은 겁니까?"

내가 물었다.

"음. 이전에는 아무도 요구하질 않았거든요."

나는 통상적인 해법과 변명을 받아들이지 않고 계속 이렇게 밀어붙였다. 다음 몇 년 동안 우리는 새로운 제품의 파이프라인을 개선하고, 직원들의 고성과 사고방식을 개발하고, 세계로 사업을 확장하고, 모든 직급에서 인재 풀을 업그레이드시켰다. 매출은 2배가 되었고 수익은 2배 이상으로 늘어났다. 우리가 만들어낸 성장 스토리는 GE 안에서 유명해졌다. 모두가 우리가 스스로의 잠재력에 대한 감각을 일깨우고 스스로를 끈질기게 밀어붙였기 때문에 가능했던 일이었다.

끈질긴 하니웰의 리더와 직원들은 스스로에게 단념하고, 핑계를 대고, 우리가 항상 해온 방식이 유일한 혹은 최선의 방식이라고 가정하는 대신, 조직과 문화를 위에서부터 아래로 다시 만들어 상충되는 것처럼 보이는 두 가지 일을 동시에 달성하자는 과제를 부과했다. 우리는 팀들에게 성공에 필요한 도구를 제공하면서 실제로 일이 수행되고 있는지를 끈질기게 확인했다. 이런 전환이 쉬운 일은 아니었다. 회계와 사업 관행이 현실화하고, 미래에 투자하되 단기적 수익을 희생시키지 않으며, 고정 비용을 일정하게 유지하면서도 성장을 통해 유연성을 창출한다는 장·단기 성과의 3가지 원칙을 다시 생각해보라. 우리가 이룬 많은 구체적인 변화에 대해서도 생각해보라.

- 관리자들이 직원에 대한 실질적인 평가를 수행하게 하고 더 이상 과제를 직원들에게 위임하지 않게 한다.
- 보상 정책을 바꿔 보상이 실제 성과와 장기적인 지원에 보다 공정하고 적절하게 연계되도록 한다.
- 견고한 승계 계획을 개발한다.
- 전략 기획을 현실화한다.
- 회사 전체에서 고객 서비스와 품질에 관련된 엄정한 지표를 개발한다.
- 재무에서 회계 조작, 일회성 '특수' 계약, 유통업체 계약 몰아넣기를 모두 없앤다.
- 인수와 사업 분할 정책을 바꾸고 포트폴리오를 재편성한다.
- 하나의 하니웰 문화를 만들어간다.
- 여러 프로세스 개선 전략, 특히 하니웰 운영 시스템을 실행한다.
- 다양한 성장 이니셔티브를 만들고 추구한다.
- 해묵은 문제를 전략적, 재무적 측면에서 건전한 방법으로 처리한다.
- 이어지는 회복기를 염두에 두고 불황에 대응한다.
- 성공적인 CEO 이행을 실행한다.

3가지 원칙을 발전시키고 이런 구체적인 변화를 일으키자 조직 내에서 상당한 저항이 뒤따랐다. 새로운 아이디어나 방향을 좋아하는 사람도 있었지만, 그들조차 기존의 일을 계속 수행하면서 이런 일을 해낼 수 있을지 의심했다. 우리 참모진과 나는 저항과 정면으로 맞서서 조직과 우리 스스로를 우리가 가능하다고 생각했던 것 이상으로 밀어붙여야 했다. 리더들이 그런 식으로 밀어붙일 때에만 우리는 진전을 이루고 오늘 그리고 동시에 내일도 승리할 수 있다. 물론, 성과의 기대치를 너무 높을 때도 있다. 지나친 기대를 표현하면서 짜증을 유발할 필요는 없다. 정말로 불가능한 일을 하라고 요구해서는 안 된다. 하지만 불가능하게 보이는 것을 요구할 필요가 있다. 친절한 방식으로, 때로는 유머 감각을 곁들여서 말이다. 내가 가끔 그러듯이 조금 유난을 떨어도 좋다. 조직, 사람, 리더들은 현재의 상태보다 훨씬 많은 부담이 가해져도 잘 해낼 수 있다. 무엇을 하든 만족하지 말라. 투자자들은 우리에게 종종 이런 질문을 한다. 언제 목표 달성에 실패하게 되느냐고 말이다. 나는 언제나 같은 대답을 한다.

"우리가 만족할 때이다."

만족을 모르는 정신은 리더에게서 시작된다.

하니웰에서의 내 임기가 끝나갈 때 투자자들이 우리가 경쟁업체에 비해 그렇게 좋은 성과를 올린 이유가 무엇이냐고 물었다. 나는 늘 그렇듯이 당시에 우리가 하고 있는 일 때문이 아니라 우리가 5년 전부터 뿌려 두었던 씨앗 때문이라고 말했다. 투자자들을 만족시킬 만큼의 단기적인 조치를 취하면서도 장기적인 투자를 뒷받침하는 선순환을 만들어야 한다. 이렇게 된다면 시간이 가면서 단기 실적이 저절로 관리되기 시작하는 것을 발견하게 된다. 그리고 회사가 투자자뿐 아니라 모든 사람에게 도움이 된다는 것도 발견하게 된다. 하니웰에서 취한 접근법을 통해서 직원과 지역 커뮤니티는 엄청난 혜택을 보게 되었다. 우리는 401(k)로 2,500명의 백만장자를 만들었으며 직원의 미래를 보장하기 위해서 연금 계획에 기여한 액수만 수십억 달러에 이른다. 우리는 환경 문제를 바로 잡기 위해 35억 달러를 투자했고 훨씬 더 지속가능한 방식의 운영을 위해 회사를 체제를 정비했다.

이 책을 다시 한 번 훑어보고 우선적으로 집중해야 할 영역이 어디인지 결정하라. 필요한 결과를 얻기 위해 자원을 쏟아부어라. 이 영역에서의 성과를 엄정하고 객관적으로 측정하라. 사실과 의견이 충분히 나오도록 회의를 주재하고 팀과 조직에서 이루어지는 담론의 질에 항상 신경을 써라.

스스로도 사고의 질을 높이기 위해 노력하라. 블루노트 활동에 필요한 시간을 마련하고 내가 설명한 다른 기법을 활용하라. 스스로에게 사업과 조직에 대해서 숙고하는 과제를 주어야 한다. 독립적으로 생각하는 과제를 주어야 한다. 똑똑한 리더는 넘쳐난다. 하지만 독립적으로 생각할 줄 아는 리더는 드물다. 모든 에너지와 자원을 '분기별 목표치를 달성'하는 데 쏟아야 한다고 주장하는 사람들, 미래에 대한 걱정을 다른 날로 미뤄두라고 조언하는 사람들은 무시하라. 단기성과주의에서 벗어나려는 열의가 지나쳐서 정반대로 미래에 투자하고 장기적으로 좋은 성과를 내기 위해 단기 실적을 희생해야 한다고 주장하는 사람들도 무시하라. 그 어떤 것도 희생할 필요가 없다. 상충되는 것처럼 보이는 두 가지 일을 동시에 달성하는 것이 전적으로 가능하며, 꼭 필요하기 때문이다. 이런 리더가 되어야 한다. 모든 것은 당신으로부터 시작된다.

■ 감사의 말

이 책을 어머니(86세에 아직도 정정하신)와 아버지(오래 전 작고하신)에서 시
작되어 개성 강한 우리 시끌벅적한 대가족에게 바칩니다. 제 두 아들 라
이언Ryan과 존John, 며느리 헤더Heather와 크리스텔Kristel, 그리고 세
대를 이어가는 일을 너무나 즐겁게 만들어주는 여덟 명의 손자 손녀,
한나 '바나나'Hannah 'Banana', 자비에 '엑스 맨'Xavier 'X Man', 사만다
Samantha, 매튜Matthew, 로버트 '스키터'Robert 'Skeeter', 아델린 '애디-
라이언'Adeline 'Addie-Lion', 제이콥Jacob, 카이아 '카이아-게이터'Kaia
'Kaia-Gator'에게 감사를 전합니다. 특히 곧 아이가 태어난다는 사실에
정신을 차리고 일을 시작하게 만들어준 아들 라이언에게 감사를 전합니
다. 나의 멋지고 사랑스러운 아내, 모린Maureen은 수년 간 제가 책을 쓸
수 있도록 격려해줬습니다. 세상 모든 일을 멋지게 해내는 방법을 아는
그녀에게 감사합니다.

■ 주석

머리말: 모든 기업을 속이는 거짓말

1. "Measuring the Economic Impact of Short-Termism," McKinsey Global Institute (February 2017): 1, 2, 4, https://www.mckinsey.com/~/media/mckinsey/featured%20insights/Long%20term%20Capitalism/Where%20companies%20with%20a%20long%20term%20view%20outperform%20their%20peers/MGI-Measuring-the-economic-impact-of-short-termism.ashx.
2. Dennis Carey et al., "Why CEOs Should Push Back Against ShortTermism," Harvard Business Review, May 31, 2018, https://hbr.org/2018/05/why-ceos-should-push-back-against-short-termism.

1원칙: 게으른 사고방식을 몰아낸다

1. Tim Mahoney (senior vice president of enterprise transformation at Honeywell), interview with author, November 12, 2018.
2. The quote originally appeared in his Lettres Provinciales Tania Lombrozo, "This Could Have Been Shorter," National Public Radio, February 3, 2014, https://www.npr.org/sections/13.7/2014/02/03/270680304/this-could-have-been-shorter.
3. Kate Adams (senior vice president and general counsel at Apple), interview with author, November 16, 2018.

2원칙: 현재와 미래를 위한 계획을 동시에 세운다

1. Roger Fradin (former Pittway president and longtime Honeywell executive), interview with author, October 24, 2018.

3원칙: 해묵은 문제를 회피하지 않는다

1. "Honeywell: Downgrading on Environmental Uncertainty," analyst report, JP Morgan, North America Equity Research, April 27, 2006.
2. Quoted in Maria Newman, "Court Orders Honeywell to Clean Up 34-Acre Site," New York Times, May

17, 2003, https://www.nytimes.com/2003/05/17 /nyregion/court-orders-honeywell-to-clean-up-34-acre-site.html.

3. "Lakeside Toxic Tombs," Post-Standard [Syracuse, NY], November 26, 2003; Amanda J. Crawford, "Honeywell Sued on Toxic Fuel Test Facility Releases at Issue for Arizona," Arizona Republic, July 10, 2004.

4. Victoria Streitfeld, "Former Honeywell Manufacturing Site Becomes National Brownfield Model," Honeywell, March 18, 2015, https://www.honeywell.com/en-us/newsroom/news/2015/03/former-honeywell-manufacturing-site-becomes-national-brownfield-model

5. Timothy B. Wheeler and the Baltimore Sun, "Dundalk Port Cleanup Plan Set," Baltimore Sun, September 23, 2012, https://www.baltimoresun.com/news/environment/bs-gr-port-chromium-cleanup-20120923-story.html.

6. Honeywell promotional video, untitled and unpublished.

7. "Honeywell: Upgrading to Neutral," JP Morgan, North American Equity Research, January 11, 2008.

8. Evan van Hook (vice president of Health, Safety, Environment, Product Stewardship & Sustainability at Honeywell), interview with author, October 26, 2018.

9. For more on this time, please see Donald H. Thompson, The Golden Age of Onondaga Lake Resorts (Fleischmanns, New York: Purple Mountain Press, 2002).

10. Rick Moriarty, "When Onondaga Lake Crackled with Dancing and Rides: A Search for Our Lost Resorts," Syracuse.com, updated March 22, 2019, https://www.syracuse.com/empire/2015/07/a_search_for_the_lost_resorts_of_onondaga_lake.html.

11. Catie O'Toole, "Onondaga Lake Cleanup Continues; Next Up: Dredging, Capping Contaminated Lake Bottom," Syracuse.com, updated March 22, 2019, https://www.syracuse.com/news/index.ssf/2012/03/onondaga_lake _cleanup_continue.html.

12. "Onondaga Lake Superfund Site," Atlantic States Legal Foundation, accessed October 10, 2019, http://onondagalake.org/Sitedescription/OnondagaLake BottomSediments/docs/Onondagalake_asFS1Aand%201B_ver%203.pdf.

13. S. W. Effler and R. D. Hennigan, "Onondaga Lake, New York: Legacy of Pollution," Lake and Reservoir Management 12, no. 1 (1996), DOI: 10.1080/07438149609353992.

14. Matthew Liptak, "A Bunch of People Just Went Swimming in One of the US' Most Polluted Lakes for the First Time in 75 Years," Business Insider, July 23, 2015, https://www.businessinsider.com/r-swimmers-take-dip-in-long-polluted-new-york-lake-to-hail-cleanup-2015-7; David Chanatry, "America's 'Most Polluted' Lake Finally Comes Clean," National Public Radio, July 31, 2012, https://www.npr.org/2012/07/31/157413747/americas-most-polluted -lake-finally-comes-clean.

15. Liptak, "A Bunch of People"; Chanatry, "America's Most Polluted."

16. "Superfund Site: Onondaga Lake Syracuse, NY," United States Environmental Protection Agency, accessed October 6, 2019, https://cumulis.epa.gov/super cpad/SiteProfiles/index.cfm?fuseaction=second. cleanup&id=0203382.

17. William Kates, "Honeywell Agrees on $451 Million Plan to Onondaga Lake in Syracuse," Post Star, October 12, 2006, https://poststar.com/news /honeywell-agrees-on-million-plan-to-onondaga-lake-in-syracuse/article _7213adc9 - 3965 - 5d44-a8aa-5a8d29b2f700.html; consultation with current and former Honeywell executives.

18. "Onondaga Lake," New York State, accessed October 9, 2019, https://www.dec.ny.gov/lands/72771. html#Revitalizing; Liliana Pearson, "Onondaga Lake Sees the Return of Threatened Bird Species," NCC News, July 28, 2017, https://nccnews.expressions.syr.edu/2017/07/28/onondaga-lake-sees-the-return-of-threatened-bird-species/; "Onondaga Lake Cleanup Progress," New York Department of Environmental Conservation, October 2017, https://content.govdelivery.com/attachments/ NYSDEC/2017/10/23/file _attachments/901196/OL%2BProgress%2BFact%2BSheet%2B10.23.17 %2BFINAL.pdf.

19. Honeywell promotional video, untitled and unpublished.

20. Honeywell promotional video, untitled and unpublished.

21. Glenn Coin, "Onondaga Lake Cleanup, Decades in the Making, Will Be Done This Month," Syracuse. com, updated January 4, 2019, https://www.syracuse.com/news/index.ssf/2017/11/onondaga_lake_ cleanup_decades_in_the_making_will_end_this_fall.html.

22. Glenn Coin, "Survey Asks: Would You Swim at an Onondaga Lake Beach?," Syracuse.com, updated January 15, 2019, https://www.syracuse.com/news/2019/01/survey-asks-would-you-swim-at-an-onondaga-lake-beach.html.

4원칙: 지속적인 진화에 능숙해진다

1. "From Bitter to Sweet," Economist, April 14, 2012, https://www.economist.com/business/2012/04/14/ from-bitter-to-sweet.

2. "From Bitter to Sweet."

3. Shawn Tully, "How Dave Cote Got Honeywell's Groove Back," Fortune, May 14,2012, http://fortune. com/2012/05/14/how-dave-cote-got-honeywells-groove-back/.

4. Joe DeSarla (manufacturing head of Honeywell's Automation and Control Solutions business unit), interview with author, November 5, 2018.

5. "Toyota Production System," Toyota, accessed October 8, 2019, https://www.toyota-global.com/company/vision_philosophy/toyota_production_system/origin_of_the_toyota_production_system.html.

6. Joe DeSarla, interview with the author, November 5, 2018.

7. "Honeywell Performance," Annual Report (2006): 10.

8. Joe DeSarla, interview with the author, November 5, 2018.

9. "Honeywell Performance," 17.

5원칙: 고성과 조직 문화를 구축한다

1. Mark James, senior vice president of Human Resources, Security, and Communications at Honeywell, interview with the author, March 18, 2018.

2. Mark James, interview with the author, March 18, 2018.

3. Darius Adamczyk (CEO of Honeywell), interview with author, March 18, 2018.

6원칙: 내부 리더 육성에 끊임없이 집중한다

1. William Oncken Jr. and Donald L. Wass, "Management Time: Who's Got the Monkey?" Harvard Business Review, November-December 1999 (reprint), https://hbr.org/1999/11/management-time-whos-got-the-monkey.

7원칙: 성장에 충분히 투자한다

1. Tim Mahoney (president and CEO of Honeywell's Aerospace division), interview with author, November 12, 2018.

2. Dan Sheflin (chief technology officer and vice president of Honeywell's Automation and Control Solutions business), interview with author, March 12, 2019.

3. "CMMI Maturity Levels," Tutorials Point, accessed October 8, 2019, http://www.tutorialspoint.com/cmmi/cmmi-maturity-levels.htm.

4. "How Honeywell Found Success in China," interview with Shane Tedjarati, Edward Tse blog, March 10, 2016, http://www.edwardtseblog.com/view /gao-feng-viewpoint-how-honeywell-found-success-in-china/.

8원칙: 인수·합병, 가격이 전략이다

1. Roger L. Martin, "M&A: The One Thing You Need to Get Right," Harvard Business Review, June 2016, https://hbr.org/2016/06/ma-the-one-thing-you -need-to-get-right.

2. Roger Fradin, former vice chairman at Honeywell and president and CEO of its Automation and Controls Solutions business, interview with the author, February 25, 2019.

3. Roger Fradin, former vice chairman at Honeywell and president and CEO of its Automation and Controls Solutions business, interview with author, February 25, 2019, and October 24, 2018.

9원칙: 불황에서도 장·단기 목표를 동시에 계획한다

1. Jamie Dlugosch, "Recession Proof? Honeywell Runs a Tight Ship," Investor Place, February 2, 2009, https://investorplace.com/2009/02/recession-proof-stock-honeywell-runs-tight-ship/.

2. Sandra J. Sucher and Shalene Gupta, "Layoffs That Don't Break Your Company," Harvard Business Review, May – June 2018, https://hbr.org/2018 /05/layoffs-that-dont-break-your-company.

3. Mark James (senior vice president of Human Resources, Security, and Communications at Honeywell), interview with author, March 18, 2019.

4. "Lessons Learned from the Recession of 2008 – 2009," Honeywell internal white paper, November 2011.

5. Prior to the recession, 80 percent of employees viewed the company favorably, as compared with 78 percent in 2009: "Lessons Learned from the Recession of 2008 – 2009," Honeywell internal white paper, November 2011.

6. Mark James (Honeywell's head of Human Resources), interview with author, March 18, 2019.

7. Unpublished personal letter to future Honeywell CEOs concerning the Great Recession, July 13, 2011.

10원칙: 후임 리더와 함께한다

1. "Honeywell's CEO Succession and Transition: Lessons Learned," unpublished white paper.

2. Darius Adamczyk (COO and CEO at Honeywell), interview with author, March 18, 2019.

3. Darius Adamczyk (COO and CEO at Honeywell), interview with author, November 2, 2018.

4. Darius Adamczyk (COO and CEO at Honeywell), interview with author, March 18, 2019.

5. Total shareholder return and market capitalization numbers are for the period between March 31, 2017, to July 2, 2019

derb

항상 이기는 조직

초판 1쇄 발행 2021년 07월 07일 **초판 2쇄 발행** 2021년 12월 15일

지은이 데이비드 코트
옮긴이 이영래
펴낸이 이승현

편집2 본부장 박태근
W&G2 팀장 최연진
편집 방호준
디자인 함지현

펴낸곳 ㈜위즈덤하우스 **출판등록** 2000년 5월 23일 제13-1071호
주소 서울특별시 마포구 양화로 19 합정오피스빌딩 17층
전화 02) 2179-5600 **홈페이지** www.wisdomhouse.co.kr

ISBN 979-11-91583-89-2 03320

* 이 책의 전부 또는 일부 내용을 재사용하려면 반드시 사전에 저작권자와
  ㈜위즈덤하우스의 동의를 받아야 합니다.
* 인쇄·제작 및 유통상의 파본 도서는 구입하신 서점에서 바꿔드립니다.
* 책값은 뒤표지에 있습니다.